21世纪经济与管理规划教材·工商管理系列

法商管理

胡川　万华　毛江华　编著

LAW AND BUSINESS MANAGEMENT

北京大学出版社
PEKING UNIVERSITY PRESS

图书在版编目（CIP）数据

法商管理 / 胡川，万华，毛江华编著. —北京：北京大学出版社，2023.7
21世纪经济与管理规划教材. 工商管理系列
ISBN 978-7-301-33624-3

Ⅰ. ①法… Ⅱ. ①胡… ②万… ③毛… Ⅲ. ①企业法—中国—高等学校—教材 Ⅳ. ①D922.291.91

中国版本图书馆 CIP 数据核字(2022)第 222663 号

书　　　名	法商管理 FASHANG GUANLI
著作责任者	胡　川　万　华　毛江华　编著
责任编辑	周　莹
标准书号	ISBN 978-7-301-33624-3
出版发行	北京大学出版社
地　　　址	北京市海淀区成府路 205 号　100871
网　　　址	http://www.pup.cn
微信公众号	北京大学经管书苑(pupembook)
电子信箱	编辑部：em@pup.cn　总编室：zpup@pup.cn
电　　　话	邮购部 010-62752015　发行部 010-62750672　编辑部 010-62752926
印　刷　者	河北文福旺印刷有限公司
经　销　者	新华书店 787 毫米×1092 毫米　16 开本　21.75 印张　505 千字 2023 年 7 月第 1 版　2023 年 7 月第 1 次印刷
定　　　价	59.00 元

未经许可，不得以任何方式复制或抄袭本书之部分或全部内容。
版权所有，侵权必究
举报电话：010-62752024　电子信箱：fd@pup.cn
图书如有印装质量问题，请与出版部联系，电话：010-62756370

丛书出版说明

  教材作为人才培养重要的一环,一直都是高等院校与大学出版社工作的重中之重。"21世纪经济与管理规划教材"是我社组织在经济与管理各领域颇具影响力的专家学者编写而成的,面向在校学生或有自学需求的社会读者;不仅涵盖经济与管理领域传统课程,还涵盖学科发展衍生的新兴课程;在吸收国内外同类最新教材优点的基础上,注重思想性、科学性、系统性,以及学生综合素质的培养,以帮助学生打下扎实的专业基础和掌握最新的学科前沿知识,满足高等院校培养高质量人才的需要。自出版以来,本系列教材被众多高等院校选用,得到了授课教师的广泛好评。

  随着信息技术的飞速进步,在线学习、翻转课堂等新的教学/学习模式不断涌现并日渐流行,终身学习的理念深入人心;而在教材以外,学生们还能从各种渠道获取纷繁复杂的信息。如何引导他们树立正确的世界观、人生观、价值观,是新时代给高等教育带来的一个重大挑战。为了适应这些变化,我们特对"21世纪经济与管理规划教材"进行了改版升级。

  首先,为深入贯彻落实习近平总书记关于教育的重要论述、全国教育大会精神以及中共中央办公厅、国务院办公厅《关于深化新时代学校思想政治理论课改革创新的若干意见》,我们按照国家教材委员会《全国大中小学教材建设规划(2019—2022年)》《习近平新时代中国特色社会主义思想进课程教材指南》《关于做好党的二十大精神进教材工作的通知》和教育部《普通高等学校教材管理办法》《高等学校课程思政建设指导纲要》等文件精神,将课程思政内容尤其是党的二十大精神融入教材,以坚持正确导向,强化价值引领,落实立德树人根本任务,立足中国实践,形成具有中国特色的教材体系。

  其次,响应国家积极组织构建信息技术与教育教学深度融合、多种介质综合运用、表现力丰富的高质量数字化教材体系的要求,本系列教材在形式上将不再局限于传统纸质教材,而是会根据学科特点,添加讲解重点难点的视频音频、检测学习效果的在线测评、扩展学习内容的延伸阅读、展示运算过程及结果的软件应用等数字资源,以增强教材的表现力和吸引力,有效服务线上教学、混合式教学等新型教学模式。

  为了使本系列教材具有持续的生命力,我们将积极与作者沟通,争取按学制周期对教材进行修订。您在使用本系列教材的过程中,如果发现任何问题或者有任何意见或建议,欢迎随时与我们联系(请发邮件至 em@pup.cn)。我们会将您的宝贵意见或建议及时反馈给作者,以便修订再版时进一步完善教材内容,更好地满足教师教学和学生学习的需要。

最后,感谢所有参与编写和为我们出谋划策提供帮助的专家学者,以及广大使用本系列教材的师生。希望本系列教材能够为我国高等院校经管专业教育贡献绵薄之力!

北京大学出版社
经济与管理图书事业部

Preface 前 言

在新时代,市场经济法治化的发展是进一步深化中国特色社会主义市场经济改革的要求之一。党的二十大报告提出,要"完善产权保护、市场准入、公平竞争、社会信用等市场经济基础制度""营造市场化、法治化、国际化一流营商环境"。而法商管理学强调法学与企业管理有机融合,既满足了市场经济发展的要求,又符合法治经济发展的需要。因此,探索法商结合的融合创新是落实习近平新时代中国特色社会主义经济思想的重要学术研究与实践。

法商管理学作为一门与社会实际紧密结合的新学科,强调将法律知识融入现代管理,有利于为企业培养在社会主义市场经济中既能进行资源管理又能灵活驾驭各种规则的新时代管理者。因此,法商管理学应成为经济管理类专业学生必修的课程。

本书在编写过程中采用了"案例+理论"的形式,突出"法"与"管理"的融合,除了分析法商管理的一般原理,还结合案例对法商管理在实际经济生活中的应用做了深刻剖析。具体而言,本书在每章的开头以案例的形式引导出与本章有关的主题和问题,激起读者的兴趣;在章节具体内容中,针对部分难以理解的内容,也会穿插案例以增强读者对相关知识的理解;在每一章的结尾部分,设置"本章小结""案例分析"等模块,在梳理本章内容的基础上,提出问题供读者思考和讨论。此外,本书在正文中尽量改变单一的文字叙述方式,较多采用图表式的表达,增强内容的直观性和可理解度。

本书围绕法商管理学的研究对象、研究范畴和方法论,最终形成了共三篇十二章的框架体系:

第一篇,法商管理的概念与理论。本篇分为两章内容,主要对法商管理的概念及理论基础进行了梳理。

第二篇,法商实体与企业制度。本篇分为五章内容,主要介绍了不同法商实体及相关的制度。

第三篇,法商运营与法条解读。本篇分为五章内容,主要对法商管理在企业运营中的作用以及相关法条进行分析和解读。

本书是高水平基地平台(湖北经济建设研究院)建设项目"双循环背景下我国关

键核心技术创新能力提升的知识作用机制研究平台"的阶段性成果。本书由中南财经政法大学工商管理学院胡川、万华和毛江华共同编写。其中，胡川负责前四章内容的编写，万华负责第五章到第八章内容的编写，毛江华负责第九章到第十二章内容的编写。本书在编写过程中得到了中南财经政法大学教务处、工商管理学院等单位教职工的大力支持，也参考和引用了国内外众多学者的研究成果，在此谨向有关作者表示衷心的感谢。

从学科发展历史来看，法商管理学是一门新兴的学科，有很多问题还需要继续深入探讨，加之编者能力所限，书中难免会有不足之处，由衷希望广大读者给予指正。

编者
2023 年 1 月

Contents 目　录

第一篇　法商管理的概念与理论

第一章　法商管理的概念与体系 ·· 3
第一节　法商管理产生的背景 ·· 4
第二节　法商管理的概念和内涵 ······································ 10
第三节　法商管理学的框架体系 ······································ 18

第二章　法商管理的理论基础与演变过程 ···················· 24
第一节　法商管理的理论基础 ·· 26
第二节　法商管理的演变过程 ·· 37

第二篇　法商实体与企业制度

第三章　企业制度类型 ·· 53
第一节　个体工商户与《促进个体工商户发展条例》 ········· 54
第二节　个人独资企业与《中华人民共和国个人独资企业法》 ········· 57
第三节　合伙企业与《中华人民共和国合伙企业法》 ········· 64
第四节　公司与《中华人民共和国公司法》 ······················ 74

第四章　企业法人与法人治理 ·· 90
第一节　法人的概念与类型 ·· 91
第二节　自然人与公司法人 ·· 95
第三节　法人治理模式 ·· 102

第五章　国有企业制度与国有企业改革　114
第一节　国有企业与《中华人民共和国企业国有资产法》　115
第二节　国有企业经营方式　127
第三节　国有企业改革与现代企业制度建设　129

第六章　外商投资企业的形态与制度　140
第一节　中外合作经营企业　141
第二节　中外合资经营企业　145
第三节　外资企业　152
第四节　《中华人民共和国外商投资法》　156

第七章　企业集团与多级治理　174
第一节　企业联合体与企业集团　175
第二节　集团的治理制度与模式　185

第三篇　法商运营与法条解读

第八章　资本运作与相关法条解读　201
第一节　公司合并、收购与重组　202
第二节　企业竞争与《中华人民共和国反不正当竞争法》　214
第三节　反垄断与《反垄断法》　224

第九章　物资管理与相关法条解读　237
第一节　企业物资与物权法　238
第二节　所有权与他物权　248

第十章　人力资源管理与相关法条解读　258
第一节　人才管理与《中华人民共和国劳动法》　259
第二节　人才吸引、保留与《中华人民共和国劳动合同法》　269

第十一章　知识产权管理与相关法条解读　288
第一节　知识产权与企业管理　289
第二节　商标及《中华人民共和国商标法》　293

第三节　著作权与《中华人民共和国著作权法》 …………………………… 299

第四节　专利权与《中华人民共和国专利法》 …………………………… 308

第十二章　法商环境与相关法条解读 …………………………… **313**

第一节　物理环境与《中华人民共和国环境保护法》 …………………… 314

第二节　互联网与《网络交易监督管理办法》 …………………………… 323

第一篇

法商管理的概念与理论

第一章
法商管理的概念与体系

学习目标

1. 明确法商管理产生的背景。
2. 掌握法商管理的概念与内涵。
3. 理解法商管理的特征与框架体系。

基本概念

法商　法商管理　法商实体　法商运营

案例导入

万科股权之争

万科企业股份有限公司(以下简称"万科")成立于 1984 年,创办人为王石。公司在 1988 年正式进军房地产行业。通过多年的努力,公司已处于国内房地产行业的领先位置。1991 年,万科成为深圳证券交易所第二家上市公司。2016 年和 2017 年,万科连续两年进入《财富》(Fortune)世界 500 强企业榜单。

深圳市宝能投资集团有限公司(以下简称"宝能")创办于 1992 年,姚振华为其法定代表人和唯一股东。历经 20 余年的稳健发展,已成为一家以国际物流业务、综合开发业务、文化旅游业务、金融保险业务为四大主要产业,健康医疗产业、民生产业为辅助性产业的大型现代化集团公司。在本次万科股权之争中,宝能系[①]资本运作的两大核心分别为前海人寿保险股份有限公司(以下简称"前海人寿")和深圳市钜盛华股份有限公司(以下简称"钜盛华")。

宝能系在 2015 年 7 月至 11 月,通过旗下的前海人寿和钜盛华连续 4 次举牌万科 A,持股比例达到 20%,超过华润的 15.23%成为万科的第一大股东。同年 12 月,钜盛华继续增持,宝能系的持股比例升至 24.26%。2015 年 12 月 17 日,王石在公司内部讲话中以宝能"信用不够"为由明确表示不欢迎宝能成为万科第一大股东;12 月 18 日,万科 A 股、H 股

---

① 宝能系是指以宝能集团为中心的资本集团。

一齐停牌筹划发行股份,同日证监会就宝能收购万科做出回应,称只要合法合规就不会干预。与此同时,安邦保险集团股份有限公司(以下简称"安邦")两次增持万科A,持股比例达到7.01%。万科对此回应称欢迎安邦入股,安邦也表达了对万科发展前景的肯定,表示会积极支持万科发展。

2016年6月26日,宝能提请召开万科股东大会,提议罢免王石、郁亮等在内的12位董事、监事的职务,此提议遭到否决,这也进一步加深了万科管理层对宝能的敌对情绪。2016年7月4日,万科A复牌并一字跌停;7月6日,宝能第5次举牌万科A,持股比例达到25%。恒大集团加入收购万科的行列,在随后的几个月连续买入万科A,持股比例达到14.07%。万科引入深圳地铁,后者先后受让了华润集团和恒大集团的股份,在2017年9月持股比例达到29.38%,最终超过宝能成为公司的第一大股东。

资料来源:笔者根据互联网公开资料整理。

■ 思考

1. 本案例中跌宕起伏的"权益博弈"是如何展开的?
2. 通过此案例,分析企业领袖需要具备哪些方面的整合能力。
3. 通过此案例,思考法商思想在企业管理中的重要性。

第一节 法商管理产生的背景

一、中国市场经济环境的变迁

(一)政商关系的不断演化

如何处理政商关系是古往今来的一个世界性难题。政商关系太近,容易产生寻租、腐败、政企不分等问题;政商距离过远,又无法充分发挥"看得见的手"和"看不见的手"的协同效应,导致政府缺位和市场失灵。大量研究表明,理想的政商关系,意味着政商密切互动,但又各自保持行为独立,边界明晰。在这种关系下,政府这一"看得见的手"和市场这一"看不见的手"能够协同互补,发挥最大的效用,促进经济与社会的良性发展。

当前正值我国全面深化改革攻坚期,经济、政治、社会等方面都开始进入新的阶段,呈现出新的变化。新常态条件下,我国经济增长呈现"L"形走势,产业升级、结构优化调整更为重要,民营经济在我国经济社会发展中的地位和作用进一步凸显。如何克服以往政商关系的弊端,打造新型政商关系,不仅是一个重大的经济问题,而且是一个重大的政治问题。2016年3月4日,习近平总书记在出席全国政协十二届四次会议时提出了构建"亲""清"新型政商关系,强调市场环境建设,这对进一步明确政府—市场关系起到了促进作用。新型政商关系着重突出"亲""清"两个标准:一是政府和企业之间的关系要"亲近",政府要有服务意识,及时帮助企业解决生产运营中的问题;二是政府官员和企业家之间要"清白",要在遵守法律法规和维护市场竞争秩序的前提下,实现政府和企业之间的良性互动。这一关系既体现了中国传统政治哲学的辩证智慧,也闪烁着现代国家治理思想的光芒。

（二）改革发展进入"深水区"

现阶段我国的全面深化改革被形象地比喻为进入改革的"深水区"。一般而言，"深水区"相比"浅水区"意味着更多的不确定性。在改革开放前期的"浅水区"中，我国依循"摸着石头过河"的游戏规则；在进入"深水区"后，原有的游戏规则已不再适用，我国必须遵循"把控变化，驾驭前行"的新游戏规则。

这对经济决策和管理变革而言，就是要求管理者不能够再简单沿用过去成功的经验或模式，一方面是因为"深水区"试错的风险和成本都非常高，可能会导致不可挽回的损失；另一方面是因为"深水区"很难，甚至几乎不可能"摸着石头过河"。这对政府管理和企业管理都具有重要的启发。例如，2016年年初在证券市场的"熔断机制"的仓促实施和尴尬停止就是在"深水区"改革中缺乏系统的治理规则和治理能力的典型教训；另外，证券市场上出现的万科股权之争也警示企业管理者要适时调整现有经营方式。企业竞争不应仅局限在资源层面，还需要在规则应用层面开展竞争，企业必须从获得竞争优势转变为遵循游戏规则。

（三）公司法治建设水平不断提升

党的十八大以来，以习近平同志为核心的党中央对全面依法治国高度重视，从关系党和国家长治久安的战略高度来定位法治、布局法治、厉行法治，创造性地提出全面依法治国一系列新理念、新思想、新战略，形成了习近平法治思想。

时代是思想之母，实践是理论之源。习近平法治思想诞生于伟大的新时代，是未来法治中国建设的思想灯塔、根本遵循和前进方向。在推动企业高质量发展的道路上，现代企业应坚定不移地学习贯彻习近平法治思想，认真落实依法合规治企方略，突出"根植一种文化、规划一条主线、构建三大机制"，实现依法合规管理从风险防范为主转向全员普法、制度管控、风险防范、企地协同和依法维权"五位一体"的协调推进，促进依法合规管理由"治事"向"治制"的升级转变，推动公司治理体系和治理能力现代化，为法治企业的创建做出应有贡献。

二、现代企业管理实践的需要

（一）提升企业治理现代化水平的需要

现代企业强调法人治理，即通过构建内在的制衡机制实现股东利益最大化，并提升客户价值。目前，虽然我国大部分企业已建立起公司制度，但其经营管理者从管理理念到管理方法大多还停留在传统的企业管理状态中，并未真正转变为公司治理的法人运行机制。大多企业管理者仍缺乏以公司法和公司章程为运行准则的意识和能力，即缺乏"法人"的经营意识和理念，这也是我国很多企业屡屡在公司治理中出问题的根本原因。因此，将法商管理思想融入企业经营和管理的实践，有利于进一步提升企业治理的现代化水平。

（二）推动企业管理兼顾效率与公平的需要

经典管理的核心理念强调的是"追求效率"，而法治理念强调的是"追求公平"，这导致在经典管理思想的指导下，"效率"与"公平"成为人们思维中难以兼顾甚至彼此冲突的两个极端。

在日常管理实践中,强调资源配置效率仅仅是在管理方法层面上的运作,而管理过程中的"责权利"安排则是在战略关系上的价值选择。但是经典管理更注重管理方法的"工作效率",而轻视或不关注管理目标及其结果的"价值公平"问题。而正是经典管理中"工作效率"与"价值公平"的分离,引发了一系列企业经营困境。例如,部分独具创新的企业虽然拥有产品和技术优势,但由于缺乏公平的利益分享机制,企业经营难以为继;很多创业企业或家族企业无法获得持续发展,不是因为投资项目效益低或市场竞争激烈等,而是由于这些企业特别是家族企业交织的各种关系涉"责权利"安排以及评判价值贡献的公平性问题,导致所有者与经营者难以协调等。因此,培养企业管理层法商管理思维,是企业管理兼顾效率与公平的必要手段。

(三)增强企业国际化竞争力的需要

当前国内外形势深刻变化、国际竞争日益激烈,我国经济发展面临前所未有的挑战。在现代经济体系中,企业是发展经济、创造财富、扩大就业的主体;对于我国来说,企业还在推动工业化和城镇化等方面发挥了重要作用,是实现国家富强、民族振兴、人民幸福的中国梦的重要支撑。党的十九大报告提出,要"培育具有全球竞争力的世界一流企业"。准确认识具有全球竞争力的世界一流企业在开放经济环境中的作用,特别是在推动国家技术进步、带动产业链转型升级及提升劳动者素质等方面的积极作用,对于我国进一步深化改革、建设现代经济体系具有重要的理论意义和实践价值。

目前,我国经济长期稳定持续发展所形成的巨大的市场空间、完整的产业链体系、充沛的生产要素供应仍然是我国培育具有全球竞争力的世界一流企业的沃土。然而,由于文化、制度等方面的差异,我国企业在本土经济背景下长期积累的经营经验和人脉关系优势在全球经济竞争中不复存在,甚至使得一些曾经在本土环境下身经百战、屡战屡胜的企业丧失了经营智慧和竞争力。因此,促进经商智慧和法治规则的有机整合,培养企业家法商管理思维,有利于加快管理者和企业的意识思维与经营能力同全球化竞争需求的全面对接,有利于增强企业的国际化竞争力。

(四)提升企业整合资源与驾驭规则能力的需要

传统企业发展战略强调统筹规划以实现资源要素的有效配置,适应了我国企业在粗放型发展阶段的需要。在经典管理思想的指导下,企业通过对资源的有效利用能直接创造企业的财富价值。

然而,随着经济高质量发展理念的提出,我国的经济发展也由追求数量和外延扩张逐步转向追求质量和内涵式发展,传统战略管理的核心资源也从单纯的整合经济资源转变为既要整合经济资源还要把控规则变量。规则既包括企业组织内部制定和执行的相关规则,也包括企业经营环境中的相关市场法规、政策及政府调控的相关措施等。通过对规则的制定和执行,有利于进一步提升企业驾驭规则的能力,进而促使企业产生不同的运营价值。将法商管理思想融入企业经营发展有利于推动企业战略由单纯强调"整合资源"向兼顾"整合资源"和"驾驭规则"的转变,进一步提升企业价值,促进企业的健康和持续发展。

三、管理学思想和理论的发展

随着社会的不断发展,任何理论假设和学科体系都将随着时代的变迁及人们认识的不断深化而发生改变。自从弗雷德里克·泰勒(Frederick Taylor)的《科学管理原理》(The Principles of Scientific Management)揭示了管理过程是改变和提高劳动者工作效率的一系列工作安排或科学方法以来,后续的各种管理思想和流派都是围绕如何实现"高效率"工作而从管理科学、行为科学、心理学以及社会学、文化学等不同视角进行深入的研究。

(一)传统管理理论的与时俱进

1. 科学管理理论

科学管理理论(Scientific Management Theory)的代表人物是美国管理学者泰勒。在1911年出版的《科学管理原理》一书中,他提出了作业管理理论、组织管理理论以及劳资双方为实现科学管理应进行一次心理革命的观点。科学管理理论的实质就是极力主张将管理建立在科学的基础上,用各种标准和制度取代传统的经验和习惯,目的是提高生产效率和管理效率。科学管理理论使管理发展进入了一个新阶段,它的出现标志着管理科学的形成。然而,科学管理理论也有其局限性,它极端地把工人当成"经济人",仅重视技术因素而忽视了社会团体因素对管理的影响,并局限于对企业基层作业问题的研究而缺乏对一些企业高层管理的原理和规律的研究。

2. 行为科学理论

行为科学理论(Behavior Science Theory)突破传统物质技术角度的研究框架,转向对人的研究,重视人在组织中的作用。早期行为科学理论又叫作人际关系学说,最具代表性的就是乔治·梅奥(George Mayo)于1924—1932年开展的"霍桑实验"。基于这一实验,他于1933年出版了《工业文明的人类问题》(The Human Problem of an Industrial Civilization)一书,其主要观点是:第一,工人是社会人;第二,企业中非正式组织的存在会对员工产生影响;第三,应以满足员工需要为出发点建立新型领导关系。正式的行为科学理论于1947年产生,其研究范围除了个体行为、团体行为,还包括组织行为等多方面的内容;其理论观点包括人性假说理论、需求层次理论、激励理论、领导风格理论等。行为科学理论的产生改变了人们对管理的思考方法和行为方式,它使管理者把员工视为需要予以保护和开发的资源,而不是简单的生产要素,这是管理科学的一大进步。

3. 管理科学理论

管理科学理论(Management Science Theory)的核心是把数学、运筹学、统计学和计算机等用于管理决策,以提高管理的效率,目的是实现管理的科学化、精确化和高效化。这一理论极大地丰富和发展了管理的手段和方法,使管理工作更加精确、科学、有效。管理科学理论促进了管理科学的进一步发展和资源的合理利用。然而,受到情景难以定量化的限制,这一理论在解释和预测组织中成员的行为方面存在诸多不足。

(二)现代管理理论强调多学科的交叉融合

第二次世界大战以后,随着科学技术的迅猛发展,企业规模进一步扩大,管理的工作进一步复杂化。传统管理理论中的原理和方法难以有效地指导企业的管理实践。因此，众多学者在原有理论基础上，结合企业的发展实际提出了一系列涵盖不同观点的管理理论，主要有管理过程理论(Management Process Theory)、系统理论(System Theory)、权变理论(Contingency Theory)和决策理论(Decision Theory)等。

1. 管理过程理论

管理过程理论以美国管理学家哈罗德·孔茨(Harold Koontz)为代表，其主张以计划、组织、领导、控制等管理职能作为管理学研究的基本框架，并认为各管理职能都包括由计划到控制的完整过程。管理过程理论适应了管理学一体化发展的趋势，为管理学的研究提供了一个比较成熟的理论框架，是管理理论由多样化向一体化转变的标志。

2. 系统理论

系统理论认为系统是由若干相互作用、相互依赖的组成部分综合而成的具有特定功能的有机体，其具有集合性、关联性、目的性和适应性等特点。因此，学者总结出管理中的三大系统观念，即环境适应观念、整体最优观念和相互协作观念。这意味着，当管理者协调自己组织中各个部分的工作活动时，他们需要确保所有这些部分都在共同努力，以使组织的目标得以实现。系统理论揭示的原理丰富了管理者的思维方式和管理手段，进一步体现了管理的客观规律，使管理观念上升到一个新高度。

3. 权变理论

权变理论强调不存在简单的和普遍适用的管理原则，不同的情境要求管理者运用不同的方法和技术。该理论将管理视为包括组织规模、技术、任务的不确定性、市场的不确定性及个人的差异等在内的诸多环境变量的函数，当组织环境发生改变时，管理的原理和方法也要相应地发生改变。权变理论是应当代经济活动的国际化、组织的大规模化和组织环境的复杂化等新形势而产生的，适应了新形势对管理方式多样性和灵活性的要求。

4. 决策理论

决策理论的代表人物是美国著名的管理学家赫伯特·西蒙(Herbert Simon)。他认为管理的中心在经营，而经营的中心在决策，故管理即决策。他还系统地提出了决策准则，归纳了决策的类型、过程与方法，并分析了决策在组织中的作用。这一理论标志着管理方法走向定量化和科学化。

尽管各种具体的管理理论千差万别，但管理者在应用这些理论处理具体问题时，都要通过一定的计划、组织、领导和控制等职能来实现组织的目标。在实施这些管理职能时，其内容会有所不同，但遵循的基本原理和原则是一样的，这就是管理的共性，也就是管理学所要研究的对象。

(三)企业文化理论的兴起与发展

企业文化理论是美国学者对日本的企业管理经验进行总结后提出的理论。日本作为第二次世界大战的战败国，于 20 世纪 50 年代学习引进美国的企业管理经验，60 年代经济开始起飞，80 年代后期一跃成为经济大国。到 20 世纪 80 年代末，日本的国内生产总值

（Gross Domestic Product，GDP）居世界第二，外汇储备居世界第一。同时，日本的产品和资本大量进入美国市场。日本的崛起引起美国人的震撼，一批美国学者开始研究日本的企业管理经验。通过对日本企业管理经验的学习，他们提出了企业文化理论，并认为企业管理本身就是一种文化现象，而日本的崛起很大程度上归功于文化的影响。另外，未来企业之间的竞争将主要体现为文化的竞争，因此管理者应具有文化意识，把主要精力用于企业文化的塑造与培育，克服短期行为及其他不良的工作方式，致力于提升企业文化软实力，增强企业竞争力。

现代管理一般认为企业文化包括物质文化、制度文化和精神文化，其核心是精神文化，包括价值观、理想信念等。物质文化是指组织文化依附在一定的物质实体上而形成的组织文化体系，如厂容、厂貌及其他物质面貌。制度文化是人类在物质生产过程中所结成的各种社会关系的总和。社会的法律制度、政治制度、经济制度以及人与人之间的各种关系准则等，都是制度文化的反映。精神文化是指导企业开展生产经营活动的各种行为规范、群体意识和价值观念，是以企业精神为核心的价值体系，集中体现了一个企业独特的、鲜明的经营思想和个性风格，反映了企业的信念和追求，是企业群体意识的集中体现。物质文化是表层的、外显的；作为物质文化和精神文化的中介，制度文化在协调个人与群体、群体与社会的关系，以及保证社会的凝聚力方面起着不可或缺的作用，深刻地影响着人们的物质生活和精神生活；而精神文化是深层的、内隐的，是渗透在员工心灵之中的一种意识形态。

管理学不仅是一门具有系统科学体系、艺术性很强、操作性很强的应用学科，而且本身就是一种包罗万象的文化。系统的企业文化理论对管理学的发展产生了划时代的影响。

基于上述分析，可以得出以下认识：

（1）管理是以人为中心的，而人的社会属性决定了对人的管理也必须采用综合的方法才能奏效，因此从不同学科视角探讨管理是符合事物发展规律的。从这个意义上看，众多管理学流派的出现有其历史必然性。

（2）管理离不开特定的时空条件，并随着时代和社会的发展而不断丰富和完善，以适应经济社会发展的需要，因此管理学对不同学科的吸收及与其的交叉和融合是符合管理学发展规律的。

（3）管理学具有较强的实战性，其发展应该遵循问题导向原则，即管理学者应该适应社会经济生活对管理提出的新要求，不断推进和完善管理理论。

（4）尽管学术界对管理学流派林立的现象有不同评价，但管理学流派的发展促进了管理学的发展和繁荣却是一个不争的事实。没有流派就不会有理论的原创性，也不可能有学术思想的交锋和争鸣，因此流派是推进学科发展的动力之一。

对管理思想和管理学流派发展脉络的分析，为法商管理学的创建奠定了逻辑基础。在现今管理学众多学科体系中，法商管理学的缺位值得思索。因此，将与管理具有重要相关性的法律要素引入管理理论框架，进而构建法商管理学学科体系就显得尤为迫切。

第二节 法商管理的概念和内涵

一、现代法商的内涵与意义

（一）现代法商的历史溯源及概念

近年来，随着法律服务经济需求的增加，法律在商业领域中的作用日益凸显。从法人治理入手进行企业法治建设，逐渐成为现代企业管理的重要组成部分。在这一背景下，"法商"和"法商结合"等词汇的使用也日益频繁。但时至今日，在如何理解"法商"这一概念和实现"法"与"商"的有机融合等问题上仍存在不少争议。

中山大学程信和教授提出了"法商融合论"的观点，他认为，"法商融合即市场经济法律与市场经济相结合，两者交互作用，协调发展"。① 这一观点表明，在法商结合的关系中，法与商二者并不是完全平行的。法商融合过程中，经济是出发点，同时也是落脚点。

广东商学院（现为广东财经大学）姚莉英认为"市场经济就是法制经济，而法制化的市场经济必然要求法商融合"。她指出，"法商融合就是指在社会主义市场经济体制下，一切商事行为都必须在法制的规范和保障下运行，而一切法制活动又必须以确保商事行为的正常运行为目的，两者互相依存，不可分离，并在致力于我国经济高度发达这一共同目标的实现过程中互相渗透，协调发展"。②

中国政法大学刘纪鹏教授指出，"法商"不应是"法"与"商"或者"经济法"与"企业管理"的简单组合，而应以一个全新统一的概念实现法与商的创新融合。进一步地，他认为对法商的研究应从法商实体和法商行为两个维度进行，他主张将法商实体分为广义法商实体和狭义法商实体，并首次提出了"法商法治"和"公司法治"的概念，这为理解法商概念及创新法商理论体系提供了新视角。③

（二）现代法商的实践意义

1. 法商结合为社会稳定提供支持

基本道德规范是维护经济社会发展的重要因素。只有充分尊重基本的认识和行为规范，经济才会得到健康发展，社会才会和谐有序，文化才能不断厚重，整个社会和国家才能安定。改革开放四十多年来，我国民生问题中"穿"和"行"的问题得到了较好的解决。社会民众可以以较低的价格购买质量上乘的服装，随时随地享受出行的便利。然而，"住"和"食"的问题却值得深思。目前住房价格偏高，很大程度上源于房地产开发企业的不良竞争；食品安全问题频发，很大程度上是由食品生产企业的不道德所致。这一系列问题也部分归结于地方管理的失职。因此，将法学和商学有机结合起来，充分运用法商管理工具解决一系列民生问题，有利于维护社会和谐稳定，提升人民幸福指数。

---

① 程信和.法商融合论[J].中山大学学报（社会科学版），1994(04):1-9.
② 姚莉英.论法商融合的科学内涵及其现实意义[J].社会科学家，1998(03):77-80.
③ 刘纪鹏.法商管理学[M].北京：东方出版社，2019.

2. 法商智慧为企业持续经营提供保障

从商也需要遵循规则,一般情况下,商业越发达,法律体系就越健全。从这一角度来看,经商、为商、从商不仅需要遵循法律和商业活动的规律,也需要获取来自法律方面的保护。近年来,很多知名企业都出现了各类危机,如"万科股权之争""中兴遭受巨额罚款""滴滴违规收集个人信息"等。这一系列事件背后都反映出一个深刻的问题:法商智慧的缺失。

对企业家和管理者而言,法商智慧将是未来必备的一种能力和思维方式,法商智慧的缺失将会产生难以挽回的后果。"法"是一条不可触碰的红线,同时也可以充当助商兴商的工具。其发挥的作用因人而异,在善于运用法律的企业家手中,"法"会发挥正向的促进作用,维护企业合法权益,提升企业经营的可持续性;在不善于运用法律的企业家手中容易适得其反,危害企业的健康稳定。在商业环境复杂多变的当下,企业不仅需要不断创新和突破以提升自身竞争力,还需要"精商明法",用法律来武装自己以提升管理能力,有效规避经营风险,铸造起竞争力防火墙。

3. 法商管理为企业国际化经营保驾护航

全球化仍然将是企业在未来较长一段时期内的发展趋势,而处于全球化竞争环境中的企业如何提升驾驭国际化的本领和能力仍然是企业所面临的重要挑战。随着我国企业国际化的深入,在国际并购及整合过程中,我国企业面临由于市场规则、法律及文化的不一致而产生的冲突或涉及跨境整合和协调冲突,这导致国内适用的经验方法产生水土不服的现象。因此,充分运用法商智慧去创造新的价值观念体系,借助法商管理工具解决问题,能很大程度上避免企业在跨境整合中出现不必要的损失,为企业带来更多的便利。

二、法商实体与法商运营

法商及法商管理应包含两个范畴:一是法商实体的确立;二是法商运营的规范。这两个范畴构成了法商及法商管理的核心内涵,也为构建法商管理学的理论体系奠定了基础。

(一)法商实体

1. 法商实体的分类

从传统的小农经济到工业经济,再到目前的新经济时代,企业的组织形态发生了重大变化。企业主体形态从传统的个人独资企业、国有独资企业、家族企业、合伙企业逐步向现代以股份制为基础的公司制企业转型。而且,近年来,随着经济全球化的趋势进一步加强以及社会主义市场经济体制的不断完善和发展,任何企业都无法离开其他企业而独立存在,众多企业在相互依存中共处、共生、共进。在这样的背景下,企业所面临的外部环境更加复杂多变,从而要求企业改变资源配置和权力分配,提高管理效率。因此,为了能在激烈的竞争中求得生存和发展,传统的以企业内部管理为主的工商管理正逐步朝着以现代产权理论为基础的法人治理、保护利益相关者利益、注重承担法人责任和法治化管理的方向迈进。现代法商组织在推动企业持续健康发展中的作用日益增强,因此有必要加大对于法商管理的探索力度。

法商实体表现形式多样,依照其组织形态或特征,可分为商个人、商法人和商合伙。

其中:商个人是指个体工商户与个人独资企业等;商法人主要是指建立在股份制基础上的现代公司;商合伙主要是指承担无限责任的合伙企业。本书所涉及的法商实体包括个体工商户、个人独资企业、合伙企业以及公司制企业,并在此基础上确立了法商管理的对象和法商管理学的框架。

2. 法商实体的特征

(1) 独立的法人地位。法商实体属于独立法人,与自然人相分离。法人仅以法人名义对所有的财产承担责任,作为法人企业的股东在不存在欺诈和滥用法人有限责任的情况下仅以自己的出资额为限承担责任,无须以自己的全部财产承担企业责任。这有利于保证法商实体的永续性,不受自然人生命周期的影响。

(2) 所有权与经营权的分离。法商实体在治理结构上实现了所有权和经营权的"两权"分离,这也是现代企业产生的基础和条件。在传统的企业中,由于企业规模不大,尚未出现职业经理人,企业所有者即为企业的经营者,直接从事企业的日常经营活动。而随着公司取代工厂的地位成为现代企业的重要组织形式,公司资本所有者的多元化和分散化,以及公司规模的大型化和管理的复杂化使得企业的管理权逐渐转移到职业经理人的手中。所有者的分散化引起了"股份革命",经营者的专门化出现了"经理革命"。"股份革命"和"经理革命"打破了业主企业和合伙企业中企业主将所有权和经营权集于一身的管理体制,催生了所有权与经营权相分离的管理体制和管理组织。

(3) 社会化。企业社会化是指企业引入包括资本、管理、市场营销等在内的优良社会资源,扩大社会资源在企业中所占的份额,优化企业股权结构,建立现代企业制度,真正实现企业在用人、融资、管理、生产、营销等各方面的社会化运营。

法商实体具有较强的社会化特征,有的企业的资本就来源于社会,有的企业本身的业务则与社会民众具有紧密的联系。除此以外,部分法商实体还实现了生产经营的社会化、风险的社会化等。这一系列社会化特征对企业的法治化管理提出了更高的要求。

(二) 法商运营

没有法商实体的确立,法商运营就成了无本之木;而没有法商运营行为的界定和规范,法商管理和法商管理学也就无从谈起。基于前文对于法商实体的分类和特征的描述,本小节重点研究企业资本运作、物资管理、人力资源管理、知识产权保护及环境管理等法商运营行为。

1. 资本运作

资本运作对于现代企业的发展具有重要影响,特别是在我国社会主义市场经济快速发展时期,科学、合理、有效的资本运作对于企业发展具有明显的促进作用。从法商管理视角来看,法商实体通过制定清晰的责任制度和决策权限,能确保企业制定的与资本运作相关的决策能够被科学、有效地执行。同时,在资本运作过程中,企业管理层不仅需要具有"整合资源"的能力,还需要具备"驾驭规则"的意识。只有这样,法商实体才能有效应对资本市场中潜在的风险和挑战,进而为企业铺就真正安全和可持续的发展之道。

2. 物资管理

物资管理是指对各种生产资料的购销、储运、使用等所进行的计划、组织和控制工作。

在过往很长一段时间内,多数企业所开展的物资管理工作主要是针对企业内部存在的多种资源做出妥善配置,由此达到控制经济投入量的效果。这种做法虽然在短期内具有良好的应用价值,但是在当前发展背景下,其弊端日益凸显。从法商管理视角来看,依据《中华人民共和国民法典》等相关法律法规的规定,企业应制定内部物资管理的明细准则,培养物资管理人员的法治思维,提升物资管理人员的规则意识,采用科学有效的方法不断优化内外部资源配置,提升企业竞争力。

3. 人力资源管理

人力资源管理的最终目的是确保企业战略的实施,为企业战略目标的实现提供人才保障。经典管理遵循以"财富"为核心的"盈"战略,主要是用财务指标或有形资产来衡量企业盈利能力。而法商管理是以"权益"为核心的"赢"战略,其综合采用有形资产、无形资产及核心竞争力等变量来衡量企业持续竞争优势。企业核心竞争力在很大程度上取决于人才的竞争,因此加强企业人才队伍建设对于提升企业核心竞争力,推动法商实体"赢"战略落地具有不可替代的作用。

4. 知识产权保护

加强知识产权保护,既是完善产权保护制度最重要的内容,也是提升我国经济竞争力的重要手段。1992年,党的十四大正式把建立社会主义市场经济体制确立为我国经济体制改革的目标,极大地推动了我国改革开放的进程。自2001年加入世界贸易组织(World Trade Organization,WTO)以来,我国根据WTO《与贸易有关的知识产权协议》对《中华人民共和国专利法》《中华人民共和国商标法》《中华人民共和国著作权法》等进行了相应修改,这使得我国知识产权保护范围不断扩大并深度融入经济发展。我国政府及市场主体进一步认识到健全知识产权实施、监督等管理制度的重要性,因此有必要加强政府部门、行业、企业、科研机构、大专院校的知识产权管理水平。在竞争日益激烈的环境下,企业管理层不断提升知识产权保护意识,依据我国知识产权法的有关规定,在公司章程中明确知识产权保护相关规定,强化企业知识产权运营和保护能力,是提升法商实体创新能力的必备条件。

5. 环境管理

任何组织都是在一定环境中从事活动的,任何管理也都要在一定环境中进行,这个环境就是管理环境。按照传统的"二分法",管理环境可分为内部环境和外部环境,两个方面共同作用于组织活动。本书重点关注影响法商管理的外部环境,如物理环境、网络环境等。一方面,随着我国经济规模的高速扩张和工业化的快速推进,大量能源消耗和污染排放成为发展过程中的重大挑战。面对严峻的生态环境问题和挑战,我国提出"2030碳达峰,2060碳中和"的战略目标。相较于发达国家,我国实现"碳达峰"时所处经济发展水平并不太高,从"碳达峰"到"碳中和"的时间更短,这对我国实现经济高质量发展和生态环境高水平保护的协同和融合提出了更高要求。法商管理强调企业应合法合规经营,并主动承担社会责任。因此,法商实体主动加大环境保护投资,积极承担环境保护社会责任,有利于修补因污染排放所造成的企业经营合法性的缺失,提升法商管理的有效性。另一方面,随着互联网技术的日新月异,互联网改变了信息传播的方式、产品销售渠道以及供需之间的结合方式,互联网与传统行业的结合成为不可阻挡的趋势。法商实体充分利用互联网的核心优势,建立"传统企业+互联网技术或思维"经营模式,有利于加速企业升级,把握市场机遇,进一步开拓市场新局面,构建全屏发展新生态,推动企业持续健康发展。

三、法商管理的内涵与特征

(一)法商管理概念的提出

第二次世界大战后,管理理论发展到了现代阶段,形成了许多管理学流派,这些流派在内容上既相互影响又相互联系,形成了盘根错节、诸家争鸣的局面,孔茨将其称为"现代管理理论丛林"。现代管理理论丛林的代表流派主要包括以孔茨等为代表的管理过程学派、以道格拉斯·麦格雷戈(Douglas McGregor)等为代表的人际关系学派、以切斯特·巴纳德(Chester Barnard)为代表的社会系统学派、以弗雷德里克·兰彻斯特(Frederick Lanchester)等为代表的管理科学学派、以彼得·德鲁克(Peter Drucker)为代表的经验主义学派以及以弗雷德·菲德勒(Fred Fiedler)等为代表的权变理论学派。尽管这些学派都有其局限性,但他们都从不同的角度为管理学的繁荣与发展做出了独特的贡献。尤其是数学、系统科学等自然科学新成就应用于管理学,使管理学的系统性和严谨性达到了一个新的高度。

虽然现代管理理论已出现了不同学科的交叉融合,但在主流管理理论中,"法学"和"商学"作为泾渭分明的两个学科却尚未有交集,"法商结合""法商管理"等说法也尚未产生。中华人民共和国成立以来,我国长期实行计划经济体制,企业仅仅负责依据国家或政府的行政命令进行生产,因此这一时期的工商企业多为生产型企业。进入 20 世纪 80 年代,中国开始实行改革开放,并逐步引入市场经济,企业开始拥有独立自主的经营权并逐步向经营型企业转型。然而,由于此时社会主义市场经济体制刚刚建立,法人治理、公司法治等先进的公司治理理念在国内尚未得到广泛传播,建立在此基础上的法商管理更无从谈起。

国内已有学者对"法商管理"的概念进行了界定。孙选中教授在《法商管理的兴起:孙选中关于中国法商管理的思考》一书中对法商管理概念进行了界定,他认为,法商管理主要是在经商和法治的价值观及其方法论的相互作用下合理实现企业目标的管理过程[①]。柴小青指出,法商管理就是综合管理学、法学相关知识,对企业经营活动进行计划、组织、管理和控制的理论与方法,强调从商业经营规则和相关法律规则两个方面加强对企业经营活动的管理,以规避企业经营风险和法律风险[②]。

2010—2019 年,尽管"法商管理"一词出现得日渐频繁,但学界对于法商管理的研究一直停留在孙选中和柴小青两位教授对这一概念的不同解释上,缺乏更进一步的研究。2019 年,中国政法大学刘纪鹏教授在前人基础上对新时代法商管理做了进一步研究,他认为,法商管理就是以公司、基金两类狭义法商实体和广义法商实体中的企业家为对

---

① 孙选中.法商管理的兴起:孙选中关于中国法商管理的思考[M].北京:经济管理出版社,2013.
② 柴小青.论法商管理理论创建的现实需求与逻辑基础[C]//第六届(2011)中国管理学年会——公司治理分会场论文集.2011:126-129.

象,以公司法治为主线,在法商伦理与法人治理基础上实现企业系统价值最大化的全过程管理①。

(二) 法商管理的定义与内涵

关于法商管理的定义与内涵,不同学者提出了不同的观点和看法。其中,中国政法大学孙选中教授指出,法商管理就是把"商"与"法"两者的知识、方法和智慧高度融合,从管理学视角揭示企业经营活动中的法商关系,探讨"法商思维"在管理过程中的运用。也就是说,商业智慧的重点在于如何整合资源,而法商思维则更加偏重于如何驾驭规则。在此意义上,法商管理的价值观和方法论就是在"资源"与"规则"组成的坐标系中进行"资源+规则"的管理安排。法商管理中关于"法"的界定可以从两方面来看:从狭义上来看,"法"主要是指法律条文、成文的规章制度等;从广义上来看,"法"是指影响人们行为的各种规则。

法商管理作为一个复合概念,由三个子概念组成。第一个子概念是管理。管理是目的和手段,其含义在于说明法商管理最终要落实到具体的手段上,且明确规定了法商管理学的学科归属应是管理学。第二个子概念是商。法商管理中的"商"可以理解为企业组织的经营活动,也可以理解为商事,在法商管理概念中它是管理的对象。第三个子概念是法。这里的"法"主要指与企业商事相关的法律法规的集合。

基于以上论述,本书从法商思想与管理相融合的角度将法商管理定义为:

> 法商管理是指法商主体在特定的环境条件下,以追求管理过程的效率与公平为准则,以人为中心通过计划、组织、指挥、协调、控制及创新等手段,对组织所拥有的人力、物力、财力、信息等资源进行合法有效的决策、计划、组织、领导、控制,以期高效地达到既定组织目的、实现组织持续健康发展的过程。

(三) 法商管理的特征

1. 重视公司法律制度与企业管理的融合创新

法商管理学是法学与管理学有机融合而形成的新兴学科,它的建立对于推动法学与管理学的发展具有重要意义。与传统管理单一重视资源整合不同,法商管理既强调有形资源的合理配置,也突出对于规则等无形资源的把握和利用。

传统的管理学兼具科学性和艺术性的特征,与法学的融合进一步赋予了其法治性的特征。在社会主义市场经济条件下,法商实体的每一行动都处于各项法律的监督之下。作为社会主义市场经济的主体,法商实体始终需要通过遵纪守法来约束自身行为,维护组织存在和经营的合法性。同时,不断强化管理层对于公司法律的熟悉程度,有利于提升企业"整合规则"的能力,促使企业经营活动及企业管理者获得更大的成功。因此,法商管理学实现了法学和管理学的交叉融合,实现了新时代下管理学的创新发展。

法律和法学强调"公平、公正、公开"的有机统一,与管理学的融合意味着企业经营管理活动的制度化、规范化和法治化。随着我国社会主义法律体系的不断完善,现有法律不

---

① 刘纪鹏.法商管理学[M].北京:东方出版社,2019.

仅重视对企业外部经营活动的约束,也对企业内部行为有了明确的规定。本书所强调的法商管理重视通过法律与企业管理的融合,促使企业管理实践与法律的原则和规定保持一致,实现企业行为的有法可依,有效控制法商实体和各项经营活动的风险,充分发挥法律对于企业外部经营和内部治理的指导作用。

2. 兼顾效率与公平

企业经营活动以效率为准绳,以经济效益为目标,其追求的是资源利用效率最大化、投入产出效益最大化、股东利益最大化等。然而,随着社会主义市场经济体制的不断完善,关于企业经营活动的思考已经形成了新的视角。企业作为一个将输入的资源转化为价值进行输出的社会组织系统,其经营活动在社会大系统中循环,因此其经营活动的本质在于承担公平的社会责任以及维护客户、股东等利益相关者的权益。更为重要的是,在激烈的市场竞争中,企业单纯地以效率为准绳而开展各项经营活动也不利于企业持续健康发展。

与传统企业管理仅强调效率不同,法商管理学兼顾效率与公平。事实上,效率与公平的均衡关系如同矛盾的两个方面或太极的阴阳两极,它们相辅相成、相生相克。极端的效率思维和管理决策将导致企业资源的透支或耗竭,而片面的公平思维又将导致企业丧失创新能力或停滞不前。法商管理学强调企业管理者应将以效率为中心的管理思维方式与以公平为中心的法治思维方式进行融合并运用到企业实际经营中。因此,企业在实现经济效益最大化的同时,更需要注重实现利益相关者的权益最大化,以谋求在市场竞争中获得持续健康的发展。

3. 以工商管理为主

企业管理重心的变化是社会不断发展的产物,也会受到企业生产力水平提高和生产关系变化的影响。在18世纪末19世纪初的传统管理阶段,企业管理重心在于对员工实行外部控制,包括控制人的思想和行为规范。在19世纪末20世纪初的科学管理阶段,企业管理重心是推动员工在日常生产工作中实现标准化、规范化、制度化,进而实现企业经济效益的增长。而在现代管理阶段,企业管理者逐步认识到企业生产效率和企业内部管理的重要性,即企业在管理中如何根据社会环境的变化及时做出正确的战略决策和经营决策。所以,这一阶段的管理重心在于如何快速了解市场、正确把握市场以及利用企业的经营资源开发新的市场,从而保证企业与社会经济相适应,最终获得可持续发展和长期利益。

随着企业经营的负外部性的增加,企业必须通过履行社会责任、遵守法律法规等方式降低外部交易成本,合理控制企业风险,这也在一定程度上决定了企业必须把法商管理作为现代企业管理的重要内容。法商管理学虽然是法学与管理学融合而成的一门学科,但其仍然以管理学为主,法学为辅,突出"法"为"商"用。法商管理学的诞生赋予了传统管理学新的内涵,推动计划经济时代的行政管理和市场经济初级阶段的经验管理向现代企业的法治管理转变。

4. 倡导商业文化和法治文化建设

企业文化是企业的灵魂,是推动企业发展的不竭动力,是企业凝聚人才、整合资源、拓展与服务客户、成就员工,使企业生生不息的有效工具。从文化学的视角来看,法商实体以追求效率为核心价值观形成了相应的管理体制和机制,在此基础上又催生出各种不同的生产、交换、消费等经济活动及其物化的产品。法商实体中以价值观为代表的精神文化、以企业管理体制和机制为代表的制度文化和以经营管理结构为代表的物质文化,与企业法商运营活动相结合,共同催生出企业独特的商业文化。同样地,企业法商运营活动以追求公平为核心价值观形成了相应的法制机制和运行机制,并基于此产生了秩序化和规范化的社会行为及社会运行方式,由此衍生出了以公平为核心价值、以规制为行为原点、以秩序为行为表现的法治文化。法商管理学实现了文化层面的价值观、运行机制和行为效果的有机结合和高度融合,这对新时代下企业持续健康发展具有重要的推动作用。

5. 强调公司治理中的法人治理与法治精神

法人治理结构作为现代企业制度中最重要的组织架构,是明确划分股东会(包括股东)、董事会(包括董事)、监事会(包括监事)和经理层之间权力、责任和利益以及明确相互制衡关系的一整套制度安排。通过这样一种制度安排,企业形成清晰的利益机制和决策机制,确保企业生产经营活动的有序、有效进行。完善法人治理结构是法商管理的重要特征,法商管理要求企业在《公司法》的基础上,严格拟定公司章程,制定公司的"组织法",通过积极引入共同治理机制、构建股东大会运作规则、健全董事会制度、完善公司经理层的运作机制等措施和手段建立和优化权力分立、相互制衡的现代公司法人治理结构,形成法商实体内部权力的科学分配和制衡机制,保护投资者利益。

法商管理学是法学与管理学融合而成的一个新兴学科,法治作为法律的重要原则也成为法商实体日常经营所应遵循的原则之一。传统的企业管理对于企业经营管理的合法合规问题缺乏关注,而法治原则则要求企业在经营过程中严格遵循法律法规的各项规定、处理好与员工的合同关系、树立起知识产权观念、处理好竞争与并购中的风险等,二者之间形成了有益的补充。随着我国法律体系的不断完善,现代法治不仅重视对自然人和物的管理,同时也重视对法商实体等法人组织的管理。当前,我国企业面临的国际竞争日益激烈,因此企业不仅应熟悉本国的法律,在国际化经营的过程中也要明确国外的法律法规对用工、融资等环节的规定,避免因不熟悉规则而导致的不必要的损失。基于此,法商实体应主动适应所在国家和地区的市场环境、遵守法律与商业规则、开展合法合规的经营,不断提升自身国际竞争力和可持续发展能力。

【案例 1-1】

2021 年 4 月,国家市场监督管理总局依据《中华人民共和国反垄断法》,对美团在中国境内网络餐饮外卖平台服务市场滥用市场支配地位行为进行立案调查。

经查,2018 年以来,美团滥用在中国境内网络餐饮外卖平台服务市场的支配地位,以实施差别费率、拖延商家上线等方式,促使平台内商家与其签订独家合作协议,并通过收取独家合作保证金和大数据、算法等技术手段,采取多种惩罚性措施,保障"二选一"行为实施,排除、限制了相关市场竞争,妨碍了市场资源要素自由流动,削弱了平台创新动力和发展活力,损害了平台内商家和消费者的合法权益,违反了《中华人民共和国反垄断法》第二十二条第(四)项"没有正当理由,限定交易相对人只能与其进行交易或者只能与其指定的经营者进行交易"的规定,事实上构成了滥用市场支配地位行为。

根据《中华人民共和国反垄断法》相关规定,综合考虑美团违法行为的性质、程度和持续的时间等因素,2021年10月8日,国家市场监督管理总局依法作出行政处罚决定,责令美团停止违法行为,全额退还独家合作保证金12.89亿元,并处以其2020年中国境内销售额1 147.48亿元3%的罚款,计34.42亿元。同时,向美团发出《行政指导书》,要求其围绕完善平台佣金收费机制和算法规则、维护平台内中小餐饮商家合法利益、加强外卖骑手合法权益保护等进行全面整改,并连续三年向国家市场监督管理总局提交自查合规报告,确保整改到位,实现规范、创新、健康的可持续发展。

第三节　法商管理学的框架体系

一、法商管理学与相关学科的关系

法商管理学就其学科的性质而言,是与管理学、法学、哲学和经济学密切相关的一门交叉学科。法商管理学涉及管理学的一切领域,但又不同于管理学;它充分利用法治的思想,但又不同于法学;它充分借鉴哲学的研究方法,但又不同于哲学。

(一)法商管理学与管理学

法商管理学以管理学为主,法学为辅,因此其在本质上仍然属于管理学的范畴。法商管理学在遵循管理学核心发展规律的基础上,将诸多管理学理念应用到法商管理实践中。

首先,从研究目的来看。管理学研究是在现有的条件下,通过采取某些具体的手段和措施,设计、营造、维护一种环境,以实现组织内人、财、物等有限资源的合理配置,提高生产效率。无论是以标准化、制度化为核心的科学管理理论,还是强调以人为中心的行为科学理论,都试图从不同角度出发以实现个人利益与组织利益的有机统一。法商管理学研究个体工商户、合伙企业、公司制企业等法商实体及其行为,即法商行为,明确现代法人治理在企业治理及企业运营中的重要意义,强调企业社会责任、企业文化等对企业行为的指导作用。法商管理学所强调的"法商实体"和"法商运营"是在中国特色社会主义市场经济高速发展时期对传统管理学的突破和创新。

其次,从研究内容来看。管理学关注如何实现组织的效率最大化。泰勒的科学管理理论强调从改善工人作业工具及方法入手以提高工人生产效率;梅奥通过霍桑实验识别出了影响员工工作效率的因素,并认为通过改善工作环境可以显著提升员工的工作积极性和工作效率。由此可以看出,管理学自诞生起就不断尝试通过发挥管理职能以实现组织效率的提升。亨利·法约尔(Henri Fayol)对组织的管理行为进行了研究,从一般意义上提出了管理的五大职能,即计划、组织、指挥、协调和控制,组织的每一行为都包含了这五项管理职能。根据德鲁克经验主义学派的观点,管理者的有效性可以通过实践习得。而法商管理学坚持效率和公平相统一的原则,不断完善和优化管理职能,以实现企业行为的合法性，推动企业的健康可持续发展。

最后，从研究方法来看。管理学是一门研究人类社会管理活动中各种现象及规律的学科，是根植于工业组织中的实际问题而逐渐发展起来的理论体系。因此，只有通过历史研究法、比较研究法、案例分析法、归纳演绎法等研究方法才能不断从历史和实践中总结经验和教训，提升我国企业的管理水平。法商管理学的研究需要充分借鉴管理学的研究方法，梳理国内外企业在法商管理实践中的发展历史并总结经验，结合发展实际，推动法商管理学在企业中的应用和推广。

（二）法商管理学与法学

法学的一系列内容和原则对于法商管理学的发展和进步具有至关重要的作用。

首先，从研究目的来看。法学是关于法律的科学。法律作为社会的强制性规范，其直接目的在于维持社会秩序，并通过秩序的构建与维护，实现社会公正。作为以法律为研究对象的法学，其核心就在于对秩序与公正的研究。而法商管理学的目的不仅在于为企业培养专业的法律人才，还在于为企业培养既能充分整合现有资源，又能驾驭规则的企业家和管理者。

其次，从研究内容来看。法学是以法律、法律现象及其规律性为研究内容的科学。具体而言，法学研究一般划分为三层：第一层，以法律规范的形成、适用、效力等为研究对象的法学，主要从法律规范抽象的一般规则出发，探讨法律规范自身的科学性；第二层，以法律规范的理解与适用为研究对象的法学，主要考察部门法法律规范的内涵、体系、效力及具体适用；第三层，借助历史学、社会学、经济学等知识，揭示社会生活中法律的发展规律和价值内涵，为立法和司法提供价值判断标准。而法商管理学则是系统地研究法商运营活动及其基本规律和一般方法的科学。法商管理学强调将法学的公平、公正、正义等理念和原则融入法商运营实践，维护企业经营管理的合法性。

最后，从研究方法来看。法学的基本研究方法包括阶级分析法、价值分析法和实证分析法。而在法商管理学的研究中，观察研究法、案例研究法和历史研究法等发挥着重要作用。法商管理学与法学在研究方法上存在着共通之处。

（三）法商管理学与哲学

价值观和方法论是哲学的核心内涵，同样也是法商实体在社会主义市场经济中行稳致远的重要条件。

首先，从研究目的来看。哲学是研究世界基本和普遍问题的学科，是关于世界观的理论体系。哲学研究的目的在于为人类认识世界和改造世界提供方法论的指导。法商管理学研究的目的在于为企业经营管理活动提供具体的方法论指导。

其次，从研究内容来看。哲学以各门具体学科为基础，是对各学科的概括和总结，并随着各门具体学科的发展而发展。哲学将整个世界的一般规律作为自己的研究对象，因而其理论具有一般性和普遍性。因此，法商管理学的研究内容是哲学研究内容的具体化。

最后，从研究方法来看。"研究方法"作为一个哲学术语，是指在研究中发现新现象、新事物，或提出新理论、新观点，揭示事物内在规律的工具和手段。因此，法商管理学所运用的研究方法根植于哲学,是哲学研究方法在法商管理学中的具体体现。

(四) 法商管理学与经济学

经济学领域的一系列理论和方法对于法商管理学具有重要的借鉴意义。

首先,从研究目的来看。经济学是研究人类社会在各个发展阶段中的各种经济活动和各种相应的经济关系及其运行、发展规律的学科。因此,经济学研究的目的在于解决经济发展过程中的问题,促进经济持续健康地发展。法商管理学研究的目的在于解决法商主体在发展过程中的各种问题,推动法商主体的持续健康发展。因此,经济学领域的思想能为法商管理学的研究提供具体的指导。

其次,从研究内容来看。经济学的研究对象是人类经济活动的本质与规律,其核心思想是物质稀缺性和资源的有效利用。法商管理学融合了经济学中的相关理论,有利于提升法商管理学研究的规范性,为法商主体实现资源的优化配置提供具体指导。进一步地,法商管理学对于经济学理论的运用也有利于推动经济学思想在法商管理学领域的进一步拓展和延伸。

最后,从研究方法来看。经济学的研究方法主要分为实证分析和规范分析。实证分析主要包括均衡分析、非均衡分析、静态分析、动态分析、定量分析、定性分析等。而规范分析严格来说并不是一种方法论。在经济学实践中,一方面,实证分析中的各类分析方法常常结合在一起,难以分离,例如用计量的方法进行时间序列的动态研究;另一方面,实证分析和规范分析也难以割裂,规范分析常常以实证分析的结果为依据。法商管理学可以充分利用经济学研究中的分析方法以更好地解决企业经营管理中的问题。

二、本书的框架体系

从研究对象来看,法商管理学主要关注法商实体的管理和企业家的行为。从研究范畴来看,法商管理学包含四个方面的主要内容:法商实体的公司法治、现代法人治理与激励、法人伦理与道德规范以及企业管理与运营。从研究方法论来看,法商管理就是在"资源"与"规则"组成的坐标系中进行"资源+规则"的管理安排。正是围绕法商管理学的研究对象、研究范畴和方法论,最终形成了本书共三篇十二个章节的框架体系。

第一篇,法商管理的概念与理论。本篇分为两章内容,主要对法商管理的概念及理论基础进行了梳理。第一章主要介绍了"法商"一词的由来和法商管理的概念,梳理了法商管理产生的历史和时代背景,并阐述了法商管理的内涵与特征,使读者对法商管理具有一个初步的认识。第二章详细介绍了法商管理的理论基础,并梳理了法商管理自产生以来的演变过程,对不同时期的法商管理进行了详细描述。

第二篇,法商实体与企业制度。本篇共分为五章内容,主要介绍了不同法商实体及其相关的制度。第三章详细介绍了个体工商户、个人独资企业、合伙企业、公司及其相关的制度。第四章从企业法人与法人治理的角度出发,对法人治理概念及公司法人治理模式进行了介绍。第五章立足于我国的实际,对国有企业经营方式、国有企业制度建设及国有企业改革等相关内容进行了介绍,对新时代进一步推动国有企业高质量发展具有一定启示作用。第六章主要介绍了中外合作经营、中外合资经营及外资企业的相关法律制度。第七章基于集团企业的产生和发展,剖析了集团企业的多级治理制度和模式。

第三篇,法商运营与法条解读。本篇共分为五章内容,主要对法商管理在企业经营中的作用及相关法条进行了分析和解读。第八章对企业并购行为、反垄断等资本运作行为及相关法条进行了解读。第九章分析了企业的物资管理行为及相关法条。第十章强调了人力资源要素在企业经营管理中的重要作用。第十一章详细阐述了知识产权管理及相关法条。第十二章分析了法商管理的环境,主要包括物理环境和互联网环境,并对相关法条进行了阐释。

三、法商管理学的培养对象与目标

随着改革开放的不断深入,我国社会主义市场经济制度不断完善,并逐步形成了"亲""清"新型政商关系。这对企业管理者的能力提出了更高的要求。企业管理者虽然具有整合资源的强大能力,但也会因为驾驭规则能力的缺乏而陷入危机。由此也催生了对于既能进行资源管理又能充分利用好相关规则的管理人才的需求。

法商管理学虽然强调对于法律专业人才的培养,但不局限于为企业培养法律顾问和合规官,更重要的是为企业培养既能充分整合现有资源,又能驾驭规则的企业家和管理者。企业家作为市场经济的引领者和创新者,在推动市场经济进一步发展方面发挥着重要的作用。法商管理学的培养理念是对传统工商管理培养理念的延伸和发展,后者在企业管理中追求"效率至上",而前者在追求效率的基础之上更加强调公平,即法商管理学更加强调"效率与公平的均衡"。

综上所述,法商管理学培养的对象既非法律人才,也非传统管理人才,而是法商复合型的企业家和管理者。法商管理学强调将法律知识融入现代管理,从而为企业培养在社会主义市场经济中既能进行资源管理又能灵活驾驭各种规则的新时代管理者。

四、法商管理学的研究方法

法商管理学的研究应遵循理论联系实际和继承、发展与批判相结合的原则。在该原则指导下,对法商管理学的研究可采用以下基本方法。

(一)观察研究法

对法商管理学的研究必须通过企业管理实践归纳总结出其背后所蕴含的科学理论。通过对优秀管理者的管理经验的提炼总结,透视其背后所蕴含的深刻的管理真谛,有助于提升学习效果。

(二)案例研究法

案例研究法是指通过对实践中经典的法商管理案例进行分析与讨论,从中总结出管理的经验教训以及能指导管理实践的原则和方法,进一步加强对所学的法商管理理论的理解与运用。

（三）历史研究法

历史研究法就是通过阅读大量有关法商管理理论与实践的历史文献,探究法商管理的起源、发展演变及时代意义。更为重要的是,通过对重要的法商管理学者的理论和管理案例进行解析,归纳总结出一般性规律,并应用到当前实践中。

本章小结

在社会主义市场经济改革不断深化的背景下,我国企业亟须将法商管理应用到企业管理实践中以增强企业的国际化竞争力、提高企业治理现代化水平、强化企业效率与公平意识,以及提升企业管理层整合资源与驾驭规则的能力。

法商实体和法商运营是法商及法商管理的核心内涵,同时也为建立法商管理学的理论体系奠定了基础。法商实体表现形式多样,依照其组织形态或特征,可分为商个人、商法人和商合伙。其中:商个人是指个体工商户与个人独资企业等;商法人主要是指建立在股份制基础上的现代公司;商合伙主要是指承担无限责任的合伙企业。本书所谈到的法商实体包括个体工商户、个人独资企业、合伙企业及公司制企业。法商实体是具有独立法人地位的社会化经营的主体,在治理结构上具有所有权与经营权相分离的特征。

随着近年来法律服务经济的需要,法律在商业领域中的作用日益凸显,从法人治理入手,进行企业法治建设,逐渐成为现代企业管理的重要组成部分。在当前时代背景下,法商结合对于促进社会稳定、加快经济转型、引导企业变革等都具有积极意义。

法商管理是指法商实体在特定的环境条件下,以追求管理过程的效率与公平为准则,以人为中心通过计划、组织、指挥、协调、控制及创新等手段,对组织所拥有的人力、物力、财力、信息等资源进行合法有效的决策、计划、组织、领导、控制,以期高效地达到既定组织目的、实现组织持续健康发展的过程。其具有重视公司法律制度与企业管理的融合创新、兼顾效率与公平、以工商管理为主、倡导商业文化和法治文化建设、强调公司治理中的法人治理与法治精神等特征。

法商管理学作为一门新学科,其包含的内容颇多,从涉及的专业领域来看,早已跳出了法律和企业管理的范畴。法商管理学创新融合了管理学、法学、哲学、经济学的思想内涵和方法论体系,是一门交叉创新型学科。

法商管理学旨在培养能将法律知识融入现代管理,在社会主义市场经济中既能进行资源管理又能灵活驾驭各种规则的新时代法商复合型企业家和管理者。

法商管理学的研究应遵循理论联系实际和继承、发展与批判相结合的原则,其基本研究方法主要包括观察研究法、案例研究法、历史研究法。

思考题

1. 法商管理理论与传统管理理论存在哪些区别与联系?
2. 法商管理与传统管理领域存在哪些异同?对于新时代企业管理具有怎样的意义?

案例分析

中兴通讯遭受巨额处罚的真正"病根"

中兴通讯股份有限公司(以下简称"中兴通讯")是中国最大的通信设备上市公司,在香港和深圳两地同时上市。中兴通讯由深圳市中兴新通讯设备有限公司(以下简称"中兴新通讯")控股,中兴新通讯是国务院确定的520家全国重点国有企业之一。1993年,中兴新通讯在国内首创"国有控股、民营经营"的混合经济模式,探索出了一条全新的企业发展道路。1997年,中兴新通讯通过资产重组发起创立了高新技术企业——中兴通讯。

2012年3月,美国得克萨斯州法院最先给中兴通讯在美国的子公司发出传召函,针对中兴通讯违反美国限制向伊朗、朝鲜等国出售美国技术的制裁条款做出立案调查。2013年11月,中兴通讯在已知美国监管机构正调查自己的情况下,为规避美方监管,找了一家无锡上市公司作为隔断公司,通过国内贸易的形式,称将产品卖给了这家无锡公司,再由这家无锡公司卖给伊朗。这种做法对美方监管机构而言,相当于一边面谈和解,一边顶风作案。2016年,美国商务部曾对中兴通讯向伊朗销售产品一事展开过调查,中兴通讯向美国政府提出和解,美国政府聘用第三方进驻中兴通讯调查。但是在调查过程中,中兴通讯试图隐瞒相关信息,损害了美国政府对中兴通讯的信任。最终,美国政府对中兴通讯提出了三项指控,包括串谋非法出口、阻挠司法以及向联邦调查人员做出虚假陈述,并据此判决中兴通讯支付约8.9亿美元的刑事和民事罚金。

中兴通讯作为我国最成功的高科技跨国企业之一,具有丰富的国际化经营经验,很难相信其会对一个国家公开透明且相对稳定的进出口相关管制法律缺乏了解。而对于这样一个大型企业而言,企业内部负责风险管控的法务部是否已经注意到了这一系列违反法律法规的行为?其是否发挥了应有的作用?这些问题仍值得进一步探讨。

资料来源:作者根据相关资料整理。

思考

1. 从法商管理视角来看,导致中兴通讯最终遭受巨额罚款的真正"病根"是什么?
2. 依据中兴通讯的教训,说明法商管理对企业具有哪些影响。
3. 依据中兴通讯的教训,试讨论企业在国际化经营的过程中应注意哪些问题。

第二章
法商管理的理论基础与演变过程

学习目标

1. 掌握法商管理的理论基础。
2. 理解法商管理的演变过程。
3. 理解法商管理创建的逻辑基础。
4. 理解新时代下法商管理的新内涵。

基本概念

法商管理理论　法商管理演变过程　科斯定理

案例导入

商战频现"武斗",法商如何兼修

2020年上演的商战"宫斗剧",异常魔幻:年初,当当"庆渝年"大戏,李国庆当众摔杯、武力夺章;年末,游族网络董事长林奇被部下投毒致死,华信信托董事长董永成抡锤行凶。

这些发生在精英阶层、董事会里的暴力事件,不断刷新"打工人"们对内斗的想象底线。其间,瑞幸咖啡高层发联名信要罢免董事长已经算是"文戏"了。

网友调侃,"高端的食材往往只需要最简单的烹饪方式,最高端的商战也往往采用最朴实的手段"。这一黑色幽默背后,不禁引人发问:现代公司治理中,在冲突面前,为何企业家和高管们的"素养"全无,突破法律底线,试图以武力解决问题?治理机制和法律为何会失灵?

从董事会层面的暴力事件,延伸到近年来企业家群体中丑闻频发,面对个体不当行为对公司形象和经营产生的负面影响,该如何从机制上应对?

由这些商战"武斗"暴露出的公司治理机制和管理层法律意识缺失等问题,依然值得探究。

"武斗"重现

2020年12月25日,游族网络董事长林奇被投毒致死,享年39岁,嫌疑人是子公司游族影业和三体宇宙公司CEO许垚。林奇去世半个月后,关于其遗产的纷争也上了热搜。据相关报道,投毒案件中受害人多达三人,毒素包括汞和河豚毒素。关于投毒动机,有知情人称是因职位调整产生不满。截至发文案件正在审理中,许垚聘请律师团队做无罪辩护,并提前做了大量精神疾病鉴定的准备,试图逃脱法律制裁。投毒,这种"宫斗剧"中的阴险手段出现在现代文明社会,特别是出自一位有高知背景的高管之手,令人不寒而栗。

这一极端事件发生后不久,一起"董事长抡锤打伤女总经理"的事件再次冲击三观。据报道,2021年1月6日,华信信托董事长董永成在大连某办公楼的电梯里,因工作冲突,用锤子打伤公司总经理王瑾,致其全身14处受伤,被诊断为轻伤一级。当晚,董永成被刑事拘留。

以温和方式解决冲突

"如果能有更温和的解决争端的方式,只要是正常人都不会采用像投毒、抡锤等这种暴力途径。"中国政法大学商学院MBA项目主任、法商系副系主任孟令星指出,比如瑞幸咖啡的中高层通过向大股东和董事会写联名信的方式,就是一种比较温和的处理矛盾的方式。近期,经历了业务造假从美股退市后,瑞幸咖啡新任董事长兼CEO郭谨一遭遇高管集体"逼宫"。2021年1月6日晚,瑞幸咖啡七位副总裁,所有分公司总经理和核心业务高管签署联名信,向大股东和董事会集体请求罢免郭谨一,理由包括贪污腐败、滥用权力、能力低下、做出诸多错误决策等。

孟令星解释道,比如这封联名信中指出的,郭谨一存在贪污腐败行为,这属于刑法范畴,公司法中也明令禁止。而滥用权力则是公司治理范畴,需要由公司章程明确规定董事长的权利范围。其他所提到的,诸如能力低下、决策错误等,这些则很难通过制度和章程来进行判定或约束。

公司高层对法律后果轻视,降低施暴阈值

根据以上案例,投毒和抡锤都触碰了法律底线,但是根据目前报道情况,当事人的动机和处境有很大区别。孟令星分析,游族投毒案中,嫌疑人许垚本身精通法律,自认为周密谋划可以逃脱法律制裁。这种知法犯法的行为也提醒我们,法律学习更应该注重法律道德意识的培养。

变"经商智慧"为"法商智慧"

在商业竞争中,管理者法治精神和法治能力的缺失,正阻碍着企业走向真正的现代化。变"经商智慧"为"法商智慧",用"法商管理"理念处理问题,不仅是法商系所秉持的教育理念,也是企业管理者应该修炼的能力。

资料来源:陈茜.商战频现"武斗",法商如何兼修[J].商学院,2021(Z1):93-95.

第一节 法商管理的理论基础

一、法经济学

(一) 法经济学的含义

法经济学(Law and Economics),也称"法和经济学",又称"法律的经济分析"(Economic Analysis of Law),是第二次世界大战后发展起来的一门经济学与法学的交叉学科,也是战后当代西方经济学中一个重要的学术流派。

(二) 历史发展

1. 历史概论

在古典经济学的发展过程中,由于经济研究仍大量涉及社会制度问题,因此对于法律问题的研究从未中断过。美国芝加哥大学是当代法经济学的诞生地和最重要的研究中心之一,其中包括法经济学的主要奠基人亚伦·戴雷科特(Aaron Director)和罗纳德·科斯(Ronald Coase),以及当代法经济学领军人物、著名的法经济学家理查德·波斯纳(Richard Posner)等。表 2-1 列示了法经济学的代表人物及其主要观点。

表 2-1 法经济学的代表人物及其主要观点

代表人物	地位	主要观点
科斯	法经济学初创时期最重要的代表人物,也是法经济学的学科创始人之一	• 1960 年发表的经典文章《社会成本问题》(The Problem of Social Cost),是法经济学学科创立的里程碑 • 著名的"科斯定理":当交易成本为零时,不同的产权界定将不会影响资源配置的结果;反之,当交易成本不为零时,不同的产权界定会导致不同的资源配置结果
阿门·阿尔奇安 (Armen Alchian)	法经济学初创时期的重要代表人物	• 1961 年发表了《关于产权经济学》(The Property Right Paradigm)一文,运用效用最大化方法研究了产权制度问题 • 他创造了一个分析框架,后人可以用之来制定或者倡导实践中法律的改进
圭多·卡拉布雷西 (Guido Calabresi)	法经济学的奠基人之一	• 1961 年发表了《关于风险分配和侵权法的一些思考》(Some Thoughts on Risk Distribution and the Law of Tort)一文,从经济学的视角比较系统地研究了侵权的法律问题 • 私有产权是对必然发生的不相容的使用权进行选择的权利的分配 • 在私有产权下,任何共同协议的合约条件都是得到许可的,尽管它们不一定都要得到政府执行机构的支持

（续表）

代表人物	地位	主要观点
波斯纳	法经济学研究领域的重要代表人物	• 在20世纪80年代后期,对法经济学运动做出过分析和评价 • 波斯纳理论:关于私人市场会导致信息商品生产不足或停止生产的结论并不完全正确;只要具备一定的条件,私人市场完全可生产出帕累托效率条件所要求的信息商品的数量

2. 初创时期

从早期的古典经济学家亚当·斯密(Adam Smith)到大卫·李嘉图(David Ricardo),从德国历史学派的威廉·罗雪尔(Wilhelm Roscher)到美国制度学派的约翰·康芒斯(John Commons),许多学者在经济研究中涉及社会(法律)制度问题。此后,随着20世纪20—30年代新古典主义经济学主导地位的确立,社会制度问题被视为资源配置问题的既定前提而被搁置在一旁。作为社会制度的重要组成部分的法律制度问题,在经济学研究中逐渐被冷落。可是,由于19世纪下半叶大量垄断组织的产生,以及20世纪30年代经济大萧条的出现,导致相关国家反垄断法律的陆续颁布和政府在公共事业领域的干预及管制的扩张,因此,与反垄断和公共事业管制有关的法律方面的经济研究,仍然在进行。

20世纪50年代后期至整个60年代,是法经济学的初创时期。芝加哥大学教授、芝加哥经济学派重要人物戴雷科特在1958年创办了影响深远的《法与经济学期刊》(Journal of Law and Economics)。该期刊由芝加哥大学出版社印发,戴雷科特与科斯一起担任主编。1960年,科斯在该期刊上发表了《社会成本问题》一文,标志着法经济学的问世。

在法经济学的整个初创时期,法经济学还不是一门独立的学科,法经济学运动融合在整个新自由主义经济学运动和"经济学帝国主义"扩张运动中。从非主流的角度来看,新自由主义经济学的发展在当时呈现出一种"一体两翼"的发展格局。所谓"一体"是指以产权经济学理论和交易成本理论为基础的新制度主义经济学,其代表人物为科斯;所谓"两翼"是指以芝加哥大学经济学博士詹姆斯·布坎南(James Buchanan)为代表提出的公共选择理论和以芝加哥大学教授加里·贝克尔(Gary Becker)为代表进行的非市场行为经济学研究。后者并不直接以法经济学研究为目标。

3. 蓬勃发展时期

法经济学在20世纪70—80年代经历了一个蓬勃发展的时期。在这个时期中涌现出许多优秀的代表人物与研究成果(见表2-2)。同一时期,有关法经济学的研究机构和学术刊物也纷纷问世。此外,一些著名的大学,例如哈佛大学、芝加哥大学、斯坦福大学、加州大学伯克利分校、牛津大学、约克大学、多伦多大学等,纷纷在法学院、经济学院(系)开设法经济学课程。一些著名大学的法学杂志,例如《哈佛法学评论》(Harvard Law Review)、《耶鲁法学杂志》(Yale Law Journal)、《哥伦比亚法学评论》(Columbia Law Review)、《多伦多大学法律杂志》(University of Toronto Law Journal)等,也纷纷开始重视法经济学的研究,刊登有关法经济学的研究成果。这一时期,法经济学由于自身的不断成长,已经逐渐从新制度经济学中独立出来,成为一门具有比较完善的理论体系的相对独立的新兴学科。

表 2-2　蓬勃发展时期的代表人物及其研究成果

代表人物	研究成果	发表年份
波斯纳	《法律的经济分析》(Economic Analysis of Law)	1973 年
韦尔纳·赫希(Werner Hirsch)	《法和经济学》(Law and Economics)	1979 年
米契尔·波林斯基(Mitchell Polinsky)	《法和经济学导论》(An Introduction to Law and Economics)	1983 年
罗伯特·考特(Robert Cooter)和托马斯·尤伦(Thomas Ulen)	《法和经济学》(Law and Economics)	1988 年

在法经济学的蓬勃发展时期,芝加哥大学法学院的波斯纳教授是最为杰出的一位代表人物,他的著作《法律的经济分析》是一部类似于法经济学"百科全书"的经典作品。这部著作的出版,标志着法经济学完整理论体系的建立。同一时期,随着法经济学理论研究的不断扩展和深入,法经济学对立法和司法实践的影响也在不断扩大。

4. 20 世纪 90 年代及以后

进入 90 年代以后,法经济学的研究似乎进入了一个比较平和的发展时期,没有出现新一代的"领军人物",也没有出现具有明显"突破性"的新论著。研究领域中具有权威性的文献基本上仍是 20 世纪 70—80 年代出版,并在 90 年代经过完善、补充、修订的新版著作。在一些重要的学术期刊上,发表的许多论文大多是对已有论题的深入挖掘。但是,进一步观察仍然可以发现,20 世纪 90 年代以来,法经济学的研究还是呈现出一些值得注意的变化,这些变化可能预示着法经济学运动在 21 世纪的发展趋势。

20 世纪 90 年代以来,法经济学的研究领域显示出进一步扩大的趋势,"经济哲学"的色彩有所突出,一些学者试图将经济学、法学、哲学三者结合起来研究,使法经济学的研究领域扩展到更具根本意义的法律制度框架方面。

(三)学科性质

从学科性质来看,法经济学已明确将自己定位为一门"用经济学阐述法律问题"的学科。波斯纳认为,法经济学是将经济学的理论和经验方法全面运用于法律制度分析的学科。具体地说,法经济学采用经济学的理论与分析方法,研究特定社会的法律制度、法律关系以及不同法律规则的效率;其研究的主要目的仅在于"使法律制度原则更清楚地显现出来,而不是改变法律制度"。根据尼古拉斯·麦考罗(Nicholas Mercuro)和斯蒂文·曼德姆(Steven Medema)的定义,法经济学是一门运用经济理论(主要是微观经济学及福利经济学的基本概念)来分析法律的形成、法律的框架和法律的运作以及法律与法律制度所产生的经济影响的学科。

(四) 研究范围

从研究方法来看,法经济学是以"个人理性"及相应的方法论个人主义作为其研究方法基础,以经济学的"效率"作为核心衡量标准,以"成本—收益最大化方法"作为基本分析工具,来进行法律问题研究的。赫希曾指出:"尽管并非所有的研究者对法经济学的研究视角和方法都持有一致的看法,但是,绝大多数的人都认为,新古典主义经济学的分析方法——包括经济理论与计量分析工具——构成了法律和法律制度经济分析的基本特征。"[1]这一点,甚至连法经济学中非主流学派的学者也看得十分清楚,罗宾·麦乐怡(Robin Malloy)就一针见血地说:"通过对法律规则(Doctrine)进行成本—收益分析和经济效率分析,法律的经济分析使我们可以就法律实施的结果得出结论,并对特定的法律安排的社会价值做出评价。"[2]

因此,法经济学的研究范围主要包括:

(1) 对研究全过程的系统反思和综合性研究。

麦考罗和曼德姆在《经济学与法律:从波斯纳到后现代主义》(*Economics and the Law: From Posner to Post-Modernism*)一书中明确指出,法经济学的研究并非是一个一致性的运动,而是不同学术传统并存的研究过程,其中有些研究具有互补性,有些研究则是竞争性的,或者说,是具有冲突对立性质的。因此,很有必要对法经济学运动中发展起来的主要学术流派,包括公共选择学派、制度主义与新制度主义学派、现代公民共和主义学派和批判法学研究学派等,进行比较与综合研究,从而判断究竟哪些学派的思想能够真正成为当代法理学的重要组成部分。

(2) 进行变革与突破,反思学科性质的定位。

麦乐怡在《法与经济学》一书中明确指出,"法与经济学"与"法律的经济分析"是既有联系又有相当程度差异的学科,两者应该加以区分。"法律的经济分析"只是在新古典主义的经济模式中研究既定社会制度中的法律问题;而"法与经济学"的研究应注重经济哲学、政治哲学与法律哲学的相互关系,分析和评估可供选择的多种社会模式,研究和探索选择各种不同社会模式的法律制度与经济关系的后果。由此可见,麦乐怡的观点实际上对由新古典主义经济学支配的"法律的经济分析"在法经济学研究领域中所占据的统治地位提出了挑战,试图突破原法经济学研究狭窄的研究框架,将更多具有意识形态内容的研究纳入法经济学的研究领域,发展出一种"新的思考法学和经济学的方法"。按照这一观点,在"经济法理学"的研究中,不仅要涉及保守主义法学、批判主义法学、自由主义法学,还应包括新马克思主义及共产主义关于法与经济学的理论。

(五) 主要特征

与传统的法学研究相比,法经济学的研究主要具有以下几点特征。

1. 方法论个人主义

法经济学是以方法论个人主义的假定作为其研究基础的。方法论个人主义的核心思

---

[1] WERNER Z H. Law and economics: an introductory analysis(3rd)[M]. New York: Academic Press. 1991: 1.
[2] 麦乐怡.法与经济学[M].孙潮,译.杭州:浙江人民出版社,1999:2.

想是：社会理论的研究必须建立在对个人意向和行为研究的基础之上，分析研究对象的基本单元是理性人，并由此假定集体行为是其中个人选择的结果。因此，从法理学的角度来看，法经济学实质上是研究理性选择行为模式的方法论个人主义法学，或者说，是一种以人的理性全面发展为前提的法学思潮。

由于方法论个人主义同样也是古典经济学研究方法的重要基础，并且在"边际革命"兴起后的新古典主义经济学的发展过程中得到广泛的运用，因此法经济学在以方法论个人主义的假定作为其研究基础时，也就不可避免地借用了与这一方法论相一致的经济学的基本概念和分析方法，例如"效用""效率""机会成本"等概念，以及"成本—收益分析""均衡分析""边际分析"等分析方法。考特和尤伦在阐述运用微观经济理论的工具来研究法律问题的理由时指出："法律所创造的规则对不同种类的行为产生隐含的费用，因而这些规则的后果可当作对这些隐含费用的反应加以分析"，据此，"我们认为诸如最大化、均衡和效率之类的经济概念是解释社会，尤其是解释理性的人们对法律规则的反应行为的基本范畴"。①

2. 激励分析

激励分析是现代经济学理论研究经济主体行为的一种重要分析方法，尤其适用于研究分析经济主体的预期行为。在波斯纳看来，传统的英美法学研究主要考察已经发生的事件及案例，是一种"事后研究"(Ex-post Approach)；而法经济学主要从事的是一种"事前研究"(Ex-ante Approach)，因此，它必须注重分析随法律制度及相关因素变化所产生的预期行为刺激。"对法经济学家而言，过去只是一种'沉没了的'成本，他们将法律看成是一种影响未来行为的激励系统。"②例如，法经济学在讨论由于合同条文的不明确所产生的合同履行过程中偶发性风险(损失)分摊问题时，会确立一种规则：把损失分配给能以最低成本承担这种损失风险的一方，目的就是通过警告未来的签约双方——法院将利用这个规则来分配不履行合同的损失，促使未来的签约双方设计出对损失风险做出明确分配的合同，促进经济活动效率的改善。

3. 规范研究与实证研究

规范研究和实证研究分别是经济理论中规范经济学和实证经济学的最基本的分析方法。规范经济学研究的主要问题是"应该是什么"；实证经济学研究的主要问题是"是什么"。对于法经济学的规范研究，其最大的特点就是确立和突出法律的经济分析中的"效率"标准，即研究在一定社会制度中法律的制定和实施的"效率"问题。在一些法经济学家看来，传统法学研究所强调和重视的是"公平""正义"，而这一类概念本身的含义往往是模糊不清的，同时，在许多情形下，经济学分析往往能得出与法律分析相同的结论。所以，可以用"效率"去取代"公平""正义"之类的传统法律概念，甚至可以将法律问题转化为经济学问题进行研究。

从具体的效率标准来看，法经济学在规范研究中所运用的经济效率标准，并不是"帕累托最优"，而是"卡尔多-希克斯标准"(Kaldor-Hicks Criterion)。按照这一效率标准，在

---

① 考特，尤伦.法和经济学[M].史晋川，董雪兵，等译.上海：上海三联书店，1991：15.
② POSNER R A. Economic analysis of law[M]. Boston: Little, Brown and Company, 1977: 5.

社会的资源配置过程中,如果那些从资源重新配置过程中获得利益的人,其所增加的利益足以补偿在同一资源重新配置过程中受到损失的人的利益,那么,这种资源配置就是有效率的。法经济学的规范研究所确立的这种经济效率标准,可以认为是支撑法经济学理论大厦最重要的"顶梁柱",也是法经济学展开实证分析必不可少的前提。

在法经济学的研究中,实证研究最适合分析法律的效果问题,或者说,实证经济学的分析方法最适合研究法律的"效果评估"问题,包括对法律的效能做定性的研究和定量的分析。法经济学运用实证研究来分析预测各种可供选择的法律制度安排的效果,目的是更好地说明,法律的实际效果与人们对该项法律预期的效果是否一致,或是在多大程度上是一致的。实证研究在法经济学中的运用,不仅促进了法经济学研究的"模型化"和"精确化",而且使得对法律效果这个在法学中处于十分重要地位的法律分析问题的研究取得了极大的进展。

(六) 研究方法改进

20 世纪 90 年代以来,在法经济学的研究方法方面存在两种不同的学术倾向。

1. 改进新古典主义经济学的研究方法

在以"法律的经济分析"为代表的法经济学运动的主流学派中,新古典主义经济学的研究方法仍是其基本的研究方法。但是,文献表明,新古典主义经济学的"形式化"或"模型化"的研究方法,尽管在法经济学的教科书中仍占据十分重要的地位,可是在实际运用中却存在两大问题:一是此种"形式化"或"模式化"的研究方法进展比较缓慢;二是许多法经济学的研究仍然是以描述和分析案例的研究方法为主。对于研究方法中存在的问题,即使在主流学派中也并未达成一致的意见。一些学者担心"形式化"会提高法经济学研究的"门槛",不利于法经济学运动的进一步扩张。另一些学者则十分重视和强调法经济学研究的"形式化"问题,他们认为,如同物理学(牛顿力学)扩散到经济学领域一样,经济学之所以能扩散到包括法学在内的其他社会科学领域,所凭借的就是其研究方法的"技术优势"。考特和尤伦明确指出,过去 40 年(以 20 世纪 90 年代为节点)经济知识的发展主要依靠统计分析,而不是案例研究。文献表明,博弈论在经济研究领域的广泛运用,已经对法经济学的研究产生了明显的影响,推动了研究的"形式化"进程。

2. 以比较分析为主的研究方法

在法经济学运动的非主流学派中,一些学者提出了以比较分析为主的研究方法,表示要重新反思法经济学的研究领域和学科性质定位。按照这一观点,法经济学应该通过围绕各种"公平"社会模式的政治和经济谱系来对比和分析不同社会制度中的法律安排。麦乐怡曾明确指出,应该将法律制度视为一种特定的政治理念,不同的意识形态价值观可以直接置于现行法律制度中加以比较。强调比较分析研究方法的学者,并不完全否定新古典主义经济学理论与分析方法在法经济学研究中的运用,但是,他们强调在法经济学的研究中,应该"用有限度的经济方法分析法律",使法经济学的研究"更见哲理和人性"。

综上所述,自 20 世纪 90 年代以来,法经济学运动越来越明显地呈现出两种不同的学术倾向:一是主流学派的"法律的经济分析",这一发展趋势主要受制于新古典主义经济学的研究方法在法经济学研究中的进一步扩展和渗透,取决于"形式化""模型化"在研究具体法经济学问题中所发挥的作用,这可能是一个十分艰难曲折的进程。二是非主流学派的"法律的经济哲学分析",这一发展趋势主要受制于其研究方法和分析结论在多大程度上能显示出超过"法律的经济分析";并且,由于这一发展趋势并不完全排斥新古典主义经济学的方法,它还面临如何在研究领域的范围和研究方法方面与"法律的经济分析"相互协调的问题,以避免因理论研究和应用研究的"两张皮"而削弱理论的解释能力。

二、新制度经济学

(一)概念

新制度经济学(New Institutional Economics)是一个侧重于研究交易成本的经济学学科。交易成本是指在商品交易过程中,没有被交易主考虑到而损耗掉的成本,譬如讨价还价花去的精力与时间、为防止受骗而采取的保险措施等,这些举动耗费的成本都是交易成本,因为其涵盖范围太广,至今未形成统一的定义。

(二)常用理论

1. 交易成本理论

交易成本理论认为,企业和市场是两种可以相互替代的资源配置机制,由于存在有限理性、机会主义、不确定性与小数目条件,市场交易成本高昂;为节约交易成本,企业作为代替市场的新型交易形式应运而生。交易成本的存在决定了企业的存在,企业采取不同组织方式的最终目的也是节约交易成本。

交易成本理论是整个现代产权理论大厦的基础。1937年,著名经济学家科斯在《企业的性质》一文中首次提出"交易成本"的思想;1969年,肯尼斯·阿罗(Kenneth Arrow)第一个使用"交易成本"这个术语。1971年,约翰·威廉姆森(John Williamson)发表《生产的纵向一体化》(The Vertical Integration of Production)一文,通过对纵向一体化和反垄断问题的研究,开启了对经济组织治理理论的探索,并进一步延伸到对经济组织的一般化分析,形成了交易成本经济学理论。交易成本理论的基本结论如下:

(1)市场和企业虽可相互替代,却是不同的交易机制。企业交易可以代替市场交易,成为一种新型交易形式。

(2)企业取代市场实现交易有可能减少交易成本。

(3)市场交易成本的存在决定了企业的存在。

(4)企业"内化"市场交易的同时产生了额外的管理费用。当管理费用的增加与市场交易成本节省的数量相当时,企业的边界趋于平衡(不再扩张)。

(5)现代交易成本理论认为交易成本的存在及企业节省交易成本的努力是资本主义企业结构演变的动力。

2. 产权理论

诺贝尔经济学奖得主科斯是现代产权理论的奠基者和主要代表。他一生所致力考察的不是经济运行过程本身(这是传统微观经济学所研究的核心问题),而是经济运行背后的财产权利结构,即运行的制度基础。他的产权理论发端于对制度含义的界定,通过对产权的定义以及由此产生的成本及收益的论述,从法律和经济的双重角度阐明了产权理论的基本内涵。

产权理论认为,私有企业的产权人享有剩余利润占有权,产权人有较强的激励动机去不断提高企业的效益。所以在利润激励上,私有企业比传统的国有企业强。

没有产权的社会是一个效率绝对低下、资源配置绝对无效的社会。能够保证经济高效率的产权应该具有以下特征:

(1) 明确性,即它是一个包括财产所有者的各种权利以及对限制和破坏这些权利的处罚的完整体系;

(2) 专有性,它使因一种行为而产生的所有报酬和损失都可以直接与有权进行这一行为的人相联系;

(3) 可转让性,这些权利可以被引到最有价值的用途上去;

(4) 可操作性。

科斯提出的"确定产权法"认为,在协议成本较小的情况下,无论最初的权利如何界定,都可以通过市场交易达到资源的最优配置,因而在解决外部侵害问题时可以采用市场交易形式。科斯产权理论的核心是,一切经济交往活动的前提是制度安排,这种制度实质上是一种人们之间行使一定行为的权利。因此,经济分析的首要任务是界定产权,明确规定当事人可以做什么,然后通过权利的交易达到社会总产品的最大化。

3. 企业理论

企业理论研究企业在按一定的价格投入生产要素来提供产品的过程中的行为。19世纪后25年中,生产函数概念的产生,使安东尼·古诺(Antoine Cournot)的利润最大化假设得到了很大发展,形成了一套研究投入需求与产出供给的丰富理论,即企业理论。

对企业理论做出重要贡献的学者有里昂·瓦尔拉斯(Léon Walras)、菲利普·威克斯蒂德(Philip Wicksteed)、克努特·维克塞尔(Knut Wicksell)以及约翰·克拉克(John Clark)。哈罗德·霍特林(Harold Hotelling)首次详细总结了企业理论方面的研究成果。

4. 制度变迁理论

20世纪70年代前后,旨在解释经济增长的研究受到长期经济史研究的巨大推动,最终把制度因素纳入进来。

美国经济学家道格拉斯·诺思(Douglass North)在研究中重新发现了制度因素的重要作用。他的新经济史论和制度变迁理论使其在经济学界声名鹊起,成为新制度经济学的代表人物之一,并因此获得了1993年度诺贝尔经济学奖。

诺思的制度变迁理论是由以下三个部分构成的:①描述一个体制中激励个人和团体的产权理论;②界定实施产权的国家理论;③影响人们对客观存在变化的不同反映的意识形态理论。

制度的构成要素主要有正式制约(例如法律)、非正式制约(例如习俗、宗教等)及其实施,这三者共同界定了社会的尤其是经济的激励结构。所谓的制度变迁,是指一种制度框架的创新和被打破。

制度可以被视为一种公共产品,它是由个人或组织生产出来的,这就是制度的供给。

由于人们的有限理性和资源的稀缺性,制度的供给也是有限的、稀缺的。随着外界环境的变化或自身理性程度的提高,人们会不断提出对新的制度的需求,以实现预期增加的收益。当制度的供给和需求基本均衡时,制度是稳定的;当现存制度不能使人们的需求得到满足时,就会发生制度的变迁。制度变迁的成本与收益之比对于促进或推迟制度变迁起着关键作用。只有在预期收益大于预期成本的情形下,行为主体才会去推动直至最终实现制度的变迁。

推动制度变迁的力量主要有两种,即"第一行动集团"和"第二行动集团",两者都是决策主体。第一行动集团,即对制度变迁起主要作用的集团;第二行动集团,即起次要作用的集团。图2-1列示了制度变迁的五个步骤。

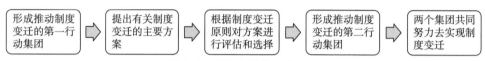

图 2-1 制度变迁的五个步骤

根据充当第一行动集团的经济主体的不同,可以把制度变迁分为"自下而上"的制度变迁和"自上而下"的制度变迁。所谓"自下而上"的制度变迁,是指个人或团体,受新制度获利机会的引诱,自发倡导、组织和实现的制度变迁,又被称为诱致性制度变迁。所谓"自上而下"的制度变迁,是指由政府充当第一行动集团,以政府命令和法律形式引入和实行的制度变迁,又被称为强制性制度变迁。

(三) 行为假定

假定1:人类行为动机是双重的,一方面,人们追求财富最大化;另一方面,人们又追求非财富最大化。

人们往往在财富与非财富之间进行权衡,寻找均衡点,实现非财富价值的获取不能总以牺牲个人财富为代价。

非财富最大化行为包括利他主义、自愿负担等,非财富最大化往往具有集体主义行为偏好。

假定2:有限理性(人不能对稀缺的世界做出正确的反映)。

一方面,由于环境复杂,不确定性因素多,存在信息不完全和信息不对称的情况。首先,信息不完全是指市场参与者没有拥有关于某种经济环境状态的全部知识,但是信息不完全≠信息不够,信息太多也存在问题,如到书店买书、考试划重点等,信息太多反而累人,关键是获取有用的信息。信息不对称指交易中参与各方所拥有的信息不同,分两种情况:一是事前不对称,如买房、看电影等;二是事后不对称,如保险公司与投保人的关系、医生和病患的关系等。另一方面,人对环境的认识能力是有限的,不可能无所不知。

假定3:人的机会主义倾向,即人具有随机应变、投机取巧、为自己谋求更大利益的行为倾向。

人的机会主义具有二重性:一是与冒险、寻找机遇和创新联系;二是把成本、费用转嫁给他人,损人利己。

(四)关系渊源

表 2-3 新制度经济学与其他学科的关系渊源

比较学科	联系	区别
新古典主义经济学	新古典主义经济学是新制度经济学理论研究的立足点、出发点和归宿	新制度经济学拓宽了新古典主义经济学的一系列假设,具有更强的解释力
近代制度经济学	都强调制度的重要性;都对新古典主义经济学忽略制度的非中性以及过分的形式化表示不满	新制度经济学是对新古典主义经济学的修正和发展,它以实际的人出发来研究人,强调研究人、制度和经济活动三者间的相互关系;近代制度经济学尽管对古典经济理论并不满意,但没有形成自己的理论体系
马克思制度分析	诺思认为,马克思制度分析强调了结构变迁和社会生产潜力与产权结构间的矛盾	马克思认为技术变迁决定制度(生产力决定生产关系);新制度经济学认为是制度变迁而不是技术变迁决定经济增长

(五)研究对象

科斯认为,当代制度经济学应该从人的实际出发来研究人,实际的人在由现实制度所赋予的制约条件中活动。诺思提出,制度经济学的目标是研究制度演进背景下,人们如何在现实世界中做出决定和这些决定又如何改变世界。他们的共同点:强调研究人、制度与经济活动以及它们之间的相互关系。

简单地讲,新制度经济学就是用经济学的方法研究制度的经济学。新制度经济学的研究对象就是人、组织、社会之间的行为关系和规则,也就是新制度经济学所研究的制度问题。

(六)分析范式与方法

新制度经济学本身正是由于不满新古典日益成为一门抽象的语言而丧失了实际内容而兴起的,这个学派既吸收了一些传统的经济分析方法,又有自己的分析范式。

1. 关于制度与价格的观点

新制度经济学认为,任何制度的运行都会产生成本,价格机制也是制度的一种,它的运行同样如此,但价格机制有其显著优势。例如,租金就是价格机制的一种体现,李嘉图将租金定义为土地使用的价格,认为由于一定时期内土地数量是有限的,其供给基本缺乏弹性,因而土地租金不会随人们需求的改变而发生变化。对这些稀缺资源的分配就必须通过一种机制来完成。这样的机制是多种多样的,比如古代的九品中正制就是对稀缺的政治资源的分配。这些分配机制所需付出的代价往往更大。

【案例 2-1】

在电影《唐伯虎点秋香》中,唐伯虎为进华府亲近秋香假装卖身葬父,而另一位竞争者为进华府则假装卖身葬全家,但石榴姐手中只有一个名额,于是竞争势在难免。石榴姐自称心肠软,见不得别人家惨,于是制定了一个比拼谁更惨的竞争规则。结果大家都知道,两个人为此付出的代价都是十分高昂的,唐伯虎打断了自己的胳膊,而另一位竞争者竟然因此而命丧黄泉。

在这种制度安排下,付出的代价是非常之大的。如果石榴姐的心肠没那么软,而是很"黑",让二人出价竞争,租金就不会消散,结局也不会这么悲惨。因此,我们可以说,任何不采用价格或使得价格扭曲的情况,总会有另一种规则来代替它,但是代价会十分高昂。

可是,我们也必须看到,有时候人类偏就选择了非价格的配置规则,于是,接下来就引出了年轻的科斯所提出的问题。

2. 对企业的性质与交易成本的看法

如果像上文所言,那么价格机制就应该是最优的,"看不见的手"可以解决一切问题。然而,真实世界往往是复杂的,科斯问了两个问题,由此引起了一系列思考,这两个问题分别是:第一,既然价格体系如此有效,那么为什么现代经济里还有依赖行政命令运行的企业存在呢? 第二,企业的边界在哪里,也就是说企业在市场的大海中是在什么样的规模下被确定呢?

1937年,科斯发表《企业的性质》一文。科斯首先表明,其实新古典主义经济学家并没有对企业问题视而不见,新古典主义经济学并不比古典主义经济学更狭隘,但他认为,那些重视及解释都不能回答他提出的问题,包括富兰克·奈特(Frank Knight)的回答。

奈特利用风险和不确定性来分析,并一定程度上解释了企业的产生。风险是人们可知其概率分布的一种不确定性,但是人们可以根据过去推测未来的可能性,而不确定性则表示人们根本无法预知将来的事件,因为它是崭新的,过去从来没有过的。根据这样的分析工具,奈特认为,在现实世界中总有少数人,他们具有风险偏好的性质,勇于承担责任、开拓创新,为利润的生成而不懈努力;而绝大部分人是风险规避和中性的,他们愿意交出自己的权利让风险偏好者指挥他们,但条件是风险偏好者——企业家要保证他们的薪水,于是,公司就在这样的权利让渡中成立了。这是《风险、不确定性和利润》(Risk, Uncertainty and Profit)一书的思想。但科斯对此并不认同。一方面,他认为奈特虽然也承认管理者(非企业家)负有日常管理的责任,但奈特的分析无法给予管理者地位;另一方面,科斯认为如果仅仅只是风险偏好不同,那么雇主和雇员之间的互动也完全可以以契约的形式通过市场来完成。

科斯认为,企业之所以产生,是因为市场价格机制的运作并不是无成本的,这个成本就是价格发现的成本,只有这一成本低于企业的组织成本,人们才会通过市场来运作。这个成本就是科斯首创的、在新制度经济学中大行其道的交易成本。第二个问题是规模问题,科斯对这一问题的答案比较简单。他说,在一个城镇的消费中心A的外围有产业B、C,如果我们的企业处在外环C处,那么当交易成本边际上高于组织成本时,企业就向环内扩张,这就是规模效应,而这种扩张会带来规模的进一步扩大,由此增加管理的难度,以至于超过市场交易成本,此时企业的边界在横向上就会被确定;而向内环B的扩张也是如此,即将与B的市场交易成本同合并后的组织成本相比较,边界也可以通过边际分析确定。

3. 动态分析方法

新制度经济学采用的是动态分析法,传统西方经济学运用的是静态分析法,这是新制度经济学与其他经济学流派的重要区别之一。

新制度经济学研究表明,交易的效率与产权安排紧密相关,交易过程也是组织过程,交易关系实质上是一种产权契约关系,即价格实质上是产权契约安排的解。由此,新制度经济学把新古典主义经济学的价格理论从静态和瞬间的数量关系上升到动态的、包含瞬间和长期的产权契约关系。

三、法商管理学与法经济学、新制度经济学的区别和联系

法经济学产生于20世纪60—70年代,主要研究法律与经济活动及其绩效之间的关系。该学科早期的研究方向是从法学到经济学,主要考虑法律在经济学中的含义,即"对待法律,就像对待价格一样,将其视为影响人们行为的一种激励机制"。[①] 后来法经济学的发展开始关注相反的方向,即从经济学到法学,从经济学的效率角度来评价和分析法律,甚至设计法律。

新制度经济学,正如科斯所说,就是用主流经济学方法分析制度的经济学,主要研究制度以及制度与经济绩效之间的关系,包括制度的起源、形成和变迁。迄今为止,新制度经济学的发展初具规模,已形成交易成本经济学、产权经济学、委托—代理理论、公共选择理论、新经济史学等几个支流。法经济学和新制度经济学都立足于宏观层面,研究法律、制度与经济之间关系的一般规律,更大程度上属于经济学研究范畴。而法商管理学的着眼点是微观个体,至多到中观层面,本质上将法律、规则视为影响管理学的一种信号,不能简单地等同于法经济学或新制度经济学。但是,法商管理学可以运用法经济学、新制度经济学的成果来指导企业经营实践,如法律视角的企业效率问题、交易成本角度的企业发展路径的选择等。

第二节 法商管理的演变过程

一、法商管理对象的演变

(一)企业形态的演变与分类

1. 企业形态的演变

法商实体的讨论有其特定的时代背景,在市场经济的公司时代来临之际,讨论法商实体有特殊的重要性。从广义上来看,我们认为法商实体应当包括所有依法成立的企业组织。而从狭义上来看,法商实体则是指股权和法人所有权分离、法人所有权和经营者经营权分离的现代公众公司及非公众股份公司。作为一种社会现象,公司在19世纪下半叶快速崛起,既成为社会发展的重要组织力量,又对原有社会结构和政治制度构成了冲击与挑

---

① 迪克西特.法律缺失与经济学:可供选择的经济治理方式[M].郑江淮,等译.北京:中国人民大学出版社,2007:11.

战。那么，公司作为如此重要的一种组织形式是如何演变而来的呢？

公司是企业形式中的一种，而企业的产生源于人类在手工业、制造业、工商业的冒险精神。企业的雏形产生于农业文明时代。从石器时代到原始的农业和畜牧业第一次分工，人类对生产工具的需求不断增长，以家庭为单位的手工工场出现，人们开始进行商品交换，并逐步开发出通用的财富存在方式——货币，以及专门用于商品交换的场所——店铺。随着手工工场规模的逐渐扩大，生产专业化程度越来越高，交换范围越来越广并最终发展成海上贸易，独资或合伙型的商业机构开始出现在西方商业文明中。生产的规模性、有序性、连续性造就了企业这一组织形式在商品经济中的产生。

最早产生的企业形态是独资企业和合伙企业。古罗马为满足国家日益增长的需求而成立了人类社会最早的股份组织——公众团体。这个组织参与包税制度、公共工程建设以及为古罗马军队提供军需品等。公众团体的股份在价值上波动，并且由古罗马的公民广泛持有。公众团体是世界上最早的大型公众持股公司，有点类似于现代公司。古罗马的法律只规定了非有限责任的合伙关系。到了中世纪，合伙制度取得了较大发展，意大利沿海城市开始出现从独资经营中演变出来的家族经营团体，这也是后来的无限公司及有限公司的雏形。

到了大航海时代，西方资本开始在全球展开疯狂掠夺，以实现资本的原始积累，一种全新的金融组织形式——公司，为了满足欧洲与亚洲、美洲贸易而聚集资本的需要应运而生。当长途贸易启程时，由于不确定性的存在，投资与收益不对等。哥伦布为筹得首次航海所需的费用，向资助者们许诺将来的未知收益，并与西班牙皇室签订了极其复杂的契约：除了享受政治权利，哥伦布还将享有10%的从远洋贸易中获得的未来收益，以及那些利用他的航海发现建立的商业公司的最高12.5%的期权。如果没有这种跨期契约，哥伦布恐怕永远不会远航。

15世纪的海上贸易出现了两种组织形式：一种是船舶共有制，即共同筹资、共担风险、共享利益的组织形式；另一种是康孟达（Commenda）组织，即有产者向船舶所有人或在海外贩售货物的人出资，有产者按出资比例分得利润并在亏损时承担有限责任，船舶所有人或在海外贩售货物的人承担无限责任的形式。康孟达组织实际上更像是"人资两合"的合伙关系，其合作伙伴有着不同的义务。这两种组织形式的出现对现代公司的形成具有重要意义，其意味着家族经营团体中的"人合"关系逐渐削弱，对商人间关于出资、利益分配、风险负担的契约的依赖程度不断提升。康孟达组织后来逐渐演变为隐名合伙和两合公司。

最早产生的公司形式是无限公司，但是无限公司与合伙企业没有本质上的区别，只是取得了法人地位的合伙组织而已。有关无限公司的第一个立法是1673年法国路易十四时期颁布的《商事条例》，当时无限公司被称为普通公司；在1807年的《法国商法典》中又改名为合名公司。无限责任制是使得现代金融成为可能的必要创新。投资人的主要风险不仅来自公司债权人能否追索到投资者本人，而且包括其合伙人的债权人能否通过追索公司财产、关闭公司业务、变现资产来实现其债权。

新航线的开辟使世界贸易规模日益扩大，独资企业与合伙企业的"人合"因素开始被股份公司的"资合"因素取代。17世纪后期，对特许公司股东责任进行限定的做法才开始兴起并发展。表2-4列示了公司制的发展历程。

表 2-4　公司制的发展历程

事件	简介
世界上第一家股份公司成立	世界上第一家股份公司——莫斯科公司于 1555 年在英国成立。该公司发行了 240 股股份,每股 25 英镑,总额达 600 英镑;该公司当时期望通过北极点寻找印度,但以失败告终
公司法人的独立人格、独立财产和独立责任的确立	1600 年成立的以海外贸易为主业的英国东印度公司和 1602 年出现的荷兰东印度公司被认为是首批成立并取得成功的股份公司,其成功组建立了公司法人的独立人格、独立财产和独立责任
确认特许公司中的股东责任	一项英国法律确认了特许公司中的股东责任,当公司出现亏损时,股东仅以持有股份的票面额为限承担责任;但当时特许公司股东的有限责任仅为例外情况,多数股东原则上仍承担无限责任
英国《泡沫法案》导致公司制推迟	1719 年颁布的英国《泡沫法案》打着禁止不道德投机的旗号限制商业公司的建立,禁止未经授权的股份公司从事经营活动
股东承担有限责任的特许公司开始大量出现	受《泡沫法案》的影响,人们开始在开办特许公司的申请中明确表达获得有限责任保护的强烈愿望,股东承担有限责任的特许公司开始大量出现
开始创办现代公司	1825 年,《泡沫法案》被废除;英国于 1834 年颁布了《贸易公司法》,于 1844 年颁布了《合作股份公司法》,于 1855 年颁布了确立有限责任的《有限责任法》,人们开始创办现代公司
最早以有限责任公司为法名的立法	1892 年,德国颁布《有限责任公司法》,这是最早以有限责任公司为法名的立法

恰如英国经济学家约翰·希克斯(John Hicks)所言,工业革命不得不等待金融革命。工业化不仅需要技术创新,也需要企业制度创新。传统自然人经营、夫妻店、家族制、合伙制等企业组织形式不断包容更高资本和更高技术含量的工业化。大国工业化历程往往伴随着颠覆式的企业组织制度创新。股份制、有限责任制和独立法人代表制等现代公司制度是理解英国 19 世纪工业革命的核心线索。

随着第二次工业革命的爆发,人类社会组织形式又有了新的变革。到了 19 世纪中叶,在美国铁路的建设过程中,股份公司制度得到了质的发展,并成为世界各国公司的主要形式,资本也得到了空前的积累并被应用于飞机、铁路等大型项目,公司资本不断膨胀。20 世纪初,公司已成为占有绝对统治地位的企业组织形式。美国崛起的背后离不开 19 世纪末托拉斯代表的大规模生产模式——通过确保一体化企业有可靠的原料供应以及可以进入分散的各地市场,来实现规模经济。第二次世界大战后,公司这一组织形式的体系不断完善,母子公司、跨国公司等形式大量出现,公司因其责任的有限性、筹资的便利性、股权的可转移性、所有权与经营权的分离性、寿命的可持续性等优势而成为占据统治地位的企业组织形式。

2. 企业形态的分类

现代企业的法律形式主要有三种:个人独资企业、合伙企业与公司制企业。

(1) 个人独资企业。

个人独资企业是指由自然人个人出资兴办、完全归个人所有和控制的企业。从西方国家的企业发展史来看,个人独资企业是最早产生也是最为简单的一种企业形式。该企业形式存在如下优点:①企业归个人所有,经营利润可由个人独享而无须同别人分享;②企业在经营上的制约因素较少,经营方式灵活多样,弹性较大;③易于创立和解散,不像其他形式的企业在设立、变更、登记、解散时需要经过较为复杂的法律程序;④保密性好,在竞争激烈的市场经济中,企业家常常认为成功是建立在保密基础上的,而个人独资企业能够提供最好的保密性。

个人独资企业的所有权和经营权并不分离,因此,其劣势也非常明显,主要体现在以下三个方面:①须承担无限责任。个人独资企业资不抵债时,企业所有者要对企业所负债务承担无限责任,甚至要用个人的家庭财产抵债,因此个人独资企业不适合经营风险较高的行业。②企业规模有限。个人独资企业的所有者只有一人,因此,无论是生产规模、管理水平还是获取投资的能力,都非常有限,难以快速扩张与发展。③企业寿命有限。个人独资企业的生存期限取决于企业主的寿命,当企业所有者去世时,个人独资企业的寿命也将终止。

(2) 合伙企业。

合伙企业是由两个或两个以上自然人、法人或其他组织共同出资兴办、联合经营的企业。合伙企业常常采用书面协议,即合伙经营合同的形式确立收益分享或亏损责任。合伙企业的优点为:①扩大了集资来源,并增强了信用能力;②经营风险分散化;③合伙人各显其才,提升了合伙企业的竞争能力,提高了企业扩大和发展的可能性。

合伙企业的不足则有三点:①每个合伙人须以其个人全部财产对企业债务承担无限责任;②合伙人均有决策权,事事都需大家商量,意见不一致时,难以果断决策;③企业寿命受合伙人因素的影响较大,当有合伙人退出或死亡导致合伙人不足法定人数,或合伙人全体决定解散等法定条件出现时,合伙企业即宣告解散,因而企业的发展仍受到较大限制。

(3) 公司制企业。

公司制企业简称公司,是一种依法设立的营利性社团法人。公司的实质概念由三个要素构成:独立的人格、个人结合的社团、以营利为目的。基于公司的独立人格,法律上将公司拟制为"法人",并从立法上肯定了公司具有自己的名称、组织机构及独立的财产,能够独立从事交易和承担民事责任。在现代企业形式中,公司是最具典型意义的、占有资产最多的、经营规模最大的一种企业组织实体。在西方国家,公司具体又可分为无限公司、两合公司、股份两合公司、股份有限公司和有限责任公司等。但由于前三类公司的全部或部分股东须承担无限责任,因而一些国家并不承认这些公司的法人地位。

公司法人人格的独立性源于两次"两权分离"的演进。一次是公司出资人拥有的股权和法人所有权的分离。这一次"两权分离"实现了公司与股东的分离,奠定了法人人格独立性的基础。另一次是抽象的公司法人所有权与具体的经理人经营权的分离。这一次"两权分离"实现了所有权和经营权的分离,由此也引发了法人治理中极其重要的两对矛盾关系,即所有者和管理者之间的矛盾、大股东与中小股东之间的矛盾。

作为法人,公司的优势相较于合伙企业和个人独资企业十分突出,包括:①公司是组织和筹集资金的最好形式;②大多数公司股东对公司债务仅承担有限责任;③公司存在大规模发展的可能;④公司股权的转移较为便利;⑤所有权和经营权的分离能够使公司召集到专业性的管理人才;⑥公司具有较强的永续性。

然而,作为"法律拟制的法人",公司的诞生应以法律规定的实质和程序要件为前提,这就导致公司不可避免地存在一些缺点,包括:①创办公司的程序较为复杂,需要的费用相较于其他类型的企业更多;②公司受到监管部门更多的约束;③公司的部分信息需要向股东和社会公众公开,保密性相对较差;④双重缴纳所得税:公司需要就其利润缴纳法人所得税,公司股东还需就其分红缴纳个人所得税。

除上述三种主要的企业类型外,中国还存在其他几种法定类型:

(1) 国有企业。国有企业,即企业资产由国家控制,国家享有所有者权益,依照法定程序设立、能自主经营、自负盈亏、独立核算的企业法人。按照国有资产管理权限划分,国有企业分为中央企业(由中央政府监督管理的国有企业)和地方企业(由地方政府监督管理的国有企业)。目前,中国部分国有企业正在混合所有制改革的进程中。

(2) 城镇集体所有制企业。城镇集体所有制企业,即城镇范围内兴办并主要由城镇居民就业的企业。其基本特征包括:财产属于劳动群众集体所有,实行共同劳动;分配方式以按劳分配为主;自主经营且独立承担民事责任等。需要说明的是,随着市场经济的发展,目前,绝大多数城镇集体所有制企业已经进行了私有化改革。

(3) 外商投资企业。外商投资企业,即来自境外的投资在中国境内设立的企业,依照外商在企业注册资本与资产中所占股份和份额的比例不同以及其他法律特征的不同,可将外商投资企业分为四种类型:中外合资经营企业、中外合作经营企业、外资企业、外商投资合伙企业。需要说明的是,中国的上述企业类型更多地体现为一种政策性产物,从法律形式上看,其并不独立于个人独资企业、合伙企业与公司三种主要企业类型,无非是这三类企业的变形,其设立多基于政策管理的需要。例如,国有独资公司,其本质上仍属于有限责任公司,只不过其不仅应遵守《中华人民共和国公司法》的规定,还应遵守《中华人民共和国企业国有资产法》的相关规定。

(二) 关于公司的重要概念

1. 公司集团和集团公司

从概念上看,公司集团是建立在法人股份制基础上,母公司通过所持股权或长期优惠性协议控制或支配一定数量的子公司和关联公司,从而形成的具有整体性的法人联合体。而集团公司(Group Holding Company)是公司集团中具有绝对控制地位的核心企业。

从特点上看,公司集团只能表明母公司与众多子公司、关联公司的特殊经济关系——法人合伙,其本身既不是一个独立的法律主体,也不是法人企业。集团公司的特点主要有:①集团公司是一个相对稳定的企业集团中的母公司,且拥有一定数量的子公司(5个以上);②其资本达到了一定规模(注册资本在5 000万元以上,与各子公司注册资本合计达到1亿元);③集团公司对附属公司的控制不一定都是通过股权形式,也可以依据支配性协议。

公司集团和集团公司的核心区别在于:公司集团不是法人,集团公司是法人。

2. 控股公司和集团公司

控股公司(Holding Company)是母公司的别称,它有且只有一个子公司。集团公司则必须拥有一定数量的子公司,目前的规定一般是5个以上。但这个标准在法律上还不严格,有些情况下拥有3个子公司的母公司也可被称为集团公司。

3. 母公司、总公司和控股公司

母公司(Parent Company)是相对子公司(Subsidiary)而言的。母公司和子公司的结合,构成了集团组织。

总公司(General Company)则是相对分公司而言的。总公司和分公司的结合,构成了单一的大公司制。

控股公司又分为纯粹控股公司(Pure Holdings)和营业控股公司(Operating Holdings)。前者没有自己的业务,是一种避税或上市工具;后者既控制着股份,有红利收入,本身也从事生产经营。法律上仅把营业控股公司叫作母公司。

4. 子公司和关联公司

对子公司最普遍的描述是根据《卢森堡公司法》而来的,符合以下四种情况中的任意一种,都可以把B公司叫作A公司的子公司:①A公司拥有B公司一半以上的普通股本;②A公司拥有相对控制B公司多数表决权的股本;③A公司能实际控制B公司的董事会;④B公司是A公司所拥有的子公司的子公司。

关联公司(Affiliate)是由两个以上股东成员组成、全体股东对公司债务承担无限连带责任的公司。如果公司经营失败,公司的财产不足以抵偿公司所欠债务,那么公司的全体股东必须以自己的全部财产负责还清公司所欠债务。它在国外也被称为"人合公司""合名公司",因为这种公司通常以其一个或两个股东的名字作为公司的牌号,并以股东个人的信用、声誉、地位作为对外信用的保证。

5. 分公司

分公司(Branch)与子公司不同,分公司是"大树枝",子公司是"大树"旁边的"小树"。分公司一般设在当地。分公司的设立并不需要注册资本,只需在当地缴纳流转税,所得税由总公司统一汇缴。分公司设立初期,大量的费用可以计入总公司的成本,冲抵了总公司的利润,从而少交所得税。但分公司的运作存在很大的风险,它的纠纷由总公司负责。基于以上原因,只要条件适宜一般鼓励公司集团采用子公司的形态。子公司作为独立法人承担有限责任,是道稳固的防火墙。

6. 事业部和超事业部

事业部(Division)又称M形组织结构,即多单位企业、分权组织,或称部门化结构。它是指以某个产品、地区或顾客群为依据,将相关的研究、开发、采购、生产、销售等部门结合成一个相对独立的单位的组织结构形式。

超事业部(Super Division)是领导众多事业部、分公司甚至全资子公司的一级管理机构,负责统辖和协调所辖各事业部、分公司和全资子公司的经营活动。

总公司可下设多个事业部,各事业部处在总公司宏观领导下,拥有完全的经营自主权,实行独立经营、独立核算。它既是受总公司控制的利润中心,具有生产利润和经营管理的职能;也是产品责任单位或市场责任单位,对产品设计、生产制造及销售活动负有统一领导的职能。事业部必须具有三个基本要素,即相对独立的市场、相对独立的利益以及自主权。

超事业部是在所辖众多同类或同地区事业部、分公司和全资子公司跨度较大的情况下增加的一级管理层次,其自身没有经营业务的职能。

一些大公司内也出现了按产品或地区划分的兼具管理职能和业务经营职能的超事业部,其自身也是利润中心。这种超事业部在集权和分权的控制上更优于事业部,能有效地实现事业部之间的指挥和协调、技术和资源的共享,进一步减少决策层领导的行政事务。事业部数目较多、产品种类较多、技术复杂关联度较大的企业,尤其适合超事业部制。

7. 子集团、战略业务单元和超级控股公司

一个集团公司下面可能有很多板块,每个板块的管理模式可以是子集团的模式,也可以是超事业部的模式,还可以是管控的战略业务单元(Strategy Business Unit, SBU)。战略业务单元是公司中的一个单位,或被称为职能单元。它是以企业所服务的独立的产品、行业或市场为基础,由企业的若干事业部或事业部的某些部分组成的战略组织。

如果 A 公司是 B 公司的控股公司,而 B 公司又是 C 公司的控股公司;即使 A 公司不直接拥有 C 公司的股份或无法控制其董事会,A 公司也是 C 公司的控股公司。如果 C 公司还有子公司 D,D 公司还有子公司 F,这样发展下去,就形成了一个拥有超级控股公司的公司集团,从而形成了以 A 公司这个超级控股公司为塔尖的金字塔。通过超级控股公司,可以小博大,用较少的资本撬动更多的资本。超级控股公司的产生并不能取消中级控股公司的地位,因此在这个公司集团中就可能产生子集团。

二、法商哲学的演变过程

(一) 法商管理的哲学与文化起源

在管理学的范畴中,法商管理不仅是可操作的管理技术和技巧,也具有哲学层面的内涵。

在哲学层面,法商管理被视为一种管理哲学、一种价值观和世界观。如果说一家企业或公司具有法商管理的价值观,那么它一定是把"合法、合理、合情"三个方面有机融合和统一的组织。

如果我们把企业经营和商业买卖活动中法律约束和道德约束的统一,作为一种价值观,那么企业的管理者不可避免地要面临一些关于哲学层面的思考。

在企业的经营过程中,管理者遇到的自然哲学命题是"人性以及人性假设的问题",会遇到的经济哲学命题是"如何处理个人、组织和社会三者之间的关系",会遇到的社会哲学命题是"管理的道德基础是什么"。

管理是一种实践活动,而在实践中要讲究科学,要以知识、理论作为基础;为了实现管理企业的预期目标,要在组织中运用多种方法(定性的理论和经验,以及定量的专门技术),协调各方面人员的利益关系,以达到管理系统的最优境界。从广义上来说,"一切为

了人"是管理的出发点和归宿,而管理学意义上的"人"是与自然协同进化的,因此,管理的终极目标应该是提升人类的生活品质,促进人类社会进步和人与自然的和谐共生。

罗克奇价值观调查表提出了两类价值系统:①终极性价值观(Terminal Values),指的是个人价值和社会价值,用以表示存在的理想化终极状态和结果;它是一个人希望通过一生而实现的目标。②工具性价值观(Instrumental Values),指的是道德或能力,是达到理想化终极状态所采用的行为方式或手段。如果将个人的价值观放大来看,也可以把它看作是企业组织的价值观,因为企业组织是由不同的人构成的,它是一个有生命的有机系统。

哲学是人们对宇宙性质以及宇宙内万事万物演化原理等问题的共同规律的提炼总结。《易经》体现了中国古代哲学思想,"易与天地准,故能弥纶天地之道",意思是《易经》蕴含了从宇宙规律到人类社会乃至个体人生的普遍道理。而中国古代哲学的内涵在于"比类"以"取象",《周易·系辞下》有云:"是故《易》者,象也;象也者,像也。"宇宙间的具有相同或相似特性的事物可以归为一"类",而"象"是对某一"类"事物共同属性的描述。东方哲学体系的精髓是,看到一切事物的同一性和关联性,认为所有现象都是一个基本统一体的表现。这一观点在西方哲学中得到呼应。

20世纪20年代,奥利弗·谢尔登(Oliver Sheldon)的《管理哲学》(*The Philosophy of Management*)一书开启了从哲学上考虑管理实践的尝试。管理学作为一门独立的学科,其成熟的表现之一就是从"科学"向"哲学"的提升。对于现代企业管理而言,管理哲学作为管理者的世界观和方法论,是管理决策的出发点,其内容包括埃德加·沙因(Edgar Schein)提出的对"自然和人的关系、现实和真实的本质、人性的本质、人类活动的本质、人际关系的本质"的理解和假设。

中国传统的工商伦理遵循"上善若水,厚德载物""道法自然,天人合一"的思想,这也正是法商哲学的核心要义。随着现代市场经济的快速发展,以及商业的日益繁荣,法商企业已不能简单地"在商言商",而要深刻理解"君子爱财,取之有道"的哲学价值观,要让正确的价值观在规范的公司法治之前,成为法商实体自律的核心内容,让法商实体对各类利益相关者承担社会责任。从哲学方法论的角度讲,法商对内管理和对外经营的过程要成为一个遵循哲学方法论的自为的过程,从而推动法治化市场经济的繁荣和进步。

(二)西方法商哲学

西方并未有明确的法商哲学,更多的是一般性的管理哲学。西方管理哲学是随着人性假设的变迁而发展的。经济人、社会人和复杂人假设是18世纪以来最重要的三大人性假设。经济人假设认为,人是以追求物质利益为目的而进行经济活动的主体,经济人假设彻底的物质性特征使其逐步被其他人性假设取代。社会人假设是工业化中后期的主要人性假设,它根植于当时的社会经济环境,认为在社会上活动的劳动者不是各自孤立存在的,而是作为某一个群体的一员——有所归属的"社会人"存在的。在社会人假设之后,人性假设呈现出多样化的发展趋势,不同人性假设在彼此基础之上不断延伸和丰富,但总体来看,人性的能动性、多样性、复杂性得到了充分的彰显,所以我们可以用复杂人来代表所有这一阶段的人性假设。

从整体上看,西方管理哲学重个人主义,以个人利益为中心,强调人权、独立和自由,鼓励个人能力和价值的发挥。不过,从托克维尔最早提出的"个人主义",到美国建国以来对个人权利的强调,再到20世纪六七十年代以追求"机会"和"选择"为特征的个人主义,这些个人主义也是千差万别的。在经济人假设下,由于极端地强调人的物质性,从而形成了控制的管理哲学。该管理哲学最突出的特点表现为,将激励与惩罚相结合。在控制的管理哲学下,人仅仅是资本和生产的工具,管理工作围绕着资本和生产。这种哲学忽视了被管理者的主观能动性,随着从经济人假设到社会人假设的转变,组织成员不再被认为是被动的、孤立的,而是被认为是具有社会需求和交往需要的鲜活的人。霍桑实验表明,影响管理效率的根本因素是工人自身,企业中存在非正式制度。所以在社会人假设下形成了"重视人、尊重人和理解人"的管理哲学。管理视角从原来的物质因素转到了人的因素,将人视为企业的第一资源,并通过有效的沟通机制寻求组织的物质效率与成员的社会情感之间的协调平衡。

人性假设和管理哲学是一个迭进的提升过程,管理方法和技术变迁也存在类似的现象。在控制的管理哲学指引下,组织结构与组织关系都存在严重的官僚特征和专制气息。内部组织架构通常采取科层制。组织内的信息流遵循一强一弱的下达上传模式。一个信息流,从组织顶端发出逐层传到基层,信息传达过程表现为命令服从,带有强烈的官僚色彩。另一个信息流,从基层传到决策层,却极为微弱和单调,仅仅是对下达信息的被动反馈。在"重视人、尊重人和理解人"的管理哲学指导下,组织内的信息流还是遵循基本的下达上传模式。但由于人性假设的转变及外部环境的复杂性,组织内部结构已经转变为由不同团队构成的学习型组织,在与外部环境的交流中也渐渐形成了供应链系统。具体来说,就是由于经济社会环境变得更加复杂,因此要求组织具有灵活机变和创新的特征,而复杂人的人性假设正好为其提供了行为基础。在控制的管理哲学指导下,薪酬激励是最基本的激励手段;而在"重视人、尊重人和理解人"的管理哲学指导下,尽管物质激励还是激励体系的主体,但对员工的精神关怀、对组织地位的获取等已经成为重要的辅助性激励方式。

(三)法商哲学与制度构建

在法商管理哲学理念的指引下,企业组织运行机制的设计也需要再造。现代企业管理体系应以营销为导向,将令顾客满意作为企业的工作目标。目前,大多数生产性企业采用横向的职能制或纵向的层级制,不利于满足迅速变化的顾客需要,难以协调职能部门之间的合作。因此,有必要进行组织整合及组织运行机制的再设计。可以在一定管理哲学思想的指引下,通过企业文化建设,让全体员工对管理层级及运行机制达成共识,并通过一些制度文化和激励机制来保证企业运行机制的顺利进行,把员工的个人目标调整到与企业满足顾客需求的最终目标相一致,调动员工的积极性,推动企业、员工与客户的良性互动和共赢。

现代企业内要知人善任、防奸除恶,外要应对竞争和环境变化带来的各种风险,为此需要做好合规管理、内部控制、全面风险管理,如此才能构筑起坚固的防线,在市场经济激烈的竞争中立于不败之地。今天的企业必须明确事物的规律性,做到"凡事有法可依、有章可循",只有如此,风险才能得到有效的防范与控制。

1. 合规管理

"打铁还需自身硬",企业若要防微杜渐,首先要做好自身经营管理的规范化。合规管理要求企业遵循法律监管规定、自律性组织制定的有关准则,以及适用于企业自身活动的行为准则,进行工作流程的梳理、规章制度的完善,从而避免因违规而可能遭受的法律制裁、监管处罚、重大财务损失、声誉损失等风险。

【案例2-2】

2016年12月13日,国海证券发生债券风险事件。数名公司前员工以国海证券的名义,在外开展债券代持交易,涉及金额约200亿元、金融机构20余家,给债券市场造成了严重的不良影响。为查找事件成因,避免类似事件再次发生,证监会组织力量,对国海证券债券交易业务、资产管理业务,以及与之相关的内部控制、合规管理、风险管理等事项,进行了全面的现场检查。检查发现,国海证券存在内部管理混乱、合规风控失效、违规事项多发等问题,成为合规管理的反面案例。

2. 内部控制

内部控制是指企业董事会、监事会、经理层和全体员工实施的,旨在实现控制目标的过程。内部控制的目标是保证企业经营管理合法合规、资产安全、财务报告及相关信息真实完整,提高经营效率与效果,促进企业实现发展战略。企业可通过内部审计、法务会计等管理实践,采取系统化、规范化、科学化的方法,查找可能存在的诸如舞弊、以权谋私等漏洞,评价和改善组织的风险管理及控制的效果,帮助组织实现其内部控制目标。

【案例2-3】

2017年,民生银行被曝光的"假理财案"就是一起内控失范的典型案例,从支行行长、支行副行长,到理财经理、柜员,一条线上的人员非但未能相互制衡,反而共同成了操作风险、道德风险的牺牲品。普通民众对于银行的天然信赖,使得银行理财规模迅猛扩大,而要求银行"刚性兑付"的思维成为理财规模扩张道路上越来越突出的隐患。此外,一些银行庞大的分支网络、严厉的考核制度和激进的激励机制,再加上亟待完善的内控体系,对银行健全风控体系提出了紧迫的任务要求。在整个银行业里,类似这种由支行内部人员控制引发的风险事件为数不少。一般的银行都是"总行—分行—支行"或者"总行——一级分行—二级分行—一级支行—支行"的管理模式,除了部分大客户由总行或分行的部门服务,主要业务几乎都由支行开展。这意味着支行行长虽然级别不高,但权力不小,支行更容易成为风控源头和风险事件的高发区。因此,必须加强对基层员工行为规范的管理,坚持实行支行行长轮岗的制度。

3. 全面风险管理

全面风险管理是风险管控的最高形式。它指企业围绕经营目标,通过在企业管理的各个环节和经营过程中执行风险管理的基本流程,培育良好的风险管理文化,建立健全风险管理体系（包括风险管理策略、风险理财措施、风险管理的组织职能体系、风险管理信息系统和内部控制系统），从而为实现风险管理的总体目标提供合理的过程和方法。全面风险管理要求把管理风险的职能提升到高级管理层这一级，必须设立一个首席风险官和独立于交易部门的风险管理部门，来客观地衡量这些风险。而且从技术上讲，由于各风险之间的分散作用，也必须由一个统一的部门来管理风险，才能全面把握风险管控。

随着人类社会进入信息化时代，信息、知识和资讯等均呈现出几何级数的增长态势，知识在以惊人的速度不断迭代，每个人学习到的新知识可能用不了多久就会因过时而变得没有价值。管理学大师彼得·德鲁克将学习看作是人一生中最重要的功课，他认为保持学习能力是对自我发展和事业前途的负责。彼得·圣吉（Peter Senge）更是提出要把建设学习型组织作为企业的终身使命和目标，同时也强调人和组织只有持续不断地进行学习和自我更新，才能在时代浪潮中立稳脚跟，应对挑战。组织只有具备了优秀的学习力、精进力，才能更好地适应时代的变化和竞争的挑战。人类探索真理的道路是否定、肯定、再否定，不断反思，自我改进和扬弃的过程。只有自我批判的精神代代相传，才能保障企业当下与未来的持续进步。

三、开创法商管理新时代

人们在社会发展过程中的认识变化或新理论的建立都是一定的社会现实变化在人们意识中的反映。今天，我们的社会环境和经济活动已经发生了巨大的变化，这必然导致人们对新时代的管理理念和管理理论进行新的思考和探索。通过对以下与企业经营活动直接相关的重要变化的思考，我们可以窥见法商管理新时代已经到来，法商管理思想将成为人们的共识。

（一）计划经济与市场经济

在计划经济下，企业的经济活动听命于政府指挥或遵从于计划指令，企业的管理是丧失自主经营权利而被动执行政府和计划的安排。从根本上说，计划经济下并不存在真正意义上的企业经营管理。而在市场经济下，企业受市场机制调节和引导，基于市场规则开展自主经营活动。尽管距我国提出建立社会主义市场经济体制已经30余年，但是，我们很多企业的管理实践和经验总结或隐或现地表明企业成功的关键在于"主管政府"。

由此可以看出，仍然有一些企业的经营管理自觉或不自觉地沿用或依靠传统计划管理的方式。但是必须明白，只有当企业的有效管理和持续发展从根本上依靠市场运行规则和自主经营权利，企业才能真正适应市场经济的发展。而这样的转变对企业管理而言就是转变为法商管理，因为法商管理既能保障企业经营权的合理运用，又能从根本上改善企业经营模式和市场经营环境。

（二）经验管理与科学管理

从企业经营管理的发展历程来看，许多企业经历了从完全依靠经验的管理转向科学管理，或以科学为主导、经验作为补充的各种现代管理的过程。狭义的科学管理是以泰勒创立的"科学管理原理"为标志，其本质是把活动过程标准化和把管理过程制度化。今天，我们从广义的角度来认识科学管理，其本质是以基本规则指导经营管理活动。

然而,今天仍有很多企业实行以经验为主导或基于经验的管理。尽管经验管理有许多可取之处并对经营活动具有一定的指导作用,但毕竟经验带有很大的主观性和易变性,易使企业的经营以人的意志为转移,企业难以稳定和持续地发展。现代的科学管理是对传统经验管理的扬弃,它把有益的经验固化到一定的规则中,能够帮助企业合理地规避经验决策或管理的主观性和易变性带来的风险及成本。而这正是法商管理的要义,它把经商的智慧和法治的规则有机地加以整合,真正吸纳了"刚柔相济"的管理精髓,毫不夸张地说,法商管理是适应新时代变化的更高境界的创新管理。

(三) 本土经济与全球经济

"本土"与"全球"虽然是地域概念,但是基于这两个地域概念的社会组织和人类活动,已经发生了根本的改变,"全球化并不仅仅是政府、企业和个人相互交流的方式,也不仅仅是机构间相互影响的方式,它意味着新的社会政治和商业模式的出现"。① 因此,本土经济与全球经济的交叠也必然导致管理机制的根本变革。

我国企业在本土经济背景下具有长期积累的经营经验和人脉关系的优势,但是,一旦接触全球市场和参与到全球经济活动中,很多企业便失去了此类优势,甚至丧失了经营智慧和竞争力。正如罗兰贝格管理咨询公司在《中国企业全球化白皮书》(2012)中所分析的:由于国内市场的特殊性,许多中国企业的国内运作经验往往成为其海外经营决策的负资产,中国企业正陷入本土困境。管理者与企业的意识思维与经营能力仍完全为适应国内特殊经济环境需求而打造,无法与全球化的竞争需求实现全面对接。是什么"魔咒"致使我们这些企业的辉煌戛然而止?究其根本原因,是全球经济新的商业模式使我们的经验和关系不灵验了,因为全球经济更讲究法商智慧,而这正是我国绝大多数企业和企业家经营的"软肋"。

(四) 整合资源与整合规则

按照传统的管理思路和程序,企业的经营活动主要是设法获取和配置相关的资源,因此企业管理者的首要任务和履职能力就是整合资源。迄今为止,我国很多企业的管理者仍然把整合资源的能力视为最重要的核心能力,常常把自己几乎所有的精力和有限资源都下赌注似的押在了寻求或整合特定的资源上。这样的管理行为或管理决策虽然在特定条件下有其必要性,但是,如果从长计议或理性地分析,我们会发现:往往耗费极大精力或成本整合而来的资源价值或其实现的目标效益会因某种游戏规则的改变而迅速变更。也就是说,传统经济学和管理学中以基本资源为经营活动的根本前提正逐渐让位于"资源+规则"。

今天看来,仅仅有整合资源的意识和能力是远远不够的,因为影响资源整合效益甚至决定资源整合价值的、更为重要的"整合规则"的能力,已经成为企业经营活动及其管理者获得优势和取得成功的关键因素。据此,今天的企业经营管理者不仅要能够整合资源,还要能够整合规则,而这样的能力在传统的管理意识和经营体系中是不可能"修得正果"的,只有通过法商管理的锻造,才可能使整合资源、规则的能力得以具备和显著提升。

---

① 弗里德曼.世界是平的[M].2版.何帆,肖莹莹,郝正非,译.长沙:湖南科学技术出版社,2006:40.

以上四个方面的变化可以充分地说明,新的变化环境正在迎来新的管理时代。由于这些变化从本质上要求新的管理必须将经商与法治有机结合,因此可以说,法商管理的时代已经到来。

本章小结

法商管理学科的理论基础是法经济学与新制度经济学。法商管理可以运用法经济学、新制度经济学的成果指导企业经营实践,如法律视角的企业效率问题、交易成本角度的企业发展路径的选择等。

现代企业的法律形式主要有三种:个人独资企业、合伙企业与公司制企业。

在哲学层面,法商管理应该是一种管理哲学、一种价值观和世界观。如果说一家企业或公司具有法商管理的价值观,那么它一定是把"合法、合理、合情"三个方面有机融合和统一的组织。

计划经济与市场经济、经验管理与科学管理、本土经济与全球经济、整合资源与整合规则四个方面的变化可以充分地说明,新的变化环境正在迎来新的管理时代。可以说,法商管理的时代已经到来。

思考题

1. 如何认识法商管理的理论基础?
2. 简述法经济学、新制度经济学的主要内容。
3. 新制度经济学的常用理论有哪些?简述其主要思想。
4. 法商管理学与法经济学、新制度经济学的区别和联系分别有哪些?
5. 法商管理的对象有哪些?
6. 未来法商管理的趋势如何?

案例分析

TikTok 公司诉美国政府案——跨境数据合规之战

1. 出圈之路:高歌猛进之时,风险亦相伴相生

2016年9月20日,抖音在国内上线,随后在国内迅速走红并成为国内用户主要下载应用程序之一。

2017年11月,字节跳动斥资10亿美元全资收购了成立于中国、主营北美市场的音乐短视频社交产品App Musical.ly,收购前夕Musical.ly在全球已经拥有了2亿用户。2018年8月,字节跳动将Musical.ly全面整合至TikTok中,合并后的TikTok在短短三个月内便获得了3 000万用户。毫无疑问,收购Musical.ly是成功进入美国市场的一张王牌。2020年,TikTok成为全球下载量最大的App。不仅仅是美国市场,TikTok的业务已拓展至全球

200多个国家和地区。在欧盟、东南亚等区域及日本、印度、俄罗斯等国家也广受用户喜爱,曾多次登上当地App下载的榜首。

2. 以法律之名捍卫国家安全

TikTok在海外市场爆红的同时,关于其涉及数据泄露、侵犯用户隐私、威胁网络安全问题的质疑接踵而至,TikTok在海外市场面临较多的被调查或遭到处罚的情况。

2020年8月,时任美国总统特朗普以国家安全为由先后签发了两项行政命令:禁止与字节跳动及其子公司(含TikTok)进行交易,以及要求字节跳动剥离其对TikTok美国业务享有的所有权益,由此彻底引爆了前期埋藏的可能风险。

3. 被无视的合规努力:寻求司法救济的无奈选择

自2019年以来,为了回应美方质疑,TikTok已经做出多项努力。

2020年3月,美国外资投资委员会(CFIUS)通知字节跳动打算对其收购Musical.ly进行正式审查。同年6月15日,审查程序正式启动。审查期间,字节跳动提供了大量的文件和信息回答CFIUS的问题,除此之外还提交了详细的可证明TikTok安全措施的文件。至2020年7月底,字节跳动向美国财政部(CFIUS主席)提出了各种缓解计划,但CFIUS在初步法定审查期结束前就终止了与字节跳动的正式通信。剥离Musical.ly的命令已经发出,谈判几乎无望,只能诉诸法律救济。

4. 夹缝生存,法庭交锋:多重诉讼主体组合回击

TikTok及其利益相关主体就上述总统行政命令向法院提起诉讼,其目的是通过诉讼获得禁令救济。通过艰难的5轮交锋,TikTok相关案件最终获得法院颁发初步禁令。初步禁令是特殊的补救办法,依据联邦最高法院2008年11月12日在Winter v. Natural Res. Def. Council, Inc. (2008)案对初步禁令标准阐述的四部分测试,即"Winter四要素",寻求这种救济的原告必须证明:①原告有可能根据案情事实胜诉;②如果禁令不发出,原告将面临不可弥补的损害;③衡平法的平衡有利于救济;④禁令符合公共利益。

5. 尾声

TikTok案件牵涉的已不再是单纯的法律问题,其遭遇美国发难本就在中美贸易摩擦僵持不下的阶段,某种程度上是继中兴和华为之后的又一政治"祭品"。政治问题法律化带来的风险更加具有不可预料性,似乎并无应对之策,但一切亦非空穴来风,国家政策动向、法案修改、既往类似案件等信息都构成企业风险的信号灯。企业出海投资需要明确业务领域可能涉及的合规风险。

资料来源:中国管理案例共享中心。

■ 思考

1. 你在本案例中明白了哪些法商管理的知识?
2. 作为企业未来的管理者,你会如何统筹规划企业海外投资经营的合规框架?

第二篇

法商实体与企业制度

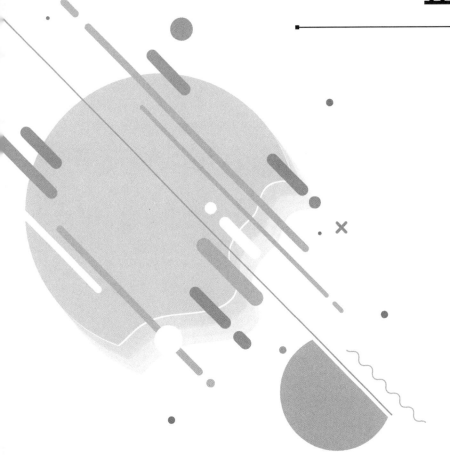

第三章 企业制度类型

学习目标

1. 掌握企业制度的类型以及相应法律制度。
2. 掌握各种企业制度的内涵。
3. 明确各种企业制度的生产经营特征。
4. 理解各种企业制度的发展。

基本概念

个体工商户　个人独资企业　合伙企业　公司

案例导入

文和友,从路边摊到估值 100 亿元

文和友是湖南文和友文化产业发展集团有限公司旗下的品牌。文和友致力于传统民俗餐饮文化的研究,挖掘地域民间小吃,结合潮流文化,形成"文和友餐饮模式"。该品牌拥有文和友老长沙油炸社、文和友老长沙龙虾馆、文和友老长沙大香肠、文和友老长沙臭豆腐、MĀMĀCHÁ、文和友老长沙外卖等系列。2021 年 8 月,文和友宣布完成 B 轮融资,投资方阵容豪华——红杉中国和 IDG 资本领投,跟投方包括华平投资、碧桂园创新投资、新加坡政府投资公司等。

或许很多人不知道,资本与消费者热捧的背后,这摊大生意是一个年仅 34 岁的创业者,用了 11 年时间缔造出来的。他就是文宾,原名文彦然。这个 1987 年出生的狮子座小伙子是土生土长的长沙人。11 年前,23 岁的文宾辞去了汽车 4S 店销售员的工作,揣着 5 000 元启动资金在人头攒动的长沙坡子街支起路边摊,卖起了炸串。创业之初,文宾骑着三轮车,下午出摊凌晨归家,是个平平无奇的小摊贩。

杨干军是文宾的香肠供应商,他连续两个月光顾了文宾的夜宵摊。2011 年,杨干军得知文宾没有再做路边摊后,几次三番找到文宾,想和他合伙开店。随后一起开了"文和友老长沙油炸社"。2015 年,文和友的营收首次超过 1 亿元,这时的"文和友"已经是长沙一张响当当的名片。

文宾预感时候到了,他要开公司,但这家公司不是餐饮公司,而是一家文化公司。在文宾看来,地方小吃是一个城市,也是一个国家文化的重要组成部分,文和友的存在是具有独特意义的。2016年,湖南文和友文化产业发展集团有限公司成立,公司旗下的品牌也通过"直营+加盟"的方式向全国拓展。

2021年9月,在"第三届中国餐饮营销力峰会"上,公司CEO冯彬公开回应公司上市事宜。冯彬表示,公司有上市规划,不过目前没有具体时间表。

一个普普通通的青年,其创造出的超级文化之所以能在今天估值100亿元,与城市空间的文化沙漠,或许也有着密不可分的关系。

资料来源:黄彩霞,"从路边摊到估值100亿,文和友'精神战略'餐饮逻辑",https://view.inews.qq.com/a/20210830A0AJGA00,访问时间:2021年10月。

■ 思考

1. 你在本案例中看到了哪些企业制度类型?
2. 通过此案例,思考企业制度可以如何变迁。

第一节　个体工商户与《促进个体工商户发展条例》

个体工商户是在我国社会中成长起来的商业组织形式,具有良好的本土适应性,随着经济社会的发展变化而不断完善,已成为稳定成熟的商业组织形式。个体工商户的存在与发展对于活跃市场经济、发展第三产业、便利城乡居民生活、增加财政收入、减轻政府负担、促进社会安定等方面具有重要作用。我国为了鼓励、支持和引导个体经济健康发展,维护个体工商户合法权益,稳定和扩大城乡就业,充分发挥个体工商户在国民经济和社会发展中的重要作用,制定了《促进个体工商户发展条例》。

一、个体工商户

(一) 个体工商户的定义

《促进个体工商户发展条例》第二条规定:"有经营能力的公民在中华人民共和国境内从事工商业经营,依法登记为个体工商户的,适用本条例。"

第六条规定:"个体工商户可以个人经营,也可以家庭经营。个体工商户的财产权、经营自主权等合法权益受法律保护,任何单位和个人不得侵害或者非法干预。"

> 个体工商户的定义为:在法律允许的范围内,依法经核准登记,从事工商业经营活动的自然人或者家庭。

(二) 个体工商户的生产经营特征

个体工商户的生产经营特征包括自雇佣、自组织和自适应。

1. 自雇佣

依据个体工商户的定义可知,个体工商户一般属于自主创业,多以夫妻或家庭为单位进行生产经营,具有高度的稳定性。人与人之间的关系分为三种:情感性关系、混合性关系、工具性关系①。其中,情感性关系即家庭中的人际关系,是一种最稳定的关系。基于情感性关系的个体工商户自雇佣表现出三个优点,即有利于克服工作倦怠、节省用工成本、容易沟通协调。个体工商户雇佣外部员工也会倾向于有血缘关系的人群。这样做除了因为员工之间容易建立信任关系,还因为其行之有效的矛盾缓冲和协调机制。促进个体工商户发展是缓解社会矛盾的理性选择。

2. 自组织

个体工商户的生产经营依据行业市场的发展形成自己的一套规则与制度。尽管个体工商户一般是业主自主创业,但它们通常都具有小规模、网络化向大规模人群提供最终产品的特征,比如早餐店、理发店、洗衣店和小卖部等。由于其具备实现销售和回收现金的能力,实现了客户锁定的个体工商户有可能对上游产品的供应商形成集体谈判能力,如武汉热干面行业的面条和辅料的供应商不得不对热干面门店实行赊销政策。

3. 自适应

个体工商户的工作范围和收益水平取决于自己的能力。个体工商户可以在合法条件下,采取相应的措施适应市场变化。一是个体工商户对社会转型和技术进步引发的市场变化高度敏感,能够对有支付能力的需求进行快速和持续的响应。典型代表就是福利彩票行业,近年来该行业的需求在一定程度上就是由个体工商户响应和推动的。与此同时,越来越多的个体工商户正在利用互联网释放出的机会,由线下经营改为线上经营,或者同时开展线上和线下经营。二是个体工商户会用停业、转行或者多元化经营的方式应对各种市场风险。这种调整并不会引发大规模社会冲突。究其原因,无外乎个体工商户已习惯没有他救、只有自救的生存方式。三是个体工商户的市场应急机制与改革开放后形成的"一家多地"②和"一家多制"③的家庭成员结构有关,许多个体工商户都可以借助家庭成员的支持完成转行或转型。

二、《促进个体工商户发展条例》解读

(一)更加宽松的制度环境

1. 取消身份限制

《促进个体工商户发展条例》第二条规定:"有经营能力的公民在中华人民共和国境内从事工商业经营,依法登记为个体工商户的,适用本条例。"

《城乡个体工商户管理暂行条例》(以下简称《暂行条例》)④规定的申请设立个体工商

---

① 情感性关系指家庭中的人际关系;混合性关系指个人和家庭外熟人的关系;工具性关系指为了获取某种资源和陌生人建立的关系。

② 一家多地指从经济空间来看,家庭成员处于不同的生产生活空间。如家庭中的年轻男性、年轻女性与孙代、父代分别在作为市场中心地带的大城市、作为半市场中心地带的县城、作为市场边缘地带的农村进行生产生活。

③ 一家多制是指从家计模式来看,家庭成员收入来源不同。如中老年农民务农并辅之以家庭副业与就近务工,获取禽蛋奶等农副产品和务工劳动的现金收入;青壮年务工或自行出资从商;年轻子女创业或在互联网、科技公司工作。

④ 《暂行条例》已于1987年8月5日废止。

户的人员范围为"有经营能力的城镇待业人员、农村村民以及国家政策允许的其他人员",现改为"有经营能力的公民",对于个体工商户的身份进一步放宽。

2. 放宽经营范围

《促进个体工商户发展条例》第五条规定:"国家对个体工商户实行市场平等准入、公平待遇的原则。"

第十一条规定:"市场主体登记机关应当为个体工商户提供依法合规、规范统一、公开透明、便捷高效的登记服务。"

《暂行条例》规定个体工商户"可以在国家法律和政策允许的范围内,经营工业、手工业、建筑业、交通运输业、商业、饮食业、服务业、修理业及其他行业",现在则无行业限制。

3. 取消从业人数限制

《暂行条例》规定个体工商户"可以根据经营情况请一、二个帮手;有技术的个体工商户可以带三、五个学徒"。现条例取消了对个体工商户从业人员的人数限制。

4. 为个转企升级提供支持

《促进个体工商户发展条例》第十三条第一款规定:"个体工商户可以自愿变更经营者或者转型为企业……涉及有关行政许可的,行政许可部门应当简化手续,依法为个体工商户提供便利。"

现条例下,个体工商户完成转型就可以获取合法的商事主体资格,从而更好地参与经营活动。

(二)明确政府及其有关部门对促进个体工商户发展的扶持、服务措施

《促进个体工商户发展条例》第八条规定:"国务院发展改革、财政、人力资源社会保障、住房城乡建设、商务、金融、税务、市场监督管理等有关部门在各自职责范围内研究制定税费支持、创业扶持、职业技能培训、社会保障、金融服务、登记注册、权益保护等方面的政策措施,做好促进个体工商户发展工作。"此外,第二十二条规定:"县级以上地方人民政府应当支持个体工商户参加社会保险,对符合条件的个体工商户给予相应的支持。"第二十三条规定:"县级以上地方人民政府应当完善创业扶持政策,支持个体工商户参加职业技能培训,鼓励各类公共就业服务机构为个体工商户提供招聘用工服务。"第二十四条规定:"县级以上地方人民政府应当结合城乡社区服务体系建设,支持个体工商户在社区从事与居民日常生活密切相关的经营活动,满足居民日常生活消费需求。"诸多条款凸显了政府及其有关部门对个体工商户的扶持。

(三)规范个体工商户经营行为

《促进个体工商户发展条例》第七条第二款规定:"国务院市场监督管理部门会同有关部门加强对促进个体工商户发展工作的宏观指导、综合协调和监督检查。"

《促进个体工商户发展条例》第三十四条规定:"个体工商户应当依法经营、诚实守信,自觉履行劳动用工、安全生产、食品安全、职业卫生、环境保护、公平竞争等方面的法定义务。对涉及公共安全和人民群众生命健康等重点领域,有关行政部门应当加强监督管理,维护良好市场秩序。"第三十五条规定:"个体工商户开展经营活动违反有关法律规定的,

有关行政部门应当按照教育和惩戒相结合、过罚相当的原则,依法予以处理。"

现条例对个体工商户的经营行为进行了一系列的规定,并且对个体工商户违反本条例规定的行为规定了相应的法律责任,并设置了相应的处罚措施。

第二节 个人独资企业与《中华人民共和国个人独资企业法》

个人独资企业在市场经济中占有一定的比例,其尤为突出的特征就是投资人的投资风险和经营风险都比较大。投资人不以其出资额为限承担债务,对于企业注销之后的债务仍需要承担无限责任。但它也有自身的优点,比如经营方式灵活、投资规模较小、投资回报较快、设立相对简单以及能够较好地满足初期创业者的需求,丰富社会生活的各种需要等。我国越来越重视小微企业的发展,使个人独资企业获得了更好的发展空间。我国为了规范个人独资企业的行为,保护个人独资企业投资人和债权人的合法权益,维护社会经济秩序,促进社会主义市场经济的发展,根据《中华人民共和国宪法》,制定了《中华人民共和国个人独资企业法》(以下简称《个人独资企业法》)。

一、个人独资企业

(一) 个人独资企业的定义

《个人独资企业法》第二条规定:"本法所称个人独资企业,是指依照本法在中国境内设立,由一个自然人投资,财产为投资人个人所有,投资人以其个人财产对企业债务承担无限责任的经营实体。"

> 个人独资企业的定义为:由自然人个人出资兴办、完全归个人所有和控制的企业。

(二) 个人独资企业的设立

《个人独资企业法》对个人独资企业的设立进行了一系列规定。

设立个人独资企业应当具备的条件有:①投资人为一个自然人;②有合法的企业名称;③有投资人申报的出资;④有固定的生产经营场所和必要的生产经营条件;⑤有必要的从业人员。其中:投资人为一个自然人,且只能是中国公民[①];企业名称应当符合规定,与其责任形式及从事的营业相符,不得使用"有限""有限责任"或"公司"字样。

申请设立个人独资企业,应当由投资人或者其委托的代理人向个人独资企业所在地的登记机关提交设立申请书、投资人身份证明、生产经营场所使用证明等文件。委托的代理人申请设立登记时,应当出具投资人的委托书和代理人的合法证明。

个人独资企业设立分支机构,应当由投资人或者其委托的代理人向分支机构所在地的登记机关申请登记,领取营业执照。需提交的文件包括:分支机构设立登记申请书、登

---

① 《个人独资企业法》第四十七条规定:"外商独资企业不适用本法。"

记机关加盖印章的个人独资企业营业执照复印件、经营场所证明、国家市场监督管理总局规定提交的其他文件。分支机构从事法律、行政法规规定须报经有关部门审批的业务的,还应当提交有关部门的批准文件。个人独资企业投资人委派分支机构负责人的,应当提交投资人委派分支机构负责人的委托书及身份证明。委托代理人申请分支机构设立登记的,应当提交投资人的委托书和代理人的身份证明或资格证明。

(三)个人独资企业的生产经营特征

1. 授权管理

个人独资企业的特点是投资人对企业的经营与管理事务享有绝对的控制权与支配权。然而,在现代社会,企业的所有权和管理权时常是分离的,企业的管理也趋向于专业化和职业化。由于企业规模不断扩大以及个人精力和专业知识所限,个人独资企业投资人往往选择聘用专人来管理企业。个人独资企业事务的管理可以通过投资人委托或聘用他人来进行,这实质上是投资人的授权行为,投资人和受托人(被委托或被聘用人)之间形成了一种法律上的委托关系。个人独资企业的授权管理使其在市场经济中比个体工商户更具竞争力。

2. 组织规范

《个人独资企业法》规定了个人独资企业的设立条件,说明个人独资企业在市场中的运营具有高度的组织规范性。

《个人独资企业法》第十一条规定:"个人独资企业的名称应当与其责任形式及从事的营业相符合。"个人独资企业具有设置商号①的强制性义务。不设立商号的,无法注册成为个人独资企业。同时,个人独资企业因其企业主需要对企业的债务承担无限连带责任,因此为彰显个人独资企业的性质,使之区别于商法人,在商号的设置上,法律有强制性的规定。在商号的设置上,可以反映出个人独资企业典型的商人特征。

根据个人独资企业的设立规定,个人独资企业应有固定的生产经营场所和必要的生产经营条件以及必要的从业人员,其中:有固定的生产经营场所,可以理解为企业有固定的住所;有必要的生产条件,可以理解为有规模化生产经营的厂房、设备条件;有必要的从业人员,这也是对企业经营规模的要求,是企业运营的内容之一。归纳起来,就是有作为企业进行规模化生产经营的基本条件,这是对生产经营规模的要求。

3. 财产依附

投资人与个人独资企业的关系包括两点:其一,个人独资企业为非法人企业,无独立的企业财产,故由企业的投资人以其个人财产承担财产责任;其二,投资人承担债务不以其出资额为限,而依法承担无限责任。

《个人独资企业法》第三十一条规定:"个人独资企业财产不足以清偿债务的,投资人

---

① 商号,又称商事名称,是商事经营主体在从事商行为时所使用的名称。我国现行立法已经采纳了"字号"与"商号"等同的观点,即"字号"与"商号"是可以等同使用的概念。企业名称与商号的字面区别首先在于,前者限定了使用相关名称的主体为"企业",而商号可以为所有商人所使用,即具有商人身份的主体,而不限于企业。根据《企业名称登记管理规定》的第六条规定,企业名称由行政区划名称、字号、行业或者经营特点、组织形式组成。

应当以其个人的其他财产予以清偿。"据此,首先用于清偿企业债务的个人财产只能是个人独资企业的财产,而不能是投资人个人的其他财产。只有在个人独资企业的全部财产不足以清偿全部债务时,投资人才能以其个人所有的其他财产予以清偿,这是个人独资企业债务清偿的原则性规定。而且这种责任不因企业的解散而免除,即投资人在企业解散后的一定期限内对该企业存续期间的债务仍应承担清偿义务。

(四) 个人独资企业与个体工商户的比较

表3-1列示了个人独资企业与个体工商户在组织模式、经营管理形式、投资主体、注册资本、从业人数等方面的差异。

表3-1 个人独资企业与个体工商户的比较

	个人独资企业	个体工商户
组织模式	企业组织	个体商人
经营管理形式	委托或聘用	自组织
投资主体	个人	个人或家庭
注册资本(户均)	一般较高	较低
从业人数(户均)	10—11人	2人左右

1. 个人独资企业与个体工商户的制度比较

如表3-1所示,在组织模式上,个体工商户属于个体商人,并不存在组织形式的概念,仅是自然人营业的特殊形式;个人独资企业则属于企业组织,可以设立分支机构。在经营管理形式上,个人独资企业可以委托或聘用其他具有民事行为能力的人经营管理企业事务;个体工商户的经营活动则由业主(公民)自己进行。依托代理制度,个人独资企业吸收优秀管理人才经营企业,有利于降低企业对于业主的依赖,提高企业管理水平,扩大企业规模,这就决定了个人独资企业更符合现代企业制度的特征。而个体工商户只适用于小规模的经营主体。

个体工商户存在家庭经营的情形,但实质上构成合伙,除此之外,个体工商户与个人独资企业在投资主体方面是相同的。实际上,个体工商户与个人独资企业最大的不同在于组织模式,即是否采取企业组织形式,进而在此基础上导致设立条件、法律地位、适应的市场规模、财会制度、解散清算程序等诸多方面的不同。基于个人独资企业的企业组织形态,法律规定了比个体工商户更为严格的设立条件,个人独资企业在经营管理形式等方面表现出更强的主体独立性、规范性、组织性与规模性。

但二者仍具有以下共性:单一的自然人投资主体;非法人性;所有与经营的高度一体化;投资者(经营者)的无限责任。因此,个人独资企业与个体工商户的"主体独立性、规范性、组织性与规模性"的区别尚停留在"度"的层面,未达到"质"的区别。因此,是否采取企业组织形式只是自然人营业自由权行使的结果,并不是二者的本质区别使然。

2. 个人独资企业与个体工商户的发展比较

作为现行法律下比较相似的商事主体,长期以来个人独资企业与个体工商户的发展似有天壤之别。《个人独资企业法》颁布之初人们预想的个人独资企业设立热潮一直没有出现,反而稍显冷清。依据《中国工商行政管理年鉴》2002—2016 年相关数据,在我国,个人独资企业与个体工商户整体都呈现增长趋势,这与我国经济的同期快速增长一致,但二者的数量差异极大。个体工商户年均增长率呈平稳增长态势,个人独资企业起初保持了较高的增长率,但 2006—2007 年跌至最低点,其后略有恢复。个人独资企业和个体工商户的注册资本额总量就没有那么大的差异了,这是因为个人独资企业户均注册资本额明显高于个体工商户,前者约为后者的 15 倍至 20 倍,且个人独资企业户均注册资本额增长率也略高于个体工商户。另外,个体工商户的从业人员总量明显多于个人独资企业,但户均而言,如表 3-1 所示,个人独资企业的从业人员数量保持在 10—11 人,个体工商户仅为 2 人左右。以上事实表明:个人独资企业与个体工商户是我国数量庞大的两类商事主体,对于活跃市场经济、解决就业意义重大;个人独资企业与个体工商户的户数数量差异在短期内仍将保持,不会有太大改变;从户均注册资本额、户均从业人数来看,个体工商户的规模显著小于个人独资企业。

二、《个人独资企业法》解读

《个人独资企业法》于 1999 年 8 月 30 日在第九届全国人民代表大会常务委员会第十一次会议上通过。该法的颁布进一步完善了我国的企业立法,结束了计划经济时代按所有制形式划分企业类型的模式,把不同的企业主体置于同一市场经济环境中,实现公平竞争,优胜劣汰,这对推进社会主义市场经济的发展具有重大的意义。

(一)企业财产为投资人个人所有

《个人独资企业法》第二条规定:"本法所称个人独资企业,是指依照本法在中国境内设立,由一个自然人投资,财产为投资人个人所有,投资人以其个人财产对企业债务承担无限责任的经营实体。"

个人独资企业由一人投资设立,企业的财产也由投资人个人所有,即产权自有。因此,在产权关系上,企业财产和盈利由投资人个人享有,且投资人有权自由处分;在经营管理方面,因产权自有而决定了投资人享有企业经营决策权,即投资人可以不受限制地行使经营决策权。

(二)投资人对企业债务承担无限责任

《个人独资企业法》第十八条规定:"个人独资企业投资人在申请企业设立登记时明确以其家庭共有财产作为个人出资的,应当依法以家庭共有财产对企业债务承担无限责任。"

《个人独资企业法》第二十八条规定:"个人独资企业解散后,原投资人对个人独资企业存续期间的债务仍应承担偿还责任,但债权人在五年内未向债务人提出偿债请求的,该责任消灭。"

《个人独资企业法》第三十一条规定："个人独资企业财产不足以清偿债务的,投资人应当以其个人的其他财产予以清偿。"

依据个人独资企业的企业财产性质即投资人个人财产性质这一规定,个人独资企业对外的经营活动,实质上是投资人个人的经营活动,企业对外发生的债务,理所当然是投资人个人的债务。尽管个人独资企业是以经济实体的形式对外进行经营,尽管企业可以雇用工人和管理人员,但由于企业财产的个人性质,个人独资企业的投资人(企业主)对企业的债务应用个人的全部财产承担无限责任,即清偿企业债务不限于企业财产,还应包括投资人(企业主)的其他个人财产。在清偿企业债务的顺序上,首先是用企业财产清偿债务,不足部分由投资人(企业主)的其他个人财产补足。如果投资人是用家庭共有财产投资的,就必须以家庭共有财产对企业债务承担无限责任。个人独资企业的无限责任,表明这种形式的企业承担着较大的风险,经营成功者可以盈利,失败者则有倾家荡产的可能。

(三) 个人独资企业无法人资格

个人独资企业是企业的一种形式,但是这种企业只是由自然人一人投资设立的、介于自然人与法人之间的经营实体,它本身不具有独立的法律人格,不是法人。

这种经营实体的财产归投资人(企业主)个人所有,企业债务由投资人(企业主)个人承担,自然人的属性较突出,不具有社团的性质。个人独资企业所从事的商业经贸活动,从本质上讲是以个人独资企业的企业主个人人格和经营实体的身份进行的。虽然它也是一种经营组织或实体,但它不具备法人条件,没有法人资格,而仅仅是一种有别于自然人和法人的民事主体。而企业法人则以社团的法律人格和独立的法律主体身份从事商业经贸活动,其自依法设立之日起,就享有法人资格。

由以上法律特征可以看出,个人独资企业是一种设立要求简单(不要求最低注册资本金)、条件较低、手续简便、经营灵活的企业形式。从理论上讲,"一元钱注册一家企业"是可能的。同时,我们更应看到,个人独资企业也是一种企业规模小、经营风险大、个人财产保障少、企业内部管理欠缺科学化的企业形式。

(四) 双重征税问题

《个人独资企业法》第四条第二款规定："个人独资企业应当依法履行纳税义务。"

按照《中华人民共和国企业所得税法》和《中华人民共和国个人所得税法》规定,作为产权自有的个人独资企业,除应缴纳企业所得税外,还应缴纳个人所得税。这种对个人独资企业既征收企业所得税又征收个人所得税的做法实际是对同一纳税人(既是企业又是个人的双重身份)的双重征税。双重征税既不符合情理,又切实损害了企业主个人的利益,加重了个人独资企业的税负,挫伤了个人投资办企业的积极性,不利于《个人独资企业法》的贯彻实施和鼓励个人独资企业的发展。在贯彻实施《个人独资企业法》的过程中,现行所得税法未能发挥调节经济的作用,可以说是实施该法的重大障碍之一。

三、《个人独资企业法》下企业的经营管理

(一) 个人独资企业的财产处分

【案例 3-1】

周某于 2018 年 1 月投资 20 万元,设立了一家从事餐饮服务的个人独资企业,并以周某家庭共有财产作为出资。2019 年 2 月,周某经营的餐馆出现了严重的卫生问题,导致顾客食用餐馆食物后腹痛不止。经过治疗后,这些顾客要求餐馆对支出的医疗费用进行赔偿,赔偿数额共计 21.5 万元。周某称餐馆盈利 20 万元,妻子张某投资一家服装店花掉了 10 万元,除此之外家庭没有其他收入,因此周某只能承担 10 万元的赔偿金。那么,个人独资企业老板的家人可以处分个人独资企业的财产吗?

周某的餐馆属于个人独资企业,登记时以其家庭共有财产作为出资,所以周某要以家庭共有财产对企业承担无限责任。周某的餐馆出现卫生问题,导致顾客腹痛不止并支付大量的医药费,周某应该对这笔医药费承担无限责任。周某以妻子投资花掉 10 万元为由,只能承担部分医药费的说法是没有法律依据的。根据《个人独资企业法》第十八条的规定,个人独资企业投资人在申请企业设立登记时明确以其家庭共有财产作为个人出资的,应当依法以家庭共有财产对企业债务承担无限责任。需注意的是,如果个人独资企业是以家庭财产作为出资,那么个人独资企业老板的家人有权利享有个人独资企业的财产;如果只是以个人的财产作为出资,那么其家人没有权利享有个人独资企业的财产。

(二) 个人独资企业的事务管理

【案例 3-2】

吴某在工作之余,投资 50 万元开了一家咖啡店。因为吴某还要从事本职工作,只能利用闲散时间来经营这家咖啡店,所以他聘用王某为咖啡店的经理,负责店铺的全面经营管理。2019 年 3 月,王某的儿子得到出国留学的机会,但是需要现金 20 万元。王某一时拿不出那么多钱,就打起了咖啡店的主意。王某找到好友张某,谎称咖啡店是他个人所有,现在急需用钱,想以咖啡店作为抵押,向张某借款人民币 20 万元,双方立下字据。一个月后,王某因工作失误,被吴某开除。又过了两个月,张某拿着字据向吴某主张咖啡店归自己所有,吴某在了解具体情况后向法院提起了诉讼,要求王某对此事进行赔偿。

根据《个人独资企业法》第十九条第一款的规定,个人独资企业投资人可以自行管理企业事务,也可以委托或者聘用其他具有民事行为能力的人负责企业的事务管理。案例 3-2 中的吴某因有本职工作,不能全面照看咖啡店,因此聘用王某负责店铺的经营管理,王某是咖啡店的合法经营人。但是王某为了个人利益,欺骗张某说咖啡店是他个人所有,并以咖啡店为抵押借款 20 万元,王某的这一做法是违反法律规定的。根据《个人独资

企业法》第二十条中关于管理人行为的规定,王某属于"擅自以企业财产提供担保",投资人吴某有权向其索赔。

(三)个人独资企业的清算

【案例3-3】

2018年,冯某投资设立了一家海鲜批发厂,向从事餐饮服务的酒店提供海鲜产品。但是由于冯某缺乏管理经验,加上已经过了海鲜销售的旺季,该厂的海鲜处于滞销状态,导致大量海鲜积压。为了避免损失的扩大,冯某只能将海鲜低价出售,该海鲜批发厂因此负债累累,不能再继续经营下去,于是冯某提交了清算申请。在清算期间,冯某受个人私欲驱使,为逃避债务而将海鲜批发厂的剩余财产进行转移。那么,在清算期间,冯某转移财产的行为是否违反了法律规定?他会受到法律的处罚吗?

根据《个人独资企业法》第三十条的规定,清算期间,个人独资企业不得开展与清算目的无关的经营活动。在按前条规定清偿债务前,投资人不得转移、隐匿财产。同时根据该法第四十二条的规定,个人独资企业及其投资人在清算前或清算期间隐匿或转移财产,逃避债务的,依法追回其财产,并按照有关规定予以处罚;构成犯罪的,依法追究刑事责任。在案例3-3中,冯某为逃避债务,将海鲜批发厂的剩余财产进行转移,这是违反法律规定的。个人独资企业投资人的这种逃避债务的行为,必然会损害债权人的利益。因此,为了保护债权人,冯某转移的财产将会被依法追回,同时冯某还会受到相关处罚。

(四)个人独资企业的解散

【案例3-4】

魏某从小生活在孤儿院。2002年,12岁的魏某被张氏夫妻领养,但是2018年张氏夫妻均因重病过世。魏某继承了张氏夫妻的遗产,并独资成立了一家童鞋店。由于魏某经营有方,童鞋店销售业绩很好。谁知,魏某在一次进货的途中,因发生交通事故而死亡。因魏某是张氏夫妻领养的,没有其他兄弟姐妹,张氏夫妻已过世,魏某也尚未成家立业。换句话说,魏某没有继承人。那么,这种情况下魏某的个人独资企业必须解散吗?

根据《个人独资企业法》第二十六条的规定,个人独资企业在出现投资人死亡或者被宣告死亡,无继承人或者继承人决定放弃继承的情况下,应当解散。因此,没有继承人的个人独资企业应该解散。具体到案例3-4,魏某没有法定继承人,也未留下遗嘱,因此也没有遗嘱继承人。在魏某发生交通事故死亡后,依照法律规定,魏某独资的童鞋店应该解散。

(五)个人独资企业的转让

【案例3-5】

2017年5月,佟某投资30万元设立"明月酒家"个人独资企业。在开业之前佟某与某蔬菜供销商李某达成协议,明月酒家从李某处购进蔬菜,价格10万元。由于佟某刚开始营业，手里没有那么多现金，所以先支付了3万元，约定剩余款项在明月酒家营业两个月后偿还。后来佟某接受表哥的邀请，准备到美国生活，就决定把明月酒家转让给莫某。佟某与莫某达成协议：明月酒家所有的债权债务均由莫某承担。随后佟某就到工商部门办理相关手续，莫某正式成为明月酒家的责任人。两个月后，李某来到明月酒家，要求莫某偿还佟某未结清的货款。莫某称明月酒家已经变更投资人，不再对佟某的债务承担责任。那么，个人独资企业投资人的债务可以转让吗？

依照《个人独资企业法》第十七条的规定，个人独资企业投资人对本企业的财产依法享有所有权，其有关权利可依法进行转让或继承。个人独资企业在民事主体类型上归属于"其他组织"一类，不具备法人资格，投资人必须以个人财产对所投资企业的债务承担无限责任。个人独资企业债务的最终责任主体是投资人，不是企业。佟某作为明月酒家这个独资企业的投资人，可以转让其权利，但是投资人转让企业并不产生同时转让债务的效果，投资人在进行投资时应该对其企业的债权债务进行约定。从案例3-5中我们可知，佟某在把明月酒家转让给莫某时，约定所有的债权债务均由莫某承担，因此，莫某应该偿还李某的货款。因此，需要特别注意，个人独资企业投资人的权利可以转让，在转让时应当对企业的债务进行约定，避免不必要的纠纷。

（六）个人独资企业为员工缴纳社保的义务

【案例3-6】

2018年2月，刘某投资设立汽车维修厂。2018年3月，该汽车维修厂注册成功，随后刘某招聘了5名员工，因聘用时间为半年，刘某就没有与他们签订书面劳动合同。根据刘某与员工们达成的约定，刘某在保险公司为这5名员工投保了意外伤害险，但是刘某没有为其投保工伤等社会保险。2018年5月，员工赵某在工作时受伤，刘某为此支付医疗费1万元。2018年7月，赵某向当地的劳动仲裁委员会提起仲裁，要求刘某支付工伤赔偿并补缴社会保险。那么，刘某作为个人独资企业的投资人，需要为员工缴纳社会保险吗？

个人独资企业的投资人需要为员工缴纳社会保险。根据《个人独资企业法》第二十三条的规定，个人独资企业应当按照国家规定参加社会保险，为职工缴纳社会保险费。具体到案例3-6，赵某在工作时受伤，刘某理应对赵某的损失承担赔偿责任。而且，根据上述法律条文的规定，刘某还需为赵某补缴社会保险，否则，刘某会被追究相应的法律责任。

第三节　合伙企业与《中华人民共和国合伙企业法》

合伙制这种组织形式，能更好地把具有不同资源优势的合伙人联系在一起，更适用于具有知识产权的合伙人，能更好地提高组织效率。不同的组织形式适应于不同的经济条件，对企业组织形式的研究分析，有利于为企业找到一个合适的组织形式，更好地提高企业的效率。我国为了规范合伙企业的行为,保护合伙企业及其合伙人、债权人的合法权益,维护社会经济秩序,促进社会主义市场经济的发展,制定了《中华人民共和国合伙企业法》(以下简称《合伙企业法》)。

一、合伙企业

(一) 合伙企业的定义

《合伙企业法》第二条规定:"本法所称合伙企业,是指自然人、法人和其他组织依照本法在中国境内设立的普通合伙企业和有限合伙企业。普通合伙企业由普通合伙人组成,合伙人对合伙企业债务承担无限连带责任。本法对普通合伙人承担责任的形式有特别规定的,从其规定。有限合伙企业由普通合伙人和有限合伙人组成,普通合伙人对合伙企业债务承担无限连带责任,有限合伙人以其认缴的出资额为限对合伙企业债务承担责任。"

> 合伙企业的定义为:由两个或两个以上自然人、法人或其他组织共同出资兴办、联合经营的企业。

(二) 合伙企业的设立

《合伙企业法》对合伙企业的设立进行了一系列的规定。

设立合伙企业应当具备的条件有:①有二个以上合伙人,合伙人为自然人的,应当具有完全民事行为能力;②有书面合伙协议;③有合伙人认缴或者实际缴付的出资;④有合伙企业的名称和生产经营场所;⑤法律、行政法规规定的其他条件。

其中,书面合伙协议应当载明的事项有:①合伙企业的名称和主要经营场所的地点;②合伙目的和合伙经营范围;③合伙人的姓名或名称、住所;④合伙人的出资方式、数额和缴付期限;⑤利润分配、亏损分担方式;⑥合伙事务的执行;⑦入伙与退伙;⑧争议解决办法;⑨合伙企业的解散与清算;⑩违约责任。

申请设立合伙企业,应当向企业登记机关提交登记申请书、合伙协议书、合伙人身份证明等文件。

(三) 合伙企业的类别

依据《合伙企业法》中的规定,合伙企业分为普通合伙企业、有限合伙企业、特殊的普通合伙企业。

> 普通合伙企业的定义为:由普通合伙人组成,合伙人对合伙企业债务承担无限连带责任。

> 有限合伙企业的定义为:由普通合伙人和有限合伙人组成,普通合伙人对合伙企业债务承担无限连带责任,有限合伙人以其认缴的出资额为限对合伙企业债务承担责任。

> 特殊的普通合伙企业的定义为：以专门知识和技能为客户提供有偿服务的专业服务机构。

三种合伙企业的区别如表 3-2 所示。

表 3-2　三种合伙企业的区别

	普通合伙企业	有限合伙企业	特殊的普通合伙企业
企业名称	应标明"普通合伙"	应标明"有限合伙"	应标明"特殊普通合伙"
合伙人要求	两个以上	两个以上五十个以下	两个以上
出资形式要求	货币、实物、知识产权、土地使用权或其他财产权利、劳务	不得以劳务出资	货币、实物、知识产权、土地使用权或其他财产权利、劳务
合伙事务执行人	执行合伙事务享有同等的权利	由普通合伙人执行合伙事务，执行事务合伙人可以要求在合伙协议中确定执行事务的报酬及报酬提取方式；有限合伙人不得对外代表有限合伙企业	执行合伙事务享有同等的权利
责任承担	普通合伙人对合伙企业债务承担无限连带责任；新合伙人对入伙前合伙企业的债务承担无限连带责任	普通合伙人对合伙企业债务承担无限连带责任；有限合伙人以其认缴的出资额为限对合伙企业债务承担责任；有限合伙人转变为普通合伙人的，对其作为有限合伙人期间有限合伙企业发生的债务承担无限连带责任	一个或数个合伙人在执业活动中因故意或者重大过失造成合伙企业债务的，承担无限责任或者无限连带责任，其他合伙人以其在合伙企业中的财产份额为限承担责任；合伙人在执业活动中非因故意或者重大过失造成合伙企业债务以及合伙企业其他债务的，由全体合伙人承担无限连带责任
合伙人的继承人资格	按照合伙协议的约定或者全体合伙人一致同意，从继承开始之日起，取得该合伙企业的合伙人资格	有限合伙人的继承人或者权利承受人可以依法取得该有限合伙人在有限合伙企业中的资格	按照合伙协议的约定或者全体合伙人一致同意，从继承开始之日起，取得该合伙企业的合伙人资格

（四）合伙企业的生产经营特征

1. 执行方式多样化

合伙企业事务一经决策后，就需要付诸实施。由于合伙企业没有专门的经营管理机构，其业务执行权依法只能配置给普通合伙人来行使。根据《合伙企业法》的规定，并结合合伙企业业务执行活动的发展需要,合伙人拥有的对合伙企业事务的执行权力可通过以下四种方式实现。

(1) 共同执行。从法理上讲,合伙企业是相互熟悉、相互信任的合伙人共同设立的非法人企业,在企业中,每个合伙人的地位都是独立和平等的。为了实现其共同的利益,各合伙人对合伙企业事务都具有同等的执行权力。因此,实务中,合伙企业事务可以由全体合伙人共同执行。在共同执行的情况下,每个合伙人对外均可代表合伙企业,其执行的法律后果直接归合伙企业及全体合伙人承担。由全体合伙人执行合伙企业事务,有利于发挥各合伙人的聪明才干和集体智慧,维护合伙人的共同利益,确保合伙企业事务的谨慎执行。但共同执行往往存在执行人意见难以统一、企业运行效率偏低等问题,且在合伙人数量较多、企业经营规模较大的情况下,难以发挥作用,所以共同执行一般适用于合伙人数量较少、经营规模不大的合伙企业。

(2) 委托执行。共同执行的立意虽佳,但在实际操作中往往会给合伙企业事务的执行带来诸多不便。在执行合伙企业事务方面,并非每个合伙人都能胜任或者都有这种主观愿望,因此,对于那些合伙人数量较多、经营规模较大的合伙企业,可采取委托执行的方式。所谓委托执行即由合伙协议约定或者全体合伙人决定,委托一名或数名合伙人执行合伙企业事务。在委托执行的情况下,只有被委托执行的合伙人才能执行合伙企业事务,对外代表合伙企业;其他合伙人则不能执行合伙企业事务或者对外代表合伙企业。被委托执行合伙企业事务的合伙人,因执行合伙企业事务所产生的收益归全体合伙人,所产生的亏损或民事责任,由全体合伙人承担;如果不具有事务执行权的合伙人擅自执行合伙企业事务,给合伙企业或其他合伙人造成损失的,则要依法承担赔偿责任。

(3) 分别执行。在经营企业方面,各合伙人由于社会角色不同、实践经验不一,对合伙企业事务的执行也可能存在较大的差异。为了发挥各合伙人的特长,适应合伙企业经营活动专业化分工的需要,由合伙协议约定或者全体合伙人决定,对合伙企业事务也可以采取分别执行的方式。所谓分别执行即各合伙人在分工协作的基础上各自负责执行其职责范围内的合伙企业事务。在分别执行的情况下,一部分合伙人执行此项事务,另一部分合伙人则执行彼项事务。比如,有的合伙人负责原材料采购业务的执行,有的合伙人负责生产业务的执行,有的合伙人负责销售业务的执行,有的合伙人则负责售后服务业务的执行等。

(4) 授权执行。在现代社会化大生产、科学技术迅猛发展以及市场竞争日趋激烈的条件下,迫切需要合伙企业的业务执行者具有专门的技能和丰富的管理经验。如果合伙企业的事务执行要求的专业性很强,而合伙人又不能完全胜任,则可授权他人执行。所谓授权执行,是指经全体合伙人一致同意,聘任合伙人以外的人担任合伙企业的经营管理人员,由被聘任的经营管理人员在合伙企业授权范围内,对外代表合伙企业,执行合伙企业日常事务。如果被聘任的经营管理人员,超越授权范围从事业务执行活动,或者因故意或重大过失给合伙企业造成损失的,则应依法承担赔偿责任。授权执行方式有利于充分利用科学的经营管理经验,较好地协调合伙企业内部的事务关系,进一步提高企业效率和经济效益,但企业的代理成本也会相应增加,因此采用何种执行方式,应视企业自身情况而定。

2. 财产共有

《合伙企业法》第二十条规定:"合伙人的出资、以合伙企业名义取得的收益和依法取得的其他财产,均为合伙企业的财产。"第二十一条第一款规定:"合伙人在合伙企业清算前,不得请求分割合伙企业的财产;但是,本法另有规定的除外。"合伙企业财产主要由三部分构成:第一部分是最初时期的财产,也就是指全体合伙人在合伙企业成立时的出资。合伙人的出资包括种类物,如货币;也包括特定物,如所有权、建设用地使用权和知识产权等;特定人实施的劳务可以认定为特定物的出资。第二部分是在合伙经营期间所积累的财产,主要包括两类。第一类是执行合伙事务期间所获得的财产;第二类则是合伙财产产生的法定孳息①。第三部分是依法从其他渠道取得的财产,例如,接受赠与的财产。合伙企业一旦形成,每个合伙人的财产就形成了一种潜在的整体,合伙人对合伙财产进行共同管理、共同使用、共同收益和共同处分。财产共有使得合伙企业稳定性较强,能够保证合伙企业稳定发展、经营正常进行。

二、《合伙企业法》解读

《合伙企业法》于1997年2月23日通过,自1997年8月1日起施行。为满足新的经济发展需要,2006年8月27日第十届全国人民代表大会常务委员会第二十三次会议对《合伙企业法》进行修订,并于2007年6月1日起施行。新《合伙企业法》在三个方面对原《合伙企业法》进行了重大修改:一是对合伙企业重新进行了定义,规定法人可以成为合伙人;二是增加了对有限合伙企业的规定;三是增加了对特殊的普通合伙企业的规定。

(一)合伙人范围扩大

《合伙企业法》第二条第一款规定:"本法所称合伙企业,是指自然人、法人和其他组织依照本法在中国境内设立的普通合伙企业和有限合伙企业。"

《合伙企业法》第三条规定:"国有独资公司、国有企业、上市公司以及公益性的事业单位、社会团体不得成为普通合伙人。"

修订后的《合伙企业法》在对法人成为合伙人作了一般性许可规定的同时,也对特殊法人作为普通合伙人作出了禁止性规定。国有独资公司、国有企业、上市公司以及公益性的事业单位、社会团体不得成为普通合伙人,法律仅禁止上述主体成为普通合伙人,而不禁止上述主体成为有限合伙人。

立法作此规定的原因在于:在起草1997年《合伙企业法》的过程中就有观点认为,如果允许国有企业成为合伙人,可能造成国有资产流失。在修订《合伙企业法》的过程中,多数观点认为:我国实行公有制经济制度,促进国有资产的保值增值对于巩固国有经济在国民经济中的主导地位,维护国家利益具有重要意义。国有企业、国有独资公司应将保值增值作为经营管理的一个重要目标。国有企业与国有独资公司作为普通合伙人可能承担无限连带责任,这将违背《中共中央关于国有企业改革和发展若干重大问题的决定》的规定,损害国家利益,故应对上述企业成为普通合伙人进行限制。

---

① 孳息是民法中的一个法律概念,分为天然孳息和法定孳息,它指由原物所产生的额外收益。

由于上市公司参加合伙企业可能使该公司的全部财产面临承担无限连带责任的风险,将损害上市公司股东及投资者的利益,影响证券市场的稳定,不利于社会主义市场经济的发展,与《合伙企业法》"促进社会主义市场经济的发展"的立法目的相违背,因此,修订后的《合伙企业法》对上市公司作为普通合伙人作出了禁止性规定。

由于公益性的事业单位、社会团体成为普通合伙人承担无限连带责任将不利于公益事业的发展、损害社会公益,故修订后的《合伙企业法》对其作为普通合伙人也作出了禁止性规定。

(二)新增对有限合伙企业的规定

《合伙企业法》第二条第三款规定:"有限合伙企业由普通合伙人和有限合伙人组成,普通合伙人对合伙企业债务承担无限连带责任,有限合伙人以其认缴的出资额为限对合伙企业债务承担责任。"

新《合伙企业法》专门设置了"有限合伙企业"一章,包含了有限合伙人的权利与义务、有限合伙的事务执行以及有限合伙不同于普通合伙的特殊规定等内容。考虑到有限合伙人以其认缴的出资额为限对合伙企业债务承担责任,新《合伙企业法》还特别规定对有限合伙人的出资,包括货币、实物、知识产权、土地使用权或者其他财产权利应进行作价,并在企业登记事项中予以载明。这样规定的目的是起到公示作用,保护债权人利益。作为国际上通行的特别适合风险投资的企业形式,此次新《合伙企业法》引入有限合伙制,有助于促进我国风险投资事业的发展。当然,有限合伙制获得合法性,只是解决了企业设立方式的问题,风险投资要想在国内获得长足发展,还需要法律、税收、金融市场等方面的配套措施。

(三)新增对特殊的普通合伙企业的规定

《合伙企业法》第五十五条第一款规定:"以专业知识和专门技能为客户提供有偿服务的专业服务机构,可以设立为特殊的普通合伙企业。"

《合伙企业法》第五十七条规定:"一个合伙人或者数个合伙人在执业活动中因故意或者重大过失造成合伙企业债务的,应当承担无限责任或者无限连带责任,其他合伙人以其在合伙企业中的财产份额为限承担责任。合伙人在执业活动中非因故意或者重大过失造成的合伙企业债务以及合伙企业的其他债务,由全体合伙人承担无限连带责任。"

《合伙企业法》第五十八条规定:"合伙人执业活动中因故意或者重大过失造成的合伙企业债务,以合伙企业财产对外承担责任后,该合伙人应当按照合伙协议的约定对给合伙企业造成的损失承担赔偿责任。"

《合伙企业法》第五十九条规定:"特殊的普通合伙企业应当建立执业风险基金、办理职业保险。执业风险基金用于偿付合伙人执业活动造成的债务。执业风险基金应当单独立户管理。具体管理办法由国务院规定。"

特殊的普通合伙企业是以专业知识和专门技能为客户提供有偿服务的专业服务机构。新《合伙企业法》中的专业服务机构被分为两类:一类是采取企业形式的,如会计师事务所;另一类是非企业形式的,如律师事务所。登记为合伙企业的会计师事务所可以直接适用特殊的普通合伙企业的有关规定;而律师事务所等非企业形式的专业服务机构依据有关法律采取合伙制的,其合伙人承担责任的形式可以适用《合伙企业法》关于特殊的普通合伙企业承担责任的规定。

从《合伙企业法》第五十七条规定可知,有限责任合伙(特殊普通合伙)并不意味着合伙人完全解除了对合伙债务的责任。有限责任合伙的合伙人仍对合伙债务承担无限连带责任,但这种制度将合伙人的无限连带责任局限于本人业务范围及过错,使这些专业服务机构的合伙人避免承担过度风险。

专业服务机构本质上是靠专业知识和专门技能"安身立命"的,而非靠其注册资本。有限责任的确立将有助于国内采取特殊的普通合伙制的会计师事务所改变组织形式,进一步做大做强。

三、《合伙企业法》下的企业经营管理

(一)合伙企业的出资

1. 普通合伙人的出资

【案例 3-7】

邓某和薛某是四川老乡。2018年,二人一起来到河北打工。到河北某地以后,二人觉得打工收入太低,于是想各自出资 8 万元合伙成立一家川味餐厅。可是,二人都不会做菜,于是想请一名川菜厨师。此时,邓某提议可以让自己的小舅子王某入伙,因为王某是个地地道道的川菜厨师。薛某表示同意王某入伙,于是二人找到了王某,可王某称自己手上没有积蓄,只能以自己的厨艺作为劳务出资,薛某称没钱的话出力也行。那么,对于这种普通合伙企业,合伙人可以以自己的劳务出资吗?

根据《合伙企业法》第十六条的规定,合伙人可以用劳务作为在合伙企业中的出资。劳务出资不直观地体现企业的资产,企业一旦出现风险如亏损或终止,其他出资人的利益将会受到很大的损失,而劳务出资合伙人的利益损失却很小。因此,作为合伙出资的劳务必须同时满足该专业技能是该合伙人特有的,而且是合伙企业生产经营所必需的,单纯的体力不能作为出资。案例 3-7 中,邓某和薛某想成立一家川味餐厅,成立该餐厅的一个非常核心的事项就是要有一个川菜厨师,而王某正是位川菜厨师,其厨艺是该合伙企业生产经营所需的,可以作为对合伙企业的出资。但是至于其厨艺到底应作价多少,则要由三人协商决定。

2. 有限合伙人的出资

【案例 3-8】

周某、吴某、郑某是三个非常爱美的女性。某日,三人商议成立一家有限合伙企业,经营女性美发和化妆用具。周某和吴某为普通合伙人,而郑某则为有限合伙人。周某和吴某分别出资 10 万元;郑某曾经做过类似的工作,表示愿意以自己的一辆小型载货汽车作为出资,同时提出自己拥有这么多年的工作经验,可以以自己的劳务出资。而周某则表示

劳务出资无法衡量价值,因此不同意郑某以劳务出资。吴某则指出,不管她们二人是否同意,在法律上,是不允许有限合伙人以劳务出资的。那么,作为有限合伙人,郑某能以劳务出资吗?

根据《合伙企业法》第六十四条的规定,有限合伙人可以用实物作价出资,不得以劳务出资。案例 3-8 中,郑某以自己的一辆小型载货汽车作为出资,是以实物出资,符合法律规定;但是如果其以自己的劳务出资,就是法律所禁止的了。因为有限合伙人仅以其出资额为限对合伙企业债务承担责任,其地位类似于公司股东,有限合伙人进行出资后,其财产所有权归属于合伙企业,但劳务是无法转移支配权的。而且有限合伙人一般只进行投资,不执行合伙事务,不参加企业的经营管理。如果郑某以自己的工作经验出资,这将有悖于其作为有限合伙人的法律地位,所以郑某作为有限合伙人不能以劳务出资。

(二)合伙企业的事务执行

【案例 3-9】

2018 年,丁某、路某、贾某三人共同出资成立了一家普通合伙企业,该企业主要从事团队服装定制。合伙企业建立之初,三人一同管理合伙事务,但是过了半年,三人觉得力不从心,于是经商议,三人委托了应届毕业大学生赵某处理企业内部事务以及对外代表合伙企业。在经营过程中,路某却经常插手合伙事务,而且由于路某和赵某的观念不一致,路某给赵某的日常管理工作带来了不便。赵某因此向丁某和贾某抱怨此事,丁某和贾某遂多次劝路某不要再插手合伙事务。那么,委托执行人以后,合伙人还能不能插手合伙事务呢?

根据《合伙企业法》第二十六条的规定,经全体合伙人决定,可以委托一个或者数个合伙人对外代表合伙企业,执行合伙事务。案例 3-9 中,三个合伙人商议决定委托赵某作为合伙企业执行人管理合伙事务,该行为符合上述法律规定。同时,根据《合伙企业法》第二十七条的规定,委托一个或者数个合伙人执行合伙事务的,其他合伙人不再执行合伙事务。也就是说,三个合伙人已一致同意由赵某执行合伙事务,其他合伙人就不应该再插手管理,所以合伙人路某插手合伙事务的做法是不正确的。而且路某的行为影响了赵某的管理工作,长此以往,势必影响合伙企业的发展,给企业带来损失。所以,路某不应该再直接参与合伙企业的经营管理,但是其有权监督赵某执行合伙事务的情况,必要时有权查阅企业的有关会计账册等。

【案例 3-10】

2018 年,焦某、单某、罗某和李某共同出资成立了一家普通合伙企业,名为"美居门窗营销处",主要为顾客定制各式各样的门窗。合伙企业成立之初,四人协商决定由单某担任该合伙企业的总经理。2019 年,单某在一场营销交流会上认识了某业内知名人士方某,方某称自己的徒弟于某擅长营销,并将其推荐给了单某。单某遂经方某的介绍认识了于某,并自作主张将于某聘用为企业总经理,而自己甘愿当副经理。单某回来以后将此事告知了其他合伙人,他们认为单某的做法十分不妥,这么重要的事情应该经过四人一致同意才行。那么,哪些事项必须经过全体合伙人一致同意呢?

根据《合伙企业法》第三十一条的规定,除合伙协议另有约定外,聘任合伙人以外的人担任合伙企业的经营管理人员应当经全体合伙人一致同意。据此可知,在案例3-10中,单某如果想聘任某为合伙企业的总经理,必须经过焦某、罗某和李某三人的一致同意才行。因为聘任经理事关合伙企业的生存和发展,对于合伙企业的管理也会产生极大的影响,关系到合伙人的利益,所以这样的决定应该由合伙人商议做出。除此以外,还有许多事项应当经全体合伙人的一致同意,包括改变合伙企业的名称、经营范围、主要经营场所的地点,处分合伙企业的不动产,转让或者处分合伙企业的知识产权和其他财产权利,以合伙企业名义为他人提供担保。

(三)合伙企业的利润分配

【案例3-11】

2018年,杨某、孙某和董某分别出资10万元、5万元和15万元成立了一家普通合伙企业——"爱衣"服装加工厂。加工厂成立之初,三人并未就利润的分配问题形成协议,只是称三人各自尽最大的努力将加工厂经营好,至于利润的分配问题待来年年底再议。2019年年底,经计算,加工厂共有32万元的利润,杨某主张将利润平均分给三人,董某却称应该按照出资比例进行分配,孙某则主张按照三人各自对公司管理事务的情况进行分配。那么,对于这种事先没有约定利润分配方式的合伙企业,应该按照什么标准分配利润呢?

根据《合伙企业法》第三十三条的规定,合伙企业的利润分配、亏损分担,按照合伙协议的约定办理;合伙协议未约定或者约定不明确的,由合伙人协商决定;协商不成的,由合伙人按照实缴出资比例分配、分担;无法确定出资比例的,由合伙人平均分配、分担。在案例3-11中,杨某、孙某和董某并未约定如何进行利润分配,在这种情况下可以依据法律规定协商解决;协商不成的,则按照出资比例进行分配。由于杨某、孙某和董某分别出资10万元、5万元和15万元,故其利润分配比例为2∶1∶3。

(四)合伙企业的财产转让

1. 合伙人之间的财产转让

【案例3-12】

董某、石某和袁某三人共同出资成立了一家合伙企业,其中,董某出资10万元、石某和袁某分别出资15万元。合伙企业成立半年以后,董某的妻子因病住院,为了给妻子凑齐医疗费,董某想将自己在合伙企业中的财产份额转让出去。后来,董某同石某商量,想将其在合伙企业中的财产份额转让给石某;石某对此表示同意,于是二人打算签订财产份额转让协议。在签订之前,石某认为有必要将此事告知袁某,可是袁某得知以后,明确表示不同意。那么,如果董某执意要转让财产份额,可以不经其他合伙人的同意吗?

《合伙企业法》第二十二条第二款规定："合伙人之间转让在合伙企业中的全部或者部分财产份额时,应当通知其他合伙人。"由此可见,法律仅规定了合伙人之间转让财产份额时需要履行通知义务,并未规定还应征得其他合伙人同意。案例3-12中,石某所认为的有必要将此事告知袁某,是在履行"通知其他合伙人"的义务。虽然袁某明确表示不同意,也并不影响董某和石某之间的转让,因为相关法律并未规定,合伙人之间转让财产份额须征得其他合伙人同意。

2. 合伙人对外转让财产份额

【案例 3-13】

侯某、邵某、林某三人合伙成立了一家设计工作室,该工作室的性质为普通合伙企业。后来,邵某想去外地发展,遂打算转让自己在合伙企业中的财产份额。邵某将此事告知了好友王某,王某很看好该工作室,表示愿意接受邵某在合伙企业中的财产份额。但是林某也表示,自己可以以同样的价款接受邵某的财产份额。邵某开始犯愁了:一面是自己的好友,一面是合伙人,到底应该转让给谁呢?那么,合伙人欲转让财产份额,应该优先转让给其他合伙人吗?

《合伙企业法》第二十三条规定:"合伙人向合伙人以外的人转让其在合伙企业中的财产份额的,在同等条件下,其他合伙人有优先购买权;但是,合伙协议另有约定的除外。"案例3-13中,邵某因故想转让自己在合伙企业中的财产份额,好友王某和合伙人林某都想接受该份额,并且出具了相同的价格,在这种情况下,合伙人林某具有优先购买的权利,因此,邵某应该将财产份额转让给林某。

(五)合伙企业的财产质押

【案例 3-14】

韩某、王某和徐某共同出资成立了一家普通合伙企业,该企业主要从事货物运输。在出资时,韩某和王某分别出资10万元;徐某除出资5万元外,还将自己的一辆货车作为实物出资。后来,徐某因故向朋友借款10万元,并以自己的货车作为质押物交付给朋友,同时签订了借款合同和质押合同,但朋友并不知道该货车由合伙企业所有。徐某将货车出质以后,严重影响了合伙企业的正常经营。韩某和王某得知以后都非常生气,主张徐某出质货车的行为是无效的,因为货车已经不是徐某的个人财产,而是属于合伙企业的。那么,徐某的行为是否无效呢?

《合伙企业法》第二十五条规定:"合伙人以其在合伙企业中的财产份额出质的,须经其他合伙人一致同意;未经其他合伙人一致同意,其行为无效,由此给善意第三人造成损失的,由行为人依法承担赔偿责任。"案例3-14中,徐某作为合伙人,其在出质合伙企业财产时应该征得韩某和王某的一致同意。但徐某未经二人同意,擅自将合伙企业财产出质,并且影响了合伙企业的正常经营。该行为损害了合伙企业和其他合伙人的利益,在法律上系无效的行为。但由于徐某的朋友并不知道该货车属于合伙企业所有,系不知情的善意第三人,所以其遭受的损失应该由徐某承担。

(六) 合伙企业的财产继承

【案例 3-15】

冯某、马某和刘某分别出资 7 万元、20 万元和 9 万元成立了一家合伙企业,该企业主要从事货物运输。其中,冯某和马某在管理企业事务的同时兼任货车司机。某日,马某在驾驶货车送货过程中突然感觉心脏不适,将货车临时停靠在路边以后叫来了救护车,但在被送往医院的过程中不幸身亡。马某死亡以后,马某 21 岁的儿子小马提出要接替父亲成为企业的合伙人,可是冯某和刘某认为小马还太年轻,社会阅历太少,恐怕不能胜任父亲的工作,因此表示反对。那么,如果合伙人冯某和刘某不同意,小马还可以成为合伙人吗?

根据《合伙企业法》第五十条的规定,合伙人死亡或者被依法宣告死亡的,对该合伙人在合伙企业中的财产份额享有合法继承权的继承人,按照合伙协议的约定或者经全体合伙人一致同意,从继承开始之日起,取得该合伙企业的合伙人资格。由此可见,合伙人死亡以后,继承人可以继承合伙人的资格,但前提是需要经全体合伙人的同意。案例 3-15 中,冯某和刘某认为小马社会阅历太少,不同意其成为合伙人,在这种情况下,小马就不能继承其父亲合伙人的资格。但同时法律也规定,全体合伙人未能一致同意的,合伙企业应当将被继承合伙人的财产份额退还该继承人。所以,冯某和刘某应该将马某生前在合伙企业中的财产份额退还给继承人小马。

第四节 公司与《中华人民共和国公司法》

在现代社会的市场经济体系中,市场的运行大多依托公司这一主体来实现。公司作为最为活跃也最为关键的市场主体,其法律制度的优劣与完善程度对于一国经济发展的重要性是不言而喻的。我国为了规范公司的组织和行为,保护公司、股东和债权人的合法权益,维护社会经济秩序,促进社会主义市场经济的发展,制定了《中华人民共和国公司法》(以下简称《公司法》)。

一、公司

(一) 公司的定义

《公司法》第三条第一款规定:"公司是企业法人,有独立的法人财产,享有法人财产权。公司以其全部财产对公司的债务承担责任。"

> 公司的定义为:一种依法设立的营利法人。

(二) 公司的类别

《公司法》第三条第二款规定:"有限责任公司的股东以其认缴的出资额为限对公司承担责任;股份有限公司的股东以其认购的股份为限对公司承担责任。"

《公司法》第五十七条第二款规定:"本法所称一人有限责任公司,是指只有一个自然人股东或者一个法人股东的有限责任公司。"

《公司法》第六十四条第二款规定:"本法所称国有独资公司,是指国家单独出资、由国务院或者地方人民政府授权本级人民政府国有资产监督管理机构履行出资人职责的有限责任公司。"

《公司法》第一百二十条规定:"本法所称上市公司,是指其股票在证券交易所上市交易的股份有限公司。"

《公司法》第一百九十一条规定:"本法所称外国公司是指依照外国法律在中国境外设立的公司。"

公司可分为有限责任公司和股份有限公司。有限责任公司有两种特殊形式:一人有限责任公司和国有独资公司;股份有限公司有一种特殊形式:上市公司。

1. 有限责任公司

> 有限责任公司的定义为:股东以其出资额为限对公司承担责任,公司以其全部资产对公司的债务承担责任的经济组织。

(1) 一人有限责任公司。

> 一人有限责任公司的定义为:只有一个自然人股东或者一个法人股东的有限责任公司。

一人有限责任公司是特殊的有限责任公司,其特点为:①一人有限责任公司的投资主体可以是自然人,也可以是法人;②一个自然人只能投资设立一家一人有限责任公司,该一人有限责任公司不能投资设立新的一人有限责任公司;③一人有限责任公司的股东以认缴的出资额为限承担"有限责任",仅在股东不能证明公司财产独立于股东自己的财产的情况下对公司债务承担连带责任。

(2) 国有独资公司。

> 国有独资公司的定义为:国家单独出资、由国务院或者地方人民政府授权本级人民政府国有资产监督管理机构履行出资人职责的有限责任公司。

国有独资公司也是特殊的有限责任公司,其特点为:①全部资本由国家投入;②股东只有一个;③国有独资公司章程由国有资产监督管理机构制定,或者由董事会制定报国有资产监督管理机构批准;④国有独资公司不设股东会,由国有资产监督管理机构行使股东会职权。国有资产监督管理机构可以授权公司董事会行使股东会的部分职权,决定公司的重大事项,但公司的合并、分立、解散、增加或者减少注册资本和发行公司债券,必须由国有资产监督管理机构决定;其中,重要的国有独资公司合并、分立、解散、申请破产的,应当由国有资产监督管理机构审核后,报本级人民政府批准。

2. 股份有限公司

> 股份有限公司定义为:股东以其认购的股份为限对公司承担责任,公司以其全部资产对公司的债务承担责任的经济组织。

股份有限公司和有限责任公司的区别如表 3-3 所示。

表 3-3 股份有限公司和有限责任公司的区别

	股份有限公司	有限责任公司
股权表现形式	全部资本分为数额较小、每股金额相等的股份;股东的表决权按认缴的出资额计算,每股有一票表决权	权益总额不作等额划分;股东的股权通过所认缴的出资额比例来表示,股东表决和偿债时以其认缴的出资额比例享有权利和承担责任
设立方式及流程	除了可以使用有限责任公司的设立方式,还可以向社会公开筹集资金并上市融资 设立流程为:制定公司章程—发起人认购股份和向社会公开募集股份—验资—召开创立大会—设立登记	由发起人集资,不能向社会公开募集资金,也不能发行股票和上市 设立流程为:制定公司章程—股东缴付出资—验资—设立登记
股东人数	必须有 2~200 个发起人,股东人数无限制	股东不得多于 50 人
组织机构设置	要求高,必须设立董事会、监事会,定期召开股东大会;而上市公司在股份有限公司的基础上,还要聘用外部独立董事	比较简单、灵活,可以通过章程约定组织机构,可以只设董事、监事各一名,不设监事会、董事会
股权转让与流动性	股票公开发行,转让不受限制;上市公司股票则流动性更高,融资能力更强	股东之间可以相互转让出资额;向股东以外的人转让出资时,必须经股东会过半数股东同意,因而股权的流动性差,变现能力弱
社会公开	要定期公布财务状况;上市公司则要通过公共媒体向公众公布财务状况,不仅操作难度大,公司财务状况也难以保密,更容易涉及信息披露、内幕交易等问题	生产、经营、财务状况,只需按公司章程规定的期限向股东公开,供其查阅,无须对外公布,财务状况相对保密

> 上市公司的定义为:股票在证券交易所上市交易的股份有限公司。

《公司法》对上市公司的组织机构有特别规定。

《公司法》第一百二十一条规定:"上市公司在一年内购买、出售重大资产或者担保金额超过公司资产总额百分之三十的,应当由股东大会作出决议,并经出席会议的股东所持表决权的三分之二以上通过。"

《公司法》第一百二十二条规定:"上市公司设独立董事,具体办法由国务院规定。"

《公司法》第一百二十三条规定:"上市公司设董事会秘书,负责公司股东大会和董事会会议的筹备、文件保管以及公司股东资料的管理,办理信息披露事务等事宜。"

《公司法》第一百二十四条规定:"上市公司董事与董事会会议决议事项所涉及的企业有关联关系的,不得对该项决议行使表决权,也不得代理其他董事行使表决权。该董事会会议由过半数的无关联关系董事出席即可举行,董事会会议所作决议须经无关联关系董事过半数通过。出席董事会的无关联关系董事人数不足三人的,应将该事项提交上市公司股东大会审议。"

(三) 公司的设立

1. 有限责任公司的设立

设立有限责任公司的条件如下:①股东符合法定人数;②有符合公司章程规定的全体股东认缴的出资额;③股东共同制定公司章程;④有公司名称,建立符合有限责任公司要求的组织机构;⑤有公司住所。

股东认足公司章程规定的出资后,由全体股东指定的代表或者共同委托的代理人向公司登记机关报送公司登记申请书、公司章程等文件,申请设立登记。其中,公司章程需要载明的事项包括:①公司名称和住所;②公司经营范围;③公司注册资本;④股东的姓名或名称;⑤股东的出资方式、出资额和出资时间;⑥公司的机构及其产生办法、职权、议事规则;⑦公司法定代表人;⑧股东会会议认为需要规定的其他事项。股东应当在公司章程上签名、盖章。

2. 股份有限公司的设立

设立股份有限公司条件的如下:①发起人符合法定人数;②有符合公司章程规定的全体发起人认购的股本总额或者募集的实收股本总额;③股份发行、筹办事项符合法律规定;④发起人制订公司章程,采用募集方式设立的经创立大会通过;⑤有公司名称,建立符合股份有限公司要求的组织机构;⑥有公司住所。

股份有限公司的设立,可以采取发起设立或者募集设立的方式。发起设立,是指由发起人认购公司应发行的全部股份而设立公司。募集设立,是指由发起人认购公司应发行股份的一部分,其余股份向社会公开募集或者向特定对象募集而设立公司。

发起设立的公司发起人认足公司章程规定的出资后,应当选举董事会和监事会,由董事会向公司登记机关报送公司章程以及法律、行政法规规定的其他文件,申请设立登记。其中,公司章程应当载明的事项包括:①公司名称和住所;②公司经营范围;③公司设立方式;④公司股份总数、每股金额和注册资本;⑤发起人的姓名或名称、认购的股份数、出资方式和出资时间;⑥董事会的组成、职权和议事规则;⑦公司法定代表人;⑧监事会的组成、职权和议事规则;⑨公司利润分配办法;⑩公司的解散事由与清算办法;⑪公司的通知和公告办法;⑫股东大会会议认为需要规定的其他事项。

募集设立的公司董事会应于创立大会结束后三十日内,向公司登记机关报送下列文件,申请设立登记:①公司登记申请书;②创立大会的会议记录;③公司章程;④验资证明;⑤法定代表人、董事、监事的任职文件及身份证明;⑥发起人的法人资格证明或者自然人身份证明;⑦公司住所证明。

(四)公司的生产经营特征

1. 有限责任公司的生产经营特征

(1)封闭性。

有限责任公司的封闭性主要表现在:①有限责任公司的股东有最高人数的限制。有限责任公司的出资设立股东最多不超过 50 人。②有限责任公司不能发行股票,募股集资有封闭性。有限责任公司证明股东出资份额的权利证书被称为出资证明书,又称股单。股东的股单不是股票,不是有价证券,也不能转让。③有限责任公司的财务会计报告只需在股东之间公开,无须向社会公开。根据《公司法》第七十一条的规定,有限责任公司在对股东进行股权转让方面有较多的限制和障碍。

同时,基于在资本市场维持流动性原则的重视和坚持,《公司法》在对公司回购股东持有股权的制度等政策方面的实施上采取了十分谨慎的态度,因此也限制了更多的股东在对公司的经营和管理决策持有异议时的退出自由,从而使得更多的股东被牢牢地锁定在有限责任公司中,而不得不继续维持这种流动性僵局的状态。有限责任公司因其资本封闭性的特征和对经营管理运作的需求,对外公开披露的资料和信息较为有限,公开市场对有限责任公司的基本经营管理状况、内部结构等信息了解甚少。同时,由于不一定存在公开的股权转让交易市场,股东自己持有的股份和有限责任公司股份的价格较难确定,资本的流动性也不强,股东很难通过自身的努力成功打破这种僵局。

(2)有效的资源组合。

有限责任公司可以将亲朋好友的资源有效组合起来,且投资者不必承担无限责任。有限责任公司的特征决定了这种企业也是一种较好的经济资源配置载体。首先,这种企业形态满足了亲朋好友之间的投资需求,它既可以使投资者承担有限责任而降低投资风险,又可以凝聚投资者的向心力,将亲朋好友的资金和能力充分调动起来。其次,这种企业的股东可以自愿承担无限责任,从而使企业易于获得贷款或借款。再次,在人力组合上,有限责任公司除了出资者亲自参与管理,还引入了管理专职人员。这些管理者并不持有公司股份,但掌控着公司的经营管理权,这是人力资源的有效组合和充分利用。最后,一人有限责任公司的出现,为有能力并有一定资金的个人提供了新的创业渠道。

(3)经营风险较低。

严格来讲,有限责任公司是利用有限责任形式的合伙制度。投资者不仅享有仅以出资为限对公司承担责任的好处,还可以利用合伙企业的灵活性经营企业。尽管有限责任公司的股东可能因为债权人的要求而须为企业债务提供担保从而承担无限责任,但这种无限责任毕竟是具体的、一次性的。所以,有限责任公司的经营风险较低。但需要注意的是,有限责任公司是封闭的,股份的流动不自由,需按照法律和章程的规定进行,资金的自由流通受到很大限制。在激励机制上,有限责任公司可以通过章程约定分红,而不必完全按照投资比例进行利润分配。

2. 股份有限公司的生产经营特征

（1）开放性。

股份有限公司的开放性主要表现在：①股份有限公司的股东没有最高人数的限制。而《公司法》规定的设立股份有限公司的发起人数是200人以下，较有限责任公司要求更宽松。②股份有限公司可以发行股票，募股集资有开放性，能迅速扩大企业规模，增强企业的市场竞争力。股份有限公司证明股东所持股份的凭证被称为股票。股东的股票可以依法自由转让。③股份有限公司的财务会计报告需要向社会公开，并在召开股东大会年会的20日以前置备于本公司，供股东查阅。

（2）高效的资源组合。

股份有限公司不仅可以将社会闲散资金集中起来，而且其股份可以自由流动。股份的自由流动使有才能和资历的人可以较为容易地获得对生产性资源的控制。也就是说，股份有限公司可以灵活地把产权重新分配给更有能力的人。这种灵活性使股份有限公司比其他组织形式更有优势。

（3）投资风险最低。

股份有限公司的股东只以出资为限对公司债务承担责任，上市的股份有限公司还有着股份自由进出的通道，这种企业形态的投资风险是最低的。

二、《公司法》解读

《公司法》于1993年12月29日在第八届全国人民代表大会常务委员会第五次会议上通过；根据1999年12月25日第九届全国人民代表大会常务委员会第十三次会议《关于修改〈中华人民共和国公司法〉的决定》做了第一次修正；根据2004年8月28日第十届全国人民代表大会常务委员会第十一次会议《关于修改〈中华人民共和国公司法〉的决定》做了第二次修正；根据2013年12月28日第十二届全国人民代表大会常务委员会第六次会议《关于修改〈中华人民共和国海洋环境保护法〉等七部法律的决定》做了第三次修正；根据2018年10月26日第十三届全国人民代表大会常务委员会第六次会议《关于修改〈中华人民共和国公司法〉的决定》做了第四次修正。

《公司法》对有关资本制度的规定不断完善，有利于规范公司的组织和行为，保护公司、股东和债权人的合法权益，维护社会经济秩序，促进社会主义市场经济的发展。

（一）确立公司法人地位

《公司法》第三条第一款规定："公司是企业法人，有独立的法人财产，享有法人财产权。公司以其全部财产对公司的债务承担责任。"

确立公司的独立法人地位，也就从法律上保证了公司可以独立地享有财产权及其他权利，独立地从事生产经营活动、与其他经济实体发生权利义务关系，同时也要求它独立承担民事责任。

（二）维护股东权益

《公司法》第四条规定："公司股东依法享有资产收益、参与重大决策和选择管理者等权利。"

公司股东的合法权益受法律保护。保护股东的合法权益不受侵犯是《公司法》的重要立法宗旨。针对实践中存在的问题,《公司法》注意保护中小股东的合法权益,在维护资本多数决议的前提下注意平衡股东利益,包括:公司股东不得滥用股东权利损害公司或者其他股东的利益,有以上行为并造成损失的应承担赔偿责任;有限责任公司的股东可以查阅会计账簿;有限责任公司的股东对公司不分配股利的,可要求公司收购其股权从而退出公司;公司合并、分立、转让主要财产,股东有异议的,也可以要求退出公司。

(三)规定公司应当履行的义务

《公司法》第五条第一款规定:"公司从事经营活动,必须遵守法律、行政法规,遵守社会公德、商业道德,诚实守信,接受政府和社会公众的监督,承担社会责任。"

公司作为社会经济活动的基本单位和民事主体,其合法权益受法律保护,同时也要承担一定的社会责任:①公司必须遵守法律、行政法规,其各项经营活动都必须依法进行,这是公司最重要的义务。②公司应当遵守社会公德和商业道德。社会公德是指各个社会主体在其交往过程中应当遵循的公共道德规范;商业道德是指从事商业活动应遵循的道德规范。这两种规范在市场主体的活动中相互交融,对法律起着较好的补充作用。在法律中明确规定应遵守社会公德和商业道德,使其成为一种法律规范,有利于促使公司形成良好的经营作风、树立商业信誉、维护社会公众利益和经济秩序。③公司从事经营活动,必须诚实守信。这是民事主体从事民事活动的基本原则,也是公司应当遵循的原则。在实际生活中,许多公司能够诚实经营,并有良好的效益;但也有相当一部分公司,采用虚假出资、虚报业绩、做假账等欺骗手段非法经营,违背了诚实守信的原则,严重损害了有关交易相对人的合法利益。④公司的经营活动要接受政府和社会公众的监督。公司的经营行为是否符合法律和商业道德规范,应由政府和社会公众来进行监督。通过监督,公司的行为将进一步规范化,能更有效地维护国家利益、社会公众利益和公司自身的合法权益,维护市场秩序,有助于公司的健康发展。⑤公司应当承担社会责任。公司在依法经营、努力实现赢利的同时,还应承担一定的社会责任,包括避免造成环境污染和维护职工合法权益等。

(四)规定公司的组织结构

《公司法》第三十六条规定:"有限责任公司股东会由全体股东组成。股东会是公司的权力机构,依照本法行使职权。"

《公司法》第四十四条第一款规定:"有限责任公司设董事会,其成员为三人至十三人;但是,本法第五十条另有规定的除外。"

《公司法》第五十条规定:"股东人数较少或者规模较小的有限责任公司,可以设一名执行董事,不设董事会。执行董事可以兼任公司经理。执行董事的职权由公司章程规定。"

《公司法》第五十一条规定:"有限责任公司设监事会,其成员不得少于三人。股东人数较少或者规模较小的有限责任公司,可以设一至二名监事,不设监事会。监事会应当包括股东代表和适当比例的公司职工代表,其中职工代表的比例不得低于三分之一,具体比例由公司章程规定。监事会中的职工代表由公司职工通过职工代表大会、职工大会或者其他形式民主选举产生。监事会设主席一人,由全体监事过半数选举产生。监事会主席召集和主持监事会会议;监事会主席不能履行职务或者不履行职务的,由半数以上监事共同推举一名监事召集和主持监事会会议。董事、高级管理人员不得兼任监事。"

有限责任公司的组织结构如图3-1所示:

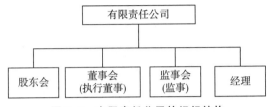

图3-1 有限责任公司的组织结构

有限责任公司的董事会、监事会可依情况不设置,但相应地,需要设置执行董事和监事,经理可自行决定是否设置。

股份有限公司的组织结构与有限责任公司类似,由股东大会、董事会、监事会、经理构成,并且根据《公司法》第九十九条、第一百零八条、第一百一十三条、第一百一十八条的规定,有限责任公司各机构职权规定适用于股份有限公司。

与有限责任公司不同的是,有限责任公司的股东会会议由股东按照出资比例行使表决权;股份有限公司的股东大会股东所持每一股份有一表决权。

股份有限公司的董事会、经理都是必需的。股份有限公司设董事会,其成员为五人至十九人。

股份有限公司设监事会,其成员不得少于三人。监事会应当包括股东代表和适当比例的公司职工代表,其中职工代表的比例不得低于三分之一,具体比例由公司章程规定。监事会中的职工代表由公司职工通过职工代表大会、职工大会或者其他形式民主选举产生。监事会设主席一人,可以设副主席。监事会主席和副主席由全体监事过半数选举产生。同样地,董事、高级管理人员不得兼任监事。

此外,上市公司还需设独立董事、董事会秘书。

(五)规定有限责任公司向股份有限公司转变的股份事宜

《公司法》第九十五条规定:"有限责任公司变更为股份有限公司时,折合的实收股本总额不得高于公司净资产额。有限责任公司变更为股份有限公司,为增加资本公开发行股份时,应当依法办理。"

有限责任公司变更为股份有限公司,应当将有限责任公司的资产折合为股份有限公司的股份。由于有限责任公司在其运营过程中,既有资产,也有负债,而法律规定募集设立的股份有限公司的注册资本,为在公司登记机关登记的实收股本总额;发起设立的股份有限公司的注册资本,为在公司登记机关登记的全体发起人认购的股本总额,发起人应当在2年内缴足其所认股款。所以,有限责任公司的资产,在计入股份有限公司的股本时,应当减去其负债的部分,即计入股份有限公司股本的有限责任公司的资产,应当是有限责任公司的净资产,而不是其资产总额;有限责任公司的原股东所持有的出资总额,也就应当是由这些净资产折合而成的股份总额,而不是由有限责任公司的资产总额折合而成的股份总额。为此,有限责任公司变更为股份有限公司时,折合的实收股本总额不得高于公司净资产额。

有限责任公司变更为股份有限公司后,为增加资本公开发行股份,关系到广大社会公众的利益,也关系到整个社会秩序的稳定,所以,有限责任公司应当依照法律有关公开发行股份的规定办理。具体说来主要有以下六项:①应当向国务院证券监督管理机构递交募股申请,并报送有关文件,由国务院证券监督管理机构核准;②应当依照证券法规聘请具有保荐资格的机构担任发行保荐人;③应当制作并公告招股说明书,招股说明书应当附有公司章程;④应当制作认股书;⑤应当与证券承销机构签订承销协议,同银行签订代收股款的协议;⑥必须经法定验资机构验资并出具证明等。需要说明的是,根据《中华人民共和国证券法》规定,公开发行包括:①向不特定对象发行证券;②向特定对象发行证券累计超过二百人,但依法实施员工持股计划的员工人数不计算在内;③法律、行政法规规定的其他发行行为。

(六) 规定上市公司的条款

《公司法》第一百二十条规定:"本法所称上市公司,是指其股票在证券交易所上市交易的股份有限公司。"

根据股份有限公司的股票是否在证券交易所交易,可以将其分为上市公司和非上市公司两种形式。上市公司是指其股票在证券交易所上市交易的股份有限公司。上市公司具有一般股份有限公司所拥有的基本特征,但是由于股东人数众多,股票又在证券交易所公开挂牌交易,上市公司的运作及股票交易活动会对广大的公众投资者的利益和证券市场秩序带来重大的影响,因此,需要从法律上对股票上市条件、上市交易规则、上市公司内部组织机构的设置、信息披露等,专门作出规定,严格加以规范。

(七) 规定股份和股票的条款

《公司法》第一百二十五条规定:"股份有限公司的资本划分为股份,每一股的金额相等。公司的股份采取股票的形式。股票是公司签发的证明股东所持股份的凭证。"

在《公司法》中,股份是股份有限公司特有的概念,是股份有限公司资本最基本的构成单位。至于有限责任公司股东的出资,由于其一般不分为等额的份额,在《公司法》中被称为"出资额"。这和大陆法系许多国家和地区对有限责任公司和股份有限公司的出资采用不同称呼的做法是一致的。如日本将有限责任公司的出资份额称为"持份",将股份有限公司的出资份额称为"株式"。

《公司法》第一百二十六条规定:"股份的发行,实行公平、公正的原则,同种类的每一股份应当具有同等权利。同次发行的同种类股票,每股的发行条件和价格应当相同;任何单位或者个人所认购的股份,每股应当支付相同价款。"

《公司法》第一百二十七条规定:"股票发行价格可以按票面金额,也可以超过票面金额,但不得低于票面金额。"

股份有限公司股份的发行,包括设立发行和新股发行两种情况。设立发行,是指股份有限公司在设立的过程中为了募集资本而进行的股份发行;新股发行,是指股份有限公司成立以后,在运营过程中为了增加公司资本而进行的股份发行。无论是设立发行还是新股发行,都应当遵守《公司法》规定的股份发行规则。

关于股票的发行价格,从各国公司法的规定看,一般包括三种方式:①平价发行,即股票的发行价格与股票的票面价格相同;②溢价发行,即股票的发行价格高于股票的票面价格;③折价发行,即股票的发行价格低于股票的票面价格。股票如折价发行,即使股份全部得以发行,所筹集到的资金也必然低于公司所需的资本总额,这实际上会造成公司资本的虚增,有可能损害公司及股东的利益,对于公司债权人来说也是不利的。我国在公司资本制度上,坚持资本充实原则,不允许股票的折价发行。同时,根据《公司法》规定,股份有限公司以超过股票票面金额的发行价格发行股份所得的溢价款以及国务院财政部门规定列入资本公积金的其他收入,应当列为公司资本公积金。

三、《公司法》下的公司经营管理

(一) 股权转让

1. 有限责任公司的股权转让

【案例 3-16】

王某、李某、张某同为镇江有限责任公司的股东,分别持有公司 45%、30%、25% 的股权。2019 年 11 月,张某决定把自己持有的 25% 股权全部转让给李某,并和李某签订了股权转让合同。王某得知后,担心公司被李某控制,从而影响自己在公司的利益,就向张某主张行使优先购买权。在被张某拒绝后,王某以张某和李某之间的股权转让未经其同意为由向法院提起诉讼,请求法院确认二人的股权转让合同无效,并要求行使优先购买权。那么,本案中王某的诉讼请求合法吗?

股权转让是指出让人让渡自己的股份,受让人支付相应价款并取得股东权的民事法律行为,是股东享有的一项法定权利。但是,股权转让也应该遵循相应的程序和规则。近几年来,公司股权转让纠纷日渐增多,集中表现在股权转让的程序不合法、股东的优先购买权不能得到保障等方面。根据《公司法》第七十一条的规定,有限责任公司的股东之间可以相互转让其全部或者部分股权。股东向股东以外的人转让股权,应当经其他股东过半数同意。

可以看出,为了保护有限责任公司的人合性,法律将股权转让分为两种情况来处理:一种为股东之间的股权转让,股东之间可以自由转让其全部或者部分股权,而无须其他股东同意,其他股东也没有优先购买权;另一种为股东向股东以外的人转让股权,应当经其他股东过半数同意,股东应就其股权转让事项书面通知其他股东征求同意。在案例 3-16 中,由于张某是将股权转给另一股东李某,无须征得股东王某的同意,王某也无优先购买权。

2. 股份有限公司的股权转让

【案例 3-17】

老徐是一名退休干部,其儿子是一名高级工程师,每月都给老徐足够的生活费,加上自己的退休金,老徐近几年攒了不少钱。后来,老徐开始炒股,因为对海润股份有限公司极其看好,于是买了其公司约3%的记名股票。之后,老徐因朋友的劝说不想再炒股,遂决定将自己手中的股票转让出去。但是,老徐不知道应该以怎样的方式转让,也不知道转让以后公司会如何处理。为此,老徐咨询了海润股份有限公司的服务人员。那么,老徐可以以怎样的方式转让股份呢?公司对于这种记名股票的转让应该如何处理呢?

《公司法》第一百三十七条规定:"股东持有的股份可以依法转让。"所以,老徐可以依法转让股票。同时,《公司法》第一百三十八条规定:"股东转让其股份,应当在依法设立的证券交易场所进行或者按照国务院规定的其他方式进行。"《公司法》第一百三十九条第一款规定:"记名股票,由股东以背书方式或者法律、行政法规规定的其他方式转让;转让后由公司将受让人的姓名或者名称及住所记载于股东名册。"《公司法》第一百四十条规定:"无记名股票的转让,由股东将该股票交付给受让人后即发生转让的效力。"

案例 3-17 中,老徐持有的是记名股票,根据法律规定,他应该以背书或者其他方式转让;公司则应该将受让人的姓名或者名称及住所记载于股东名册,这样不仅有利于公司的管理,也是对受让人股东身份的保障。

(二) 债券募集

【案例 3-18】

北京的一家软件开发公司在2009年设立,当时公司的注册资本为500万元。由于该公司经营理念与时俱进,管理方法到位,并能不断地根据人们的需求开发出各种新型软件,吸引了很多消费者,市场需求不断扩大。在公司成立三年之后,其平均每年的收益已经达到了500万元。公司为了扩大规模,拓宽销路,决定向国外市场拓展。2019年4月,公司制定了发行债券的募集办法,将募集办法及相关资料交给了有关部门申请公开发行债券。那么,公司债券的募集办法应载明哪些事项呢?

根据《公司法》第一百五十三条的规定,公司债券是指公司依照法定程序发行、约定在一定期限还本付息的有价证券。公司发行债券可以增加公司资本,解决企业的融资瓶颈,同时扩大公司的规模,提升公司的形象。但是,公司发行债券是有一定的条件限制的。公司想要公开发行公司债券,必须制定债券募集办法。根据《公司法》第一百五十四条的规定,公司债券募集办法中需要载明的事项,包括公司名称、债务募集资金的用途、债券总额和债券的票面金额等。

在案例 3-18 中,该软件公司递交的债券募集办法应按法律规定载明相应事项。

(三) 公司合并

【案例 3-19】

相恋香水有限责任公司成立于 2015 年。公司由于刚设立不久，缺乏科学的经营管理策略，市场竞争力较弱，到 2019 年该公司已经亏损近 100 万元。而成立于 2012 年的尚爱香水公司，近几年备受消费者信赖，销售额连年增长，发展势头正盛。尚爱香水公司想要趁热打铁，继续扩大规模，因此向相恋香水有限责任公司发出合并的意愿。后经过协商，双方在达成一致的情况下签订了合并协议，履行完了相关的手续，相恋香水有限责任公司正式合并到尚爱香水公司旗下。但是这一做法引起了尚爱香水公司债权人的反对，该债权人认为尚爱香水公司没有将此事告知，侵犯了自己的权益。那么，尚爱香水公司的行为合法吗？

根据《公司法》第一百七十二条的规定，公司合并可以采取吸收合并或者新设合并。两个或两个以上的公司合并为原有某一公司的方式为吸收合并，合并后成立一家新的公司就属于新设合并。同时，根据《公司法》第一百七十三条的规定，公司合并，应当由合并各方签订合并协议，并编制资产负债表及财产清单。公司应当自作出合并决议之日起十日内通知债权人，并于三十日内在报纸上公告。

在案例 3-19 中，相恋香水有限责任公司和尚爱香水公司的合并属于吸收合并，在合并过程中尚爱香水公司负有通知债权人的义务，这是出于维护债权人合法权益的目的。案例中，尚爱香水公司并未履行相应的通知义务，这种行为是不符合法律规定的。

(四) 公司分立

【案例 3-20】

富龙公司是一家经营体育用品批发的有限责任公司。由于市场不景气，再加上经营不当，该公司负债累累。在一次股东会上，股东们达成一致协议，决定将富龙公司分立为国富有限责任公司和龙腾有限责任公司。后经过法定程序，分立各方办理了相应的登记注销手续。不久，原富龙公司的债权人鸿运有限责任公司上门要债，发现分立后的国富有限责任公司资不抵债，于是要求龙腾有限责任公司承担连带责任。龙腾有限责任公司以分立协议中没有相关规定为由拒绝了这一要求。那么，龙腾有限责任公司的做法符合法律规定吗？

对于新设分立中债务的承担问题，《公司法》第一百七十六条规定："公司分立前的债务由分立后的公司承担连带责任。但是，公司在分立前与债权人就债务清偿达成的书面协议另有约定的除外。"案例 3-20 中，公司分立的形式属于新设分立，公司分立为两家新企业，原公司主体资格消灭，而分立前的债务应该由分立后的两个公司承担连带责任。

因此,龙腾有限责任公司想以分立协议中没有相关规定为由拒绝承担清偿责任,这一做法是违反法律规定的。

(五)公司增加注册资本

【案例 3-21】

林某和唐某是好友,两人曾在一家美容店工作。之后,两人决定共同出资,成立一家美容养生有限责任公司。该公司注册资金为 60 万元,两人各出一半。在经营了两年之后,该公司因服务周到、技术先进,在市场上备受消费者喜爱。为了提高营业额,林某建议增加注册资本,唐某对此表示赞同。林某说公司增加注册资本应该到公司登记机关办理变更登记;而唐某认为,公司正在盈利,以后可能还会增加注册资本,想到时候一起办理。那么,林某是否应该先去办理变更登记呢?

根据《公司法》第一百七十九条的规定,公司增加或者减少注册资本,应当依法向公司登记机关办理变更登记。也就是说,虽然增加注册资本通常是对公司和债权人有利的,但是变更登记不能省。在案例 3-21 中,林某主张先去办理变更登记的做法是正确的。这里需要注意的是,增加注册资本可分为主动增资和被动增资两种类型。有限责任公司增加注册资本主要采取主动增资的方式,既可以由原股东增加出资,也可以邀请原股东以外的第三人出资。

(六)公司减少注册资本

【案例 3-22】

2019 年 7 月,赵某、刘某、王某和张某共同出资成立一家食品有限责任公司,每人出资 15 万元,并向某餐饮公司借款 30 万元。在公司成立初期,因经营良好,销售业绩不断上涨,盈利颇丰。但不久,刘某想要撤资,自己另外成立一家公司,赵某等三人同意了刘某撤资的决定。餐饮公司知道这件事后十分不满,认为该食品公司应该将减资的事情事先通知自己。而刘某主张减资并未触及餐饮公司的利益,无须通知。那么,公司减资需要通知债权人吗?

依法减资是《公司法》赋予公司的权利。但公司减资会降低其偿债能力,对公司债权人的利益产生不利影响。根据《公司法》第一百七十七条的规定,公司应当自作出减少注册资本决议之日起十日内通知债权人,并于三十日内在报纸上公告。债权人自接到通知书之日起三十日内,未接到通知书的自公告之日起四十五日内,有权要求公司清偿债务或者提供相应的担保。

根据上述法律规定,案例 3-22 中公司应该将此事在规定的日期内告知债权人,以维护债权人的合法权益。此外,餐饮公司作为债权人,有权要求该公司清偿债务或者提供相应的担保。

（七）公司解散

【案例 3-23】

小韩是一名美术特长生，大学毕业以后到法国学习了两年的服装设计。回国以后，小韩和朋友一起创办了一家服装有限责任公司。在公司创办之初，小韩和朋友为了公司的发展都不遗余力。后来，小韩结婚生子，对公司事务很少打理。公司的几个负责人也渐渐不再认真管理，公司产品的质量越来越差，许多大客户都不愿意再与该公司进行合作。仅过了两年，该公司的资产状况恶化、资不抵债，无法再正常运转。此时，小韩提出破产申请。那么，资不抵债时公司可以申请破产吗？

资不抵债是指企业的全部债务超过其资产总值，以致不足以清偿债权人的状况。在我国，法律并未对资不抵债时能否申请破产作出明确规定，但对公司不能偿还到期债务作了规定。《公司法》第一百八十二条规定："公司经营管理发生严重困难，继续存续会使股东利益受到重大损失，通过其他途径不能解决的，持有公司全部股东表决权百分之十以上的股东，可以请求人民法院解散公司。"据此可知，如果小韩的公司仅以资不抵债为由申请破产，是很难成功的，只有该公司出现了资不抵债并且不能清偿到期债务这一情形时，才能申请破产。

（八）公司清算

【案例 3-24】

文某、马某和陈某是某家广告公司的员工，因三人对本单位领导的作风感到不满，遂纷纷辞职。辞职以后，三人都没有找到满意的工作，后来三人商议共同成立一家广告公司。于是，三人就各自拿出了30万元共同出资成立了时代广告有限责任公司。公司成立以后，文某主要负责联系本公司的业务，可是公司成立了两个月仅接到了有限的几单生意。后来，马某通过自己的私人关系接到了几单大生意，公司这才开始发展起来。但好景不长，三年以后，公司的经营状况大不如前。最后，公司经法院宣告破产并进行清算。那么，清算组的权利和义务有哪些呢？

公司清算是指解散的公司清理债权债务、分配剩余财产、了结公司的法律关系，使公司归于消灭的程序。公司清算应由清算组来完成，清算组有法定的权利和义务。根据《公司法》第一百八十四条和第一百八十九条的规定，在清算期间，清算组的职权为：清理公司财产，分别编制资产负债表和财产清单；通知、公告债权人；处理与清算有关的公司未了结的业务；清缴所欠税款以及清算过程中产生的税款；清理债权、债务；处理公司清偿债务后的剩余财产；代表公司参与民事诉讼活动。清算组应履行的义务为：忠于职守，依法履行清算义务；不得利用职权收受贿赂或者其他非法收入，不得侵占公司财产；因故意或者重大过失给公司或者债权人造成损失的，应当承担赔偿责任。清算组成立以后要按照法律规定履行职权和义务，一旦有失职行为就会受到法律的追究。

本章小结

个体工商户、个人独资企业、合伙企业、公司是不同经济条件下的产物,了解它们生存发展的条件、各自的特征及相互之间的联系是建立公司治理结构的基础。特别是在现代经济条件下,很有必要深刻理解现代企业制度的特征,把握其实质,建立适合于现代企业制度的企业治理结构。

现代企业的经营观念是无形的思想体系,它必须体现在经营管理的实践活动和具体操作上。否则,就只是一种抽象的意识、宽泛的议论;只说不做,就可能一事无成。而要做,并且要做好,把理念付诸实施,就要求有一套规范化、操作化的制度体系。我国针对不同类型的企业制度制定了相应的法律,规范了各种类型企业的治理结构及经营管理制度体系。

思考题

1. 企业制度类型有哪些?
2. 在现有制度体系下,各类企业可以怎样进行转型?
3. 公司与企业的区别与联系是什么?
4. 在我国社会主义市场经济中,各种类型企业存在的意义是什么?
5. 有限责任公司和股份有限公司的组织结构是怎样的?两种类型公司的组织结构有何异同点?

案例分析

煮熟的鸭子真的会飞:"周黑鸭",一只从小作坊到年营业额 150 亿元的鸭

1994 年,出身重庆贫困山区年仅 19 岁的周富裕因生活所迫跟着哥哥姐姐来到武汉一家私人卤菜作坊打工。艰辛的打工生涯和困难的生活现状使周富裕明白要想生活有所改观,必须依靠自己的努力。1995 年,20 岁的周富裕选择了自主创业,在武汉市一家集贸市场开设了自己第一家卤菜店。周富裕在食品口味的调理上有着超过常人的领悟力,经过上百次的实验,同年,周富裕终于研究出一种口味奇特的卤鸭产品,他将其命名为"怪味鸭"。

2000 年,各种"怪味鸭"假冒店铺风靡市场,周富裕的生意由此陷入了低谷。经人提醒,周富裕明白这一切是源于"怪味鸭"的名字缺乏独特性。于是,周富裕根据产品的外形特色加上自己的姓,将"怪味鸭"更名为"周记黑鸭"。

2003 年,经过几年的辛苦打拼,周富裕创造的"周记黑鸭"在熟食行业里终于有了一定的名气,重新恢复了当年"怪味鸭"的风采。此时此刻的周富裕不仅深刻感受到品牌的重要性,也通过自己几年的摸索,在经营观念上有了颠覆性的变化。这一年,"周记黑鸭"迈

出了从集贸市场走向人流更大的购物商圈的第一步。

2005—2007年,是周富裕带领"周记黑鸭"获得长足发展的三年。在这三年里,不仅"周记黑鸭"的门店数量增长飞速,覆盖了武汉的各大商圈,武汉世纪周黑鸭食品有限公司也正式成立,并于2007年8月正式向国家工商总局(现国家市场监督管理总局)提出注册"周记黑鸭"和"周黑鸭"品牌标识。随后,近十家门店也统一将名称改为"周黑鸭"。"周黑鸭"品牌也成为继"精武"品牌之后在武汉土生土长起来的知名熟食品牌。

在周富裕的带领下,"周黑鸭"已经完全改变了传统熟食只能在餐桌上出现的命运,不仅使街上出现了一道由手提着"周黑鸭"购物袋边走边吃的行人组成的独特风景线,而且创造了门店门前天天顾客盈门排队购买"周黑鸭"产品的神奇景象。2008年年初,"周黑鸭"成功实现了连锁转型,通过重新设立"周黑鸭"的专属销售公司湖北世纪愿景商贸有限公司,进一步规范了公司的经营,确定了发展的目标。同时"武汉世纪周黑鸭食品有限公司"也正式获准更名为"湖北周黑鸭食品有限公司"。

2016年11月11日,"周黑鸭"在香港联合交易所主板上市。

湖北周黑鸭食品有限公司法人、董事长——周富裕,从一个外来务工人员成长为一家产值上亿元的公司的法人、董事长,历经艰苦奋斗,从打工求生存到创业求发展,从解决自己就业到解决近千人就业;从关注自身发展到关注社会经济发展,从关注改善自我条件到承担社会责任;每前进一步都体现了周富裕作为一个创业者、一个民营企业家的优秀品质。他的成长史就是改革开放后白手起家的民营企业家的创业史,是一部供广大有志青年学习的创业教科书。

资料来源:作者根据相关资料整理。

■ 思考

1. 你在本案例中看到了哪些企业制度类型?
2. 通过此案例,思考企业如何在法律框架下经营管理。

第四章
企业法人与法人治理

学习目标

1. 理解法人的内涵,了解法人的类型。
2. 理解自然人的内涵,能够区分法人与自然人。
3. 了解企业法人治理的内涵,能够区分不同类型的法人治理模式。

基本概念

法人　自然人　企业法人　法人治理

案例导入

从"同乡鱼火锅"看企业法人

小张与小王都是从某著名厨师培训学校毕业的优秀学生,同时二人也是同乡好友。因为老家所在的县城餐饮业不发达,竞争不激烈,外加近几年回乡创业和工作的人越来越多,小张和小王二人觉得在老家开一家餐饮店前途光明,大有可为。说做就做,于是二人每人出资50万元成立了同乡鱼餐饮有限责任公司,在当地租了一家门店,主要提供各种口味的鱼火锅,并开始对外营业。二人凭借过人的厨艺,精心研制营养奶汤和苗家酸汤锅底,加上别具匠心的特色菜和蘸料配方,公司成立伊始,生意火爆,门庭若市,二人大赚了一笔。

后来,二人还想将公司做大做强,通过贷款,在全省多个城市开了十余家连锁店。但好景不长,不久公司因经营不善,资金链断裂。二人无力支付欠供货商的20余万元货款,为此供货商将公司及小张和小王诉至法院,要求其还款。二人经营公司期间,严格遵守各项规定,依法依规经营,收付款全部使用公司账户,也未挪用公司的财物。法院经过审理,判令同乡鱼餐饮有限责任公司支付欠供货商的货款,而小张、小王不承担还款责任。

资料来源:"学习民法典|关于法人的一般规定",https://m.thepaper.cn/baijiahao_11832505,访问时间:2021年9月。

■ 思考

1. 本案例中法院为什么要判令公司而非小张、小王二人支付欠款?
2. 通过此案例,思考企业在法律中享有的权利和应承担的责任。

第一节 法人的概念与类型

党的十四大明确提出,我国经济体制改革的目标是建立社会主义市场经济体制。党的十四届三中全会审议通过的《中共中央关于建立社会主义市场经济体制若干问题的决定》又进一步提出"建立社会主义市场经济体制,就是要使市场在国家宏观调控下对资源配置起基础性作用。为实现这个目标,必须坚持以公有制为主体、多种经济成份共同发展的方针,进一步转换国有企业经营机制,建立适应市场经济要求,产权清晰、权责明确、政企分开、管理科学的现代企业制度……"我们应当从我国国情出发,借鉴发达国家的有益经验,建立适应社会主义市场经济要求的、以法人制度为核心的现代企业制度。为此,理解和区分法人的概念和类型有着重要的意义。

一、法人的产生与发展

(一)法人的起源

欧洲最早的公司出现在14世纪的西地中海地区[①],而法人制度则始于中世纪(约12世纪)的欧洲。企业组织能演变到公司形态,其本质在于营利性的经济组织借鉴了起源于中世纪欧洲的寺庙法人[②]制度。企业出资人为实现社会集资,强化私人经济控制力,与社会化大生产的规模要求相适应,并彻底摆脱在经济和法律上承担无限责任的羁绊,于是通过为企业组织披上法人的外衣,最终使公司法人的独立人格得到确立,并由此奠定了现代公司制度的法律基石。

法人尤其是公司法人的产生改变了传统"国家—个人"的二元社会体制,转而出现了"国家—组织—个人"的三元社会体制。政治民主化的扩大使得自由资本主义的"财产神圣不可侵犯""契约自由""过错责任"等原则均受到了限制。具体到公司法领域就是私人财产的法人化、社会化。总体上看,法人沿着三条路线演进:一是人格上逐渐与领主、国王等阶级分离,从自然人主体走向法人主体;二是财产上从私人财产走向社会财产;三是出现了可转让的股份以及从无限责任向有限责任的演进。

(二)股份公司的诞生

为了满足大航海时期政府在战争、殖民等领域的筹资需要,现代商业制度借鉴了传统宗教法人的运营管理方式,并逐渐形成了财产独立、利益独立、责任独立的现代化企业组织。到了19世纪,随着交通业、制造业等迅速发展,铁路建设、运河开发、钢铁、化工等行业对资本的需求较17世纪有了快速的增长。为了加速资本的累积,法律制度从保护

---

① 戈兹曼.千年金融史:金融如何塑造文明,从5000年前到21世纪[M].张亚光、熊金武,译.北京:中信出版社,2017.
② 富人希望自己死后可升天堂,于是将财产捐赠给了寺庙。寺庙积累的财产越来越多,包括很多土地。富人将土地租给周围的佃农耕种,并由此产生契约。契约早期是由寺庙的住持、长老来签的,但自然人都会死亡,而寺庙财产却是永续的、"公"的财产,于是宗教创造了"寺庙法人"的概念。显然,最早的法人是寺庙,而法人代表则是寺庙里的住持、长老和老道。(刘纪鹏.大道无形:公司法人制度探索[M].北京:中国经济出版社,2009:6.)

债权人向保护投资者倾斜,从而促进了有限责任的形成和发展,并逐步形成了现代法人制度。

现代法人组织中,股份公司的出现有赖于两个特征的形成:一个是股份的出现,另一个是有限责任的形成。1673 年,法国国王路易十四颁布的《商事条例》中规定了无限公司和两合公司。两合公司的责任承担模式类似于现代的有限合伙,包含积极合伙人和消极合伙人。其中,积极合伙人负责经营管理;消极合伙人则负责出资,并以出资额为限承担损失。

新航线的开辟使世界贸易规模日益扩大,独资企业与合伙企业的人合因素开始被股份公司的资合因素取代。世界上第一家股份公司是创立于 1553 年的莫斯科公司。该公司发行了 240 股股份,每股 25 英镑,总额达 6 000 英镑。该公司当时期望通过北极点寻找印度,但以失败告终。

1602 年出现的荷兰东印度公司被认为是最早的股份公司,其成立确立了公司法人的独立人格、独立财产和独立责任。

(三)法人在我国的产生与发展

"公司"一词的最早使用是对东印度公司的翻译。1833 年,由普鲁士传教士郭士立创办的《东西洋考每月统记传》(*Eastern Western Monthly Magazine*)中,英文 Company 和法文 Compagnie 被译为"公司",用以指代东印度公司在中国的分支机构。

1872 年,中国出现了第一家股份制企业——轮船招商局,开启了中国近代建立公司的先河。1904 年,清朝制定的《钦定大清商律》则首次在法律上规定了公司制度。"公司"一词,顾名思义,为联合资产的掌管者。"公司"的"公"字源自《庄子·杂篇·则阳》中"是故丘山积卑而为高,江河合水而为大,大人合并而为公"的说法;而"司"字直译为主持、管理、负责。1886 年,张謇提出了"公司者,庄子所谓积卑而为高,合小而为大,合并而为公之道也……甚愿天下凡有大业者,皆以公司为之"。这种对公司的中国式解释在民国初年张謇担任工商总长时被载入了《公司条例施行细则》。

二、法人的定义与特征

(一)法人的定义

根据《中华人民共和国民法典》(以下简称《民法典》)第五十七条的规定,法人是具有民事权利能力和民事行为能力,依法独立享有民事权利和承担民事义务的组织。这种组织既可以是人的结合团体,也可以是依特殊目的所组织的财产。从根本上讲,法人与其他组织一样,是自然人实现自身特定目标的手段,是法律技术的产物,其存在从根本上减轻了自然人在社会交往中的负担。法律确认法人为民事主体,意在为自然人充分实现自我提供有效的法律工具。

典型的法人包括政府机关、事业单位、公司、基金会等。其中,公司是现代商业社会中最为重要的一种法人组织。

（二）法人的特征

法人的外观特征表现在以下四个方面：

（1）**法人是一种组织**。和自然人不同，法人并非一个有血有肉的个体，而是一种社会组织。尽管法人和自然人一样，也拥有"出生、成长、结婚、离异、生病、死亡"等一系列生命过程，即公司的"设立、扩张、合并、分立、亏损、解散"等事实与行为，但归根结底，法人为一种社会组织，故其在民法上并不具有自然人所享有的生命权、健康权等人格权利。

（2）**法人是依法成立的社会组织**。法人的产生源于法律的拟制，因此，其成立应当依据法定的程序和条件。这一法定程序包括但不限于名称核准、工商注册等。

（3）**法人具有民事权利能力和民事行为能力**。法人能够以自己的名义参与民事法律关系，具有民事权利能力和民事行为能力。在实践中，法人的民事权利能力和民事行为能力体现为，法人能够以自己的名义，与自然人、法人和其他组织签订合同等。

（4）**法人能够以独立的财产承担民事责任**。不同于合伙企业中合伙人对合伙企业所负债务承担无限连带责任，法人因经历了公司出资人拥有的股权和法人所有权的分离而拥有了独立财产，因此其在对外承担责任时呈现出两个特点：一个是责任的承担主体为法人，而非公司的股东；另一个是法人承担责任仅以其所拥有的财产为限，而不要求股东承担连带责任。

三、法人的主要类型

（一）公法人和私法人

按照法人能否自主决定社团本身的存在，可将法人分为公法人和私法人。

1. 概念

公法人的设立、变更、终止以公法（行政法、反垄断法等）为依据，其存在体现的是法律公共意志，其职权法定；私法人的设立、变更、终止以私法（民法、公司法等）为依据，其存在体现的是社团意思自治。

公法人大多情况下并不能自主决定社团的存在与否；私法人则可以依据私主体自治原则，决定社团的存在与否。

> 公法人：完成公益职能的法人。
> 私法人：由私人自愿组织起来，追求私人目的的法人。

2. 常见类型

常见的公法人包括国家的中央和地方的各级政府创立的机关、企业、事业单位等。需要特别指出的是，尽管国有独资企业是企业的一种类型，但在包括中国在内的许多国家，国有独资企业隶属于政府，主要是通过行政法调整的，因此其属于公法人的范畴。另外，经历过国有企业混合所有制改革后的国有独资企业，就不属于公法人范畴了，而具有私法人的性质。

中国公法与私法的划分体系如图 4-1 所示。

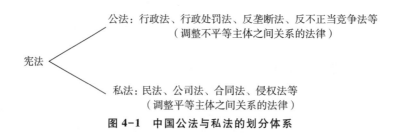

图 4-1 中国公法与私法的划分体系

私法人又分为社团法人和财团法人,其分类标准在于法人的内部结构。

社团法人,是指以人为基础而集合成立的法人,体现的是观念整体,并不会因为成员个体的变化而改变其本质。如公司为股东之集合,工会为员工之集合,均属社团法人。社团法人又可以分为营利性社团法人和非营利性社团法人,前者主要是指公司,后者主要是指行业协会。社团法人之成员统称社员,享有的权利称为社员权,如股东权就属于社员权。社团法人与社会团体法人是完全不同的概念。社会团体法人中有的属于社团法人,例如工会、学会等;有的则属于财团法人,例如各种基金会。

财团法人,又称捐助法人,是指以财产为基础而集合成立的法人。财团法人的主要形式就是基金会。财团法人的特征,可从与社团法人的比较中显现。一是设立人地位不同。财团法人的设立人或出资人的出资,属于捐赠或遗赠,因此,法人成立或捐赠完成后,所赠财产即移转为法人所有,捐赠人或遗赠人并不获得社员权对价;社团法人的设立人或其成员的出资,属于取得社员权的合同行为,根据合同成为社员或股东。二是法人的目的事业不同。财团法人只能从事公益事业,不得营利;而社团法人既可从事公益事业(如工会),也可从事营利性事业(如公司)。三是有无意思机关不同。财团法人参与民事活动,须以捐赠人的意思进行,所以,财团法人属于他律法人,没有自己的意思机关。如捐赠人捐赠的扶贫基金,只能用于扶贫,而不能移作他用。而社团法人由社员组成意思机关,属自律法人,其从事的活动在章程范围内,由意思机关决定。

(二)营利法人、非营利法人和特别法人

按是否营利可将法人分为营利法人、非营利法人和特别法人。《民法典》中即采取了这一分类方式。

营利法人是指以取得利润并分配给股东等出资人为目的而成立的法人,包括有限责任公司、股份有限公司和其他企业法人;非营利法人是指出于公益目的或者其他非营利目的而成立的,不向出资人、设立人或者会员分配所得利润的法人,包括事业单位、社会团体、基金会、社会服务机构;特别法人是指机关法人、农村集体经济组织法人、城镇农村的合作经济组织法人和基层群众性自治组织法人。

此种分类基本延续了《中华人民共和国民法通则》(1986年版)的分类方式。其中,营利法人即企业法人;非营利法人即非企业法人中的事业单位法人、社会团体法人;特别法人则是机关法人和自治组织法人。以营利的概念取代原来的企业概念,不仅更加符合法律概念的组合逻辑,而且能够更为直接、清晰地揭示法人的基本性质。

需要特别指出的是,非营利法人的非营利性仅指其目的的非营利性,而并非其实际经营中的非营利性。以比尔·盖茨(Bill Gates)及其前妻梅琳达·盖茨(Melinda Gates)成立

的比尔及梅琳达·盖茨基金会(Bill & Melinda Gates Fundation)为例,该基金会通过专业化运作,每年获取了大量利润,但其目的始终在于慈善。比尔·盖茨不过是以公司的形式解决了基金会的资金来源问题,又用慈善的形式实现了基金会的功能。因此,即便基金会具有巨大的盈利能力,其在性质上仍属于非营利法人。

(三) 集体法人和独任法人

英美法对于法人的分类比较简单,仅分为集体法人和独任法人两种,其划分的标准在于人数的多少。

集体法人是由一定成员组成且可以长期存在的集合体;独任法人是一个自然人由于拟制而享有法人资格,如教区的掌教。法律上认为这种职位永存,而担任这一职务的个人人格与这个职位是无关的。

第二节 自然人与公司法人

"自然人"与"公司法人"在《民法典》中,作为具有平等法律地位的民事主体,享有不同的法律权利,并承担相应的法律义务。市场经济关系中对等的劳动交换并体现等价有偿的要求,反映在民事法律关系上就是双方都享有权利并承担义务。正确理解"自然人"和"公司法人"的概念,了解两者之间的区别,有利于我们依法保护自身的合法权益。

一、自然人

(一) 自然人的定义

自然人是生物学意义上的人,指基于自然规律出生、生存的人,包括本国公民、外国公民以及无国籍的人。法人是相对自然人而言的,是法律意义上的人,具有民事权利能力和民事行为能力,指依法独立享有民事权利和承担民事义务的组织。

自然人是最基本的民事主体,世界各个国家和地区的民法都有关于自然人的规定。《民法典》第二条规定:"民法调整平等主体的自然人、法人和非法人组织之间的人身关系和财产关系。"这条规定确认了自然人的民事主体地位,是自然人从事民事活动、依法享有民事权利和承担民事义务的前提。自然人、法人和非法人组织是我国法律确认的民事主体。

(二) 自然人的特征

自然人作为在自然状态之下以民事主体身份而存在的人,代表着人格,代表其有权参加民事活动、享有权利并承担义务。所有的公民都是自然人,但并不是所有的自然人都是某一特定国家的公民。公民属于政治学或公法上的概念,具有某一特定国家国籍的自然人叫作公民。

自然人的民事权利能力始于出生、终于死亡,自然人的民事权利能力一律平等。其特征包括:

1. 统一性

不仅指享有民事权利的资格,也包含承担民事义务的资格,自然人的民事权利能力是二者的统一体。

2. 平等性

由于民事权利能力是自然人从事民事活动的前提条件,而从事民事活动又是自然人生存发展的基本前提,所以,民事权利能力就是自然人的生存资格。《民法典》第十四条规定:"自然人的民事权利能力一律平等。"民事权利不因民族、种族、性别、年龄、家庭出身、宗教信仰、职业、职务、教育程度、财产状况、精神健康状况等差异而有所不同。

3. 广泛性

自然人民事权利能力的内容,就是指自然人可以享有的各种民事权利的范围,如人身权、财产权的范围。自然人的民事权利能力包括自然人生存和发展的广泛的人身权、财产权的内容。自然人可以自主决定自己的事务,自由从事各种民事行为。

4. 专属性

由于民事权利能力是自然人从事民事活动的前提条件,民事权利能力就是自然人的生存资格,是自然人生存和发展的必要条件;转让民事权利能力,无异于抛弃自己的生命权。当事人自愿转让、抛弃的,法律不承认其效力。

(三)自然人的分类

根据一个人是否具有正常的认识及判断能力以及丧失这种能力的程度,把自然人分为完全民事行为能力人、无民事行为能力人和限制民事行为能力人。

1. 完全民事行为能力人

完全民事行为能力人指在法律上能为完全有效的法律行为的人。通常将精神健全的成年人视为完全民事行为能力人。《民法典》第十八条规定:"成年人为完全民事行为能力人,可以独立实施民事法律行为。十六周岁以上的未成年人,以自己的劳动收入为主要生活来源的,视为完全民事行为能力人。"

2. 无民事行为能力人

无民事行为能力人指不能为有效法律行为的人。他们不能因其所为法律行为取得权利和承担义务。自《罗马法》以来,各国立法对无民事行为能力人都设置监护人,以监督和保护他们的人身和财产等权利。《民法典》第二十条规定:"不满八周岁的未成年人为无民事行为能力人,由其法定代理人代理实施民事法律行为。"《民法典》第二十一条规定:"不能辨认自己行为的成年人为无民事行为能力人,由其法定代理人代理实施民事法律行为。八周岁以上的未成年人不能辨认自己行为的,适用前款规定。"同时《民法典》第二十三条规定:"无民事行为能力人、限制民事行为能力人的监护人是其法定代理人。"

3. 限制民事行为能力人

限制民事行为能力人指只有部分民事行为能力的人。公民已达到一定年龄而未达法定成年年龄,或者公民虽达法定成年年龄但患有不能完全辨认自己行为的精神病,不能独立进行全部民事活动,只能进行部分民事活动,上述两种人统称为限制民事行为能力人。根据《民法典》第十九条的规定,八周岁以上的未成年人为限制民事行为能力人,可以独立实施纯获利益的民事法律行为或者与其年龄、智力相适应的民事法律行为。《民法典》第二十二条规定:"不能完全辨认自己行为的成年人为限制民事行为能力人,实施民事法律行为由其法定代理人代理或者经其法定代理人同意、追认;但是,可以独立实施纯获利益的民事法律行为或者与其智力、精神健康状况相适应的民事法律行为。"

二、公司法人

(一) 公司法人的定义

> 公司法人是指依照公司法设立的,有独立的财产,能够以自己的名义享有民事权利和承担民事义务,并以自己的全部财产对公司的债务承担民事责任的企业组织。

公司法人是企业的一种组织形式,是以营利为目的的社团法人。在资本主义国家中也被称为商事公司,是依照商法或有关法律成立的以营利为目的的企业组织,包括无限公司、有限公司、两合公司、股份公司以及股份两合公司等。英美法系中的公司法人与大陆法系有所不同,前者既包括营利性的也包括非营利性的,且仅指有限责任公司。我国公司形式多样,大体上分为集资型和非集资型两种。集资型公司类似西方国家的公司,是由股东投资而成立的,为企业联营的一种重要形式;非集资型公司则为单一企业性质。

【案例 4-1】

张三个人出资 100 万元,成立了甲公司,自己担任公司董事长。一天,张三派员工王五代表自己与乙公司洽谈业务。

在案例 4-1 中,甲公司即法人,张三、王五都是自然人。同时,张三是法人(甲公司)的法定代表人。我们可以得知,"法定代表人(张三)"="法人代表(张三)"≠"法人(甲公司)"。王五只是"甲公司法定代表人授权办理某项业务的代表",而非"法人代表"。

(二) 公司法人的特征

我国公司法人主要具有以下三个特征:

1. 公司拥有独立的财产,由出资人或股东以法律行为设立

这种独立财产既是公司赖以进行业务经营的物质条件,也是其承担财产义务和责任的物质保证。《公司法》对公司财产有法定的要求,尤其是规定了公司的最低资本额制度。公司的财产主要由股东出资构成,公司的盈利积累或其他途径也是形成公司财产的来源。在传统公司法理论上,一般认为,公司是其财产的所有人,对其财产享有法律上的所有权。虽然这些财产是由股东出资构成的,但一经出资给公司,所有权即归公司享有,而股东只享有股权,也即股东权或股份权。

《公司法》尚未明确地肯定公司对其财产享有所有权,而是在第三条第一款规定:"公司是企业法人,有独立的法人财产,享有法人财产权。公司以其全部财产对公司的债务承担责任。"这里的法人财产权应包括公司对物的财产的所有权和对其他财产享有的财产权,如债权、知识产权等。在《公司法》修订前,关于法人财产权的规定较为模糊,也存在矛

盾,特别是其中"公司中的国有资产所有权属于国家"的规定与公司的法人所有权相冲突,修订后的《公司法》取消了这一规定,消除了将公司法人财产权解释为所有权和其他财产权的障碍。无论公司财产权的名称如何,都应肯定其应有的独立性以及公司对其财产实际的占有、使用、收益和处分的权利。

2. 公司设有独立的组织机构

完善、健全的组织机构既是公司进行正常经营活动的组织条件,也是《公司法》对每个公司提出的法定要求。与《民法典》对一般企业法人要求的组织条件不同,《公司法》对公司的组织机构规定有更严格、更健全、更规范的模式。这种组织机构包括公司的管理机构和公司的业务活动机构。公司管理机构是形成公司决策、对内管理公司事务的机构,如股东(大)会、董事会、监事会、经理等;公司的业务活动机构包括会计、审计、销售机构等。

3. 公司独立承担财产责任

公司以其自身拥有的全部资产对其债务负责。公司的独立责任是其独立人格的标志,是公司具有法人地位的集中表现。公司财产责任的独立性至少体现在以下三个方面:

第一,公司责任与股东责任的独立。公司只能以自己拥有的财产清偿债务,股东除缴纳出资外,对公司债务不再负责。

第二,公司责任与其工作人员责任的独立。公司的民事活动虽由其董事、经理等管理人员实施,但不能由此要求公司的管理人员对公司的债务负责。

第三,公司责任与其他公司或法人组织责任的独立。公司与其他法人之间虽然存在千丝万缕的联系,包括存在母公司与子公司的关系,或存在主管部门与下属企业的隶属关系,但在民事法律地位上它们都是独立的法人,其财产责任也只能各自独立承担。

除以上三点外,我国公司法人的其他特征有:以营利为目的;设立人不限,可以是国有财产授权投资或经营单位、其他类型法人及个人;其规范依据主要为《公司法》等。

(三)公司法人的分类

根据《公司法》的规定,我国的公司法人分为两种基本类型,即有限责任公司和股份有限公司。其中,有限责任公司是由 50 个以下的股东设立的公司法人;股份有限公司是采取发起设立或募集设立的方式成立的公司法人。

1. 有限责任公司

在我国,有限责任公司包括普通有限责任公司、一人有限责任公司和国有独资公司三种形态。

普通有限责任公司是由 2 个以上、50 个以下股东出资设立的有限责任公司。股东按照出资比例分取红利,并以出资额为限承担公司对外所欠债务。

一人有限责任公司是指只有一个自然人股东或者一个法人股东的有限责任公司。一人有限责任公司的注册资本最低限额为人民币 10 万元。股东应当一次足额缴纳公司章程规定的出资额。一个自然人只能投资设立一家一人有限责任公司。该一人有限责任公司不能投资设立新的一人有限责任公司。一人有限责任公司的股东不能证明公司财产独立于股东自己的财产的,应当对公司债务承担连带责任。

国有独资公司是指国家单独出资、由国务院或者地方人民政府授权本级人民政府国有资产监督管理机构履行出资人职责的有限责任公司。国有独资公司不设股东会,由国有资产监督管理机构行使股东会职权。国有资产监督管理机构可以授权公司董事会行使股东会的部分职权,决定公司的重大事项,但公司的合并、分立、解散、增加或者减少注册资本和发行公司债券,必须由国有资产监督管理机构决定;其中,重要的国有独资公司合并、分立、解散、申请破产的,应当由国有资产监督管理机构审核后,报本级人民政府批准。

【案例 4-2】

2018 年 2 月,某电梯厂与某投资发展有限公司、某经济技术开发公司和自然人黄某共同出资 500 万元,设立某电梯有限责任公司。出资情况为:黄某投资 255 万元,计 51% 股权;投资发展有限公司投资 100 万元,计 20% 股权;经济技术开发公司投资 100 万元,计 20% 股权;电梯厂投资 45 万元,计 9% 股权。

该电梯有限责任公司制定了公司章程,设立了董事会和监事会,并经工商管理机关登记领取了企业法人营业执照,法定代表人为黄某。该公司章程对股东间互相转让出资或向股东以外的人转让出资作出规定,有代表二分之一以上表决权的股东同意即可生效,不要求全体股东同意。

2021 年 8 月 27 日经工商管理机关批准,公司办理了股东变更手续,领取了新的企业法人营业执照,法定代表人由武某担任。后电梯厂诉至法院,以未收到股东大会通知为由,要求确认公司于 2021 年 6 月 21 日形成的股东大会决议无效,黄某向武某转让股权无效。法院以该公司章程关于股权转让的规定和电梯厂在"公司变更登记申请书"上加盖公章对股权转让知情为由,判决驳回电梯厂的诉讼请求。

本案的关键在于股东大会召开时上诉人缺席。上诉人称未收到开会通知,被上诉人虽提出已通知,但未能提供有力证据证明。因此,股东大会通知存在瑕疵。但法院认为,上诉人已经在"公司变更登记申请书"上签章,表明其对股权转让给公司外部特定人的情况知情并同意。此后召开的股东大会的决议内容与"公司变更登记申请书"的内容完全一致,并没有违背上诉人的意思表示。该通知瑕疵系基于受通知者的原因而导致的通知已无意义的情况,不宜仅因瑕疵而否决股东大会决议。法院最终判决认定本案股权转让有效。

2. 股份有限公司

我国股份有限公司的设立方式分为发起设立和募集设立两种。其中,发起设立是指由发起人认购公司应发行的全部股份而设立公司;募集设立是指由发起人认购公司应发行股份的一部分,其余股份向社会公开募集或者向特定对象募集而设立公司。发起设立股份有限公司,发起人应当在 2 人以上、200 人以下,其中须有半数以上的发起人在中国境内有住所。股份有限公司注册资本的最低限额为人民币 500 万元。法律、行政法规对股份有限公司注册资本的最低限额有较高规定的,从其规定。

股份有限公司应设股东大会,股东大会由全体股东组成,是公司的权力机构。公司转让、受让重大资产及对外提供担保,选举董事、监事等事项必须经股东大会同意。董事会是股份有限公司的日常办事机构,上市公司还应设董事会秘书处。

股份有限公司的资本划分为股份,每股的金额相等。股东以自己认购的股份为限享受股息、红利,也以此为限承担公司对外债务及相关责任。

三、自然人与公司法人的联系与区别

(一) 联系

1. 生命周期相似

具有法人资格的企业,归根结底是企业组织在法律上的人格化。企业法人作为人格主体,在法律上同自然人一样,具有出生(设立)、成长(扩大资产)、结婚(合并)、离异(分立)、生儿育女(组建附属机构)、生病(亏损)、死亡(破产或解散)的生命过程。法人甚至有自己的寿命,法国的《商事公司法规》就规定,公司章程应载明公司的存续期,存续期最长为99年;在临近期满时,可在股东临时会上用变更章程的形式延长存续期。法国雷诺(Renault)汽车公司成立于1898年,到1997年时必须到有关部门用变更章程的形式,延长其存续期,公司法人仿佛是一个"自然人"。

2. 核心内容相似

法人制度的确立,使企业真的变成了一个"人"。但这不过是它与自然人的"形似",而与自然人的"神似"则是企业法人的核心内容,即法人所有权。

法人对其净资产享有现实的所有权,也称法人所有权。现代公司制度的本质特征是独立的企业法人所有权,即在独立的法人所有权制度下,股东一旦对公司法人投资,事实上就是将其出资的货币和作价入股的实物或知识产权让渡给了公司法人。公司法人根据股东的投资入股,形成其自有资本并注册登记,然后登上市场经济的舞台,形成独立的法人财产所有权。而股东出资人在让渡所有权的同时获得了股权,并与现实资产的运营脱离关系。股权是一种被高度弱化的间接所有权,在占有上,股东仅拥有一张虚拟的股票证书,而不是实物财产。在使用上,中小股东很难实现"用手投票",有效的方式是"用脚投票"。由于股东不能退股,任一股东"用脚投票"退出的同时,必须有新的股东受让才能实现,而这对公司法人毫无影响。从法律意义上来说,公司法人根本不在乎公司股东之间转让股份。在收益上,单个股东并不能自主决定红利的高低,完全丧失了对收益的支配权。在处置上,任何股东都不能单独处置企业的财产,更不能要求抽回股份。

(二) 区别

法人作为民事法律关系的主体,是与自然人相对称的,两者的区别如下:

1. 代表不同

法人代表社会组织,而自然人是单个人。自然人不一定有法人资格,是以生命和血缘为生存特征的单个人。法人不是个人,而是依法独立享有民事权利和承担民事义务的组织,具有民事权利能力和民事行为能力,法人只是社会组织在法律上的人格化。

《民法典》第五十八条规定:"法人应当依法成立。法人应当有自己的名称、组织机构、住所、财产或者经费。法人成立的具体条件和程序,依照法律、行政法规的规定。设立法人,法律、行政法规规定须经有关机关批准的,依照其规定。"

2. 民事主体不同

法人是集合的民事主体,自然人则是以个人本身作为民事主体。法人是一些自然人的集合体。例如大多数国家的公司法都规定,公司法人必须由两人以上的股东组成。我国允许设立一人有限责任公司。

3. 属性不同

自然人具有自然属性,法人不具有这一属性。法人是社会组织在法律上的人格化,是法律意义上的"人",而不是实实在在的生命体,其依法产生、消亡。自然人是基于自然规律出生、生存的人,具有一国国籍的自然人被称为该国的公民。

四、企业法人制度的意义

现代公司的前身是18世纪英国的股份公司(Joint-Stock Company),是商人们模仿特许贸易公司(Charted Trading Company)而成立的新型企业组织。股份公司取得法人地位的过程,既是从非法状态走向合法状态的过程,也是英国社会从传统的等级社会向现代民主社会转型的过程,是特权阶层地位相对下降、平民阶层地位相对上升的过程。

现代意义上的公司的诞生,带来了一种全新的经济组织,它具有独立的法人人格,拥有独立的财产,是一种介于国家和个人之间的社会自治组织。这对构筑于私人财产权基础上的西方近代社会来说,无疑具有革命性意义。私人财产权的确立是现代西方社会这座大厦的根基。17世纪,英国思想家约翰·洛克(John Locke)在理论层面对私人财产权的确立进行了完整的论述。以个人主义为核心的私人财产权,意味着整个社会的生产资料都掌握在私人手中。在这种情况下,开展大规模的社会化大生产几乎是不可能的,因为个体之间的联合一方面是有限度的,另一方面其协调和沟通成本也是高昂的。但公司法人的出现解决了这一矛盾。公司法人既是资本主义社会和市场经济得以建立、完善的微观运行载体,也是现代西方世界能够开展工业革命、进行社会化大生产的微观运行载体。

(一)促进社会化大生产与市场经济发展

一方面,企业法人所有权的确立,极大地促进了社会化大生产的实现和商品经济的发展,它第一次使企业成为可以脱离资本家而独立存在并以自己的名义从事经济活动的具有无限生命力的"人"。企业最典型的组织形式是股份公司,股份公司的法人地位与有限责任的确立实现了资金来源的社会化和经营风险的社会化,这极大地加速了资本集中的进程。通过股份投资,大量的单个资本与社会闲散资金被聚集起来,投入生产领域,及时缓和了资本主义商品经济中日益尖锐的生产社会化与生产资料私人占有之间的矛盾。而股份公司使社会化大生产成为可能,并促进了资本主义商品经济的飞速发展。

另一方面,在股份公司内部所有权和经营权分离的背景下,公司职业经理人的选聘不再受其有无股份或股份多少的限制。两权分离的结果使管理职能脱离资本而独立,成为一种特殊的社会职能,实现了经营人才的社会化,最终使社会的资本和人力资源实现了最优配置。

对此西方许多经济学家和法学家惊呼:企业法人是新时代最伟大的发明,其革命意义远远超过蒸汽机和电力。他们认为,如果没有企业法人这个"超人"的诞生,社会化大生产和发达商品经济的产生是绝对不可能实现的。

(二)助推社会所有制的实现

企业法人制度的核心是企业法人所有权。企业法人所有权的逻辑解释可以这样表述:拥有独立财产是企业法人在法律上被承认的第一要件,其财产来源于各股东的资本投入。从法律上说,企业的股东一旦将资金或财产投给企业法人,他就不再被视为企业财产的所有权主体,而是由独资企业的企业主转化为法人企业(即公司)股票的持有人。企业法人则作为一个不依赖于其参加者(即股东)而独立存在的民事主体,占有、支配企业全部财产,享受由此带来的收益和其他权利,独立承担民事义务并以法人的名义与其他法人和自然人发生各种联系。

显然,法人财产在某种意义上已经具备了社会财产的属性。正如卡尔·马克思(Karl Marx)曾把按照法人制度组建的股份公司看作由"资本主义生产方式转化为联合的生产方式的过渡形式",法人财产也应被视作与私人资本相对应的社会资本。因此,无论是从商品经济和社会化大生产的需要而言,还是从资本主义生产方式本身而言,企业法人所有权的出现都是一个巨大的历史进步,它不仅为整个社会剥夺私人资本做好了准备,而且为新生产方式下劳动者的联合提供了一种先进合理的组织形式。

"公司"与"法人"的结合使得人类文明极大地向前跨进。公司制度可以有效地凝聚社会资源,尤其是现代公众公司(上市公司)的出现,甚至可以使公司在全球范围内实现资源的优化配置,使公司规模快速增长,在市场经济的各个领域产生革命性的创造力,可以极大地推动人类文明的进步。

面对全球经济区域一体化、集团化的趋势,无论是发达国家还是发展中国家,只要奉行市场经济,就必然要打开国门,以对资本尊重和保护的姿态,迎接资本全球化的到来。然而,资本灵魂必然要依附在一个有法律外衣的躯体上,这个躯体就是公司法人,而大公司也开始从早期不遗余力地追求利润最大化向追求企业价值最大化演变。公司法人已成为世界经济的主角,公司时代已经来临。

第三节 法人治理模式

在现代市场经济中,随着生产社会化的发展,资本不断积累、企业规模不断扩大。而由于资本所有者自身能力及专业知识的局限,由其完全独立控制、管理企业的经营活动,已经不适应市场经济的发展趋势。因此,资本所有者的所有权逐渐与企业经营权相分离,企业经营交由专门的管理人员。伴随着这种分离,急需解决如何有效管理企业并保护资本所有者权利的问题,法人治理结构也随之产生。

一、法人治理结构

(一)法人治理结构的组成

法人治理结构,又译为公司治理(Corporate Governance),是现代企业制度中最重要的组织架构。狭义的公司治理主要是指公司内部股东、董事、监事及经理之间的关系,广义的公司治理还包括与利益相关者(如员工、客户、存款人和社会公众等)之间的关系。公司作为法人,也就是作为由法律赋予了人格的团体人、实体人,需要有相适应的组织体制和管理机构,使之具有决策能力、管理能力,能够行使权利、承担责任,从而使公司法人能有效地活动起来。因而,法人治理结构很重要,是公司制度的核心。

法人治理结构由四个部分组成(见图4-2):

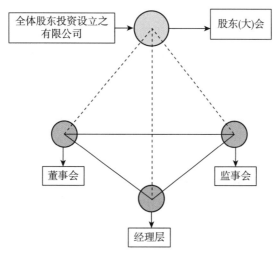

图4-2　法人治理结构组成

(1)股东会或者股东大会,由全体股东组成,所体现的是所有者对公司的最终所有权,是公司的最高权力机构。

(2)董事会,由公司股东(大)会选举产生,对公司的发展目标和重大经营活动做出决策,维护出资人的权益,是公司的决策机构。

(3)监事会,是公司的监督机构,对公司的财务和董事、经营者的行为发挥监督作用。

(4)经理层,由董事会聘任,是经营者、执行者,是公司的执行机构。

法人治理结构的四个组成部分都是依法设置的,其产生和组成、行使的职权、行事的规则等,在公司法中都有具体规定。

如图4-2所示,法人治理结构组成形成了一个稳定的"三棱锥"。股东(大)会是公司价值聚焦"顶点"。为了维护和争取公司实现最佳经营业绩,公司价值投射向董事会、经理层和监事会三个利益"角位点",此三个利益"角位点"相互制衡形成"三角形"。"顶点"和"三角形"构成"锥形体",这是法人治理结构的标准模型。全体股东具有同样的价值趋向,企业的安全性和成长性均取决于该公司内设机构积极地履行职能。

股东判定公司安全性和成长性的基准是董事会、经理层和监事会三个利益"角位点"不可以重合或者处于同一直线,更不得与"顶点"重合或处于同一平面;一旦出现这些状况,就表示该公司处于特定时期或危机状态。

董事会、经理层和监事会需要根据各自利益趋向争取权利和最大利益,"三角形"版图面积逐渐变大,这也正是企业实力不断增强的体现;否则,结果正好相反。"三角形"和"顶点"构成"锥形"的高度,体现了企业发展战略的高度,"锥形"的体积体现了企业的市场竞争力。

(二) 法人治理结构的原则

1. 法定原则

法人治理结构关系到公司投资者、决策者、经营者、监督者的基本权利和义务,凡是法律有规定的,应当遵守法律规定。

2. 职责明确

法人治理结构的各组成部分应当有明确的分工,在这个基础上各司其职,各负其责,避免因职责不清、分工不明而导致运行混乱,影响各部分正常职责的行使,干扰整个功能的发挥。

3. 协调运转

法人治理结构的各组成部分是密切结合在一起运行的,只有相互协调、相互配合,才能有效率地运转。

4. 有效制衡

法人治理结构的各部分之间不仅要协调配合,还要有效地实现制衡,包括不同层级机构之间的制衡以及不同利益主体之间的制衡。

1999年5月,经济合作与发展组织(Organization for Economic Co-operation and Development, OECD)理事会正式通过了其制定的《公司治理原则》。它是第一个政府间为公司治理开发出的国际标准,并得到国际社会的积极响应。该标准旨在为各国政府部门制定有关公司治理的法律和监管制度框架提供参考,也为证券交易所、投资者、公司和其他参与者提供指导。它代表了OECD成员对于建立良好公司治理体系的考虑,其主要内容包括:

(1) 公司治理应当维护股东的权利。

(2) 公司治理应当确保包括小股东和外国股东在内的全体股东受到平等的对待;如果股东的权利受到损害,他们应有机会得到补偿。

(3) 公司治理应当确认利益相关者的合法权利,并且鼓励公司和利益相关者为创造财富与工作机会以及为保持企业财务体系健全而积极地进行合作。

(4) 公司治理应当保证及时准确地披露与公司有关的任何重大问题,包括财务状况、经营状况、所有权状况和公司治理状况的信息。

(5) 公司治理应确保董事会对公司的战略性指导和对管理人员的有效监督,并确保董事会对公司和股东负责。

从以上几点可以看出,这些原则充分考虑了各个利益相关者在公司治理中的作用,反映出一个公司的竞争力和最终成功是利益相关者协同作用的结果,是来自不同资源提供者的贡献。实际上,成功的公司治理并非仅限于"股东治理"或"共同治理",而是吸收了二者的优点,并将公司所处的实际环境纳入考虑,不断地修改和优化。

(三) 法人治理结构的作用

1. 保证投资者(股东)的投资回报

在所有权与经营权分离的情况下,由于股权分散,股东有可能失去控制权,企业为内部人(即管理者)所控制。这时控制了企业的内部人有可能做出违背股东利益的决策,侵犯股东的利益,由此可能引起投资减少或股东决策失误,会有损于企业的长期发展。法人治理结构正是要从制度上保证股东的控制与利益。

2. 企业内各利益集团的关系协调

这包括对经理层与其他员工的激励,以及对高层管理者的制约。这个问题的解决有助于处理企业各利益集团的关系,同时避免因高层管理者决策失误给企业造成不利影响。

3. 增强企业自身的抗风险能力

随着企业发展的不断加速,以及企业规模的不断扩大,企业股东与企业的利益关系、企业内各利益集团的关系、企业与其他企业的关系以及企业与政府的关系将越来越复杂,发展风险随之提升,尤其是法律风险。合理的法人治理结构,能有效地缓解各利益关系的冲突,增强企业自身的抗风险能力。

二、法人治理模式的类型

按照地区和文化的差异,法人治理模式主要有家庭式治理模式、内部治理模式和外部治理模式三种。

(一)亚洲的家庭式治理模式

在东南亚国家和中国台湾、中国香港等地区,许多大型公众公司都是由家族控制的,表现为家族占有公司相当大比例的股份并控制董事会,成为公司治理体系中的主要影响力量。这种模式形成的原因至少有两个方面:一是儒家思想文化和观念的影响;二是政府对家族企业的鼓励发展政策。这种家庭式治理模式体现了主要所有者对公司的控制。在这种治理模式下,主要股东的意志能得到直接体现,这种模式也被称为股东决定直接主导型模式。但其缺点是很明显的,即企业发展过程中需要的大量资金从家族那里是难以得到满足的。而在保持家族控制的情况下,资金必然大量来自借款,从而使企业受债务市场的影响很大,始于1997年7月的东南亚金融危机也反映出家庭式治理模式的弊病。

家庭式治理模式的特征如下:

(1)企业所有权或股权主要由家族成员控制。

(2)企业主要经营管理权掌握在家族成员手中。一种是企业经营管理权主要由有血缘关系的家族成员控制,另一种是企业经营管理权主要由有血缘关系的家族成员和有亲缘、姻缘关系的家族成员共同控制。

(3)企业决策家长化。

(4)经营者激励约束双重化,即受到来自家族利益和亲情的双重激励及约束。

(5)企业员工管理家庭化。将儒家关于"和谐"和"泛爱众"的思想推广应用于对员工的管理上,提高员工对企业的忠诚度,增强企业经营管理者和员工之间的亲和力和凝聚力。

(6)来自银行的外部监督弱。对于涉足银行业的家族企业而言,银行在软约束条件下为家族的整体利益服务。其他家族企业则采取由下属的系列企业之间相互担保的形式向银行融资,削弱了银行对家族企业的监督力度。

(7) 政府对企业的发展有较大的制约。

（二）日本和德国式的内部治理模式

在日本和德国,虽有发达的股票市场,但企业从中筹资的数量有限,企业的负债率较高,股权相对集中且主要由产业法人股东持有(企业间交叉持股现象普遍),银行也是企业的股东。这些国家的公众公司主要由少数几家大股东控制。在这些企业里,银行、供应商、客户、职工都积极通过公司的董事会、监事会等参与公司治理事务,发挥监督作用。这些银行和主要的法人股东所组成的力量被称为"内部人集团"。日本和德国的企业与企业之间、企业与银行之间形成的长期稳定的资本关系和贸易关系所构成的,对经营者进行监控与制约的内在机制被称为内部治理模式。

相比较而言,日本公司的治理模式更体现为一种经理层主导型模式。因为在正常情况下,经理层的决策独立性很强,很少直接受股东的影响,经营者的决策不仅覆盖公司的一般问题,还左右公司的战略问题,且公司长远发展处于优先考虑地位;德国公司的治理模式更体现为一种共同决定主导型模式,在公司运行中,股东、经理层、职工共同决定公司重大决策目标、战略等。

内部治理模式的特征如下:

（1）商业银行是股份公司的主要股东。银行既是借贷人,又是有效的监督者。

（2）法人持股或法人相互持股。一种是垂直持股,通过建立母子公司的关系,达到密切生产、技术、流通和服务等方面相互协作的目的;另一种是环状持股,相互之间建立稳定的资产和经营关系。

（3）严密的股东监控机制。股东通过中介组织或其他可行使股东权利的人或组织,通常是银行来控制与监督公司管理层的行为,达到参与公司控制与监督的目的。

【案例 4-3】

德意志银行集团是一家老牌全能银行,是德国最大的金融控股集团。从股权结构上看,德意志银行集团的大股东都是机构投资者,占到80%以上的份额,雇员持股占到11%。

集团治理模式的目标立足于提升和强化现有的及潜在的集团股东、消费者、雇员和在国内及国际市场上的一般社会公众的信任度。集团特别指出,考虑到经济全球化,集团尊重联合国条约中有关全球稳定增长模式下公司治理的一般准则,并履行作为一家全球性企业在公司治理方面肩负的责任。集团一方面强调保障股东权益,另一方面认为股东的权益只有在长期顾客得到满足、雇员获得激励以及银行履行了其社会义务的前提下才能实现。

集团实行双层决策体系的法人治理结构,包括董事会和监事会。董事会由8名董事组成,下设决策委员会和功能委员会。

集团主要的常设管理部门是所谓的管理董事会,共由8人组成,没有CEO(首席执行官),只有一个发言人兼任两大业务系统之一的客户和资产管理系统的主席,以及公司股权投资部门的主席,此外设有COO(首席运营官)、CFO(首席财务总监)和CRO(首席研发官)。

监事会负责决定董事会成员的薪酬多少及结构。对于董事的薪酬,基本工资依据国际同行业的可比标准产生,奖金则与集团业绩挂钩,主要是根据利润率来支付。奖金在全部薪酬构成中占据主要份额,集团还设置了股权激励和延期付息股票计划作为对董事们的长期激励。

(三) 英国和美国式的外部治理模式

英国和美国等国家企业的特点是股份相对分散,个别股东发挥的作用相当有限。银行不能持有公司股份,也不允许代理小股东行使股东权利。机构投资者虽然在一些公司占有较大股份,但由于其持股的投机性和短期性,一般没有积极参与公司内部监控的动机。这样,公众公司的控制权就掌握在管理者手中,即在这样的情况下,外部监控机制发挥着主要的监控作用,资本市场和经理市场自然相当发达。经理市场的隐性激励和以高收入为特征的显性激励作用也很明显。这种公共流动性很强的股票市场、健全的经理市场对持股企业有直接影响。这种治理模式被称为"外部治理模式",又称"外部人系统"。虽然外部治理模式中,经理层有较大的自由度和独立性,但其所遭受的来自股票市场的压力也很大,股东的意志得到较多的体现,因而这种模式也被称为股东决定相对主导型模式。

外部治理模式的特征如下:

(1) 股权高度分散,原因是机构投资者按照"谨慎人"原则分散投资以及法律规定了股权比例的限制。

(2) 股权流动性强,采取"用脚投票"的规则。

(3) 较为严格的外部市场控制,包括资本市场中的公司控制权争夺、证券市场的信息披露机制等。

(4) 独立董事对公司的执行董事及经营管理层起监督作用。

【案例 4-4】

英国电信集团,原为英国国营电信公用事业,由英国邮政总局管理,于 1981 年 10 月 1 日脱离英国皇家邮政,变成独立的国营事业。英国电信集团是典型的盎格鲁—撒克逊公司治理体系公司,它的主要利益相关者便是股东,所以管理层的目标就是为股东创造最大财富。英国电信集团实行单层董事会,董事会肩负管理和监督两项使命,董事会的成员包括执行董事和独立的非执行董事。

股市在英国电信集团的公司治理体系中扮演着非常重要的角色。由于外部市场非常活跃,公司的股权集中度比较低,主要由众多机构投资者把持,公司会面临被兼并和被收购之类的风险。所以,公司把控制权从无效的管理团队转移到更高效的管理团队中去,高层管理者经常强调短期目标,管理者的薪酬也往往基于短期的表现。更明确地说,高层管理者最关注的对象就是公司股价的变化,但这样也存在问题,比如弱化公司对长期战略性的研发和培训的支出,不利于企业长期发展。

目前,我国民营公司主要实行的是家庭式治理模式。而上市公司或者经过国有企业改革的公司主要实行的是内部治理模式与外部治理模式二者相结合的混合治理模式。通过这三种模式,公司实现集团化管理。

三、中国法人治理结构的完善

(一)关于制度

所谓出资人,就是向企业投入资本的人,即企业资本的拥有者,也就是股东。任何人的财产(资本)一旦投入企业,就变成企业的法人财产,投资者就享有出资人的权利。这些权利主要包括资产受益、按照法定程序参与企业的重大决策和聘请经营者、转让股权等。在市场经济条件下,国有企业的资产必须同其他所有制资产一样,具有明确的出资人代表。同时,国有资产也应该具有一般资产的产权要素:所有权、经营权、收益权和处置权。

要完善国有资产出资人制度,必须进一步明确:国有资产监督管理委员会不是政府的行政机构,与所辖企业的关系也不是行政隶属关系,更不是上下级关系,而是以国有股权为纽带,是股东与企业法人、委托与代理的关系。国有资产监督管理委员会作为出资人代表,既要做到依法行使股东的权利,又要保证不越位、不越权。相反,如果还继续沿袭隶属关系式的行政干预,"老板加婆婆"的现象就会愈演愈烈,最终只会将企业管死,退回到改革的原点。

完善出资人制度,还必须建立相应的责任机制。国有资产监督管理委员会每年必须向人民代表大会报告国有资产经营情况和国有资本经营预算执行情况。各级人民代表大会必须设立专门的审计、监督机构,对国有资本经营绩效进行评估、检查与监督。同时,建立责任追究制度,对由于决策失误造成国有资本经营损失的,要追究当事人的责任。

(二)参与治理

尽管利益相关者公司治理理论本身并不完善,利益相关者参与公司治理的途径也处于实践探索中,但利益相关者治理已日渐成为各国公司治理发展的一种趋势。在我国公司治理的实践中,包括中小股东、债权人、职工等在内的利益相关者受到侵害的事件时有发生。因此,探讨利益相关者参与公司治理的机制与可行途径,已成为我国完善法人治理结构的紧迫任务。

继续推进产权制度改革,建立合理的公司股权结构和债权结构,是建立公司内部制衡机制和有效监督机制的基础。我国上市公司普遍存在"一股独大"的状况,控股股东极易利用其控股地位侵占上市公司的资金,严重影响上市公司的经营,直接损害上市公司和投资者的利益。因此,必须积极推进股权多元化,扭转上市公司"一股独大"的局面。然而,国际经验表明,股权过于分散也会导致内部人控制等问题。因此,我国企业产权改革必须从我国的实际出发,充分考虑我国国有企业特别是大企业多年累积形成的现实的产权状况,提倡和推进国有企业之间以及国有企业与非国有企业之间相互持股,在此基础上实现股权多元化、分散化和法人化。

（三）外部监管

外部监管机构在日本和德国的典型代表是银行；而在美国则主要是机构投资者，如养老基金公司。我国的机构投资者也获得了较大发展，但总体规模不足、种类单一，在参与公司治理方面仍属于"沉默的大多数"，并没有在公司治理中发出应有的声音。在我国股市中，机构投资者还只是一个"用脚投票"的交易者而远非以公司治理为导向的投资者。因此，创造机构投资者参与公司治理的动力并探索其参与公司治理的有效途径，发挥机构投资者在公司治理中的作用，是我国完善法人治理结构的重要任务。

（四）建立制度

有效的公司治理需要有良好的制度体系与外部环境。从发达国家的经验来看，要实现公司治理的目标，需要有竞争性的产品市场和资本市场、活跃的公司控制权市场以及对管理人员的激励与监督机制；不仅需要健全的公司法，还需要严格的审计和财务信息披露制度、严格的反欺诈法规以及高效率和高水平的司法系统、行政监管机构和自律性组织。我国资本市场发展的时间不长，相应的法制建设也尚需完善，行政监管机构和中介组织的公信力不够，司法系统效率不高，这些都必须加以系统化改进与建设，为建立有效的法人治理结构创造良好的外部条件。

四、我国国有企业改革过去与将来

经过四十多年的艰苦探索，我国国有企业的管理体制和运行机制发生了巨大的变化，国有资产监管体制不断完善，国有经济布局和结构逐步优化，国有企业的市场主体意识明显增强，国有经济的运行质量有了显著提高，在国民经济中更好地发挥了主导作用。但同时，国资国企改革尚未到位，国有企业治理机制需要进一步完善，经营效率需要进一步提高，"十四五"期间深化国有企业改革意义重大、任务艰巨。

（一）国有企业改革历程及进展回顾

我国国有企业改革走过了极不平凡的路程。党中央、国务院在不同的历史时期，根据我国国情和国有企业改革实际，采取了不同办法和一系列重大举措，不断将国有企业改革向纵深推进。按照时间脉络，我国国有企业改革大体可以分为以下四个阶段：

第一阶段：放权让利转换国有企业经营机制（1978—1992）。

党的十一届三中全会以后，转变国有企业经营方式、提高国有资产运营效率成为各方共识，这一时期国有资产运营方式先后经历了扩大企业经营自主权试点、实行"拨改贷"①、两步"利改税"、推行承包制、进行股份制试点等一系列改革。

第二阶段：创新制度建立企业法人财产权制度（1993—2002）。

为了适应建立社会主义市场经济、使国有企业成为市场竞争主体的需要，党的十四届三中全会明确了国有企业改革的方向是建立"产权清晰、权责明确、政企分开、管理科学"的现代企业制度。主要改革措施包括：推进股份制改革与国有企业上市，打造国有资本流

---

① "拨改贷"即国家对基本建设投资拨款改为贷款的简称。

动机制;实施"抓大放小"战略,推进国有资产授权经营试点;深化国有资产管理体制改革,推进政企分开、政资分开;加大兼并重组力度,调整和优化国有资产布局。

第三阶段:完善国有资产出资人制度、规范国有资产监管(2003—2012)。

党的十六大和十六届二中全会明确了深化国有资产管理体制改革的方针和基本原则。2003年,国务院国有资产监督管理委员会成立,第一次在政府机构设置和部门职能分工上实现了国有资产出资人职能与社会公共管理职能的分离,明确了国有资产出资人代表,确立了"权利、义务和责任相统一""管资产与管人、管事相结合"的国有资产管理体制。

第四阶段:以管资本为主全面统筹推进国资国企改革(2013年至今)。

从党的十八大开始,以习近平同志为核心的党中央亲自谋划部署推动国有企业改革,更加注重改革的顶层设计以及改革的系统性、整体性、协同性。2015年9月13日,党中央、国务院联合下发了《关于深化国有企业改革的指导意见》,目前与该文件相配套的一系列文件已经印发,形成了国企改革的"1+N"文件和政策体系,确立了国有企业改革的主体框架,为进一步深化国有企业改革打下了良好的基础。

党的十八大以来,国有企业中党的建设全面加强,法人治理结构进一步完善,公司制股份制和混合所有制改革取得突破性进展,以供给侧结构性改革为主线,国有经济布局优化、结构调整和战略性重组持续推进,国有资本运作积累了重要经验,国有经济竞争力、创新力、控制力、影响力和抗风险能力显著增强,国有企业改革取得了新的重大进展和历史性伟大成就。目前,党的十八大以来确定的国有企业改革主体框架已经形成,许多任务还在持续落实过程中,改革仍然处于现在进行时。

(二)"十四五"时期深化国有企业改革面临的形势与任务

"十四五"时期,我国现代化建设进入新时代,面对国内外发展新阶段、新形势,深化国有企业改革也面临着新使命、新要求和新形势。

国有企业改革面临更高发展质量的要求。 中国特色社会主义进入新时代,我国社会主要矛盾已经转化为人民日益增长的美好生活需要和不平衡不充分的发展之间的矛盾,经济发展面临的主要矛盾和矛盾的主要方面在供给侧。国有企业是中国特色社会主义的重要物质基础和政治基础,是社会主义市场经济产品和服务的重要供给侧。国有企业的生产能力和水平与高质量发展还有一定差距,无法很好满足社会发展和人民生活高端高质的新需求。人民日益增长的美好生活需要必然要求国有企业牢牢把握高质量发展的要求,坚持质量第一、效益优先,坚定推进供给侧结构性改革,把提高供给体系质量作为主攻方向,提供更高质量的产品、更高水平的服务,推动我国经济迈向高质量发展的新阶段。

国有企业改革面临更高奋斗目标的考验。 "十四五"时期,我国要开启全面建设社会主义现代化国家的新征程,向第二个百年奋斗目标进军,到中华人民共和国成立一百年时,建成富强民主文明和谐的社会主义现代化国家。"两个一百年"的奋斗目标,尤其是实现第二个百年奋斗目标,对国有企业的改革发展提出了更高、更明确的要求,必然要求培育一大批具有全球竞争力的世界一流企业,这是在关系国计民生经济领域发挥重要作用的国有企业必须扛起来的重要使命和历史责任。

国有企业改革面临国内外复杂形势的压力。 "十四五"时期国有企业面临的内外环境会更加复杂,国有企业改革发展机遇与挑战并存。国际格局和国际经济发展形势复杂多变,对外贸易不确定性在增加,下行压力在增大。世界格局出现以科技竞争为核心的全面竞争态势,我国关键核心技术的"卡脖子"问题会更加突出,创新需求更加迫切。国有企业迫切需要摆脱技术依赖,在关键核心技术上努力突破。

党的二十大报告明确指出,我们要坚持以推动高质量发展为主题,把实施扩大内需战略同深化供给侧结构性改革有机结合起来,增强国内大循环内生动力和可靠性,提升国际循环质量和水平,加快建设现代化经济体系,着力提高全要素生产率,着力提升产业链供应链韧性和安全水平,着力推进城乡融合和区域协调发展,推动经济实现质的有效提升和量的合理增长。我国投资的粗放式增长模式难以为继,国有企业长期依赖的大规模快速扩张的发展模式将迎来巨大挑战,国有企业所面临的转型升级的倒逼压力会更强烈,要求企业必须进行质量变革、效益变革、动力变革。随着我国改革向纵深推进,营造公平竞争市场环境的要求更加迫切,深化国有企业改革势在必行。

本章小结

法人是具有民事权利能力和民事行为能力,依法独立享有民事权利和承担民事义务的组织。这种组织既可以是人的结合团体,也可以是依特殊目的所组织的财产。按照不同的分类标准,可以将法人分为公法人和私法人、营利法人和非营利法人等。

公司法人是指依照公司法设立的,有独立的财产,能够以自己的名义享有民事权利和承担民事义务,并以自己的全部财产对公司的债务承担民事责任的企业组织。公司法人是企业的一种组织形式,是以营利为目的的社团法人。法人治理结构指的是在资产所有权与经营控制权分离的基础上,不同组织形式的股份制企业的股东(大)会、董事会、监事会和经理层之间有关公司经营与权利的公司组织制度与运行机制,以及为了维护股东、公司债权人以及社会公共利益,保证公司正常有效地运营,由法律和公司章程规定的有关公司组织机构之间权力分配与制衡的制度体系。

"十四五"时期我国经济已由高速增长阶段转向高质量发展阶段,必须坚持质量第一、效益优先。国有企业长期依赖的大规模快速扩张的发展模式将面临巨大挑战,国有企业所面临的转型升级的倒逼压力会更强烈,要求企业必须进行质量变革、效益变革、动力变革。

思考题

1. 简述法人的定义、特征和类型。
2. 如何区分自然人和公司法人?
3. 如何理解企业法人制度的意义?
4. 法人治理结构主要包括哪些要素?简述其主要内容。
5. 法人治理模式的类型有哪些?
6. 我国法人治理结构的完善有哪些重点?

案例分析

国美之争

国美电器控股有限公司（以下简称国美），是中国最大的以家电及消费电子产品零售为主的全国性连锁企业。2011年3月，德勤公布的《全球零售力量2011年度报告》显示，国美从2009年的第91名上升到第86名，其最大竞争对手苏宁电器则从第125名提升到第104名，国美赫然占据中国家电零售行业龙头老大的位置。

1986年，17岁的黄光裕（那时他还叫黄俊烈）跟着哥哥黄俊钦，揣着在内蒙古攒下的4 000元，然后又借了3万元，在北京前门的珠市口东大街420号盘下了一个100平方米的名叫"国美"的门面。在这栋二层小楼里，他们先卖服装，后来改卖进口电器。从1987年1月1日第一家"国美电器店"正式挂牌至2004年年底，国美已在国内和东南亚地区，拥有了190家门店。2004年6月国美在香港联交所成功上市。

在国美的发展过程中，黄光裕始终坚持"攻城掠地"的快速扩张战略，不断通过收购等手段快速扩张店面网络，扩大市场份额。三联商社、永乐家电、大中电器等家电零售企业相继成为国美的并购目标。在完成上述系列并购动作后，2010年国美已经是在国内160多个城市拥有直营门店938家、10多万名员工的大型家电零售连锁企业，并成为众多知名家电生产厂家在中国最大的经销商。

"国美之争"表现为以黄光裕为代表的创始大股东和以陈晓为代表的经理层之间的矛盾。黄光裕和陈晓两人都有着不同寻常的背景和经历：1987年，未及弱冠的黄光裕在北京创立公司，经过十几年的奋斗，成功将其发展为规模庞大的上市公司。陈晓曾是令黄光裕头疼的竞争对手，他也是一位企业家。1996年，陈晓带领47位员工，集资百万元，创建上海永乐家电，任董事长。2003年，永乐家电销售突破100亿元，独霸上海市场，跻身国内家电连锁企业前三。2005年，永乐家电在香港上市，市值达47亿港元。2006年7月，永乐家电被国美收购之后，陈晓出任"新国美"的总裁，成为国美管理团队的二号人物。

2008年11月17日，时任国美董事局主席的黄光裕的命运发生惊天逆转，他因非法经营和内幕交易等罪名被公安机关带走调查。11月18日，黄光裕辞去国美董事职务，董事会主席身份自动终止。突如其来的变故，让国美一时陷入混乱之中。为稳定人心，重拾投资者和供货商信心，国美于11月28日宣布启动紧急措施，委任行政总裁陈晓代理董事会主席。2009年1月16日，陈晓正式出任国美董事会主席，兼任总裁。

黄光裕入狱后，银行开始收紧信贷、供应商缩短结算周期，加上长期奉行门店扩张策略，导致这家国内最大家电零售连锁企业的资金链严重紧绷。无奈之下，临危受命的陈晓开始寻求外资投资机构的帮助。对此，狱中的黄光裕并无异议，但强调必须确保大股东的控制权。2009年6月22日，国美向全球私人股权投资公司贝恩资本发行18.04亿港元可转债。引入贝恩资本为国美带来了急需的现金流，但黄氏家族股权也面临被稀释的风险。

然而，陈晓认为，贝恩资本是众多融资对象中条件最为优惠的，相对于其他投资者的绝对控股要求，贝恩资本只是在"协议"中明确了自我保护而已。这直接导致创始大股东对以陈晓为代表的职业经理人产生了信任危机。

在公司发展战略层面，陈晓出任董事局主席不久就将黄光裕时代"数量至上、快速扩张"战略调整为"质量优先，提高单店盈利能力"，并关停部分盈利状况不好的门店。受陈晓"深耕细作、精进管理"战略理念的影响，2009年国美关闭189家门店，门店数量从年初的859家不增反降至726家。至此，陈晓在担任国美总裁期间一直无法实施的精细化管理理念终于得以贯彻落实，然而这被狱中的黄光裕视为一种公然背叛。

2009年7月7日，陈晓再次采取行动。在没有充分告知黄光裕的情况下，国美推出"管理层股权激励方案"，包括陈晓在内的105位管理层获得总计3.83亿股的股票期权，约占已发行股本的3%，累计总额近7.3亿港元。黄光裕得知期权激励方案后，再次表现出对董事会的不满，并要求董事会采取措施，取消期权激励，但他的意见再次没有被采纳。

2009年7月13日，国美董事会又发布公告决定公开发售约22.96亿股股票，每股0.672港元。此次公开发售的股份占其现有已发行股本的18%，占其经发行公开发售股份扩大后的已发行股本的15.3%。

2010年5月18日，黄光裕以非法经营罪、内幕交易罪、单位行贿罪被法院判处有期徒刑14年，但这并未影响他在狱中对国美施加影响力。2010年8月4日晚间7时30分，香港Shinning Crown Holdings Inc.一纸公告揭开了黄光裕和陈晓持续一年多的暗战。该公司持有国美33.98%的股份，实际控制人为身陷囹圄的黄光裕。公告要求，撤销股东周年大会给予本公司董事会20%的增发授权；撤销陈晓公司执行董事及董事局主席职务；撤销孙一丁公司执行董事职务，保留其行政副总裁职务；提名邹晓春、黄燕虹为空缺的执行董事职务候选人。

经过多方博弈，2010年9月28日下午，特别股东大会投票结果尘埃落定：陈晓提议的三名来自贝恩资本的董事获准通过；而黄光裕四项动议中除"撤销董事会20%的增发授权"获准通过外，其余三项均以微弱差距被否决。

资料来源：中国管理案例共享中心。

■ 思考

1. 你认为本案例"国美之争"争的是什么？
2. 在本案例中，你认为国美公司治理模式如何，有何优缺点？
3. 本案例给你带来了哪些关于法人治理结构设计方面的启发？

第五章
国有企业制度与国有企业改革

学习目标

1. 了解中国经济体制改革历程。
2. 理解国有企业的内涵与国有企业制度发展历程。
3. 掌握《中华人民共和国企业国有资产法》立法背景、立法过程和法律条文。
4. 了解中国国有企业经营方式及其特点。
5. 掌握中国国有企业改革历程及改革内容。

基本概念

国有企业　中国经济体制　《中华人民共和国企业国有资产法》　经营方式　国有企业改革

案例导入

烽火通信科技股份有限公司(以下简称"烽火通信")建立于1999年,是国内集光通信领域三大战略技术于一体的科研与产业实体,先后被国家批准为"光纤通信技术国家工程研究中心""亚太电信联盟培训中心""MII光通信质量检测中心""国家高技术研究发展计划成果产业化基地"等,在推动我国信息技术的研究、产业发展与国家安全方面具有独特的战略地位。

烽火通信1999年成立之时销售收入只有大约5亿元,但到了2013年年底,这家公司的合同销售规模已经超过110亿元,15年间增长了21倍;特别是近年来,烽火通信的年均复合增长率超过20%,销售额、净利润已经连续多年保持两位数以上的增长幅度。

二十几年来,通信业界经历网络泡沫、"光通信的冬天"、全球金融危机等多次劫难,烽火通信如何在优胜劣汰的丛林竞争中"剩者为王"? 又如何实现持续增长、盈利?

1974年,武汉邮电科学研究院成立。当时,主管部门给予的定位是集中研究光通信领域的通信系统、光纤光缆、光电器件三大战略技术,因此成为中国光通信发源地。

20世纪末期,时值中央厉行国有企业改革。在这种背景下,武汉邮电科学研究院剥离光网络、光纤光缆资产,进行公司化改革。1999年12月25日,烽火通信正式脱离"母体"。

时任烽火通信副总裁何书平表示,武汉邮电科学研究院时代"有国家养着",收入来源既有事业经费又有课题经费,成立公司以后就要自己找"饭碗"了,"事业经费是一分钱没有了,课题经费也需要去竞争才可能有"。

在走向市场之初,烽火通信很幸运,因为2000年前后正是网络泡沫破裂之前的癫狂时期,特别是烽火通信的光纤光缆产品,"市场供不应求,工人加班加点也满足不了供货要求"。何书平表示,成立的第二年,烽火通信的销售收入就超过了10亿元,比改制之前增长了一倍,全员薪酬上涨,并且幅度还不小,不少人开始乐观地认为"搞股份制并不难,市场压力也不大"。

到了2002年,随着网络泡沫破灭,市场需求急剧下滑,库存大幅增加,产品价格急转直下,烽火通信出现了业绩大滑坡,销售收入萎缩50%以上,利润也下降了一半多。更为严峻的是,恶劣的市场形势并未传递到公司员工身上,员工对客户的响应速度和质量都存在严重不足,客户数量不断下降。

在此背景下,临危受命成为烽火通信总裁的何书平充满担忧,"必须让员工有切肤之痛,才能真正建立市场意识和危机意识"。2002年,烽火通信进行了人力资源优化,也就是降薪裁员的变革。这次降薪的幅度并不大,普通员工人均降了10%,中层管理者人均降了15%,公司高管降了20%—30%。变革在公司内部掀起轩然大波,但公司管理层坚持了下来。何书平认为,就是通过这次变革,以客户为中心、以市场为导向的观念开始在烽火通信生根发芽。此后,每隔两年,烽火通信就会进行一次内部变革,通过变革释放内生动力。何书平表示,1999—2009年,烽火通信共进行了5次改革,其中公司改制被称为"破铁之旅",降薪裁员、绩效管理的改革被称为"试水之痛",还有"固本之法""健体之路""图强之梦"等,正是这些变革促使烽火通信真正从事业单位体制的科研院所转型为现代化的高科技企业。

资料来源:"烽火通信改革:从吃'皇粮'到找'饭碗'",http://www.ccidcom.com/company/20140630/Oev0tgCXFtlQ9m3Z.html,访问时间:2022年1月。

第一节 国有企业与《中华人民共和国企业国有资产法》

改革开放以来,国有企业改革作为整个经济体制改革的中心环节,经历了不同阶段的改革过程,国有企业管理体制和经营机制发生了深刻变化。国有经济实力不断增强,国有企业活力、竞争力不断提升,在经济社会发展中发挥着不可替代的重要作用。国有资产监督管理机构在推进企业改革发展中的主体作用同推进国有经济布局和结构调整有机结合起来,一方面保护国有资产不被流失,另一方面成为支撑国民经济发展的重要力量。本节我们重点学习国有企业的发展与《中华人民共和国企业国有资产法》(以下简称《企业国有资产法》)的形成。

一、国有企业

(一)概念

国有企业是指国务院和地方人民政府分别代表国家履行出资人职责的国有独资企业、国有独资公司及国有资本控股公司,包括中央和地方国有资产监督管理机构和其他部门所监管的企业本级及其逐级投资形成的企业。

国有企业，由国家对其资本拥有所有权或控制权，政府的意志和利益决定了国有企业的行为。国有企业是国民经济发展的中坚力量，是中国特色社会主义经济的支柱。

国有企业作为一种生产经营组织形式，兼具商业性和公益性的特点。其商业性体现为追求国有资产的保值和增值；其公益性体现为国有企业的设立通常是为了实现国家调节经济的目标，起着调和国民经济各个方面发展的作用。

按照国有资产管理权限划分，国有企业分为中央企业（由中央政府监督管理的国有企业）和地方企业（由地方政府监督管理的国有企业）。个别中央企业在国家社会经济发展过程中所承担的责任较为特殊，由国务院直属管理，这些中央企业属于正部级。

（二）中国经济体制改革历程

自1978年中国启动举世瞩目的经济体制改革开始，中国经济体制改革历程大致可分为三个阶段。

第一阶段：以计划经济为主的经济增量改革阶段（1978—1984）。

1979年年底，邓小平对中国的经济体制做了概括，提出中国的经济体制是计划经济占主导地位同时有市场经济，强调市场经济并不是资本主义独有的。1982年，党的十二大重申了这一概念，提出建立计划经济为主、市场经济为辅的经济体制，并在一些领域放松了国家的干预。同时，在这次大会上，邓小平提出"把马克思主义普遍真理同我国的具体实际结合起来，走自己的道路，建设有中国特色的社会主义"。

第一阶段的主要任务是思想解放，回归市场经济。这一阶段改革的主要特征是放权、分权，历经从包产到户的农村改革、财政包干的行政分权改革、扩大自主权的国营企业改革、发展私人经济、建立市场体系等经济改革。由于当时对经济体制改革的理论研究并不充足，所以起初在改革上并没有放开脚步。为了放开改革的步伐，中央政府在坚持计划经济的主体地位的基础上，制定了一些灵活的改革制度：①确定土地的公有性质，但将土地分给农民自己经营，采取包产到户的模式进行农业生产；②为充分发挥各地经济发展的积极性，不再采取吃大锅饭的模式，而是在保证公共和企业财产共有的情况下，实行分灶吃饭的模式；③对于商品的价格实行计划和市场双重决定的双轨制，这样一来，商品的价格除由国家规定以外，也基本遵循了市场的调节；④先在小范围内构建经济特区，服务于经济体制的改革和对外开放，发挥试点的作用。

第二阶段：以商品经济为主的经济整体改革阶段（1985—1992）。

在上一阶段小范围经济特区试点取得成效，以及农村改革取得不错的效果后，中国开始了城市范围内的经济体制改革。随着改革的扩大和深入，市场经济不再以辅助的地位出现，而是慢慢走上经济发展的主舞台。20世纪80年代中期，中国进一步打开经济改革的大门，中国经济体制改革迎来又一个伟大转折。这一阶段，党中央对计划经济和市场经济的关系有了新的认识，明确了在社会主义经济制度下，计划经济应该遵循市场的调节，运用市场规律调节经济，坚持走社会主义市场经济之路，坚持公有制的主导地位；还阐明了商品经济的发展趋势，以及社会主义经济发展的必经之路。

随后，党的十三大对社会主义经济体制做了重申，指出了中国的经济体制应该是计划经济与市场经济相统一的社会主义市场经济体制，市场在商品经济的发展中有不可替代的作用,发展市场经济不等于走资本主义道路,社会主义同样可以有市场经济。本阶段的主要特点包括:一是仍然以经济改革为主;二是将建设社会主义市场经济作为中国经济体制改革的大方向开展;三是提出了全新的改革方案,将经济体制改革深化扩展到了社会经济的各个方面,是全方位的经济体制改革,在整体上推进改革步伐的同时,重点突出了财税、金融、外汇、社会保障和科教体制的改革,深化农村经济体制改革和对外经济体制改革等。

第三阶段:社会主义市场经济体制占主导的全面协调改革阶段(1993年至今)。

进入20世纪90年代后,邓小平在计划经济与市场经济、社会主义与资本主义的关系上指出,计划经济不等于社会主义,资本主义也有计划;市场经济不等于资本主义,社会主义也有市场。中国的经济体制是应该市场占主导还是计划占主导,并不是决定中国社会性质的问题。无论计划还是市场,都是调节经济的手段而已。邓小平的这一论断具有非常重大的意义,它使中国的经济体制改革突破了"市场经济就是资本主义"的束缚。

党的十四大提出了中国经济体制改革的目标,正式将建设社会主义市场经济作为改革的目标。党的十四届三中全会又对十四大提出的改革做出了具体的阐述,为中国的社会主义市场经济改革制定了大体的框架,使改革的步伐更加清晰和明确,为接下来的改革提供了纲领性的指导,推动中国改革向全局改革的方向发展。在随后的全国人民代表大会上,社会主义市场经济体制被写入宪法,这标志着中国市场经济改革理论体系的成熟与确立。2002年11月,党的十六大宣布初步建立我国社会主义市场经济体制。2003年召开的党的十六届三中全会提出了完善中国经济体制的决定。

(三)中国企业制度改革与发展

改革开放以来,中国企业制度改革与发展,主要是从两个方面展开的:一是调整和完善所有制结构,积极探索公有制的有效实现形式;二是按照现代社会化生产规律,积极探索生产力合理组织形式。通过这两个方面的改革,达到解放和发展生产力的目的。

1. 调整和完善所有制结构,积极探索公有制的有效实现形式

改革前,中国参照苏联的社会主义模式,实行的是全民所有制和集体所有制,即单一公有制结构。当时认为,只有用这两种公有制实现形式来代替私有制,排斥其他非公有制经济;同时用高度集中的行政手段配置资源、通过指令指标管理经济的"计划经济体制"来代替市场机制,排斥市场经济,才能建立起社会主义基本经济制度。实践证明,用这种观念和政策来构建中国现阶段的基本经济制度,脱离了中国实际,束缚了生产力的发展,必须进行改革。改革开放以来,中国企业制度改革与发展,就是以社会主义初级阶段理论和与其紧密联系的社会主义市场经济理论以及社会主义公有制实现形式多样化的基本原理为指导来进行的,在此指导下的中国企业制度改革和现代化建设取得了巨大成就。

第一阶段以社会主义初级阶段理论为指导,坚持公有制为主体、多种所有制经济共同发展。党的十五大报告指出了中国社会主义初级阶段的九条基本特征。这是中国共产党对社会主义初级阶段最全面、完整的描述。十五大报告还指出,社会主义初级阶段的历史进程,至少需要一百年时间。至于巩固和发展社会主义制度,那还需要更长得多的时间,需要几代人、十几代人,甚至几十代人坚持不懈的努力奋斗。在社会主义初级阶段,由于

生产力不发达以及生产力发展的多层次性和经济发展水平不平衡的状况,所有制形式必须是多样化的,不能是单一的公有制;必须实行以公有制为主体、多种所有制经济共同发展的基本经济制度。这里的公有制经济不仅包括国有经济和集体经济,还包括混合所有制经济中的国有成分和集体成分。公有制的主体地位主要体现在两个方面:一是公有资产在总资产中占优势;二是国有经济控制国民经济命脉,对经济发展起主导作用。这样,改革开放以来,在社会主义初级阶段理论指导下,中国企业制度改革与发展,从所有制结构来看,即出现了公有制实现形式多样化和多种经济成分共同发展的新局面,不仅有体现公有制为主体的国有企业和集体所有制企业,还发展了混合所有制企业以及个体和私营企业,从而使非公有制经济包括私营经济、个体经济和外资经济等都成为中国社会主义市场经济的重要组成部分。

第二阶段以社会主义市场经济理论为指导,进行国有企业微观制度创新。在实行以公有制为主体、多种所有制经济共同发展的制度条件下,各种所有制经济之间以及各种所有制经济内部的经济联系,都是商品货币关系。发展商品经济必然要实行市场经济,就是使市场在国家宏观调控下对资源配置起基础作用。它与通过政府制订统一计划、以行政手段配置资源的传统计划经济是根本不同的。但是,关于如何实行改革,并没有现成的理论和模式。我们在理论认识上,经历了由实行有计划的商品经济到社会主义市场经济的深化过程,因而,同它相联系的国有企业改革实践,也经历了由承包经营责任制到现代企业制度的微观制度创新的过程。

商品经济和市场经济是两个既有联系又有区别的概念。商品经济就是为了通过市场交换而进行生产的经济,它没有涉及资源配置方式。市场经济不仅包含生产者为了交换而生产,还表明社会资源主要是通过市场机制进行配置的。中国的经济体制改革,不只是要大力发展商品生产与流通,更重要的是变革社会资源的配置方式,把主要通过政府制订计划配置资源的计划经济体制,变革为在国家宏观调控下以市场机制作为配置资源基础的新体制。市场经济的主要特征,就是社会经济活动高度商品化、市场化;资源配置以市场机制为基础;社会成员的需要通过市场来满足,劳动者的利益通过市场来调节。市场经济的运行规律主要是价值规律和与其紧密联系的供求规律与竞争规律。建立社会主义市场经济体制,使市场在国家宏观调控下对资源配置起基础性作用,必然要求企业是能够积极地接收市场信号、自主经营、自负盈亏的法人实体和市场竞争主体。显然,此前实行的国有国营、统负盈亏的企业制度,以及国家所有、企业有限自主经营并承担有限盈亏责任的承包制度,都是同这种要求不相适应的。因此,1993年11月,党的十四届三中全会《中共中央关于建立社会主义市场经济体制若干问题的决定》(以下简称《决定》),就对国有企业改革明确地提出了建立现代企业制度的目标和任务。

现代企业制度就是适应市场经济要求的产权清晰、权责明确、政企分开、管理科学的企业制度。现代企业制度是由一系列具体制度构成的,其中最重要、最能体现现代企业制度实质的,主要有以下三项制度:①完善的企业法人制度。企业要进入市场成为竞争主体,必须是能够独立享有民事权利和承担民事责任的法人。企业对其全部法人财产拥有的独立支配的权利,就是企业法人财产权。企业法人财产权是其民事权利和民事行为能力的基础,因而,它是建立企业法人制度的核心。②现代的有限责任制度。按照现代市场经济的通例,采取有限责任制度,即出资者仅以其出资额为限对企业承担责任,而企业法人则以其全部财产对自己的债务承担有限责任。企业经营不善、资不抵债,应依法破产清算,债权人只能对企业法人财产提出要求,而无权直接对出资者提出要求。③科学的领导体制与组织制度。这种体制的基本要求是使权力机构、决策机构、执行机构和监督机构各自独立、权责明确、相互制约,也就是要建立起科学的法人治理结构,它是由股东(大)会、董事会、经理层、监事会四类机构构成的。而体现上述现代企业制度的基本特征和主要内容的组织形式就是公司。《决定》指出:"规范的公司,能够有效地实现出资者所有权与企业法人财产权的分离,有利于政企分开、转换经营机制,企业摆脱对行政机关的依赖,国家解除对企业承担的无限责任;也有利于筹集资金、分散风险。"就是说,建立现代企业制度,就是要把国有企业改制为公司。

第三阶段以社会主义公有制实现形式多样化理论为指导,变革企业的经营方式和组织形式。"公有制实现形式可以而且应当多样化",党的十五大做出的这一科学论断,是对马克思主义理论宝库做出的新贡献,必将对中国经济发展产生巨大而深远的影响。所有制和所有制实现形式既有联系又有区别,前者是生产资料归属问题,后者是形式和方法问题,如果说前者具有相对稳定性,后者则具有可变性、多样性。私有制和公有制都各有其相应的实现形式。随着社会生产力的发展,资本主义国家的私有制形式也在发生变化,从西方市场经济国家来看,主要的所有制形式有个人所有制(业主制),合作所有制(合伙制),国家所有制,法人所有制(生产资料由企业法人、社团法人或机构法人所有)及股份所有制。同样,在中国,社会主义公有制形式也应随着社会生产力的发展而变化,采取多种实现形式。为此,必须正确理解公有制的本质属性与其实现形式的关系,应当在保持公有制属性不变的条件下,争取对公有制巩固壮大、对生产力发展最有利的生产形式。正如党的十五大报告所指出的:"一切反映社会化生产规律的经营方式和组织形式都可以大胆利用。要努力寻求能够极大促进生产力发展的公有制实现形式。"公有制的实现形式可以从不同角度分为多个类型,从生产资料占有角度划分,可分为国家所有和集体所有;从组织形式划分,可分为国家独资和股份合作;从经营方式划分,可分为承包制、租赁制、国有国营、国有民营等。

改革开放以来,中国在公有资产的经营方式和组织形式上进行过一系列的改革和探索,下面主要研究两种企业组织形式:股份制和股份合作制。

股份制最早(17世纪初)出现于欧洲,到19世纪后半期在世界各地广泛流行,在工矿业、农牧业、建筑业、运输业、商业及金融业等多个领域得到广泛应用,并且具有实行有限责任制度的股份公司的显著特征。历史实践证明,由于股份制打破了个人资本的局限,采取了社会资本的形式,从而加速了资本的集中,对生产力的发展起了巨大作用。总之,股份制是现代企业的一种资本组织形式,是社会化大生产的企业组织形式。从根本上讲,它的出现和发展是生产力发展的要求,同社会制度没有必然联系。也就是说,它虽然产生于资本主义社会,但并不是资本主义的专利或专属于资本主义社会。党的十五大报告指出:"股份制是现代企业的一种资本组织形式……资本主义可以用,社会主义也可以用。不能笼统地说股份制是公有还是私有,关键看控股权掌握在谁手中。"只有把股份制同控股权联系起来,才能判定它的社会属性。在资本主义制度下,由于股权分别归私人所有,因而它属于私有制。在社会主义制度下,由于股权主要控制在国家和集体手上,具有明显的公有性,有利于扩大公有资本的支配范围,增强公有制的主体作用;因此,在中国,股份制已成为公有制的一种实现形式。

党的十五大报告指出:"目前城乡大量出现的多种多样的股份合作制经济,是改革中的新事物,要支持和引导,不断总结经验,使之逐步完善。劳动者的劳动联合和劳动者的资本联合为主的集体经济,尤其要提倡和鼓励。"股份合作制是一种新型的公有制企业组织形式,它突破了传统公有制的模式。传统公有制企业,包括国有企业和集体企业,都是由国家和集体代表劳动者占有生产资料。而实行股份合作制,则是把国家和集体代表劳动者占有生产资料的公有制,转变成为劳动者直接占有生产资料的公有制,使企业员工分享企业经济增长的收益成果。这样,也就使股份合作制企业员工从全民或集体的总体上"抽象"而无实感的主人,转变为本企业的"实实在在的主人"。因此,这种企业制度能强化员工对企业资产保值增值的关心度和风险意识,有利于增强员工的主人翁责任感和企业的凝聚力,调动员工的积极性,促进生产力的发展。这是股份合作制本身具有的优越性。

2. 按照现代社会化生产规律,积极探索生产力合理组织形式

从反映现代社会化生产规律的要求来看,中国国有企业,同经济发达国家的企业相比较,存在一些缺陷,制约着社会生产力的发展。例如,从企业制度来看,中国国有企业基本上是国家承担无限责任的工厂制企业,而实行以现代企业法人制度为基础、以有限责任制度和法人治理结构为特征的公司制企业很少。从企业形态来看,中国的单厂企业多,即一个工厂就是一个企业,而真正复合体的公司、企业集团及跨国公司很少。从企业规模来看,中国企业以销售额表示的经济规模小、以员工数量表示的组织规模大,多数企业没有合理的经济规模水平。从企业内生产结构来看,中国企业多为经营单一化的"大而全""小而全"的生产结构。从企业组织结构来看,总的情况是,中国的大中小企业呈分散化状态,社会化协作水平低,没有形成以少数大型企业为主导的宝塔型组织结构,因而造成国内产业集中度偏低,骨干企业的垄断规模小,导致行业竞争过度与集团竞争不足的现象并存,阻碍了生产力发展。上述这些缺陷,通过改革、改组、改造和加强管理等方式,虽然有了很大改进,但是还需要适应新形势发展的要求,进一步积极推进和完善现代企业制度建设。

(四)中国国有企业制度建设历程

结合中华人民共和国成立七十多年以来的发展背景,国有企业制度建设的历史进程可以分为以下四个阶段:

第一阶段:统筹发展阶段(1949—1978)。

中华人民共和国成立初期,经济基础薄弱,短期内难以凝聚发展动力。面对这样的环境,实行计划经济体制有利于减少资源浪费,少走弯路。国家通过没收、接收、改造等方式组建的一批国营企业,覆盖国民经济的关键领域,成为经济建设的主要力量。由于缺乏企业管理的经验,国营企业组建初期保留"原职、原薪、原机构",主要涉及人员职务、组织结构、管理制度、工资福利等,国家派驻人员仅行使监督职责。在"一五"计划的三大改造完成后,中国建立了以计划为基本手段的资源配置体系以及以中央政府为主的经济决策体系,政府开始统筹经济发展。与此同时,高度集中的统筹对国营企业管得过多,使得企业

缺乏活力。1957年10月，党的八届三中全会通过《关于改进工业管理体制的规定（草案）》《关于改进商业管理体制的规定（草案）》《关于改进财政体制和划分中央与地方对财政管理权限的规定（草案）》，逐渐向地方政府下放权力。但是，由于缺少必要的管控措施，出现地方政府权力滥用等问题，加上其他因素的影响，这些措施没有从根本上激发国营企业的活力。1961年1月，中共中央作出《关于调整管理体制的若干暂行规定》，将国营企业管理权集中到中央。1970年3月，国务院拟定《关于国务院工业交通各部直属企业下放地方管理的通知（草案）》，开启新一轮的权力下放。

这一时期，国营企业管理体制的发展主要体现为集权与放权的变革，这也导致改革思路不明确，经济秩序出现混乱，经济活力明显不足。从实际效果来看，高度集权的管理体制显著降低了国营企业的积极性。随着国营企业规模和数量的不断增加，集权模式的弊端日益凸显，权力下放显然是更好的选择。权力下放离不开有力的制度保障，探索合理的制度安排，成为下一阶段国营企业管理体制改革的方向。这一时期，国营企业劳动、人事、分配制度改革的特征主要表现为行政主导，统包统筹。在中华人民共和国成立初期，劳动制度采用"统一招收、统一介绍"的机制，在解决社会就业问题的同时，缓解了沿海地区劳动力富余、内陆地区劳动力短缺以及老企业技术工人冗余、新企业技术工人缺乏的劳动力分布不均衡现象。国营企业内部实施以固定工为主的用工制度，维持就业稳定。但是，这种僵化的制度抑制了劳动力流动，不利于提高劳动力的配置效率。"能进不能出"的限制，使得员工普遍缺乏劳动热情，进而影响到国营企业的发展。在人事制度上，借鉴苏联及其他国家的管理经验，国营企业人事由党委领导集中管理。通过培养、训练、吸收、审查、提拔、调配等一系列具体措施，干部队伍快速扩大。不过，人事制度的建设进程也曾出现倒退。

1976年后，中央开始促进国营企业人事制度的恢复，这也为改革开放积蓄了人才力量。在利润分配上，国营企业实施统收统支制度。国营企业的利润绝大部分用于上缴财政，支援国家建设，能够用于扩大自身生产规模的资金有限。尽管国营企业内部陆续试行奖励基金、利润留成、提取企业奖金等制度，但是在巨大的财政压力下，以上制度均未产生实质性效果。由于缺少发展所需的资金，国营企业普遍缺乏经营热情。统包统筹的模式符合计划经济时期的中国国情，有助于国营企业在较短时间内打下制度基础，却无法兼顾国营企业之间的差异。国家直接干预国营企业的经营，对企业管理过多、过细、过死，导致企业内部平均主义盛行，企业的生产积极性严重不足，员工的创造性受到抑制。因此，探索合理的制度设计，赋予国营企业更多的自主经营权，激发企业的内生活力，成为下一阶段国营企业制度建设的目标。

第二阶段：制度探索阶段（1979—1992）。

在1978年12月召开的党的十一届三中全会上，中央提出"把全党工作的着重点和全国人民的注意力转移到社会主义现代化建设上来"，这标志着中国改革开放的大幕正式拉开。这一时期，国营企业的管理体制延续了以"管企业"为主的思路，着力推进所有权与管理权的分离。针对国营企业"能进不能出"的劳动关系，1983年2月，原劳动人事部印发《关于积极试行劳动合同制的通知》，旨在打破以固定工为主体的用工制度，真正实行"各尽所能、按劳分配"的社会主义原则。通过推行劳动合同制，明确国营企业与员工之间的权利、责任、义务,调动员工的劳动积极性,从而克服"大锅饭""铁饭碗"带来的弊端。为了加强对在岗职工的约束,国务院于1986年印发配套文件,进一步细化劳动合同制的落实。通过签订劳动合同,强化职工"自主择业、合同雇佣"的市场化意识,为劳动力市场的建设奠定基础。劳动合同制的逐步推广改善了国营企业内部的激励机制,但是也加剧了企业与员工之间的利益分化,导致劳资冲突的出现。1988年4月,国务院设立国家国有资产管理局,由财政部归口管理。其主要任务是,对中华人民共和国境内和境外的全部国有资产(包括固定资产、流动资产和其他国有资产),行使管理职能,重点是管理国家投入各类企业(包括中外合资、合作企业)的国有资产,代表国家行使对国有资产进行监督和管理的权利。1988年9月,中央及地方均设立了国有资产管理局,逐步形成了从中央到地方"统一领导、分级管理"的国有资产管理体系。设立国有资产管理局的初衷在于探索"政企分开",优化国有资产产权关系,提高国有资产经营及使用的效率。尽管国营企业的自主经营权得以加强,但是由于当时的国家计划委员会(现已并入国家发展和改革委员会)、国家经济贸易委员会(现已撤销)、国家经济体制改革委员会(现并入国家发展和改革委员会)、国家人事部(部分职能并入国务院人力资源和社会保障部)等单位均参与国有资产监管的工作,导致职能定位模糊、权力分散,也影响到监管的实际效果。

在国营企业的人事管理上,1980年8月,邓小平同志提出"逐步推广、分别实行工厂管理委员会、公司董事会、经济联合体的联合委员会领导和监督下的厂长负责制、经理负责制",在赋予厂长管理企业的权利的同时,明确与之相应的经济责任,有利于国营企业在完成国家计划的情况下,结合企业的实际情况实现自主发展。截至1987年年底,国营企业中已实行厂长负责制的企业达到68%。但是,部分国营企业内部也暴露出任人唯亲、拉帮结派等问题。针对上述问题,中共中央组织部、人事部(现为人力资源和社会保障部)于1988年5月、1991年11月先后印发文件,要求国营企业内部引入竞争机制,对企业聘用制干部实行计划管理,试图破除干部"能上不能下"的弊端。另外,国家也逐步向国营企业让利,缓解企业发展所面临的资金压力。通过在国营企业内部试行企业基金制度、利润留成制度、利改税、经营承包责任制以及股份责任制,不断提高利润留存比例,强化企业的自主经营权。但是,制度改革仅以行政干预为主要手段,没有触及国营企业内部的核心问题,特别是在减少企业亏损的问题上并没有取得明显成效。根据《新中国50年财政统计》一书中的数据,1986年国营企业亏损额为417.1亿元,1990年该指标增加至932.6亿元,1992年下降至756.8亿元。由于采取统一的上缴比例,忽略了国营企业之间的差异,一定程度上损害了绩效高的企业的积极性,造成分配不公。

在内部分配上,1985年1月,国务院印发《关于国营企业工资改革问题的通知》,要求国营大中型企业工资总额与企业绩效按比例浮动,在强化员工的生产积极性的同时,实现工资能升能降。这一时期,国家针对国营企业管理体制和三大制度的建设进行了积极探索,包括设立国有资产管理局、实行劳动合同制及厂长负责制、调整利润上缴比例,在推动政企分开、提高企业积极性上取得良好的进展。但是,在改革的过程中也出现了一些新问题,包括监管机构职能定位模糊、劳资冲突、内部人控制、分配不公平等。在既有的改革基础上,如何通过制度创新提出新办法、解决新问题,成为下一阶段国营企业制度建设的方向。

第三阶段：制度创新阶段（1993—2012）。

市场化改革的重心在于创新发展先进的生产关系，通过形成新的制度安排取代落后、僵化的制度体系。在经过一段时期的探索后，1993年11月，党的十四届三中全会提出"转换国有企业经营机制，建立现代企业制度"，将现代企业制度的特征明确归纳为"产权清晰、权责明确、政企分开、管理科学"四个方面。在国有资产管理上，对国有资产实行国家统一所有、政府分级监管、企业自主经营的体制，继续推进政企分开，强化政府机构的监管职能，提高国有资产的管理效率。为了解决监管职能定位模糊的问题，1998年7月，国务院撤并国有资产管理局，将国有资产监管职能分散至相关部门。不过，多个部门共同参与监管，出现"多龙治水"的混乱局面，反而削弱了国有资产出资人地位。成立专门的国有资产监管部门，创新监管职能，成为必要选择。2003年3月，国务院国有资产监督管理委员会（以下简称国资委）应运而生。国资委的设立，旨在进一步深化政企分开，将政府与企业之间的行政隶属关系转变为以产权为纽带的出资人与企业的关系，强化出资人权利，推动"管企业"向"管资产"过渡。在中国加入世界贸易组织（WTO），不断扩大对外开放合作的背景下，国资委还承担起国有资本调整、国有企业重组、国有企业"走出去"以及境外国有资产管理的职能。

在以公有制为主体、多种经济成分共同发展的改革方针下，产权的流动与重组促进了不同所有制主体之间的混合，有助于发挥不同经济成分的比较优势，共同开创国有企业改革与发展的新局面。基于国有企业的改革经验，1997年9月，党的十五大报告中首次提出"混合所有制"概念。要实现混合所有制，一个有效的途径便是股份制改造。股份制改造有利于提高资本流通的效率，促进不同经济成分的混合。在实践中，国家通过实施兼并重组、管理层收购、引进战略投资者、改制上市等方式，加快推行国有企业的股份制改造。根据2013年《中国国有资产监督管理年鉴》，截至2012年年底，中央企业及其子企业中公司制企业比例达到89.2%，其中实现混合所有制的企业占比为56.7%。

为了强化对管理者的激励，国有企业逐步引入竞争机制，从实践中考察和选聘优秀人才担任企业厂长（经理）。同时，采取分级管理、分级负责的办法进行奖惩，对于效益不佳的领导班子进行必要的调整，不允许一人兼任董事长与总经理两职。在配套措施上，将中央企业负责人的薪酬调整为基本薪酬、绩效薪金和中长期激励三个部分，推行聘任制和任期制，对于未按规定履职或未正确履职而造成资产损失的管理者进行追责。长期以来，国家财政直接决定了国有企业可以留存的利润，导致公共预算与国有资产经营预算混淆不清。1993年12月，国务院印发《关于实行分税制财政管理体制的决定》，推出对1993年以前注册的多数国有全资老企业实行税后利润不上交的办法，同时微利企业交纳的所得税也不退库。在1997年亚洲金融危机后，国有企业利润总额快速增长。根据《中国财政年鉴》，1998年国有企业税后利润总额为213.7亿元，2006年该指标增长至12 193.5亿元。分税制的实施，有利于明确所得税与税后利润的本质，为国有企业营造了有利的发展环境，不过是以牺牲国有资产出资人权益为代价的。针对这个问题，2007年5月，国务院决定开始在中央企业层面试行国有资本经营预算制度，并且逐年扩大覆盖范围，在加快国有经济战略性调整的同时，加强对出资人权益的维护。

1995年9月，党的十四届五中全会提出，"要以市场和产业政策为导向，搞好大的，放活小的,把优化国有资产分布结构、企业结构同优化投资结构有机结合起来,择优扶强、优胜劣汰"。提出"抓大放小"的思路,就是要抓住改革的主要矛盾,集中力量搞好关系到国民经济关键领域的少数企业,将一般性生产竞争领域的国有企业推向市场。这一时期,不论是国有资产管理体制,还是国有企业的产权及内部制度,均按照现代企业制度的要求进行了创新,概括起来体现在以下五个方面:通过推进"管企业"向"管资产"的过渡,促进政企分开;通过股份制改造,发挥不同经济成分的优势,提高企业的经营效率;通过出台《集体合同规定》,颁布《中华人民共和国劳动合同法》,缓解劳资冲突;通过引入竞争机制,强化对管理者的激励、约束;通过分税制改革以及试行国有资本经营预算制度,规范利润分配关系,加强对出资人权益的维护。

第四阶段:制度完善阶段(2013年至今)。

经过制度探索与制度创新两个阶段,国有企业制度建设进入攻坚期和深水区,在改革内容上逐步聚焦于深层次的结构性问题。2013年11月,党的十八届三中全会通过的《中共中央关于全面深化改革若干重大问题的决定》,针对国有企业改革从产权保护制度、混合所有制经济、现代企业制度三个方面做出了部署。2013年至今,按照改革部署,国有企业制度进行了系统性的完善。在国有资产管理上,对国有企业实施分类监管,突出国有企业在功能和定位上的差异,增强制度设计的针对性;改组国有资本投资运营公司,实行差异化管理,提高国有资本运作效率,强化对国有资本出资人权益的维护;在不断提高国有资本流通效率的同时,加强对国有资本运营监督,防止国有资产流失;以"管资本"为主推进国资委的职能转变,落实相关责任。按照改革设计,国资委先后于2014年7月、2016年9月、2017年12月、2019年4月选择四批共计210家国有企业进行混合所有制改革试点,覆盖传统制造业、互联网、新能源等领域。根据国资委统计数据,2018年中央企业各级子企业中新增混合所有制企业1 003户,引入非国有资本总额901.5亿元;在开展混合所有制改革的地方国有企业中,有1 098户引入非国有资本。截至2019年3月,中央企业的公司制改革已全面完成。截至2019年6月底,在中央企业中,开展混合所有制改革的企业占比达到70%。

在企业内部制度建设上,构建劳动关系协调机制,完善劳动标准体系,不断加强调解仲裁;进一步改革管理者的薪酬制度,强化市场化选聘与考核,推出追责机制,出台《中央企业领导人员管理规定》,加强人事制度管理;随着国有企业经营状况好转,逐步提高上缴利润的比例,将部分上缴的国有资本划转社保基金,使人民群众共享国有企业发展成果,并且推出市场化的内部收入分配机制,进一步激发员工的积极性。

党的十八大以来,围绕国有企业改革,中共中央、国务院在《关于深化国有企业改革的指导意见》基础上,先后印发7个专项配套文件以及36个配套文件,形成"1+N"政策体系。为了加快推进国有企业改革,2016年2月,国资委提出要推行"十项改革试点",包括"落实董事会职权""市场化选聘经营管理者""推行职业经理人制度"等。2017年10月,党的十九大报告提出,"要完善各类国有资产管理体制,改革国有资本授权经营体制,加快国有经济布局优化、结构调整、战略性重组,促进国有资产保值增值,推动国有资本做强做优做大,有效防止国有资产流失。深化国有企业改革,发展混合所有制经济,培育具有全球竞争力的世界一流企业"。2018年8月,国资委印发《国企改革"双百行动"工作方案》,针对攻坚期和深水区所面临的新问题,选取中央企业子公司和地方国有骨干企业各百余户,从产权、混合所有制、法人治理结构、内部建设、党建等方面进行单项的改革试点,力图为国有企业凝聚新的发展力量。

二、《企业国有资产法》出台背景

(一) 立法背景

计划经济时期,国营企业的财产被称为国家财产;1984年党的十二届三中全会后,逐步改称国有财产,后来又称国有资产。1988年,在财政部内首次设立国有资产管理局。1993年,设立国家国有资产管理局(副部级),为财政部管理的国家局。1998年国务院机构改革,新成立了专司政府出资人职能的特设机构国有资产管理委员会。

1990年7月2日,国务院下发了《国务院关于加强国有资产管理工作的通知》,强调"加强国有资产的管理,保卫国有资产及其权益不受损害,并合理配置和有效经营国有资产,提高经济和社会效益,对于克服当前经济困难,实现国民经济持续稳定协调发展,充分发挥社会主义制度的优越性,都具有重要意义"。这是国务院第一个关于国有企业财产的监督管理的行政法规。

1994年7月24日,国务院颁布《国有企业财产监督管理条例》,后来被2000年3月15日国务院颁布的《国有企业监事会暂行条例》取代。

(二) 立法过程

1993年,第八届全国人民代表大会常务委员会设立了国有资产法起草领导小组,着手起草工作;

1998年,第九届全国人民代表大会常务委员会新成立了国有资产法起草领导小组,继续法律起草工作;

2003年,第十届全国人民代表大会常务委员会再次新成立了国有资产法起草领导小组,积极推进并完成了法律起草工作;

2007年12月23日,第十届全国人民代表大会常务委员会第三十一次会议首次审议《中华人民共和国国有资产法(草案)》;

2008年6月24日,《中华人民共和国国有资产法(草案)》改名为《中华人民共和国企业国有资产法(草案)》提请第十一届全国人民代表大会常务委员会第三次会议进行再审;

2008年10月28日,《企业国有资产法》经第十一届全国人民代表大会常务委员会第五次会议探讨,2009年5月1日起施行。

(三) 出台意义

这部法律的出台对于维护国家基本经济制度、巩固和发展国有经济、加强对国有资产的保护、发挥国有经济在国民经济中的主导作用,以及促进社会主义市场经济的发展,都将发挥重大作用。

《企业国有资产法》是一部在中国特色社会主义法律体系中起支架作用的重要法律,也是第一部专门针对国有资产的法律,还是有关国有资产的众多法律中率先出台的一部法律,具有突破性意义。

这部法律的出台对于建立现代产权制度、完善国有资本出资人制度、分清政府行政主体和民事主体两重身份、真正实现政企分开及政资分开、推进行政管理体制的改革,以及建立健全与社会主义市场经济相适应的国有资产管理体制,将起到推进和保障的作用。

三、《企业国有资产法》条款解读

(一)首次在法律中把国有资产界定为权益

《企业国有资产法》第二条规定:"本法所称企业国有资产(以下称国有资产),是指国家对企业各种形式的出资所形成的权益。"

这是首次在法律中把国有资产界定为权益,扩充了国有资产的范围,丰富了国有资产的形态,揭示了资产的资本含义,为保护国家享有的资本权益奠定了基础。只有国家(政府代表)对企业各种形式的出资形成的权益才能称企业国有资产。国有法人单位的出资形成的权益不属于本法所称的企业国有资产。

(二)首次在法律中界定了国家出资企业的概念

《企业国有资产法》第四条第一款规定:"国务院和地方人民政府依照法律、行政法规的规定,分别代表国家对国家出资企业履行出资人职责,享有出资人权益。"

这是首次在法律中界定了国家出资企业的概念。只有政府才能代表国家履行出资人职责,政府的这种职责是法定的。国有法人单位不能代表国家履行出资人职责。

(三)明确说明了国家出资企业的形式

《企业国有资产法》第五条规定:"本法所称国家出资企业,是指国家出资的国有独资企业、国有独资公司,以及国有资本控股公司、国有资本参股公司。"

该条款明确说明国家出资企业的形式有四类。国有资本控股公司和国有资本参股公司比通常所说的国有控股公司、国有参股公司更准确,避免造成歧义与误解。另外,国家出资企业:①必须是国家出资的企业;②必须是由履行出资人职责的机构(包括授权的部门、机构)直接行使出资人职能的企业。

(四)界定了履行国有资产监督管理职能的范围

《企业国有资产法》第十一条规定:"国务院国有资产监督管理机构和地方人民政府按照国务院的规定设立的国有资产监督管理机构,根据本级人民政府的授权,代表本级人民政府对国家出资企业履行出资人职责。国务院和地方人民政府根据需要,可以授权其他部门、机构代表本级人民政府对国家出资企业履行出资人职责。代表本级人民政府履行出资人职责的机构、部门,以下统称履行出资人职责的机构。"

只有根据政府的授权履行出资人职责的机构,才能代表本级政府对国家出资企业履行出资人职责。这种职责是依据授权而产生的。

国有资产监督管理职能与国有资产出资人职能是不同的职能。《企业国有资产法》第二章的标题为"履行出资人职责的机构",而国务院制定的《企业国有资产监督管理暂行条例》第二章的标题为"国有资产监督管理机构",二者表述不一样。《企业国有资产法》单列了第七章国有资产监督,对国有资产监督的内容作了明确规定,如第六十三条规定:"各级人民代表大会常务委员会通过听取和审议本级人民政府履行出资人职责的情况和国有资产监督管理情况的专项工作报告,组织对本法实施情况的执法检查等,依法行使监督职权。"显然,履行出资人职责与国有资产监督管理是两项不同的工作,不能混为一谈。

(五)限定了出资人职能的履行

《企业国有资产法》第二十一条规定:"国家出资企业对其所出资企业依法享有资产收益、参与重大决策和选择管理者等出资人权利。国家出资企业对其所出资企业,应当依照法律、行政法规的规定,通过制定或者参与制定所出资企业的章程,建立权责明确、有效制衡的企业内部监督管理和风险控制制度,维护其出资人权益。"

履行出资人职能的机构只对国家出资企业履行职能,不对国家出资企业再投资的企业履行出资人职能。

第二节 国有企业经营方式

按照两权分离的具体形式划分,以国有股权在公司中占有的份额来看,国家作为国有企业的所有者,可以采取以下三种具体经营方式,处理同公司制企业之间的关系。

一、股份经营方式

(一)国有独资经营

根据《公司法》的定义,国有独资公司指的是国家单独出资、由国务院或者地方人民政府授权本级人民政府国有资产监督管理机构履行出资人职责的有限责任公司。其公司章程一般由国有资产监督管理机构制定。同时由于国有独资公司是有限责任公司,因而股东以其出资额为限对公司承担责任,公司以其全部法人财产对公司债务承担责任。而特殊的一点在于国有独资公司的股东只有一个,即国家。国有独资公司不设立股东会,由国有资产监督管理机构行使股东会职权,其可以授权董事会行使股东会的部分权力,但是公司的合并、增减注册资本与债券发行等必须由国有资产监督管理机构决定;其中,重要的国有资产独资公司合并、分立、解散、申请破产的,应当由国有资产监督管理机构审核后,报本级人民政府批准。该经营方式适用于生产某些特殊产品的企业和承担某些特殊业务的企业。这些企业依法改组为国有独资公司,是为了保障国家安全,保证国民经济的稳定增长。

(二)国家控股经营

国家控股经营指的是政府以国家资本向企业投资入股,取得控制性股权,但是不直接参与企业经营活动。国家控股公司是主要以控股的方式从事资产经营活动,并依法登记注册的特殊法人;它不得宣告破产,公司清算时,资不抵债的部分由国务院承担。国家控股公司除了要依照产业政策开展经营活动,还要完成国家要求的社会公益任务。国家控股公司一般分为三种形式:管理型公司、投资型公司、经营型公司。管理型公司作为政府与国有公司的媒介,主要审查批准国有公司的重大决策,对国有资产进行产权管理。投资型公司是政府为实现政策目标而设立的,通过购买产权或股权,支持因特殊原因需要扶持的企业。经营型公司通常属于一些天然垄断性行业,其设立需要政府法令批准。经营型公司的经营方式适用于支柱产业和基础产业中的骨干企业。这类企业要吸收非国有资金入股,以扩大国有经济的主导作用和影响范围。

(三)国家参股经营

处于竞争性行业的国有企业采用国家参股经营方式。其特点为产权关系明确,企业以全部法人财产依法自主经营,自负盈亏。与此同时,出资者按投入资本享有所有者权益,企业按照生产需求组织生产经营。

总而言之,国有股权在公司中占有多少份额比较合适,应按不同产业和股权分散程度进行区别设定。

二、承包经营方式

> 承包经营就是以企业资产所有者的代表机构为发包方,企业资产经营者为承包方,双方采取签订承包经营合同的形式,使经营者能够在合同规定的范围内自主经营,所有者根据经营者完成任务的情况给予其相应奖励或者惩罚,明确企业资产双方的权、责、利关系。

选取企业经营者一般通过公开招标或平等竞争等方法,企业经营者即企业的法定代表人也可以说是企业的"经理"。承包方享有经营管理自主权,权利来自国家法律、法规、政策和承包经营合同规定,并要按承包经营合同规定完成各项任务。如果承包方不能完成发包方所规定的承包经营合同任务,应当承担违约责任,并视情节轻重追究企业经营者的行政责任和经济责任。中国推行多年的国有企业经营承包制的实践经验证明,这种经营方式对于促进政府和企业各自发展,助推企业进入正常发展轨道并稳定发展,均发挥了积极作用。但是,这种经营方式也有缺陷,它没有完全脱离政府的掌控,仍处于以政府为核心的框架中;作为发包方的政府机构仍有选择承包方企业的权利,这项权利使得想承包的企业不得不接受各种受限制的条款以获取机会;政府还可以通过考核与奖惩来左右企业行为。承包经营是一种标志着中国经济由计划经济体制向中国特色社会主义经济体系过渡的国有企业经营方式,今后主要适合在小型国有企业实行。这些企业不具备成为有限责任公司抑或是改组为股份有限公司的条件,但是又必须自主经营、自负盈亏,政府必须使之有相应的责任和权利,将其贯彻到经营者身上。按照承包相应原则,在确定企业一定的利润额或盈利的条件下,同时给予经营者完成承包任务所必需的充分的经营自主权,是完全可行的。在市场上,其他类型的小企业,抑或是大公司独立核算盈亏的经营单位,也可以采用承包经营方式。

三、租赁经营方式

> 租赁经营是指企业资产所有者的代表机构作为出租方,将企业按照合同有限期地交给承租方经营,实质上是企业所有者与经营者之间管理权的转移,租赁的内容一般包括企业的固定资产以及生产资料的使用权和管理权。

出租方有把企业使用权和管理权交予承租方的义务,同时也有权利规定企业的经营方向,承租方向出租方交付租金并依照合同规定对企业实行自主经营,同时对经营成果承担全部责任,租赁经营就是出租方委托承租方协商经营企业的一种经营方式。20世纪80年代中后期,当承包经营责任制在中国大中型国有企业中普遍推行的时候,很多小型企业实行了租赁经营责任制。租赁经营责任制的出租方是国家授权企业所在地政府委托的部门,代表国家行使企业的出租权。承租方有以下三种:①个人承租,必须出具与租赁企业资产成一定比例的个人资产作为担保,且需要两名以上的担保人;②合伙承租,承租的全体成员必须出具一定比例的个人资产作为担保;③企业承租,又称企业法人承租,一家企业承租经营另一家企业,需要出具一定的资金作为担保,承租方不得将企业转租,也不得将资金挪用。出租方有权监督承租方的活动以及收取租金,同时要保证承租方的经营自主权,根据承租方要求解决经营活动的困难。租赁期限一般为每届3—5年。承租方一般采取招标办法,通过竞争的方式择优确定。出租方选定承租方后,双方必须签订租赁经营合同。

租赁经营责任制同承包经营责任制相比,在内容和操作上的主要区别在于:①承租方必须提供财产担保;②承租方按合同规定向出租方交付租金;③承租方享有充分的经营自主权。

租赁经营责任制的以上特点说明,它同承包经营责任制虽然都是在全民所有制性质不变的前提下,按照两权分离的原则,以合同的形式确定国家与企业之间权、责、利关系的经营方式。但是不难看出租赁经营在两权分离、自负盈亏、自主经营上能更灵活彻底一些,租赁经营的承租经营者的经济利益以收入、租金、财产担保等形式同企业经营成果紧密地联系在一起,风险大、压力大,动力也更大。那些经营状况不好或者利润较小的小微企业适合通过租赁经营来改善经营状况,获取一定利润。除了小型国有企业,其他适合放开经营的小企业,或者大公司中享有对外经营权、实行自负盈亏、对公司全局虽有影响但影响不大的经营单位,也可以采取租赁经营方式,以促使这些企业及其所属经营单位的生产经营搞得更加灵活、更有竞争力。租赁经营的对象可以是厂房、设备等,也可以是一家企业。租赁经营使得国家与企业的关系更为明确,有利于实现劳动要素优化组合,通过更灵活的管理实现更大的利润。

第三节 国有企业改革与现代企业制度建设

2010年9月,光明乳业对94位企业高管和骨干的股权激励方案,正式获得证监会和上海国资委及股东大会批准,由此被称为"上海市地方国企股权激励试点改革第一单"。乳业市场群雄割据,国有企业没有任何天然优势和垄断地位,因此,股权激励的制度作用能得到充分发挥,社会阻力也相对较小。如果是垄断行业,国有企业经营者哪怕干劲一般,企业也能获得超额利润,他们就不可能也没必要实施股权激励。2013年12月,光明食品集团旗下另一家上市公司梅林正广和股份有限公司也公布了股权激励计划,几乎"复制"了光明乳业的路径。

一、国有企业改革历程

经过数年的调整和改革,中国经济体系已经发生重大变化,国有企业已经不处于中小企业的层面,而主要布局在大企业,这也表明国有企业改革主要围绕大企业进行。国有大企业主要分为以下三种类型:

(1) 涉及基础设施领域和公共资源的供应。包括供电、供水、石油等企业,有时候为缓解产品价格对社会经济的冲击会主动降低自身利润,从而达到国有企业对市场的恰当供应。

(2) 涉及重要资源的开采。以煤炭开采企业为例,国家的监管力度是整个行业的重要一环,但在开采过程中,该监管力度往往不能贯彻到基层,此时企业的自律性则是平衡企业目标与环境目标的关键。

(3) 一些关系国计民生的重要企业,如军工企业等。

说到国有企业改革就不得不提到中国的经济体制改革,混合所有制是中国主体多元化的一种财产制度,也是国有企业改革的重要方向,对国家强国战略的实施有着重要的影响。在中国特色的经济环境中,其具有双重性质:从微观层面上看,它指的是投资主体企业的所有权的非单一性,即产权结构呈现出各种资本相互交融的现象;从宏观层面上看,中国已形成了以公有制为主体、多种经济成分并存的格局。国有企业改革实际上与混合所有制改革在演进历程的时间上具有高度相似性,两者逻辑上相互交织、内在关联,整体可划分为形式混合、资本混合、产权混合、机制混合四个阶段。

1. 形式混合阶段

党的十一届三中全会的召开拉开了中国改革开放的序幕,中国经济体制在大会成功召开后发生了翻天覆地的变化,由完全排斥市场的计划经济逐步发展为计划与市场内在统一的商品经济。与此同时,当时中国生产力发展主要依赖于国有企业,一方面,在中华人民共和国成立初期经济体系与工业体系的构建和完善方面,国有企业发挥了重要的作用。另一方面,政府对于企业的控制强,生产工具集中导致企业缺乏积极性,企业的创造性与主动性受到扼制。在此情形下,中国开始了"放权让利"的改革以激发企业的积极性,促进所有权与经营权的分离,使得国有企业自主经营范围扩大,其对于利益的获得更有独立性。随着高度集中的传统计划经济体制逐步打开缺口,中国对私有制经济的认可度越来越高,在一定范围内也允许其存在于社会主义经济制度的公有制中。这种改变致使中国所有制结构呈现出以公有制为主体、多种经济成分并存的特征,计划经济体制下所有制单一和相互分割的封闭式结构矛盾有所缓解。随着生产要素开始在不同所有制之间碰撞流转,公有制经济和非公有制经济利益交叉互换逐渐频繁,中国经济制度不再单一,同时不同产权制度自身的比较优势在这个过程中逐步凸显。在该阶段中,经济制度的改变实际表现为国有企业和集体企业开始与民营企业和外资企业进行合资经营,而且二者的合作日益频繁,混合所有制雏形基本显现。但是初期的混合所有制改革与国有企业改革仍然存在意识形态的争论:一个是社会主义的范畴,另一个是资本主义的范畴。不同所有制深度融合受阻,整体上仍然属于形式混合阶段。

2. 资本混合阶段

党的十四大明确提出中国经济体制改革的目标,是要建立社会主义市场经济体制,国民的整体认识终于跳出了市场经济不是社会主义经济的陷阱,社会主义基本制度与市场经济相结合成为经济改革的基本目标。这一时期的国有企业改革进入新的阶段,以建立公司制度为核心,侧重于建立与中国社会主义市场经济体制相适应的市场竞争环境,对国有企业进行"抓大放小"的战略性改组,强调建立"产权清晰、权责明确、政企分开、管理科学"的现代企业制度,真正使国有企业成为自主经营、自负盈亏、自我发展、自我约束的市场竞争主体。民营企业发展的政策环境在经济体制变迁影响下也愈发宽松,民营企业在增加就业岗位、满足市场需求、促进国民经济发展方面发挥的作用再次得到政府肯定,加之国有经济布局战略调整、国有企业产权改革为民营企业提供了巨大增长空间,民营经济发展也进入快速成长期。伴随着国有企业大刀阔斧的改革与民营企业的快速成长,党的十四届三中全会首次提出了"财产混合所有"的概念,市场经济条件下以股份制为特征的混合所有制经济发展成为必然趋势。混合所有制改革自此进入快速成长跨越的"黄金十年"(1994—2003),然而这一阶段的混合所有制改革中多元资本的协同优势尚未充分体现,国有企业和民营企业协同机制较弱,混合所有制改革政策效果重点表现为股权结构实现多元化,整体属于资本混合阶段。

3. 产权混合阶段

党的十六届三中全会的召开,对建立完善的市场经济体制进行了全面部署,指出要更大程度地发挥市场在资源配置中的基础性作用。《宪法》于2004年明确了社会主义基本经济制度为"公有制为主体、多种所有制经济共同发展","鼓励、支持和引导非公有制经济发展"的政策导向进一步巩固了民营企业在中国经济体系中的地位。而随着中国加入WTO后快速融入全球化进程,中国民营企业在国际竞争中也不断增强自身实力。这一时期,民营企业取得了长足的发展,中国成为"世界工厂"。随着国有资产监督管理委员会的成立,国有企业改革的重点转向监管改革。一方面,全面优化国有资产监督管理体制,建立国有资产监督管理机构和相关制度,改善"五龙治水"模式下投资者职能混乱的局面;另一方面,战略性调整国有企业改革思路,解决国有企业改革初期的经济损失问题。在"防止国有资产流失,促进国有资产保值增值"的方针指导下,混合所有制改革在跨越式增长后进入调整完善期。混合所有制改革不再简单停留在"资本"混合所有制结构上,而是更加关注混合所有制的产权结构能否对提高企业效率起到积极作用,整体上属于产权混合阶段。

4. 机制混合阶段

在党的十八届三中全会上,确立了全面深化改革的总体精神。中国经济体制改革由此进入了关键时期,国有企业也进入了"全面深化改革"的深度推进期。中央出台了一系列关于国有资产和国有企业改革的政策文件,加快以资本经营为基础的国有资产监管转型,积极发展混合所有制经济,促进国有企业经营机制转变。混合所有制改革在一定程度上要求民营企业的适应性发展。一方面,外部地缘经济环境的变化和国内经济发展的新常态使民营企业面临严峻的生存压力,供给侧结构性改革要求民营经济由低端向高端迈进。另一方面,党的十八届三中全会指出,公有制经济和非公有制经济都是社会主义市场经济的重要组成部分,"竞争中立"这四个字频繁出现在党和国家的政策文件中。民营经济能否在良好的营商环境中发展,在国家层面受到了前所未有的重视,具体表现在:鼓励民营企业积极融入国家战略,在供给侧结构性改革中,努力提高发展质量;在混合所有制改革中,促使其与国有资本结合,通过"混合"消除产权差异,通过"组合"强化竞争优势。随着混合所有制经济作为"社会主义基本经济制度重要实现形式"战略地位的确立,"6+1"试点、"双百行动""三年行动""两类公司"等一系列有针对性的改革方案相继出台,中国进入深化和加快混合所有制改革的新周期,着力引进高匹配、高协调、高效率、高认同感的战略投资者参与治理,以推进产权混合多维机制建设为目标,理顺党组会议、股东大会、董事会、经理层之间的权责关系,积极完善公司治理机制,实施劳动人事分配制度改革,深入转变市场化运行机制,实行薪酬激励与股权激励相结合的差别化员工激励分配机制,以及市场化选人用人机制,实现"市场化退出"和"工资可增可减、职位可升可降",这也标志着混合所有制改革的重点已经从混合产权向改革机制转变,总体上属于机制混合阶段。

经过以上四个阶段,中国国有企业改革取得了积极成效,企业效率得到提升、经济结构不断优化。

二、国有企业改革现存问题

国有企业经过数十年的发展和改革,在政府和市场的影响下突破了一些瓶颈,优化了整体布局,缓解了机制约束,但是仍存在以下问题。

1. 体制约束

主要是指现行国有资产监督管理制度在系统性、针对性和有效性方面的不足,在一定程度上制约了混合所有制改革政策的实施效果。国有资产监督管理制度是关于国有资产监督管理机构设置、职责权限、调控方式的一项基本制度。它直接界定了各级政府、国有资产监督管理机构、经营单位和员工在国有资产监督管理中的权、责、利关系。然而,中国现行混合所有制企业监管制度还存在错位、越位、缺位等问题。

第一,从系统性上讲,政府既是国有控股企业和国有股份制企业的投资者,又是各种形式国有资产的监管者,即宏观经济的监管者和市场秩序的维护者。多重身份的重合,使得政府与混合所有制企业的关系在逻辑上出现了混乱。

第二,就针对性而言,国资委一方面要针对混合所有制改革中的具体问题,制定精准的政策,明确国有独资企业和混合所有制企业各细分领域的监管责任范围;另一方面,要结合混合所有制企业的功能定位,进行有针对性的监管。目前,在以上两方面的工作中依然存在不足。国资委应在分析确定各细分行业企业发展关键节点和需求的前提下,依托制度,提高混合所有制企业监管制度的"针对性"。

第三,从有效性来看,混合所有制是公有制经济的一种重要形式。但在现行的监管制度下,国资委对国有控股企业和国有独资企业的监管逻辑基本相似,而国有股份制企业与国有资产监督管理制度分离,处于"空心"地带,这实质上是对中小股东利益的忽视。实际上,控股国有资本和参股国有资本都属于国有资产。国有资本和社会资本中小股东的利益应该得到平等保护。今后要建立有别于国有独资企业的混合所有制企业有效监管模式,对国有资产实行平等的"资管"监管,进一步提高监管制度的系统性、针对性和有效性。

2. 机制障碍

主要是指国有企业改革机制建设中存在的治理机制不完善、资源配置和管理决策行政化、保障机制不到位等问题。

一是治理机制不完善。混合所有制改革在国有企业治理改革方面取得了很大进展,但仍需进一步厘清混合所有制国有企业治理结构中的权责界限,促进党委、董事会、监事会和经理层有效运行,发挥其应有的治理作用。同时,要积极确保社会资本在国有企业经营决策中有足够的"话语权",提高董事会效率,提升监事会和经理层的专业能力与企业业务发展和高级管理层决策模式的匹配程度,实现国有企业治理机制的顺畅运作。

二是资源配置和管理决策行政化。在资源配置和管理决策方面,同行业的国有企业高层管理人员往往存在"转岗"现象,这说明国有企业人事制度仍带有明显的"行政化"色彩。就资源配置的行政化而言,鉴于政府行政干预对资源配置的重要影响,国有企业在要素获取、市场准入、政府补贴、政府采购等方面具有民营企业无法比拟的优势。这种资源偏向在短期内不会因社会资本的增加而得到纠正。就管理决策的行政化而言,国资委按照行政逻辑平等对待国有控股企业和国有独资企业,干预资产配置、投资定价等方面,而即便是混合所有制改革本身也大多是通过行政手段,而不是独立的市场化行为。

三是保障机制不到位。保障机制的缺失是混合所有制改革参与者主要的担忧。国有企业不愿意实行所有制改革,是因为担心决策失误造成国有资产流失。民营企业不敢实行所有制改革,是因为它们害怕在强大的国有资本面前无法保障自己的财产权益,这就要求"十四五"期间进一步完善机制建设,确保国有企业改革稳步推进。

3. 结构欠佳

主要是指国有企业改革中存在的纵向企业层级和横向产业分布的结构性问题,即纵向企业层级混合失衡、横向产业分布边界不清。一方面,国有企业改革主要集中在子公司和项目层面。就混合所有制改革试点企业而言,虽然也呈现出向核心主营业务和集团公司扩大范围的趋势,但总体进展缓慢,纵向结构失衡问题依然突出。另一方面,在国有独资集团公司绝对控股的情况下,仅使子公司实现混合所有制容易导致改制不彻底的问题,混合改制子公司的产权独立性面临挑战。但由于国有企业业务链条较长,公益性业务与商业性业务交织在同一企业内部,难以分类,在短期内,企业不能通过整合和重组归入一个纯粹的范畴。大多数国有企业将长期保持多属性业务并行,这使得一些国有企业难以按照既定标准找到合理的坐标,难以进行分类改革,最终导致国有企业改革中产业分布边界不清的横向结构问题。

4. 文化差异

文化是企业在长期发展过程中培育和形成的重要无形资产。它是一个组织的全体成员所共有的精神成就和价值基准。文化认同能使员工实现自我激励的内化，发挥人力资本创造价值的主观能动性。文化冲突会导致内部交易成本的增加，造成多方摩擦和效率损失。国有企业改革不仅是一个多元产权资本相互融合的过程，还是一个多元企业文化碰撞与融合的过程。目前，混合所有制企业在制度建设中较少重视跨文化整合。然而，跨文化管理是企业管理的高级阶段。如果不尊重多元产权资本嵌入带来的文化差异，不关注衍生的文化冲突，不积极推动多元文化在混合所有制企业中的协调、融合和升华，企业内部潜在的矛盾就无法实现协同。现实中，不同的企业在经营管理中会形成不同的文化特征。例如，"权力距离""不确定性规避"等维度的差异，民族文化和社会文化的"刚性与柔性"会导致国有资本与民营资本结合的文化差异，价值取向不同也会导致不同企业的文化差异，国有企业改革要以整合各方资本和文化优势为重点，努力形成系统兼容的企业文化，塑造人与自然、人与人、人与社会高度和谐的价值取向，构建统一价值观的行为准则，将"文化差异"转化为"文化力"，最终提升混合所有制企业的向心力和凝聚力。

5. 环境制约

国有企业改革是在一定的外部环境中进行的，既受到外部环境的制约，又与外部环境相互作用。这里的外部环境主要包括制度环境、市场环境、发展环境和法律环境。

第一，就制度环境而言，国有企业改革不仅是国有企业的转型，还是对民营经济的支撑。然而，产权性质本身差异所衍生的差别待遇，正是制度环境负外部性的表现。改革开放以来的经济制度变迁，极大地改变了中国的制度环境，为混合所有制在宏观层面上的发展奠定了基础，但现实中仍然存在对产权性质的制度偏差。因此要以混合所有制改革为出发点，进一步消除"产权歧视"，优化制度环境。

第二，就市场环境而言，国有企业改革是推进国有经济与市场经济相结合的重要手段。在一定程度上，可以纠正政府在资源配置上对国有企业的偏向，引导各种生产要素在不同类型的资本所有制之间自由流动和有效配置，创造资本流动、资产重组，借助逐步完善的多层次资本市场、市场化程度较高的有序竞争和扩张发展，促进混合所有制经济在宏观和微观层面的蓬勃发展。

第三，就发展环境而言，国有企业改革有利于优化民间资本的发展环境。改革开放以来，民营企业的发展环境虽然随着经济体制的演进持续向好，但在获取资源方面仍存在固有的弊端。混合所有制改革有利于拓展民营资本发展空间，消除产权性质差异带来的发展障碍，进一步优化民营资本发展环境，最终借助平等优质的民间资本，提高国有企业混合所有制改革效率。一方面，完善政策文件协调，细化资产评估、国有资产监管、产权保护、治理机制等专项配套规则，加快混合所有制企业优惠政策的后续调整，消除国有企业改革的后顾之忧；另一方面，要完善社会资本的退出机制，降低多元产权资本混合过程中智力、谈判、磨合等环节的交易成本，在规则设计上保障民间资本的自由进退，从而提高民间资本参与混合所有制改革的意愿。

第四，就法律环境而言，国有企业改革进入全面深化阶段以来，国家出台大量政策，就国有企业改革发展方向、目标、任务和方案等提出了指导意见，为我国国有企业改革提供了良好的政策和法律环境。但国有企业体制机制的完善仍然需要紧紧围绕国家治理体系和治理能力现代化的要求,为健全国有企业法人治理结构、对经营性国有资产集中统一监管、进一步探索和拓展以管资本为主加强国有资产监管的途径和方式提供法律政策层面的指引。

三、国有企业改革方向

1. 深化产权制度改革,实现投资者多元化

产权制度改革是国有企业改革的深层次问题。只有产权制度改革取得了新的突破,其他问题才能从根本上得到解决。

一是明确国有资产出资水平。一些国有企业投资层次过多、无序及资金链过长的现象屡见不鲜,不仅增加了管理成本,影响了治理效率,也不同程度地导致了国有资产流失。因此,根据实际监管能力,国有资产投资关系应控制在两级,最多不超过三级。

二是实现投资者多元化。针对国有企业"一股独大"问题,要以产权制度改革为重点,通过规范上市、合资合作、相互参股等方式吸引战略投资者,实现投资主体多元化,调整和优化产权结构。

三是促进产权顺利转移。要积极推进产权交易市场的发展,营造公开、公平、公正的交易环境,构建国有资产流动机制,促进国有资产在流动中增值,促进混合所有制经济发展。

2. 优化国有经济布局和产业结构

如果国有资产分布广、单位规模小,那么,一方面,急需开发的地区易出现资源稀缺;另一方面,无利可图的投资也将造成巨大的浪费和损失。因而,要加大对关系国家安全和国民经济命脉的重要产业的国有资本投入,确保其在维护国家安全、应对重大挑战中发挥基础性作用。同时,应放宽行业准入限制,引导社会资本进入,借助竞争机制提高行业整体运行效率;国有资本应继续控股公益性行业,实行分类核算和评估,按照国际惯例给予补贴,在业务或项目层面与社会资本合作。国资委也要围绕主营业务,增加主营业务权重,推动企业聚焦发展,做大做强主营业务,使每个企业都有明确的核心业务和名牌产品,提升核心竞争力。而对那些主营业务不突出、债务过重的"垃圾"公司,要破产注销一批,转给地方政府一批,变卖一批。我们可以依靠国有资本运营公司提高国有资本的效率,以多种产权资本的互补优势巩固产业基础能力,深化国有企业产权制度改革。重点抓好国有资产投资、经营性企业和商业性子公司。一方面,强化国有资产监督管理制度,通过市场化经营机制激发国有经济活力;另一方面,突出国有企业的经济功能,优化国有经济布局和产业结构。

3. 建立现代企业制度,完善资产监管制度

借助国有资产投资运营公司,我们可以在国资委和国有企业之间建立一个"公平交易"的关系,从而明确区分国资委的统一监管职能和投资者的职能,实现国有资产监督管理制度的"两个角色、两个责任",对不同行业、不同发展阶段的企业实现更加灵活的分类监管。建立健全现代产权制度,是完善中国基本经济制度的内在要求。产权是所有制的

核心和主要内容。目前,中国以公有制为主体、多种所有制经济共同发展的格局基本形成。建立健全现代产权制度,是建立现代企业制度的需要,也是企业制度的核心和基础,有利于激发企业和人民群众创业、创新的积极性,有利于让一切劳动、知识、技术、管理和资本的活力竞相迸发,让一切创造财富的源泉充分涌流。加快现代企业制度建设,完善法人治理结构,是社会化大生产发展的必然要求,是深化国有企业改革的重要任务。具体应该做到以下几点:一是按照党的要求,规范董事会、监事会和经理层各项权力机构建设,适时开展外部董事试点和实施,建立健全"权责统一、运行协调、有效制衡"的法人治理结构。二是建立健全激励约束机制。要按照党的十六大提出的生产要素按贡献参与分配的原则,积极推进经营者薪酬分配制度改革,强化收入分配的吸引作用,凝聚和激励管理人才。同时,创新监管约束方式,形成与市场经济和现代企业制度相适应的监管约束机制,综合运用多种措施强化监管约束机制,规范经营者行为,确保经营者健康成长。三是建立完整、严格的国有资产统计评估体系。在资产和验资的基础上,制定和完善企业绩效考核细则。通过定量和定性分析,建立符合市场经济要求的企业绩效评价体系,实现对国有资产保值增值的科学评价,为绩效考核、收入分配和奖惩实施提供依据。

4. 减轻企业负担,优化营商环境

一方面,允许民间资本以一定的利润平等参与公益性项目,在"竞争中立"规则下实现不同所有制资本的权利平等、机会平等和规则平等;另一方面,促进国有企业公平参与市场竞争,营造公平、公正、开放的市场环境,通过引入社会资本稀释政治属性,"逼迫"国有资产监督管理制度以"管资本"为重点。要在监管层面实现不同所有制资本的"监管中立",就要避免在复杂的国际竞争中受到"竞争中立"规则的约束,以民营经济支撑中国经济的高质量发展。把国有企业改革与再就业结合起来,是国有企业转变经营机制、分流富余人员的重要有效形式。要在有限的时间内,积极推进改革,创造性地做好减负工作。首先,对于债务处置问题,要结合银行的一揽子还贷政策,对银行债务进行清偿;结合国家税制改革政策,降低企业税负;以债转股的形式,将企业欠融资的债务作为再投资处理,这样既可以卸下企业的债务,又可以增加企业的资本总额。其次,要解决企业社会保险债务问题,并从整体上考虑员工安置问题。最后,要积极帮助企业实现社会职能分离,减轻社会负担。

5. 推进企业制度创新,加强技术和管理创新

一是要继续深化企业劳动、人事、分配三项制度改革,引入竞争机制,合理扩大收入分配差距,真正形成管理者能上能下、员工能进能出、收入能增能减的机制。二是要大力推进企业信息化建设,提高管理效率。实施信息化管理,不仅要实现企业办公信息化,同时要实现流程信息化,还要实现财务管理和人力资源管理信息化。通过信息化管理,提高企业的管理效率,降低企业的管理成本,增强企业的市场适应性,推动企业管理迈上新的台阶。三是要继续加强以效益为核心、以质量为中心的生产经营管理,从管理中求效益。

虽然国有企业改革取得了显著成绩,但目前国有企业改革仍处于攻坚阶段,对国有企业改革与发展的认识仍存在激烈争论。国有企业的主要职能体现在国有经济在重点领域和重要部门的主导作用,注重对整个经济的有效调控,强调对国民经济的控制。在竞争领域,通过竞争谋取利益并不是国有企业的主要职能。从这个角度来看,国有企业改革的最

终目标,不是简单地进行产权改革,也不是简单地放下历史包袱,而是要通过剥离政策包袱,建立现代企业制度,彻底转变经营机制,确保国有企业在发展中主要职能的实现,促进其市场竞争力的提升。所有国有企业改革都要围绕这个目标来进行。现在国有企业改革的主要问题仍然制度层面的问题,建立和完善现代企业制度、着力解决国有企业体制机制还不够完善的问题是中国国有企业改革的方向。必须坚持系统集成、协同高效,以增强企业活力、提高效率为中心,提升国有企业核心竞争力,提高改革决策的科学性,提升改革措施的协调性,进一步深化国有企业改革。

本章小结

本章分三节介绍了国有企业制度与国有企业改革发展。第一节介绍了国有企业的概念,回顾了我国经济体制改革、企业制度发展以及国有企业制度建设的历程,在此基础上介绍了《企业国有资产法》这一具有突破意义的针对国有资产监管的法律。第二节介绍了国有企业的经营方式,主要分为股份经营方式、承包经营方式和租赁经营方式。其中,股份经营方式又可分为国有独资经营、国家控股经营和国家参股经营三种。第三节介绍了国有企业改革历程,并总结分析了我国国有企业改革现存的体制约束、机制障碍等问题,最后从五个方面指出国有企业改革方向:一是深化产权制度改革,实现投资者多元化;二是优化国有经济布局和产业结构;三是建立现代企业制度,完善资产监管制度;四是减轻企业负担,优化营商环境;五是推进企业制度创新,加强技术和管理创新。

思考题

1. 股份经营方式有哪几种?
2. 《企业国有资产法》出台的意义是什么?

案例分析

中工国际工程股份有限公司(以下简称中工国际)自成立以来致力于成为具有国际竞争力、科工贸一体化、投建营全价值链的卓越工程服务商,是践行"走出去"战略和"一带一路"倡议的先行者。

近年来,在各种内外部影响下,中工国际的业务拓展遇到较大困难。面对复杂严峻的经营环境,中工国际坚决贯彻落实党中央、国务院关于深入实施国企改革三年行动的重大决策部署,强化战略引领,坚持问题导向,紧紧抓住三项制度改革的"牛鼻子",以"市场化选聘、契约化管理、差异化薪酬、市场化退出"为原则,建立干部"能上能下"、员工"能进能出"、收入"能增能减"的"三能"机制,激发员工的主动性和积极性,活力动力显著增强,仅用短短两年时间就逆转了业绩下滑的趋势。2021年,中工国际海外业务全年签约超过20亿美元、创近年新高,营业收入同比增长8.5%,归母净利润增长了4倍多。

优化选人用人机制 实现干部"能上能下"

1. 打破"铁交椅""大锅饭",全面推行经理层成员任期制和契约化管理

中工国际18家经营单元的所有经理层人员全部签订任期契约、岗位协议和年度考核责任书,将"十四五"规划重点任务纳入考核指标,差异化设置考核目标和权重。对境外子公司,设置税息折旧及摊销前利润(EBITA)等符合国际通用惯例的考核指标。对以海外工程业务为主业的子公司,提高海外项目签约额、生效额的考核权重,强化海外市场开拓力度。

2. 突出业绩和结果导向,内部选用和外部引入两手抓

中工国际加强绩效管理的刚性约束,近两年调整干部百余人,对部分能力、业绩、担当不足的干部,采取降职、免职、劝退等措施。为打破干部选用的管理壁垒,畅通干部交流通道,专门制定并颁布以业务需求和价值导向为原则的干部交流制度,积极推动内部交流,职能部门干部轮岗比例达78%。对于管理机制僵化、经营业绩不善的子公司,通过公开竞聘整建制引入市场化经营团队,增强企业经营活力,最终实现了经营业绩的逆势上涨。

此外,中工国际引导干部建立以价值创造为导向的业绩观;全系统塑造"价值导向、创新驱动、责任担当、追求卓越"的核心价值观,营造以价值创造者为本的干事创业氛围;引领海外工程事业部干部员工克服新冠肺炎疫情持续蔓延和战乱局势等重重困难,坚守海外一线项目现场,扎实开展有关业务,最终实现了公司海外业绩的逆势增长。

加强劳动用工管理 实现员工"能进能出"

1. 科学制定"十四五"人力资源规划,确定适应公司发展的人力资源需求

中工国际系统梳理公司人力资源现状,确立人力资源工作总体方向,明确核心人才管理序列,健全人才发展通道,保障"十四五"战略目标的人力资源需求。

2. 定期进行人才盘点,坚持优胜劣汰

中工国际在公司事业部率先推行员工业绩档案,作为提拔任用的评价基础;在职能部门树立服务和赋能意识,严格劳动用工管理,以合同周期的考核成绩决定是否续聘。

3. 优化组织设置,推动总部职能部门改革

根据战略落地的实际需求,中工国际对职能部门进行合并、撤销和精简。以"专业、精干、高效"为原则,开展职责梳理和定岗定编,彻底解决"多头管理与无人管理并存"的机关化问题,实现总部对业务的支撑、保障和赋能,总部职能管理人员从149人精简至不到100人。

深化分配机制改革 实现收入"能增能减"

1. 完善工资效益联动机制

2020年面对业绩下降、工资总额不足的情况,中工国际没有"一刀切"地全员降薪,而是分层级、分业绩精准施策。公司高管带头降薪,降薪幅度最大;业绩达标的子公司保持原薪酬水平不变;对克服疫情困难、长期驻扎海外现场的优秀业务骨干调增薪酬,践行薪酬分配向一线业务员工和急难险重岗位倾斜的原则,极大地提振了一线骨干的信心和士气。

2. 合理拉开薪酬差距

中工国际建立"贡献越大、收入越高"的分配导向机制,加大对勇于担当、业绩优秀人

员的激励力度。2021年,公司中层以上管理人员浮动薪酬占比超过60%,经理层年度收入最高者和最低者相差近5倍。

3. 构建基于股权的利益共同体

中工国际充分发挥资本市场平台优势,成功实施限制性股票激励计划,对公司高管、中层管理人员、业务骨干等200多名员工进行激励,使激励对象与公司业绩深度捆绑,实现了骨干员工与公司的共赢。

■ 思考

结合案例回答以下问题:

1. 国有企业三项制度改革对促进国有企业发展具有怎样的重要意义?
2. 中工国际的改革如何适应当前国有企业改革的方向?
3. 中工国际的三项制度改革为国有企业改革提供了哪些启示?

第六章 外商投资企业的形态与制度

学习目标

1. 了解并区分外商投资企业的三种形态。
2. 掌握中外合作经营企业、中外合资经营企业与外资企业的概念与特点。
3. 了解中外合作经营企业、中外合资经营企业与外资企业的设立条件与程序。
4. 掌握《中华人民共和国外商投资法》的立法背景、主要内容和法律条文。

基本概念

中外合作经营企业　中外合资经营企业　外资企业

案例导入

沃尔玛总部位于美国阿肯色州的本顿维尔，主要涉足零售业，是世界上雇员最多的企业，2014—2021年连续7年在美国《财富》杂志发布的世界500强公司排名中居首位。沃尔玛主要有沃尔玛购物广场、山姆会员店、沃尔玛商店、沃尔玛社区店四种营业方式。

1996年，沃尔玛进入中国内地市场。以深圳首店为起点，沃尔玛开始在广东安营扎寨。凭借中国市场拉动以及对外开放的利好政策，沃尔玛抓住时代发展窗口期的红利，在当时发展还较为初级、粗放的中国零售业中一举站稳脚跟。

在进入中国内地市场前期，由于沃尔玛缺乏对中国市场和消费者的认知，较为保守地套用了美国的现代供应链系统，在中国自建物流与配送中心，并将采购与门店运营分离，导致沃尔玛1996—2006年在中国的门店扩张速度缓慢且长期处于战略性亏损状态。

直到2007年，沃尔玛在中国开出第100家门店。时任中国区总裁陈耀昌为将沃尔玛彻底本土化，全面改变开店策略，沃尔玛在中国市场才得以破冰，开店抢位提速扩张。同时针对中国本土的消费特点，沃尔玛开始将供应链本土化，调整选址和采购策略，迎来了最辉煌的高光年代。

峰回路转，自2012年以来，移动互联网崛起，电商市场爆发。以沃尔玛为代表的传统零售商开始遭遇重大冲击。沃尔玛紧跟时代步伐，在2011年前瞻性地从中国平安手中收购了17.7%的1号店股权，涉足电商业务。

此后,沃尔玛不断增持 1 号店股份,并在 2015 年正式将其全盘收购。但沃尔玛作为传统零售商,在 1 号店的运营上也面临诸如线上线下订单及库存无法协同、与创始团队发展思路存在分歧等多重问题。

2016 年,沃尔玛决定放弃在中国自建 O2O 平台的电商战略,将投资多年却毫无起色的 1 号店以股权置换方式交给京东,从此展开了与京东、腾讯合作的新电商模式。

资料来源:"沃尔玛中国 25 年沉浮史",https://new.qq.com/rain/a/20210604A04K8100,访问时间:2022 年 6 月。

第一节　中外合作经营企业

一、中外合作经营企业的内涵

外商投资企业,是指依照中国法律在中国境内设立的,由中国投资者与外国投资者共同投资,或者由外国投资者单独投资的企业。依照外商在企业注册资本和资产中所占股份和份额的比例不同以及其他法律特征的不同,可将外商投资企业分为三种类型:中外合作经营企业、中外合资经营企业和外资企业。因此,外商投资企业又被称为"三资企业"。

(一) 中外合作经营企业的概念

> 中外合作经营企业(以下简称合作企业)是外国企业或外国人与中国内地企业依照中国法律的规定,依照合作合同的约定进行投资或提供条件设立、分配利润和分担风险的企业。

合作企业包括法人式合作企业和非法人式合作企业。没有组成新的经济实体,而是以各自的独立身份组成联合经营体的不具有中国法人资格的合作企业,为非法人式合作企业;组成新的经济实体,具有中国法人资格的合作企业,为法人式合作企业。

(二) 合作企业的特征

(1) 合作企业属于契约式的合营企业。中外合作者的投资或者提供的合作条件不折算成股份,即各方的投资不作价、不计股;中外合作者按何种比例进行收益和产品的分配、风险和亏损的分担,由合作企业合同约定。换言之,合作企业合同是企业成立的基本依据,合作各方的权利义务不是取决于投资比例与股份,而是取决于合作企业合同的约定。

(2) 合作企业的组织形式具有多样化的特点。中外合作者可以共同创立具有法人资格的合作企业,也可以共同兴办不具有法人资格的合作企业。换言之,合作企业既可以是法人企业,也可以是非法人企业。

(3) 合作企业的组织机构与管理方式具有灵活多样的特征。合作企业既可以实行董事会制,也可以采取联合管理委员会制,还可以委托第三方管理。

（4）合作企业一般采取让外方先行回收投资的做法，这样外方承担的风险相对较小。但合作期满时，企业清算后的全部固定资产均归中方所有。

（三）合作企业的分类

合作企业是以确立和完成一个项目而签订契约进行合作生产经营的企业；是一种可以有股权，也可以无股权的合约式的经济组织。合作企业一般可分为法人式合作企业和非法人式合作企业两类：

1. 法人式合作企业

法人式合作企业是指具备法人资格的合作企业，它是指合作各方共同设立具有独立财产权的、法律上有独立人格的、能以自己名义行使民事权利和诉讼权利的合作经营实体。这类企业为有效地实现合作开发的项目，经过合作各方协商，订立企业章程，建立独立的企业组织，成立董事会作为企业的最高权力机构，并以其全部财产对其债务承担责任，合作各方以其投资或者合作条件为限对企业承担责任。在国际上，这种合作经营的方式属于合伙经营的范畴；合伙人以提供的合作条件为限承担责任，为有限合伙。在我国，只要具备法人资格的合作企业的责任形式符合《公司法》的规定，该合作企业就可以登记为有限责任公司。

2. 非法人式合作企业

与具有法人资格的合作企业相反，非法人式合作企业是指不具有法人资格的合作企业。它本身没有独立的财产所有权，只有管理权和使用权。合作企业一旦发生法律诉讼，合作各方以各自的身份承担法律责任。非法人式合作企业的合作各方，无论其出资还是提供的其他物料、工业产权，均为合作各方分别所有，经过各方商定也可以共有（其中包括部分分别所有和部分共有）。该类企业经营积累的财产，按国家法律规定归合作各方共有。合作各方可以共同成立联合管理机构，也可以委托其中的一方负责，在国际上，这种合作经营的方式通常为无限合伙，合作各方以无限责任为原则承担民事责任。

二、合作企业的设立

（一）合作企业的设立条件

在中国境内，合作企业应当符合国家的发展政策和产业政策，遵守国家关于指导外商投资方向的规定。国家鼓励举办的合作企业包括两类：第一类是产品出口的生产型合作企业。该类企业的产品主要用于出口创汇。第二类是技术先进的生产型合作企业。该类企业的外国合作者提供先进技术，从事新产品的开发，实现产品升级换代，以增加出口创汇或者替代进口。

（二）设立合作企业的法律程序

（1）由中方合作者向审查批准机关报送有关文件。这些文件包括：设立合作企业的项目建议书；合作各方共同编制的可行性研究报告；合作企业协议、合同、章程；合作各方的营业执照或注册登记证明、资信证明及法定代表人的有效证明文件，外方合作者是自然人的，应当提供有关身份、履历和资信情况的有效证明文件；合作各方协商确定的合作企业董事长、副董事长、董事或者联合管理委员会主任、副主任、委员的人选名单；审查批准机关要求报送的其他文件。

（2）审查批准机关审批。审查批准机关应当自收到规定的全部文件之日起45日内决定批准或者不予批准。审查批准机关认为报送的文件不全或者有不当之处的，有权要求合作各方在指定期间内补全或修正。以上所称审查批准机关，是指商务部或者省级商务主管部门。

（3）办理工商登记。批准设立的合作企业依法向工商行政管理机关申请登记，领取营业执照。合作企业的营业执照签发日期，即为该合作企业的成立日期。

三、合作企业的注册资本与出资方式

> 合作企业注册资本是指为设立合作企业，在工商行政管理机关登记的合作各方认缴的出资额之和。

注册资本以人民币表示，也可以用合作各方约定的一种可自由兑换的外币表示。注册资本额应该与合作企业的经营规模相适应。

注册资本与投资总额不是同一概念。投资总额包括注册资本和借贷资本。合作企业的注册资本在合作期限内不得减少。但因投资总额和生产经营规模等变化，确需减少的，须经审查批准机关批准。

（一）合作者的出资

合作者的出资构成法人式合作企业的资本，成为企业存在的基础，也是合作者间法律关系的基础。

1. 非现金出资

合作者以非现金形式出资是合作企业资本的一大特色。外方除投资现金外，还以技术、设备等作为投资，中方则主要以场地使用权、现有设施作为出资的形式。对于中方合作者来说，不必筹措大量的资金，以现有的条件即可办成合作企业，是十分有利的，而且还可以得到外方投资的设备和技术的使用权。就外方而言，可以少出资金而提高效益，因为以技术、设备作为投资也减轻了外方筹措资金的负担，而合作企业可直接利用中方提供的厂房设施和外方提供的技术、设备，迅速投入生产经营，较现金投资更为有利，所以这种出资方式已被中外合作者普遍接受。

2. 现金出资

现金出资形式在合作企业中主要适用于外方。外方的现金出资有两种来源：一是借贷资金，二是自有资金。

第一，外方以合作企业名义借贷。早期创立的合作企业中往往有此类情况：外方向合作企业投资的现金是以合作企业的名义向国外金融机构借贷的，而且由合作企业承担该项贷款的利息。这种情况是完全违背法理的。外方作为合作企业的一方合作者，处于有限公司股东的地位，向企业出资是其不容推卸的义务，出资应是以外方合作者名义将作为出资的现金或实物等转让于合作企业名下。外方合作者把以合作企业名义借贷的现金作为其出资,完全不符合股东出资的条件。在借贷行为中,国外金融机构为贷款人,合作企业为借贷人,贷款的金额是借贷行为的标的,外方合作者在这一行为中只处于代理人的地位。贷款金额实际上应为合作企业所借款项;至于由合作企业支付利息更说明了这一点,即外方合作者并未提供任何投资,也未承担任何风险。一旦合作企业盈利,外方就等于不花任何本钱获利;一旦亏本,则贷款由合作企业偿还,外方既未投资,也就毫无损失可言。

从公司法上看,资金一旦作为股本投入,就成为公司独立财产的一部分,除支付资本收益外,不再与股东发生关系。在成为公司财产后,仍作为一种贷款向公司收取利息,是毫无法律依据的。

第二,外方以自有资金出资。外方现金出资的另一个来源是自有资金。自有资金与"借入资金"相对,指企业为进行生产经营活动所经常持有、能自行支配而无须偿还的资金。

(二) 合作者出资的缴付

投资者如果不按期缴付其出资,企业就无法从事经营活动,也无法承担民事责任,债权人的权益就无法保障。因此,必须由审查批准机关和工商行政管理机关予以严格监督,保证合作企业合同的确实履行,防止出现外方不出资或象征性出资而形成假合作企业。

合作者一次缴清出资额的,应在约定期限内履行;如未能履行,则视违约情况严重程度,可采取按合同规定向其他合作者支付迟延利息或赔偿损失,乃至注销登记的措施。

合作者分期缴付出资的,其第一次出资不得低于各自认缴出资额的25%,并应在合同约定期限内履行,约定期限不得超过3个月。在分期缴付情况下,合作各方缴付第一期出资后,超过合作企业合同规定的其他任何一期出资期限3个月,仍未出资或出资不足的,工商行政管理机关应当会同原审查批准机关发出通知,要求合作各方在1个月内缴清出资。未按上述规定的通知期限缴清出资的,原审查批准机关有权撤销发放给合作企业的批准证书。

合作各方未按期履行出资义务的,视同合作企业自动解散,合作企业批准证书自动失效。合作企业应向工商行政管理机关办理注销登记手续,缴销营业执照;不办理上述手续者,由工商行政管理机关吊销其营业执照,并予以公告。

一方合作者未按照合作企业合同的规定如期缴付或缴清出资的,即构成违约。守约方应当催告违约方在1个月内缴付或者缴清出资,逾期仍未缴付或缴清的,视同违约方放弃在合作企业合同中的权利,自动退出合作企业。守约方应在逾期后1个月内向原审查批准机关申请批准解散合作企业或者申请批准另找合作者履行违约方在合作企业合同中的义务。守约方可依法要求违约方赔偿因其未缴付或缴清出资造成的经济损失。守约方如未采取上述措施,审查批准机关有权撤销发放给该合作企业的批准证书。批准证书撤销后,合作企业应向工商行政管理机关办理注销登记手续,否则,工商行政管理机关有权吊销其营业执照并予以公告。

四、合作企业的组织机构

（一）董事会制

法人式合作企业，一般实行董事会制。董事会是合作企业的最高权力机构，决定合作企业的重大问题。董事长、副董事长由合作各方协商产生；一方担任董事长的，由他方担任副董事长。

董事会可以决定任命或者聘请总经理负责合作企业的日常经营管理工作。总经理对董事会负责。合作企业的经营管理机构可以设副总经理1人或若干。副总经理协助总经理工作。

（二）联合管理制

非法人式合作企业，一般实行联合管理制。联合管理机构由合作各方代表组成，是合作企业的最高权力机构，决定合作企业的重大问题。一方担任联合管理机构主任的，由他方担任副主任。

联合管理机构可以选择设立或不设立经营管理机构。设立经营管理机构的，总经理由经营管理机构任命或者聘请，负责合作企业的日常经营管理工作，对联合管理机构负责。不设立经营管理机构的，由联合管理机构正副主任直接管理企业。

（三）委托管理制

经合作各方一致同意，合作企业可以委托其中一方进行经营管理，他方将不参与管理；也可以委托第三方经营管理企业。合作企业成立后改为委托第三方经营管理的，属于合作合同的重大变更，必须经董事会或者联合管理机构一致同意，并报审查批准机关审批，向工商行政管理机关办理变更登记手续。

第二节　中外合资经营企业

一、中外合资经营企业的内涵

（一）中外合资经营企业的概念

> 中外合资经营企业（以下简称合资企业）是指中国合营者与外国合营者依照中国法律的规定，在中国境内共同投资、共同经营，并按投资比例分享利润、分担风险及亏损的企业。

合资经营也称股权式合营，其英文为 Joint Venture，意思为经营一种共担风险的事业。这是利用外资的主要方式，由外国的公司、企业或者其他经济组织或个人同中国的公司、企业或者其他经济组织一起兴办合资企业，经过注册批准，成为具有经济法人地位的有限责任公司。合资企业经营方式的特点是：共同投资、共同经营管理、共担风险、共负盈亏。合资企业的经营期限一般是10~30年，对技术先进、投资大、周期长、资金利润低的项目可以延长到50年。经国务院特别批准的,可以在50年以上。

(二)合资企业的性质

合资企业的性质主要取决于不同国家的经济制度和投资者的不同经济成分。一般是由合资企业组成者的经济成分所决定的。

我国兴办的合资企业,从当前情况看,绝大多数是我国公有制企业和外国私有资本企业合资。因此,我国大多数合资企业都属于国家资本主义性质。

在我国社会主义制度下,合资企业接受中国政府指导,服从有关中国法律的管辖,为发展社会主义生产力服务。我们不能把合资企业单纯地看作是资本主义经济。合资企业可以和社会主义市场经济的经济体制协调起来,原因在于:①办合资企业必须尊重中国国家主权,其设立必须经中国政府批准,其经营活动要受中国法律管辖。②合营各方的权利彼此是平等的,在经济上是互利的。平等互利原则是合资企业开展业务活动的基本准则。

(三)合资企业的特点

合资企业主要有以下五个特点:

(1)在合资企业的股东中,外国合营者包括外国的公司、企业、其他经济组织或个人,中国合营者则为中国的公司、企业或者其他经济组织,不包括个人。

(2)合资企业的组织形式为有限责任公司,具有法人资格,作为股东的合营各方以投资额为限对企业债务承担有限责任。

(3)在合资企业的注册资本中,外国合营者的出资比例一般不得低于25%。

(4)合营各方依照出资比例分享利润、分担亏损、回收投资。

(5)合资企业不设股东会,其最高权力机构为董事会,董事会成员由合营各方按投资比例协商分配,并载明于合资企业合同和章程。合资企业一方对他方委派的董事不具有否决权,但董事的资格应当不违反《公司法》关于董事任职条件的规定。

(四)合资企业的作用

合资企业相比于独资经营方式有其独有的优点,对于合营各方来说都是非常有利的,是我国对外开放中积极提倡的经营方式之一,对我国国民经济的发展起到了积极作用。兴办合资企业的实践证明,这种利用外资方式对我国的经济建设大有裨益,主要表现在以下六个方面:

(1)合资企业是国外投资者将资金直接投入中国办企业,中方以场地、厂房及货币作为投资的股份,未构成国家的债务。而如果采用从国外借款的方式引进技术和设备,则国家将负有偿还债务的责任。

(2)兴办合资企业不仅可以解决我国建设资金不足的问题,而且由于这种合营方式是共同投资、共同经营、共担风险、共负盈亏,我国可以得到比较先进的技术和设备,而这些技术和设备通过国外贷款和外贸渠道进口通常是有困难的。

(3)合资企业能够利用外国合营者在国外的销售渠道使产品快速打入国际市场,有利于加快我国出口贸易的发展。

(4)通过兴办合资企业,可以学习和掌握国外先进的技术和管理方法。

(5) 有利于增加国家税收。
(6) 可以扩大就业、增加职工收入等。

二、合资企业的设立

(一) 设立合资企业的条件

在中国境内设立的合资企业应当能够促进中国经济的发展和科学技术水平的提高，有利于社会主义现代化建设。申请设立的合资企业有下列情况之一的，不予批准：

(1) 有损中国主权的；
(2) 违反中国法律的；
(3) 不符合中国国民经济发展要求的；
(4) 造成环境污染的；
(5) 签订的协议、合同、章程显失公平，损害合营一方权益的。

国家鼓励、允许、限制或者禁止设立合资企业的行业，按照国家指导外商投资方向的规定及外商投资产业指导目录执行。随着我国经济的发展和加入WTO的要求，国家将会逐步放宽外商投资企业的行业限制。

(二) 设立合资企业的申请

申请设立合资企业，应向审批机关报送下列正式文件：

(1) 设立合资企业的申请书；
(2) 合营各方共同编制的可行性研究报告；
(3) 由合营各方授权代表签署的合资企业协议、合同和章程；
(4) 由合营各方委派的合资企业的董事长、副董事长、董事人选名单；
(5) 审批机构规定的其他文件。

合资企业协议，是指合营各方对设立合资企业的某些要点和原则达成一致意见而订立的文件。合资企业合同，是指合营各方为设立合资企业就相互权利、义务关系达成一致意见而订立的文件。合资企业章程，是按照合资企业合同规定的原则，经合营各方一致同意，规定合资企业的宗旨、组织原则、经营管理方法等事项的文件。合资企业协议与合资企业合同有抵触时，以合资企业合同为准。经合营各方同意，也可以不订立合资企业协议而只订立合资企业合同、章程。在上述各文件中，合资企业合同是最主要的法律文件，有关合资企业合同的订立、效力、解释、执行及其争议的解决，均应适用中国的法律。

(三) 合资企业合同与章程

合资企业合同应当载明以下事项：

(1) 合营各方的名称、注册国家、法定地址和法定代表人的姓名、职务、国籍；
(2) 合资企业的名称、法定地址、宗旨、经营范围和规模；
(3) 合资企业的投资总额、注册资本，合营各方的出资额、出资比例、出资方式、出资的交付期限以及出资额欠缴、股权转让的规定；
(4) 合营各方利润分配和亏损分担的比例；
(5) 合资企业董事会的组成、董事名额的分配以及总经理、副总经理及其他高级管理人员的职责、权限和聘用办法；

(6) 采用的主要生产设备、生产技术及其来源；

(7) 原材料购买及产品销售方式；

(8) 财务、会计、审计的处理原则；

(9) 有关劳动管理、工资、福利、劳动保险等事项的规定；

(10) 经营权的期限、解散及清算程序；

(11) 违反合同的责任；

(12) 争议解决的方式；

(13) 合同文本采用的文字和合同生效的条件。

合资企业合同和合资企业章程须经合营各方签署并报审批机关审批后才能正式生效。其修改也须经同样的审批程序，未经审批前，即使合营各方签署了修改的合同或者章程，也不能产生法律效力。

(四) 设立合资企业的审批

在中国境内设立合资企业，必须经商务部审查批准，发给批准证书。但具备以下两个条件的，由国务院授权省、自治区、直辖市人民政府或国务院有关部门审批：

(1) 投资总额在国务院规定的投资审批权限以内，中国合营者的资金来源已落实的。

(2) 不需要国家增拨原材料，不影响燃料、动力、交通运输、外贸出口配额等的全国平衡。后一类审批机关批准设立的合资企业，应报商务部备案。

审批机关自接到报送的全部文件之日起，在 90 日内决定批准或不批准。

三、合资企业的资本构成

(一) 合资企业的注册资本

> 合资企业注册资本是指合资企业在管理机构登记的资本总额，也就是合营各方认缴出资额的总数。

合资企业的注册资本，一般应以人民币作为计算单位。但是经过合营各方协商同意后，也可以用外币表示。

在外国有限责任公司中，出资者往往可以自由转让其出资额。按我国现行法律规定，合营一方如果向第三者转让其全部出资额或部分出资额，应事先取得合营他方的同意，并经原审批成立合资企业的机构批准。经批准后，合营他方有优先购买权。合营一方向第三者转让出资额的条件，不得比向合营他方转让出资额的条件优惠。这个规定十分重要。如果合营一方想向第三者转让出资额，又不想给合营他方优先购买权，就会向合营他方提出过高的条件，使合营他方不愿意收购。这样，合营一方就有借口以优惠条件转让给第三者。按我国现行法律规定，当合营一方以给合营他方的优惠条件转让出资额给第三者时，这样的转让在法律上无效。按我国现行法律规定，合资企业在合资期间不得减少注册资本。合资企业的注册资本，如果要增加、转让或用其他方式处理，应事先向董事会提出，并经董事会通过，报原审批机构批准，再向原来的登记机构办理变更手续。

（二）合资企业的投资总额

合资企业的投资总额与注册资本不一定相同。投资总额包括按合同规定的生产规模需要的基本建设资金和生产流动资金。因此，合资企业的投资总额是一个变数，可以超过合资企业的注册资本。合资企业成立后，合营各方的出资额不足以应付经营的需要时，合资企业可以用法人身份向银行借款。这是企业经营管理的常见问题。企业的投资总额往往超过注册资本。

【案例6-1】

有一个中外合资项目，设计总投资额为1.86亿美元，而项目建议书中只提出中外双方各出资1 000万美元，合资企业注册资本为2 000万美元。注册资本与投资总额之间1.66亿美元的差额，将通过合资企业向外商贷款的方式补齐。此时，外国合营者通过代办借款手续，可得1%～3%的服务费，即166万—498万美元。此外，外国合营者代购技术及进口机器设备总值1亿美元，从中获取佣金500万美元；代编可行性研究报告，获取200万美元。这个合同签订后，企业还未开工，外国合营者就已获得866万—1 198万美元。这就接近或超过了其出资额。那么，我们从中可以得到哪些启示呢？

从案例6-1中可以具体了解到，与外方签订合资企业合同时，必须注意投资总额与注册资本的关系，力求合资企业的资本总额等于或接近投资总额，使合营各方负责提供全部资金，不向外借款或少借款，尽可能减少以后的利息支出。也就是说，要正确处理注册资本与投资总额的比例关系，需注意两个问题：一是要控制注册资本与投资总额保持在一个合适的比例；二是要合理控制自有资本与借贷资本的比例。这样，可以尽量避免因借贷资本过多，造成国家税收减少的损失；或者一旦企业倒闭或发生亏损，将拖欠贷款的风险转嫁到中方银行的身上；或者因向外方贷款造成中方的债务负担。

四、合资企业的出资方式与期限

（一）出资方式

1. 现金出资

合资企业合营各方用货币出资时，最主要的问题是汇率问题。按我国现行法律规定：

（1）外国合营者出资的外币，按缴款时中国国家外汇管理局公布的外汇牌价中的买入价折算成人民币，或套算成约定的外币。

（2）中国合营者出资的人民币，如需要折算成外币，按缴款时中国国家外汇管理局公布的外汇牌价中的卖价折算。

2. 实物及无形资产出资

采用实物出资时，要结合实物的质量和实物的适用性，正确处理实物的作价。

（1）合营各方实物出资的内容分四大类：①建筑物；②厂房；③机器设备；④物料。

（2）出资实物的作价条件：①出资实物的作价是一个比较复杂的问题，一般应当按照合营各方预先商定的原则来作价。凡是进口的机器设备，应当以机器设备的原价，加运输费、保险费、装卸费、包装费等计算。这个价格也是合资企业会计核算中固定资产的原价。至于这些机器设备的安装费用,虽然会在会计处理时纳入价格范畴,作为固定资产的原价,但不应作为出资实物作价的一部分。②在实际引进工作中,中国合营者要注意外国合营者提供的实物是不是合资企业所必需的。在审查出资实物时,要逐项审查出资实物的以下情况:一是这些实物是否为合资企业生产所必不可少的。二是这些实物国内能否生产。如果国内能够生产,还要注意出资实物在国内生产的价格、性能及供应时间等条件,不宜随便否定出资实物的可能性。三是外国合营者出资实物的作价是否合理。如果外国合营者提供的实物价格高于同类机器设备或者物料当时的国际市场价格,就不能接受。

(3) 无形资产出资。按我国现行法律规定,外国合营者可以用有形实物出资,也可以用无形资产出资,如工业产权、专有技术等。如果用无形资产出资,就必须具备三个条件:①能够生产我国急需的新产品或出口适销的产品;②能够显著地改进现有产品的性能质量,提高生产率;③能够显著地节约原材料、燃料和动力。

我国同外方办合资企业的目的在于增加新产品和出口适销产品。如果外国合营者用作出资的无形资产不能生产出口适销的产品,当然就不能接受。为了减少双方的矛盾,应要求外方先提供有关的工业产权或专有技术的详细资料,以便中方考虑。要提供的资料有:①专利证书;②商标注册证书(复印件);③有效状况;④技术特性;⑤实用价值;⑥作价的技术依据;⑦与中国合营者签订的作价协议等。这些文件都应作为合资企业合同的附件,以便日后发生争议时有据可查。

(二) 出资比例与期限

1. 出资比例

合资企业不是通过发行股票集资的,通常用投资比例来表示合营各方占有股权的多少。所谓投资比例,是指合营各方在注册资本中各自认缴的出资额与注册资本之比,也就是合营各方在股权资本总额中所占的份额。例如,某合资企业的注册资本为500万美元,中方投资300万美元,外方投资200万美元,则中外双方的投资比例分别为$300/500 \times 100\% = 60\%$和$200/500 \times 100\% = 40\%$。

投资比例也称出资比例,是合营各方责权利分配的基础,也是合营各方承担经济责任的限度。它关系到投资各方的权利义务和对合资企业的控制程度。国际上许多国家为保护民族经济发展,防止被外国资本控制与操纵,通过法律规定,对外国投资者的投资比例作了不同程度的限制。例如,美国规定外国投资者在通信、交通运输等企业中所占的股权不得超过20%~25%。有些发展中国家禁止外资在合资企业中占有全部股权,只能占有少数股权,如不得超过49%。

2. 出资期限

(1) 合营各方都应按合资企业合同规定的期限,缴清各自的出资额。如果过期不缴或未全部缴清,应按合同规定支付延期利息,或赔偿损失。这一点很重要。如果合营各方不按期缴清货币出资额,合资企业就不得不到银行借款,并支付银行贷款利息。如果出现这种情况,未按期缴付出资额的一方,理应承担利息费用。

如果用实物出资的机器设备未按时运到,影响整个企业的开工生产,就会造成损失。

遇到这种情况,用机器设备出资的一方应负责赔偿合资企业延期开工或不能正常开工的损失。

(2) 合营各方都缴清出资额后,应由在中国的注册会计师验证,出具验资报告书。合资企业根据会计师的验资报告,给合营各方开具出资证明书。

五、合资企业的组织机构

(一) 合资企业的权力机构

合资企业的董事会是合资企业的最高权力机构。

董事会的职权是按合资企业章程的规定,讨论决定合资企业的一切重大问题。董事会的人数由合营各方协商,在合资企业合同、章程中确定,但不得少于3人。董事名额的分配,由合营各方参照出资比例协商确定。然后,由合营各方按照分配的名额分别委派董事。董事的任期为4年,经合营方继续委派可以连任。董事长和副董事长由合营各方协商确定或由董事会选举产生。合营一方担任董事长的,由他方担任副董事长。董事长是合资企业的法人代表。董事长不能履行职责时,应授权副董事长或其他董事代表合资企业。

董事会会议每年至少召开一次。经1/3以上的董事提议,可召开董事会临时会议。董事会会议应有2/3以上董事出席方能举行。

下列事项由出席董事会会议的董事一致通过方可作出决议:

(1) 合资企业章程的修改;
(2) 合资企业的中止、解散;
(3) 合资企业注册资本的增加、减少;
(4) 合资企业的合并、分立。

其他事项,可以根据合资企业章程载明的议事规则作出决议。

(二) 合资企业的经营管理机构

合资企业的经营管理机构负责企业的日常经营管理工作。

经营管理机构设总经理1人,副总经理若干,其他高级管理人员若干。总经理、副总经理可以由中国公民担任,也可以由外国公民担任。总经理和副总经理不得兼任其他经济组织的总经理或副总经理,不得参与其他经济组织对本企业的商业竞争。

【案例 6-2】

2014年12月,我国某省红星电器厂与一外国商人合资成立一家电器有限公司。合资企业合同约定,公司投资总额为400万美元,注册资本为210万美元,外方出资150万美元,中方出资60万美元。在外方的150万美元出资中,有100万美元为货币形式,其中50万美元为自有资金,但以其在中国境内投资分得的人民币利润缴纳;50万美元由其向省国际信托投资公司借贷,但是要由中方及其上级主管部门——省机电局给予担保。当时中方急于成立合资企业,于是同意了外方的要求,和省机电局一起为外方提供了担保函。外方的剩余50万美元出资为实物形式,合同约定由外方在境外采购合资企业生产所需要的部分设备投入企业。中方的60万美元出资中,30万美元为土地使用权出资,30万美元为货币出资。

外方从省国际信托投资公司贷到美元后,与其自有资金一起投入了合资企业,又从国外二手市场低价购买了旧设备,交工厂修理后,作价50万美元投入合资企业。中方办理了相当于30万美元的土地使用权转移手续后,又投入了20万美元货币,以后再也没有缴纳出资。

经过一段时间经营,中方发现外方投入的实物原来是被淘汰的设备,其价格只有40万美元,中方指责外方虚假出资,要求其赔偿合资企业因此受到的损失。外方则认为中方的指责没有依据,还提出是中方没有按时缴纳出资,承担违约责任的应当是中方。

随着时间的推移,双方的矛盾越来越大。在外方贷款到期时,由于企业经济效益不好,外方分得利润很少,所以没有能力偿还贷款。省国际信托投资公司多次催讨无果后,宣称将向法院起诉,要求由担保人清偿债务。

第三节　外资企业

一、外资企业概述

> 外资企业的英文为 Wholly Foreign-owned Enterprise,其字面意思是完全归外国人拥有的企业。外资企业对应于"内资企业",指依照我国有关法律规定,在我国境内设立的由外国投资者独自投资经营的企业。

(一)外资企业的概念

外资企业是一个100%的外商独资经营企业,它不包括外国的企业、公司和其他经济组织在我国境内设立的分支机构。外资企业依法取得我国的法人资格,按照国际税收惯例,我国应对其行使居民管辖权。

外资企业的外国投资者可以是外国的企业、其他经济组织或者个人。外资企业依我国法律在我国境内设立,其全部资本属于外国投资者所有。即外国的企业、其他经济组织和个人以货币或者其他法定投资方式投资,全部财产所有权属于外国投资者。这使外资企业既区别于合资企业和合作企业,也区别于完全由我国投资者投资创办的企业。

外资企业是一个独立的经济实体,独立经营,独立核算,独立承担法律责任。在组织形式上,外资企业可以是法人实体,也可以是非法人实体。具备法人条件的外资企业,依法取得法人资格,其组织形式一般为有限责任公司,外国投资者对企业的责任以其认缴的出资额为限。如果企业只允许从事生产活动,则称生产型外资企业;如果从事咨询服务类活动,则称咨询服务型外资企业;如果从事贸易、批发、零售或分销活动,则称商业型外资企业或外商投资商业公司。

截至2019年12月底,我国累计设立外商投资企业1 001 635家,累计实际使用外资金额达22 904.7亿美元。其中,外资企业数量为586 795家,占全部外商投资企业的58.6%,实际使用外资金额为14 274.1亿美元,占全部实际使用外资金额的62.3%;合资企业数量为 352 076 家,占比 35.2%,实际使用外资金额为 5 645.5 亿美元,占比 24.6%;合作企业数量为 61 089 家,占比 6.1%,实际使用外资金额为 1 127.5 亿美元,占比 4.9%。可见,外资企业无论是在数量上还是在使用外资金额上,在"三资企业"中所占的比重都是最高的。

(二) 外资企业的特点

(1) 除土地外,企业的投资百分之百为外国投资者所私有。外资企业可以是一个外国投资者独资,也可以是若干外国投资者合资。

(2) 独立经营。企业依照批准的章程开展经营管理活动,不受干涉。

(3) 自负盈亏。经营收入按我国有关税收的规定纳税后,剩余部分完全归投资者所有和支配。企业终止营业,应当及时公告,按照法定程序进行清算。

(三) 外资企业的组织形式

外资企业的组织形式一般为有限责任公司,也可以为一人有限责任公司,但不包括外国企业、其他经济组织设在我国的分支机构,如分公司、办事处、代表处等。

二、外资企业的设立

(一) 外资企业的设立条件

1. 外资企业股东

外资企业的股东可以为外国企业,也可以为外国居民。外资企业注册时,需提交并验证股东的身份证明。外国企业提交经公证过的合法开业证明,外国居民提交经公证过的照片。

2. 外资企业监事

外资企业若设监事会,则至少需三名监事成员;若不设监事会,则设一名监事即可。监事可以是外国居民也可以是中国居民。在办理外资企业注册时,需提交监事的身份证明材料。

3. 外资企业董事

外资企业成立时,可以设董事会,也可以不设董事会。若不设董事会,则需设一名执行董事。外资企业董事或执行董事既可以聘请中国居民也可以委派外国居民担任。外资企业注册时,需出具董事的身份证明材料。

4. 外资企业注册资本

外资企业的注册资本必须实际出资,可依据《公司法》及外资企业各行业法规规定的最低注册资本要求。普通的外资企业最低注册资本为 10 万元人民币,且注册资本可以分批出资,首次出资不低于 20%,其余可在两年内出资。外国投资者需将注册资本打入外资企业外汇账户,聘请专业的会计师事务所来验资,并出具验资报告。

5. 企业名称

外资企业注册时,首先要进行企业名称核准,需提交多个企业名称进行查名。查名的规则是,同行业中,企业名称既不能同名也不能同音;多个字号的,需拆开来查名。

6. 经营范围

外资企业注册时,经营范围必须明确,以后的业务范围不能超出企业经营范围。经营范围字符数不超过100。我国对外资企业注册登记是实行审批制的,有些行业,如矿产、零售等属于外资限制进入的行业,需由商务部审批。

7. 企业注册地址

企业注册地址必须是商用的办公地址,需提供租赁协议、房产证复印件及租赁发票。

8. 企业章程

企业成立时,需向工商行政管理机关提交企业章程,企业章程应明确企业名称、经营范围、股东及出资比例、注册资本,股东、董事、监事的权利与义务等内容。

9. 可行性研究报告

外资企业需向审批机关提交可行性研究报告。

10. 财务人员

企业进行税务登记时,需提交一名财务人员的信息,包括其身份证明复印件、会计上岗证复印件与照片。

11. 法定代表人

外资企业需设一名法定代表人,法定代表人可以是股东之一,也可以外部聘请。外资企业的法定代表人,既可以是中国人,也可以是外国人。外资企业注册时,需提交法定代表人的身份证明复印件及照片。此外,外资企业涉及特殊行业审批时,各行业予以批准的条件也不尽相同。

(二)外资企业的设立流程

由于设立外资企业不涉及中方合营者或合作者,外国投资者无须进行订立合资或合作企业合同与章程的谈判,因而其程序相对简捷。外国投资者可直接向我国政府申请,也可以与某个代理机构签订一份委托合同,委托其代表自己提出申请。双方在委托合同中订明委托办理的具体事项和代理权限,受托方在合同规定的权限范围内进行工作。诸如:向委托方介绍中国的有关法律、政策;提供翻译、安排委托方住宿和洽谈场所;代表委托方同当地经贸、税务、劳动和工商行政管理等部门联系,代办外资企业设立所必需的手续等。委托合同还需订明委托方给予受托方的酬金、计算标准、结算方式和程序,以及仲裁条款。设立外资企业,需要经过申请、审批、登记。

三、外资企业的出资方式

外国投资者创办外资企业,可以用可兑换货币出资,也可以用机器设备、工业产权、专有技术等作价出资。经审批机关批准,外国投资者还可以用其从我国境内创办的其他外商投资企业获得的人民币利润出资。外国投资者的各项出资额构成的总投资,必须符合关于注册资本与投资总额比例的规定。此外,外国投资者可以分期缴付出资,第一期出资应在营业执照签发之日起90日内缴付不低于认缴出资额的15%,最后一期出资应在营业执照签发之日起3年内缴清。

(一)以可兑换货币出资

创办外资企业的外国投资者,可以用可兑换货币出资。可兑换货币即可以自由兑换成外国货币的某个国家或地区的货币。中国国家外汇管理局逐日公布外汇牌价的美元、英镑、瑞士法郎、新加坡元、澳大利亚元、港币、澳币(澳门元)和日元等,均属可兑换货币。外国投资者以可兑换货币出资,应是从境外汇入银行账户的外汇,而非外币现钞;如系用外钞,也须按国家外汇牌价套汇为银行现汇存款作为出资。

(二) 以机器设备作价出资

外国投资者以机器设备作价出资的,该机器设备必须符合下列要求:①外资企业所必需的;②我国不能生产,或虽能生产,但在技术性能或供应时间上不能保证需要的。

作价出资的机器设备运抵我国口岸时,外资企业应报请国内的商检机构进行检验,并出具检验报告。作价出资的机器设备的品种、质量和数量不符合要求的,审批机关有权要求外国投资者限期改正。机器设备的作价,以不高于同类机器设备当时的国际市场正常价格为原则。按照实践经验,对于刚面市的机器设备、非标准化和非通用的机器设备、外商已用过的或自己制造的机器设备、含有专有技术等知识产权的机器设备等缺乏市场价格依据的机器设备的作价,可借由该机器设备所能制造的产品的价值来反向评估其作价,一般认为投入产出比例为1:2左右的作价较为合理。

(三) 以技术作价出资

外国投资者以工业产权、专有技术作价出资时,该工业产权、专有技术必须符合下列要求:①外国投资者自己所有的;②能生产我国急需的新产品或出口适销产品的。该工业产权、专有技术的作价应与国际上通常的作价原则相一致,其作价金额不得超过外资企业注册资本的20%。作价出资的工业产权、专有技术实施后,审批机关有权进行检查。如该工业产权、专有技术与外国投资者原来提供的资料不符,则审批机关有权要求外国投资者限期改正。

四、外资企业的税收优惠

现行外资企业所得税的优惠政策主要包括地区投资优惠、生产性投资优惠、再投资退税的优惠,以及预提税方面的优惠。我们主要介绍下地区投资优惠。

(一) 经济特区的税收优惠

总部设在经济特区的外资企业,或者在经济特区设立机构、场所从事生产、经营的外资企业,减按15%的税率征收企业所得税。①

(二) 沿海开放城市(地区)的税收优惠

设在沿海经济开放区和经济特区、经济技术开发区所在城市的老市区的生产性外商投资企业,减按24%的税率征收企业所得税。

(三) 经济技术开发区的税收优惠

设在经济技术开发区的生产性外商投资企业,减按15%的税率征收企业所得税。

---

① 经济特区是指依法设立或者经国务院批准设立的深圳经济特区、珠海经济特区、汕头经济特区、厦门经济特区和海南经济特区;经济技术开发区是指经国务院批准设立的经济技术开发区,不包括地方政府批准设立的经济技术开发区。上述所说的减按15%的税率征收企业所得税,仅限于上述企业在相应地区内从事生产、经营活动取得的所得,不包括其来源于其他地区的所得。

（四）高新技术产业开发区的税收优惠

设在高新技术产业开发区的被认定为高新技术企业的外资企业，减按15%的税率征收企业所得税。

第四节 《中华人民共和国外商投资法》

一、《中华人民共和国外商投资法》颁布背景

2019年3月15日，第十三届全国人民代表大会第二次会议表决通过了《中华人民共和国外商投资法》（以下简称《外商投资法》）。同日，国家主席习近平签署第二十六号主席令，公布《外商投资法》自2020年1月1日起施行；对于依照"外资三法"[①]设立的外商投资企业保留5年过渡期。此举标志着我国对外开放事业开启了新的篇章，贯彻准入前国民待遇加负面清单管理制度更加明确彻底，我国的外资管理模式和开放水平将与国际上开放程度较高的国家全面接轨，实现高水平投资自由化与便利化。

我国外商投资管理体制在20世纪七八十年代基本形成以后，一直以准入审批加优惠措施的方式实施管理，外商投资的国民待遇原则未得到彻底贯彻，在市场准入方面与内资区别对待，需要进行专门审批，从而成为我国市场经济发展和进一步改革开放的制度性障碍。在《公司法》《合伙企业法》等企业组织法相继出台后，"外资三法"中的部分条款与上述法律的规定存在冲突，滞后于跨国并购、间接投资等国际经济形势新变化，"外资三法"已经难以适应构建开放型经济体制的需要。《外商投资法》的正式颁布，确立了我国新型外商投资法律制度的基本框架，以法律的形式明确了对外商投资的管理及合法权益的保护，对外商投资准入、促进和保护等方面进行统一规定，为我国进一步扩大对外开放、积极有效利用外资提供了更加有力的法治保障。

> 《外商投资法》是为了进一步扩大对外开放、积极促进外商投资、保护外商投资合法权益、规范外商投资管理、推动形成全面开放新格局、促进社会主义市场经济健康发展、根据《宪法》制定的法律。

二、《外商投资法》的主要内容

（一）《外商投资法》内容概述

《外商投资法》由总则、投资促进、投资保护、投资管理、法律责任和附则共六章四十二条组成，对新的外商投资法律制度作出了基本规定，明确国家对外商投资实行准入前国民待遇加负面清单管理制度，取消了逐案审批制管理模式等，体现了我国外商投资管理体制

[①] "外资三法"指《中华人民共和国中外合资经营企业法》《中华人民共和国中外合作经营企业法》《中华人民共和国外资企业法》。自2020年1月1日起，"外资三法"废止。

的根本性变革。

1. 总则

总则规定了外商投资的定义和类型,明确国家对外商投资实行准入前国民待遇加负面清单管理制度等。

2. 投资促进

国家根据国民经济和社会发展需要鼓励和引导外国投资者在特定行业、领域、地区投资。外国投资者、外商投资企业可以依照法律、行政法规或者国务院的规定享受优惠待遇等。

3. 投资保护

国家对外国投资者的投资不实行征收。行政机关及其工作人员不得利用行政手段强制转让技术。外国投资者在中国境内的出资、利润、资本收益、资产处置所得、知识产权许可使用费、依法获得的补偿或者赔偿、清算所得等,可以依法以人民币或者外汇自由汇入、汇出等。

4. 投资管理

投资管理遵循非禁即入规则,外国投资者并购中国境内企业或者以其他方式参与经营者集中的,应当依照《中华人民共和国反垄断法》的规定接受经营者集中审查。

5. 法律责任

外国投资者的投资活动违反外商投资准入负面清单规定的,应当依法承担相应的法律责任。未按照外商投资信息报告制度的要求报送投资信息的,由商务主管部门责令限期改正;逾期不改正的,处十万元以上五十万元以下的罚款。

6. 附则

任何国家或者地区在投资方面对我国采取歧视性的禁止、限制或者其他类似措施的,我国可以根据实际情况对该国家或者该地区采取相应的措施。对外国投资者在中国境内投资银行业、证券业、保险业等金融行业,或者在证券市场、外汇市场等金融市场进行投资的管理,国家另有规定的,依照其规定。

(二)《外商投资法》的制定原则

第一,突出积极扩大对外开放和促进外商投资的主基调。制定《外商投资法》,就是要在新的历史条件下通过国家立法表明将改革开放进行到底的决心和意志,展现新时代我国积极的对外开放姿态,顺应时代发展潮流,体现推动新一轮高水平对外开放、营造国际一流营商环境的精神和要求。这使这部法律成为一部外商投资的促进法、保护法。

第二,坚持外商投资基础性法律的定位。《外商投资法》是新形势下国家关于外商投资活动全面的、基本的法律规范,是外商投资领域起龙头作用、具有统领性质的法律。因此,这部法律的重点是确立外商投资准入、促进、保护、管理等方面的基本制度框架和规则,建立起新时代我国外商投资法律制度的"四梁八柱"。

第三,坚持中国特色和国际规则相衔接。《外商投资法》立足于我国当前的发展阶段和利用外资工作的实际需要,对外商投资的准入、促进、保护、管理等作出有针对性的规定;同时注意与国际通行的经贸规则、营商环境相衔接,努力构建既符合我国基本国情和实际又顺应国际通行规则、惯常做法的外商投资法律制度。

第四，坚持内外资一致。外商投资在准入后享受国民待遇，国家对内资和外资的监督管理，适用相同的法律制度和规则。继续按照市场化、法治化、国际化的改革方向，在行政审批改革、加强产权平等保护等方面完善相关法律制度，努力打造内外资公平竞争的市场环境，依靠改善投资环境吸引更多外商投资。

(三)《外商投资法》的特色与创新

相较于"外资三法"，《外商投资法》的特色与创新主要体现在以下四个方面：

1. 从企业组织法转型为投资行为法

如上所述，"外资三法"出台时的历史背景和立法理念决定了其基本上是企业组织法，主要规制外商投资企业的组织形式和设立变更。这一方面导致"外资三法"的相关规定与后来制定的《公司法》《合伙企业法》等一般性企业组织法存在大量重复和局部冲突；另一方面使得"外资三法"难以专注于处理与外商投资行为直接相关的特色性问题。与此不同，《外商投资法》不再是一部企业组织法，而是一部投资行为法；不再是以企业组织为着眼点和依归，而是以投资行为为着眼点和依归。

《外商投资法》第三十一条明确规定："外商投资企业的组织形式、组织机构及其活动准则，适用《中华人民共和国公司法》、《中华人民共和国合伙企业法》等法律的规定。"换言之，《外商投资法》将外商投资所涉及的企业组织形式方面的内容，如企业设立、注册资本、组织机构、股权转让、变更终止等，交由上述法律制度去统一调整和规范，自身则集中于与外商投资行为直接相关的特色性内容，包括外资界定、外资准入、外资保护、外资审查等。这符合国际通行的立法模式。此外，这一转变还意味着主管部门不再对外商投资企业进行有别于内资企业的概括式管理，而是以内外资企业同等对待为原则，外商投资企业在企业组织和运营方面同内资企业一样贯彻企业自治，淡化行政审批色彩，在企业设立、股权转让、变更终止等方面赋予中外经营者更多的契约自由和更大的自主权。

与此同时，《外商投资法》设置了5年的过渡期，规定在其施行前依照"外资三法"设立的外商投资企业，可在其施行后5年内继续保留原企业组织形式。这有助于保持制度的稳定性和连续性，保护投资者的合理预期。

2. 强调对外商投资的促进与保护

与"外资三法"侧重于管理不同，《外商投资法》更强调对外商投资的促进与保护。该法第一条就开宗明义地指出："为了进一步扩大对外开放，积极促进外商投资，保护外商投资合法权益，规范外商投资管理，推动形成全面开放新格局，促进社会主义市场经济健康发展，根据宪法，制定本法。"不仅如此，《外商投资法》关于"投资促进"的第二章有11条，关于"投资保护"的第三章有8条，共计19条，加上第一章总则部分关于保护和促进投资的部分条款，在数量上远远超出关于"投资管理"的第四章(仅8条)。

此外，《外商投资法》的一些具体规定，也体现出较以往更强的保护力度和更高的保护水平。例如，第二十条规定："国家对外国投资者的投资不实行征收。在特殊情况下，国家为了公共利益的需要，可以依照法律规定对外国投资者的投资实行征收或者征用。征收、征用应当依照法定程序进行，并及时给予公平、合理的补偿。"相比"外资三法"所规定的

"给予相应的补偿",保护标准有了实质性提高。再如,第十条规定在制定与外商投资相关的法律、法规、规章时,应当采取适当方式征求外商投资企业的意见和建议;与外商投资有关的规范性文件、裁判文书等,应当依法及时公布。第十八条规定县级以上地方人民政府可以根据法律、行政法规、地方性法规的规定,在法定权限内制定外商投资促进和便利化政策措施。第二十二条强调保护外国投资者和外商投资企业的知识产权,规定行政机关及其工作人员不得利用行政手段强制转让技术。第二十六条规定国家建立外商投资企业投诉工作机制。第二十七条规定外商投资企业可以依法成立和自愿参加商会、协会。以上条款都充分彰显了《外商投资法》促进和保护外商投资的力度和决心。

3. 全面落实国民待遇原则

在"外资三法"时代的大多数时期,外商投资和外国投资者所享有的国民待遇仅限于准入后,即获准进入中国市场投资以后。就市场准入本身而言,外国投资者并不享有国民待遇,而是同中国投资者区别对待的。换言之,仅仅因为"外国人"(包括自然人和法人)这一身份,其在中国投资就要经过专门的申请和审批程序,即所谓的"外商投资审批"。从2013年起,我国在上海自由贸易试验区试行准入前国民待遇加负面清单管理制度,即除负面清单上列明的禁止或限制外商投资的领域和门类外,自投资准入阶段起就给予外国投资者国民待遇。经过上海自由贸易试验区及其后设立的其他多个自由贸易试验区的探索和完善,我国于2018年6月发布了《外商投资准入特别管理措施(负面清单)(2018年版)》,将自由贸易试验区的成功经验正式推广到全国。在此基础上,《外商投资法》以法律形式进一步加以确认。

该法第四条明确规定:"国家对外商投资实行准入前国民待遇加负面清单管理制度。前款所称准入前国民待遇,是指在投资准入阶段给予外国投资者及其投资不低于本国投资者及其投资的待遇;所称负面清单,是指国家规定在特定领域对外商投资实施的准入特别管理措施。国家对负面清单之外的外商投资,给予国民待遇。"至此,我国正式实现了与国际通行的外商投资准入管理模式的接轨。

需要强调的是,所谓"准入前国民待遇",并不是说准入后就不享受国民待遇。恰恰相反,如上所述,我国对外商投资的国民待遇是从准入后向准入前(或者更准确地说,准入阶段)延展,这里所说的准入前国民待遇,实际上是包含准入阶段和准入后的运营阶段在内的整个投资阶段的国民待遇。上述"国家对负面清单之外的外商投资,给予国民待遇"的表述也说明了这一点。不仅如此,《外商投资法》还通过多个条款确保和强化准入后国民待遇,落实内外资一视同仁的基本原则。例如,第九条规定:"外商投资企业依法平等适用国家支持企业发展的各项政策。"第十六条规定:"国家保障外商投资企业依法通过公平竞争参与政府采购活动。政府采购依法对外商投资企业在中国境内生产的产品、提供的服务平等对待。"第三十条第二款规定:"有关主管部门应当按照与内资一致的条件和程序,审核外国投资者的许可申请,法律、行政法规另有规定的除外。"

4. 更加周延地覆盖外商投资实践

"外资三法"仅涉及新设投资即设立外商投资企业这种外商投资形式,对于跨国并购未予规定,对于通过协议控制等方式进行的间接投资也未涉及。实践中,主要通过《关于外国投资者并购境内企业的规定》《外商投资企业设立及变更备案管理暂行办法》《最高人民法院关于审理外商投资企业纠纷案件若干问题的规定（一）》等部门规章和司法解释的方式，对相关实践予以规范。此外，对于反垄断审查、国家安全审查等涉及外商投资行为的特色性问题，"外资三法"也未涉及，从而不能在立法层面周延地覆盖外商投资实践。

《外商投资法》第二条规定："在中华人民共和国境内（以下简称中国境内）的外商投资，适用本法。本法所称外商投资，是指外国的自然人、企业或者其他组织（以下称外国投资者）直接或者间接在中国境内进行的投资活动，包括下列情形：（一）外国投资者单独或者与其他投资者共同在中国境内设立外商投资企业；（二）外国投资者取得中国境内企业的股份、股权、财产份额或者其他类似权益；（三）外国投资者单独或者与其他投资者共同在中国境内投资新建项目；（四）法律、行政法规或者国务院规定的其他方式的投资。本法所称外商投资企业，是指全部或者部分由外国投资者投资，依照中国法律在中国境内经登记注册设立的企业。"这就将现有和将来可能的各种外商投资形式都涵盖在内，实现了立法的周延覆盖。

（四）关于外商投资的界定

《外商投资法》对外商投资进行了界定，即外国的自然人、企业或者其他组织直接或者间接在中国境内进行的投资活动，主要包括以下四类具体情形：一是外国投资者单独或者与其他投资者共同在中国境内设立外商投资企业；二是外国投资者取得中国境内企业的股份、股权、财产份额或者其他类似权益；三是外国投资者单独或者与其他投资者共同在中国境内投资新建项目；四是法律、行政法规或者国务院规定的其他方式的投资。

此处所称"在中国境内投资新建项目"，是指外国投资者在中国境内对特定项目建设进行投资，但不设立外商投资企业，不取得中国境内企业的股份、股权、财产份额或者其他类似权益。例如，外国投资者以服务费、特许经营费或其他约定方式获取投资收益。《中华人民共和国外商投资法实施条例》（以下简称《实施条例》）进一步规定，上述"其他投资者"，包括中国的自然人在内。这意味着中国自然人也可以同外国的自然人、企业或其他组织在中国境内设立外商投资企业或者投资新建项目。

尽管《外商投资法》和《实施条例》均未对"间接"一词作出界定，但根据对间接投资通常的几种理解，上述法律规定至少提供了将资本市场投资、协议控制模式投资、外商投资企业中国境内再投资等涵盖在内的可能性。同时，考虑到金融行业同其他行业和领域相比具有特殊性，《外商投资法》第四十一条规定："对外国投资者在中国境内投资银行业、证券业、保险业等金融行业，或者在证券市场、外汇市场等金融市场进行投资的管理，国家另有规定的，依照其规定。"

此外，考虑到港澳台投资者以及定居国外的中国公民（即通常所说的华侨）投资的特殊性，《实施条例》第四十八条规定："香港特别行政区、澳门特别行政区投资者在内地投资，参照外商投资法和本条例执行；法律、行政法规或者国务院另有规定的，从其规定。台湾地区投资者在大陆投资，适用《中华人民共和国台湾同胞投资保护法》（以下简称台湾同胞投资保护法）及其实施细则的规定；台湾同胞投资保护法及其实施细则未规定的事项，参照外商投资法和本条例执行。定居在国外的中国公民在中国境内投资，参照外商投资法和本条例执行;法律、行政法规或者国务院另有规定的,从其规定。"

（五）关于外商投资促进

为积极促进外商投资,《外商投资法》第三条规定:"国家坚持对外开放的基本国策,鼓励外国投资者依法在中国境内投资。国家实行高水平投资自由化便利化政策,建立和完善外商投资促进机制,营造稳定、透明、可预期和公平竞争的市场环境。"《外商投资法》和《实施条例》为此作出了一系列具体规定。

1. 提高外商投资政策的透明度

政府及其有关部门制定的支持企业发展的政策应当依法公开;对政策实施中需要由企业申请办理的事项,政府及其有关部门应当公开申请办理的条件、流程、时限等,并在审核中依法平等对待外商投资企业和内资企业。制定与外商投资有关的行政法规、规章、规范性文件,或者政府及其有关部门起草与外商投资有关的法律、地方性法规,应当根据实际情况,采取书面征求意见以及召开座谈会、论证会、听证会等多种形式,听取外商投资企业和有关商会、协会等方面的意见和建议;对反映集中或者涉及外商投资企业重大权利义务问题的意见和建议,应当通过适当方式反馈采纳的情况。与外商投资有关的规范性文件应当依法及时公布,未经公布的不得作为行政管理依据。与外商投资企业生产经营活动密切相关的规范性文件,应当结合实际,合理确定公布到施行之间的时间。

2. 保障外商投资企业平等参与市场竞争

外商投资企业依法和内资企业平等参与国家标准、行业标准、地方标准和团体标准的制定、修订工作。外商投资企业可以根据需要自行制定或者与其他企业联合制定企业标准。外商投资企业可以向标准化行政主管部门和其他有关行政主管部门提出标准的立项建议,在标准立项、起草、技术审查以及标准实施信息反馈、评估等过程中提出意见和建议,并按照规定承担标准起草、技术审查的相关工作以及标准的外文翻译工作。标准化行政主管部门和其他有关行政主管部门应当建立健全相关工作机制,提高标准制定、修订的透明度,推进标准制定、修订全过程信息公开。国家制定的强制性标准对外商投资企业和内资企业平等适用,不得专门针对外商投资企业适用高于强制性标准的技术要求。国家保障外商投资企业依法通过公平竞争参与政府采购活动,政府采购依法对外商投资企业在中国境内生产的产品和提供的服务平等对待。政府及其有关部门不得阻挠和限制外商投资企业自由进入本地区和本行业的政府采购市场。政府采购的采购人、采购代理机构不得在政府采购信息发布、供应商条件确定和资格审查、评标标准等方面,对外商投资企业实行差别待遇或者歧视待遇,不得以所有制形式、组织形式、股权结构、投资者国别、产品或服务品牌以及其他不合理的条件对供应商予以限定,不得对外商投资企业在中国境内生产的产品、提供的服务和内资企业区别对待。外商投资企业可以依照《中华人民共和国政府采购法》及其实施条例的规定,就政府采购活动事项向采购人、采购代理机构提出询问,向政府采购监督管理部门投诉。采购人、采购代理机构、政府采购监督管理部门应当在规定的时限内做出答复或处理决定。外商投资企业可以依法在中国境内或境外通过公开发行股票、公司债券等证券,以及公开或非公开发行其他融资工具、借用外债等方式进行融资。

3. 加强外商投资服务

国家建立健全外商投资服务体系,为外国投资者和外商投资企业提供法律法规、政策措施、投资项目信息等方面的咨询和服务。各级人民政府应当按照政府主导、多方参与的原则,建立健全外商投资服务体系,不断提升外商投资服务能力和水平。政府及其有关部门应当通过政府网站、全国一体化在线政务服务平台集中列明有关外商投资的法律、法规、规章、规范性文件、政策措施和投资项目信息,并通过多种途径和方式加强宣传、解读,为外国投资者和外商投资企业提供咨询、指导等服务。

4. 依法依规鼓励和引导外商投资

国家根据需要,设立特殊经济区域,或者在部分地区实行外商投资试验性政策措施,促进外商投资,扩大对外开放。此处所称"特殊经济区域",是指经国家批准设立、实行更大力度的对外开放政策措施的特定区域;国家在部分地区实行的外商投资试验性政策措施,经实践证明可行的,根据实际情况在其他地区或者全国范围内推广。国家根据国民经济和社会发展需要,制定《鼓励外商投资产业目录》,列明鼓励和引导外国投资者投资的特定行业、领域、地区。《鼓励外商投资产业目录》由国务院投资主管部门会同国务院商务主管部门等有关部门拟订,报国务院批准后由国务院投资主管部门、商务主管部门发布。外国投资者、外商投资企业可以依照法律、行政法规或者国务院的规定,享受财政、税收、金融、用地等方面的优惠待遇。外国投资者以其在中国境内的投资收益在中国境内扩大投资的,依法享受相应的优惠待遇。县级以上地方人民政府可以根据法律、行政法规、地方性法规的规定,在法定权限内制定费用减免、用地指标保障、公共服务提供等方面的外商投资促进和便利化政策措施。

(六) 关于外商投资保护

为加强对外商投资合法权益的保护,《外商投资法》第五条规定:"国家依法保护外国投资者在中国境内的投资、收益和其他合法权益。"《外商投资法》和《实施条例》为此作出了一系列具体规定。

1. 加强对外商投资企业的产权保护

国家对于外国投资者的投资原则上不实行征收;在特殊情况下、为了公共利益的需要,可以依照法律规定对外国投资者的投资实行征收或者征用,但应当依照法定程序、以非歧视性的方式进行,并按照被征收投资的市场价值及时给予补偿。外国投资者对征收决定不服的,可以依法申请行政复议或者提起行政诉讼。外国投资者在中国境内的出资、利润、资本收益、资产处置所得、取得的知识产权许可使用费、依法获得的补偿或赔偿、清算所得等,可以依法以人民币或外汇自由汇入、汇出,任何单位和个人不得违法对币种、数额以及汇入、汇出的频次等进行限制。外商投资企业的外籍职工和中国香港、澳门、台湾地区职工的工资收入和其他合法收入,可以依法自由汇出。国家保护外国投资者和外商投资企业的知识产权,保护知识产权权利人和相关权利人的合法权益,鼓励在外商投资过程中基于自愿原则和商业规则开展技术合作,合作条件由投资各方遵循公平原则平等协商确定。行政机关(包括法律、法规授权的具有管理公共事务职能的组织)及其工作人员不得利用实施行政许可、行政检查、行政处罚、行政强制以及其他行政手段,强制或者变相强制外国投资者、外商投资企业转让技术。行政机关依法履行职责,确需外国投资者、外商投资企业提供涉及商业秘密的材料、信息的,应当限定在履行职责所必需的范围内,并严格控制知悉范围,与履行职责无关的人员不得接触有关材料、信息。行政机关应当建立健全内部管理制度,采取有效措施保护履行职责过程中知悉的外国投资者、外商投资企业的商业秘密;依法需要与其他行政机关共享信息的,应当对信息中含有的商业秘密进行保密处理,防止泄露。

2. 强化对制定涉及外商投资规范性文件的约束

各级人民政府及其有关部门制定涉及外商投资的规范性文件,应当符合法律法规的规定;没有法律、行政法规依据的,不得减损外商投资企业的合法权益或者增加其义务,不得设置市场准入和退出条件,不得干预外商投资企业的正常生产经营活动。涉及外商投资的规范性文件,应当按照国务院的规定进行合法性审核。外国投资者、外商投资企业认为行政行为所依据的国务院部门和地方人民政府及其部门制定的规范性文件不合法,在依法对行政行为申请行政复议或者提起行政诉讼时,可以一并请求对该规范性文件进行审查。

3. 促使地方政府守约践诺

地方各级人民政府及其有关部门应当履行向外国投资者、外商投资企业依法作出的政策承诺以及依法订立的各类合同,不得以行政区划调整、政府换届、机构或职能调整以及相关责任人更替等为由违约毁约;因国家利益、社会公共利益需要改变政策承诺、合同约定的,应当依照法定权限和程序进行,并依法对外国投资者、外商投资企业因此受到的损失及时予以公平、合理的补偿。此处所称"政策承诺",是指地方各级人民政府及其有关部门在法定权限内,就外国投资者、外商投资企业在本地区投资所适用的支持政策、享受的优惠待遇和便利条件等作出的书面承诺。

4. 建立健全外商投资企业投诉工作机制

国家建立健全外商投资企业投诉工作机制,协调完善外商投资企业投诉工作中的重大政策措施,及时处理外商投资企业或者其投资者反映的问题。县级以上人民政府及其有关部门应当按照公开透明、高效便利的原则,建立健全外商投资企业投诉工作机制,及时处理外商投资企业或者其投资者反映的问题,协调完善相关政策措施。

国务院商务主管部门会同国务院有关部门建立外商投资企业投诉工作部际联席会议制度,设立全国外资投诉中心,并对地方的外商投资企业投诉工作进行指导和监督。县级以上地方人民政府应当指定部门或机构负责受理本地区外商投资企业或者其投资者的投诉。外商投资企业或其投资者认为行政机关及其工作人员的行政行为侵犯其合法权益,通过外商投资企业投诉工作机制申请协调解决的,有关方面进行协调时可以向被申请的行政机关及其工作人员了解情况,被申请的行政机关及其工作人员应当予以配合。协调结果应当以书面形式及时告知申请人。外商投资企业或其投资者依照前款规定申请协调解决有关问题的,不影响其依法申请行政复议、提起行政诉讼。对外商投资企业或其投资者通过外商投资企业投诉工作机制反映或者申请协调解决问题,任何单位和个人不得压制或者打击报复。除外商投资企业投诉工作机制外,外商投资企业或其投资者还可以通过其他合法途径向政府及其有关部门反映问题。

此外，《外商投资法》和《实施条例》还规定，外商投资企业可以依法成立商会、协会，除法律、法规另有规定外，外商投资企业有权自主决定参加或者退出商会、协会，任何单位和个人不得干预；商会、协会应当依照法律法规和章程的规定，加强行业自律，及时反映行业诉求，为会员提供信息咨询、宣传培训、市场拓展、经贸交流、权益保护、纠纷处理等方面的服务；国家支持商会、协会依照法律法规和章程的规定开展相关活动。

（七）关于外商投资管理

1. 准入前国民待遇加负面清单管理制度

我国长期以来对外商投资的市场准入实行审批制，即外国投资者在我国境内投资设立企业必须经国家或地方商务主管部门事先批准，获得批准后才能办理工商登记，领取营业执照；外商投资企业的合并、分立等重要事项变更以及延长经营期限，也需要审批机关批准。

2013年，上海颁布《中国（上海）自由贸易试验区外商投资准入特别管理措施（负面清单）》，上海自由贸易试验区率先试行准入前国民待遇加负面清单的新型投资准入管理模式，即以负面清单形式明确列出需要对外商投资采取审批等特别管理措施的投资领域和投资项目，对于负面清单（特别管理措施目录）之外的投资领域和投资项目则对外国投资者和本国投资者一体对待，不再仅因前者的"外国"身份而对其进行专门审批。在上海自由贸易试验区三年试点期间，我国积累了大量可复制、可推广的经验，又增设了若干新的自由贸易试验区。在此基础上，全国人民代表大会常务委员会于2016年9月3日通过《关于修改〈中华人民共和国外资企业法〉等四部法律的决定》，对"外资三法"及《台湾同胞投资保护法》四部法律进行修改，规定举办外商投资企业不涉及国家规定实施准入特别管理措施的，对上述法律中规定的相关审批事项适用备案管理，从而将准入前国民待遇加负面清单管理模式正式推广到全国范围。

《外商投资法》明确规定，国家对外商投资实行准入前国民待遇加负面清单管理制度。所谓准入前国民待遇，是指在投资准入阶段给予外国投资者及其投资不低于本国投资者及其投资的待遇；所谓负面清单，是指国家规定在特定领域对外商投资实施的准入特别管理措施。国家对负面清单之外的外商投资，给予国民待遇；中国缔结或参加的国际条约、协定对外国投资者准入待遇有更优惠规定的，可以按照相关规定执行。换言之，除非国家另有规定并明确列举于负面清单之上，或者相关国际条约、协定对于外国投资者待遇有更优惠的规定，否则内外资在投资待遇和准入管理方面一视同仁、一体对待。《实施条例》进一步规定，外商投资准入负面清单由国务院投资主管部门会同国务院商务主管部门等有关部门提出，报国务院发布或者报国务院批准后由国务院投资主管部门、商务主管部门发布。

负面清单规定禁止投资的领域，外国投资者不得投资。负面清单规定限制投资的领域，外国投资者进行投资应当符合负面清单规定的股权要求、高级管理人员要求等限制性准入特别管理措施。有关主管部门在依法履行职责过程中，对外国投资者拟投资负面清单内领域，但不符合负面清单规定的，不予办理许可、企业登记注册等相关事项；涉及固定资产投资项目核准的，不予办理相关核准事项。在此基础上，《外商投资法》相关条款还对外商投资管理作出了一些指引性、衔接性的规定，以便与投资经营领域的现有制度框架配套和衔接。

（1）明确按照内外资一致的原则对外商投资企业实施监督管理。外商投资企业的登记注册，由国务院市场监督管理部门或者其授权的地方人民政府市场监督管理部门依法办理，注册资本可以用人民币或可自由兑换货币表示。外商投资企业需要办理投资项目核准、备案的，按照国家有关规定执行。外国投资者在依法需要取得许可的行业、领域进行投资的，除法律、行政法规另有规定外，负责实施许可的有关主管部门应当按照与内资一致的条件和程序，审核外国投资者的许可申请，不得在许可条件、申请材料、审核环节、审核时限等方面对外国投资者设置歧视性要求。外商投资企业的组织形式、组织机构适用《公司法》《合伙企业法》等法律的规定。外商投资企业开展生产经营活动，应当依照有关法律、行政法规和国家有关规定办理税收、会计、外汇等事宜，并接受有关主管部门依法实施的监督检查。外国投资者并购中国境内企业或者以其他方式参与经营者集中的，应当依照《中华人民共和国反垄断法》的规定接受经营者集中审查。

（2）建立健全外商投资信息报告制度。外国投资者或外商投资企业应当通过企业登记系统以及企业信用信息公示系统向商务主管部门报送投资信息，所报送的投资信息应当真实、准确、完整。国务院商务主管部门、市场监督管理部门应当做好相关业务系统的对接和工作衔接，并为外国投资者或外商投资企业报送投资信息提供指导。外商投资信息报告的内容、范围、频次和具体流程，由国务院商务主管部门会同国务院市场监督管理部门等有关部门按照确有必要、高效便利的原则确定并公布。商务主管部门、其他有关部门应当加强信息共享，通过部门信息共享能够获得的投资信息，不得再行要求外国投资者或外商投资企业报送。

2. 外商投资安全审查制度

《外商投资法》第三十五条规定："国家建立外商投资安全审查制度，对影响或者可能影响国家安全的外商投资进行安全审查。依法作出的安全审查决定为最终决定。"

一般而言，外商投资安全审查是指以涉及"国家安全"为理由，由专门的机构和机制对归入审查范围的特定外商投资行为进行全面审查，以评估该投资行为对东道国国家安全产生的风险和影响，从而做出决策并进行风险管控的专门制度。该制度由美国于20世纪70年代创设，后经不断修正而日益成熟完善。由于在平衡经济利益与国家安全中发挥着重要作用，该制度逐渐为各国政府所认可和仿效。我国现行外商投资安全审查制度的原型是商务部等部委搭建的外资并购国家经济安全审查制度，基本依据是2006年《关于外国投资者并购境内企业的规定》（"10号令"）及其修订版2009年《关于外国投资者并购境内企业的规定》（"6号令"）。对外资并购境内企业的国家安全审查本质上是一种市场准入制度，是行政许可的一种，而根据《中华人民共和国行政许可法》，部门规章不能设定行政许可。因此，严格说来，"6号令"和"10号令"所搭建的外资并购国家经济安全审查制度，在合法性上存在一定瑕疵。

2011年2月，国务院办公厅发布《关于建立外国投资者并购境内企业安全审查制度的通知》（以下简称《通知》），弥补了上述的合法性缺陷，正式建立起我国外资并购领域的国家安全审查制度。根据《通知》，国家安全审查的内容为：并购交易对国防安全，包括对国防需要的国内产品生产能力、国内服务提供能力和有关设备设施的影响；并购交易对国家经济稳定运行的影响;并购交易对社会基本生活秩序的影响;并购交易对涉及国家安全关键技术研发能力的影响。在审查机制方面,《通知》规定采取部际联席会议形式,由国家发展改革委和商务部"双牵头",会同相关部门共同进行审查;在决策机制上采取协商一致的方式,重大分歧报国务院决定。

2011年8月,商务部公布了《商务部实施外国投资者并购境内企业安全审查制度的规定》,对《通知》的相关内容作了进一步明确和细化。

2014年5月,国家发展改革委发布了《外商投资项目核准和备案管理办法》(以下简称《管理办法》),将国家安全审查纳入外商投资项目管理体系,实现相关管理制度的有机结合。与《通知》仅适用于并购投资不同,该《管理办法》第二条规定:"本办法适用于中外合资、中外合作、外商独资、外商投资合伙、外商并购境内企业、外商投资企业增资及再投资项目等各类外商投资项目",既包括并购投资,也包括新设投资。《管理办法》第七条规定:"外商投资涉及国家安全的,应当按照国家有关规定进行安全审查",从而将国家安全审查与外商新设投资联系起来。

2015年4月8日,经国务院同意,国务院办公厅印发《自由贸易试验区外商投资国家安全审查试行办法》,在自由贸易试验区的范围内,将国家安全审查的范围扩展为全面覆盖外商投资领域。

总的原则是,对影响或可能影响国家安全、国家安全保障能力,涉及敏感投资主体、敏感并购对象、敏感行业、敏感技术、敏感地域的外商投资进行安全审查。具体的安全审查范围为:外国投资者在自由贸易试验区内投资军工、军工配套和其他关系国防安全的领域,以及重点、敏感军事设施周边地域;外国投资者在自由贸易试验区内投资关系国家安全的重要农产品、重要能源和资源、重要基础设施、重要运输服务、重要文化、重要信息技术产品和服务、关键技术、重大装备制造等领域,并取得所投资企业的实际控制权。

外国投资者在自由贸易试验区内投资,包括下列情形:①外国投资者单独或与其他投资者共同投资新建项目或设立企业;②外国投资者通过并购方式取得已设立企业的股权或资产;③外国投资者通过协议控制、代持、信托、再投资、境外交易、租赁、认购可转换债券等方式投资。所谓"取得所投资企业的实际控制权",包括下列情形:①外国投资者及其关联投资者持有企业股份总额在50%以上;②数个外国投资者持有企业股份总额合计在50%以上;③外国投资者及其关联投资者、数个外国投资者持有企业股份总额不超过50%,但所享有的表决权已足以对股东会或股东大会、董事会的决议产生重大影响;④其他导致外国投资者对企业的经营决策、人事、财务、技术等产生重大影响的情形。

自由贸易试验区外商投资安全审查的内容包括:①外商投资对国防安全,包括对国防需要的国内产品生产能力、国内服务提供能力和有关设施的影响;②外商投资对国家经济稳定运行的影响;③外商投资对社会基本生活秩序的影响;④外商投资对国家文化安全、公共道德的影响;⑤外商投资对国家网络安全的影响;⑥外商投资对涉及国家安全关键技术研发能力的影响。

自由贸易试验区外商投资安全审查工作,由外国投资者并购境内企业安全审查部际联席会议(以下简称联席会议)具体承担。在联席会议机制下,国家发展改革委、商务部根据外商投资涉及的领域,会同相关部门开展安全审查。对影响或可能影响国家安全,但通过附加条件能够消除影响的投资,联席会议可要求外国投资者出具修改投资方案的书面承诺。外国投资者出具书面承诺后,联席会议可作出附加条件的审查意见。自由贸易试验区管理机构在办理职能范围内外商投资备案、核准或审核手续时,对属于安全审查范围的外商投资,应及时告知外国投资者提出安全审查申请,并暂停办理相关手续。商务部将联席会议审查意见书面通知外国投资者的同时,通知自由贸易试验区管理机构。对不影响国家安全或附加条件后不影响国家安全的外商投资,自由贸易试验区管理机构继续办理相关手续。

自由贸易试验区管理机构应做好外商投资监管工作。如发现外国投资者提供虚假信息、遗漏实质信息、通过安全审查后变更投资活动或违背附加条件,对国家安全造成或可能造成重大影响的,即使外商投资安全审查已结束或投资已实施,自由贸易试验区管理机构仍应向国家发展改革委和商务部报告。2015年7月1日,第十二届全国人民代表大会常务委员会第十五次会议通过了《中华人民共和国国家安全法》(以下简称《国家安全法》),自公布之日起施行。《国家安全法》第四章专章规定了国家安全制度,第五十九条明确规定:"国家建立国家安全审查和监管的制度和机制,对影响或者可能影响国家安全的外商投资、特定物项和关键技术、网络信息技术产品和服务、涉及国家安全事项的建设项目,以及其他重大事项和活动,进行国家安全审查,有效预防和化解国家安全风险。"可以说,《外商投资法》的规定与《国家安全法》进行了有效衔接,并具备实践基础。

三、《外商投资法》法条解读

具体条文:

《外商投资法》第二条:在中华人民共和国境内(以下简称中国境内)的外商投资,适用本法。本法所称外商投资,是指外国的自然人、企业或者其他组织(以下称外国投资者)直接或者间接在中国境内进行的投资活动,包括下列情形:

(一)外国投资者单独或者与其他投资者共同在中国境内设立外商投资企业;

(二)外国投资者取得中国境内企业的股份、股权、财产份额或者其他类似权益;

(三)外国投资者单独或者与其他投资者共同在中国境内投资新建项目;

(四)法律、行政法规或者国务院规定的其他方式的投资。

本法所称外商投资企业,是指全部或者部分由外国投资者投资,依照中国法律在中国境内经登记注册设立的企业。

条文解析: 该条规定了外商投资的定义和情形。在定义中明确了直接投资和间接投资两种投资形式,完善了外商投资形式和范围。《外商投资法》名称中没有"企业"两字,表示该部法律并不局限于规范企业,也就是说,国家允许外商的投资形式不再仅限于"外资三法"时代的设立外商企业这种直接投资,还包括间接投资。

但是,该条并未明确间接投资的形式。与间接投资的监管相关的是负面清单制度,监管的一个主要目的就是防止外商投资通过间接投资方式规避负面清单管理。因此,有关部门是否实行穿透审查,穿透到哪一层,以及是否仅限于负面清单规定的领域等问题还有待相关部门作进一步的规定。

关于外商投资的情形，2015年商务部发布的《中华人民共和国外国投资法（草案征求意见稿）》（以下简称《外国投资法草案》）采用罗列式列举了六项外商投资活动：设立境内企业；取得境内企业的股份、股权、财产份额、表决权或者其他类似权益；向其持有前项所称权益的境内企业提供一年期以上融资；取得境内或其他属于中国资源管辖领域自然资源勘探、开发的特许权，或者取得基础设施建设、运营的特许权；取得境内土地使用权、房屋所有权等不动产权利；通过合同、信托等方式控制境内企业或者持有境内企业权益。境外交易导致境内企业的实际控制权向外国投资者转移的，视同外国投资者在中国境内投资。

与《外国投资法草案》相比，《外商投资法》采用"列举+兜底条款"的方式对具体情形进行了规定，增强了政策的灵活性，为日后根据经济形势，增加监管类型奠定了基础。

除了未明确间接投资的形式，该条规定还存在一些有待明确的问题，如第一款和第三款中的"其他投资者"是否包含中国的自然人（"外资三法"中不包含）、"协议控制"是否属于本法监管范围等。

具体条文：

《外商投资法》第四条：国家对外商投资实行准入前国民待遇加负面清单管理制度……负面清单由国务院发布或者批准发布。中华人民共和国缔结或者参加的国际条约、协定对外国投资者准入待遇有更优惠规定的，可以按照相关规定执行。

《外商投资法》第四十一条：对外国投资者在中国境内投资银行业、证券业、保险业等金融行业，或者在证券市场、外汇市场等金融市场进行投资的管理，国家另有规定的，依照其规定。

条文解析： 第四条所称"准入前国民待遇"，是指在投资准入阶段给予外国投资者及其投资不低于本国投资者及其投资的待遇；所称"负面清单"，是指国家规定在特定领域对外商投资实施的准入特别管理措施。准入负面清单将区分禁止外商投资领域和限制外商投资领域，其中禁止外商投资领域，外国投资者不得投资；限制外商投资领域，外国投资者进行投资时应当符合负面清单所规定的条件；外商投资准入负面清单以外的领域，按照内外资一致的原则实施管理，也就是给予国民待遇。而随着改革开放的扩大和深入，负面清单的范围会进一步缩小。

在"外资三法"时代，商务部对外商投资采取逐案审批的办法。每一个外商投资企业必须在取得商务部的审批后方可设立。《外商投资法》正式实施后，根据第四条的规定，国家对外商投资实行准入前国民待遇加负面清单管理制度。至此，"外资三法"时代的逐案审批制被取代。同时，由于金融行业的特殊性，第四十一条明确金融行业外资的进入另有规定，这也符合当前实践中的做法。

具体条文：

《外商投资法》第九条：外商投资企业依法平等适用国家支持企业发展的各项政策。

条文解析： 该条规定旨在保障外商投资企业平等参与市场竞争，贯彻内外资规则一致的精神。通过立法保护外商投资企业准入后可以同等享受政府支持政策，将增强中国市场对外资的吸引力，促使外商投资企业深度本地化，在当前的背景下，是非常具有针对性的规定。

具体条文：

《外商投资法》第十五条：国家保障外商投资企业依法平等参与标准制定工作，强化标准制定的信息公开和社会监督。国家制定的强制性标准平等适用于外商投资企业。

《外商投资法》第十六条：国家保障外商投资企业依法通过公平竞争参与政府采购活动。政府采购依法对外商投资企业在中国境内生产的产品、提供的服务平等对待。

《外商投资法》第十七条：外商投资企业可以依法通过公开发行股票、公司债券等证券和其他方式进行融资。

条文解析： 2017年1月，国务院发布《关于扩大对外开放积极利用外资若干措施的通知》，文件将进一步创造公平竞争环境作为政策重点，提出促进内外资企业公平参与我国标准化工作，公平参与政府采购招投标，支持外商投资企业拓宽融资渠道。《外商投资法》将其上升到法律层面，分别在第十五条（可以依法平等参与标准制定工作）、第十六条（可以依法通过公平参与政府采购活动）和第十七条（可以依法进行融资）作出相关规定，这无疑将更好地保护外商的合法权益，促进外商投资的发展。

具体条文：

《外商投资法》第十一条：国家建立健全外商投资服务体系，为外国投资者和外商投资企业提供法律法规、政策措施、投资项目信息等方面的咨询和服务。

《外商投资法》第十九条：各级人民政府及其有关部门应当按照便利、高效、透明的原则，简化办事程序，提高办事效率，优化政务服务，进一步提高外商投资服务水平。有关主管部门应当编制和公布外商投资指引，为外国投资者和外商投资企业提供服务和便利。

条文解析： 上述规定旨在加强外商投资服务体系。

具体条文：

《外商投资法》第二十条：国家对外国投资者的投资不实行征收。在特殊情况下，国家为了公共利益的需要，可以依照法律规定对外国投资者的投资实行征收或者征用。征收、征用应当依照法定程序进行，并及时给予公平、合理的补偿。

条文解析： 该条规定旨在加强对外商投资企业的产权保护。已废止的《中华人民共和国外资企业法》第五条规定，国家对外资企业不实行国有化和征收；在特殊情况下，根据社会公共利益的需要，对外资企业可以依照法律程序实行征收，并给予相应的补偿。

《外商企业法》第二十条较之前的规定，删除了"国有化"这种带有计划经济时代色彩的表述，同时强调"依照法律规定"征收或征用，"及时给予公平、合理的补偿"。

具体条文：

《外商投资法》第二十一条：外国投资者在中国境内的出资、利润、资本收益、资产处置所得、知识产权许可使用费、依法获得的补偿或者赔偿、清算所得等，可以依法以人民币或者外汇自由汇入、汇出。

条文解析： 该条规定明确外汇可以自由流动。已废止的《中华人民共和国中外合作经营企业法》第二十二条第一款规定，外国合作者在履行法律规定和合作企业合同约定的义务后分得的利润、其他合法收入和合作企业终止时分得的资金，可以依法汇往国外。已废止的《中华人民共和国外资企业法》第十九条第一款规定，外国投资者从外资企业获得的合法利润、其他合法收入和清算后的资金，可以汇往国外。

《外商投资法》第二十一条明确了外商可以向境外转出的财产类型,增加了"出资""资本收益""依法获得的补偿或者赔偿",明确列举了"知识产权许可使用费",并强调了可以依法以外汇自由汇入、汇出。外汇管制的不断放松,有助于增强外商的信心,促进外商投资的发展。

具体条文:

《外商投资法》第二十二条:国家保护外国投资者和外商投资企业的知识产权,保护知识产权权利人和相关权利人的合法权益;对知识产权侵权行为,严格依法追究法律责任。国家鼓励在外商投资过程中基于自愿原则和商业规则开展技术合作。技术合作的条件由投资各方遵循公平原则平等协商确定。行政机关及其工作人员不得利用行政手段强制转让技术。

条文解析: 该条规定旨在增强对外国企业的知识产权保护,明确行政机关及其工作人员不得利用行政手段强制转让技术。2017年1月,国务院发布的《关于扩大对外开放积极利用外资若干措施的通知》也提出对知识产权的保护。知识产权保护一直是外国投资者非常关注的领域。美国政府于2018年发布的对华"301调查"报告曾指责中国有关知识产权和技术转让的政策存在不公平。《外商投资法》第二十二条则对外国投资者普遍关注的知识产权与技术合作问题进行了回应,也是对外商质疑的有力回复。专门强调"行政机关及其工作人员不得利用行政手段强制转让技术",有助于增强外商的信心。

具体条文:

《外商投资法》第二十四条:各级人民政府及其有关部门制定涉及外商投资的规范性文件,应当符合法律法规的规定;没有法律、行政法规依据的,不得减损外商投资企业的合法权益或者增加其义务,不得设置市场准入和退出条件,不得干预外商投资企业的正常生产经营活动。

条文解析: 该条规定旨在限制政府行为,明确政府制定涉及外商投资规范性文件的合法性、适当性。

具体条文:

《外商投资法》第二十五条:地方各级人民政府及其有关部门应当履行向外国投资者、外商投资企业依法作出的政策承诺以及依法订立的各类合同。因国家利益、社会公共利益需要改变政策承诺、合同约定的,应当依照法定权限和程序进行,并依法对外国投资者、外商投资企业因此受到的损失予以补偿。

条文解析: 该条规定旨在促使地方政府遵守约定,严格履行政府承诺。即使因国家利益、社会公共利益需要改变政策承诺或者合同约定,也要对外商投资企业的损失给予补偿。

过去地方政府为了业绩,许诺各种条件,但之后有的不兑现,使得营商环境受到破坏。《外商投资法》的出台则积极促使地方政府信守承诺,保护外商的信赖利益,为外资创建良好的营商环境。

具体条文:

《外商投资法》第二十六条:国家建立外商投资企业投诉工作机制,及时处理外商投资企业或者其投资者反映的问题,协调完善相关政策措施。外商投资企业或者其投资者认为行政机关及其工作人员的行政行为侵犯其合法权益的,可以通过外商投资企业投诉工作机制申请协调解决。外商投资企业或者其投资者认为行政机关及其工作人员的行政行为侵犯其合法权益的,除依照前款规定通过外商投资企业投诉工作机制申请协调解决外,还可以依法申请行政复议、提起行政诉讼。

条文解析:该条规定旨在建立外商投资企业投诉工作机制这一事后投诉机制,明确外商的诉讼权利,维护外商的合法权益。

具体条文:

《外商投资法》第三十四条:国家建立外商投资信息报告制度。外国投资者或者外商投资企业应当通过企业登记系统以及企业信用信息公示系统向商务主管部门报送投资信息。外商投资信息报告的内容和范围按照确有必要的原则确定;通过部门信息共享能够获得的投资信息,不得再行要求报送。

条文解析:该条规定旨在建立"信息报告制度",以加强事中事后监管。坚持"确有必要"原则限制信息报告的范围,以减轻企业负担。2015年5月,国务院发布《关于构建开放型经济新体制的若干意见》,提出加强事中事后监督,建立外商投资信息报告制度和外商投资信息公示平台。《外商投资法》则进一步上升到法律层面。

具体条文:

《外商投资法》第三十五条:国家建立外商投资安全审查制度,对影响或者可能影响国家安全的外商投资进行安全审查。依法作出的安全审查决定为最终决定。

条文解析:该条规定旨在建立"安全审查制度"。对于所有国家来讲,主权利益均高于一切。因此,对于涉及国家安全的外商投资,将按照《国家安全法》的规定进行审查。但具体如何审查,《外商投资法》仅作原则规定,并未具体规定。之前《外国投资法草案》对于安全审查进行了详细的规定,用国家安全审查专章27条详细规定了安全审查的有关内容。相信后续还有配套具体规定的出台。

同时,值得注意的是"依法作出的安全审查决定为最终决定",意味着一旦作出决定将不可进行复议等救济。

本章小结

改革开放初期为了吸引外资,我国颁布了"外资三法",规定了外资企业的表现形式,明确要求外商投资必须以企业的方式申请登记,外商投资企业包括中外合资经营、外商独资和中外合作经营三种形式。其中,中外合资经营企业是有限责任公司,按照公司章程确定权利义务;中外合作经营企业则按照双方合同确定彼此的权利义务。这种独特的立法模式,使得我国对国内的市场主体和外商投资市场主体实行两种完全不同的法律制度体系。第十三届全国人民代表大会第二次会议表决通过的《外商投资法》是一部促进我国对外开放的重要法律。《外商投资法》把外商投资者和外商投资纳入同一个法律规范集中管理,体现了我国市场监管模式的变化。从市场主体监管到市场行为监管,体现出中国市场监管理念的巨大变化,市场主体监管可能会出现歧视性的规定,而市场行为监管则对所有的市场主体一视同仁。

思考题

《外商投资法》必将为吸引外资打下坚实的法律基础,将为我国社会主义市场经济的发展提供强有力的制度保证。随着自由贸易区的建设和自由贸易港政策实施,中国不仅向世界提供中国经济发展的经验,同时也向世界提供加快市场经济发展的法律规范。中国正在以自己的方式加快全球化进程,将以现代化的法律制度体系,吸引世界各国的投资者。

《外商投资法》改变了传统的市场主体法立法模式,请从外商投资者和外商投资两个方面分析《外商投资法》的现实意义。

案例分析

某西方跨国公司(以下简称西方公司)拟向中国境内的有关领域进行投资,并拟订了一份投资计划。该计划在谈及投资方式时,主张采用灵活多样的方式进行投资,其有关要点如下:

(1) 在上海寻求一位中国合作者,共同投资兴办一家生产电话交换系统设备的中外合资经营企业(以下简称合资企业)。合资企业投资总额拟定为 3 000 万美元,注册资本为 1 200 万美元。西方公司在合资企业中占 60% 的股权,并依据合资项目的进展情况分期缴纳出资,且第一期出资不低于 105 万美元。合资企业采用有限责任公司的组织形式,拟建立股东会、董事会、监事会的组织机构;股东会为合资企业的最高权力机构,董事会为合资企业的执行机构,监事会为合资企业的监督机构。

(2) 在北京寻求一位中国合作者,共同成立一家生产净水设备的中外合作经营企业(以下简称合作企业)。合作期限为 8 年。合作企业注册资本总额拟定为 250 万美元。西方公司出资额占注册资本总额的 70%。中方出资额占注册资本总额的 30%。西方公司除以机器设备、工业产权折 125 万美元出资外,还由合作企业做担保向中国的外资金融机构贷款 50 万美元作为其出资;中国合作者可用场地使用权、房屋及辅助设施折合出资 75 万美元。西方公司与中国合作者在合作企业合同中规定:西方公司在合作企业正式投产后的头 5 年分别先行回收投资,每年先行回收投资的支出部分可计入合作企业当年的成本;合作企业的税后利润以各占 50% 的方式分配;在合作期限届满时,合作企业的全部固定资产归中国合作者所有,但中国合作者应按其残余价值的 30% 给予西方公司适当的补偿。

(3) 在武汉设立一家由西方公司全资投资的专门从事国际贸易的外资企业。该外资企业除从事各种进出口贸易外,拟以其名义通过认购、买卖中国境内上市外资股的方式向中国的上市公司进行投资。

■ 思考

根据上述各点,请分别回答以下三个问题:

1. 西方公司拟在上海与中国合作者共同兴办的合资企业的投资总额与注册资本的比例、西方公司第一期出资的数额,以及拟建立的组织机构是否符合有关规定?并说明理由。

2. 西方公司拟在北京与中国合作者共同兴办的合作企业的出资方式、利润分配比例、约定先行回收投资的方式,以及合作期限届满后全部固定资产的处理方式是否符合有关规定?并说明理由。

3. 西方公司拟在武汉设立的外资企业的经营范围及投资方式是否符合有关规定?并说明理由。

第七章 企业集团与多级治理

学习目标

1. 了解企业联合体与企业集团的发展背景。
2. 掌握企业联合体的组织形式和组织结构。
3. 掌握企业集团的特征、功能以及形成。
4. 了解公司治理与企业集团治理的异同。
5. 掌握企业集团的治理模式与制度。

基本概念

企业联合体　企业集团　企业集团治理

案例导入

自宣布收购消息起就饱受争议的美国在线时代华纳终究没有逃脱失败的结局,近十年的貌合神离终究以分道扬镳而告终。众人在唏嘘不已之际,不禁回顾起当初两家企业的雄心壮志。合并前,美国在线(AOL)是世界上最大的互联网接入服务提供商,拥有网上最流行的聊天软件ICQ和虚拟社区数字城市。而时代华纳则是世界上最大的传媒集团,旗下有CNN、TNT等电视台,多家著名的杂志、报纸、出版社及网站,在音乐、电影和有线电视等领域具有强大的竞争力。正因为合并前,两家公司都已是业内响当当的大集团,这起并购才获得了更多的关注以及更高的期待。

2000年,AOL收购了世界第一大传媒集团——时代华纳。按照传统观点来看,此次结合能够形成一个当时价值3 500亿美元、年销售额300亿美元以上的庞大联合体,对其他公司形成强大的垄断势力。甚至有媒体用了"全球第一家面向互联网世纪的综合性大众传播及通信公司"的说法来描述新公司。然而,AOL时代华纳的业绩却让人大跌眼镜,2002年全年亏损额达到987亿美元,创下美国企业有史以来最大的亏损纪录,新公司市值由合并时的2 470亿美元缩水至2002年的1 120亿美元,令投资者大失所望。AOL的收入下降格外惨重,至2003年,股价已从并购初的40多美元降至20美元。随着原AOL派出的高管层逐渐退出,核心业务不受重视,AOL在新公司中越发式微。2003年,新公司正式更名为时代华纳,AOL仅被看作一个部门。2009年,AOL与时代华纳正式分离,这起备受瞩目的并购案也以失败而告终。

第一节 企业联合体与企业集团

一、企业联合体

(一) 企业联合体的形成与组织形式

1. 形成

在工业经济学中,两个以上具有业务关系或所有权投资关系的有法人资格的企业互称关系企业。而关系企业间的多种经济联合形式,就是企业联合体或企业集团。这种联合体,不管是地区性的、全国性的,还是世界性的,都是在顺应国民经济发展和企业互有需要的基础上建立起来的联合经济组织,是紧密程度和稳定程度相对较高的一种横向联系。

一般而言,企业联合体的成立应具备以下三个条件:

(1) 此联合体是经济组织,具有联合体章程,且组织成员都必须遵守该章程。

(2) 具有联合体这一层次的组织机构(如董事会、管理委员会或联合委员会);紧密型和半紧密型联合体还应设有相应的管理机构。

(3) 联合体内部成员单位之间,有比较稳定可靠的经济技术方面的关系或协作关系。

这种企业联合体按照马克思政治经济学观点来看,实质上是作为"垄断组织"在西方资本主义经济生活中最先出现的,是资本集中和生产集中达到了很高程度后的必然结果——集中发展到一定阶段,可以说,就自然而然地走到垄断。一方面,因为数十个大型企业彼此之间容易达成协定;另一方面,正是因为企业的规模巨大,造成了竞争的困难,由此产生了垄断的趋势。这种从竞争到垄断的转变,是最新资本主义经济的重要的现象之一,甚至是最重要的现象。

这些居于垄断地位的巨大企业和企业联合体有多种多样的形式,从短期的价格协定到卡特尔(Cartel)、辛迪加(Syndicat)、托拉斯(Trust)和康采恩(Konzern)。而在我国这样仍处于社会主义初级阶段的国家,企业联合体不是作为垄断组织存在的。

20世纪50年代,我国组织了一批工业公司,通过它们来实行对企业集中统一的管理。60年代中期,进行过试办工业托拉斯的实践。在1978年的"拨乱反正"后,工业公司再度兴起。它们基本上是专业生产公司及在此基础上发展的跨省市、跨行业的联合公司,有点类似西方的托拉斯,但非股份制。自1984年起,全国涌现出一批基于联合公司的企业群体和企业集团。90年代,这批企业群体和企业集团更是风起潮涌,生生不息。经济联合由此开拓了新形式和新道路,企业界呈现了彼此纵横交错、联系密切的新格局。

2. 组织形式

企业联合体是企业(包括公司)之间、企业与事业单位(科研单位、大专院校等)之间多形式、多层次的经济联合,这种联合可以组成新的法人,也可以建立合伙关系或合同关系。按照联合的紧密程度,可将企业联合体划分为紧密型、半紧密型、松散型和混合型;按照组织形式,可将企业联合体划分为总公司、专业公司、联合公司等。

(二) 企业联合体的组织结构和管理机构

在企业联合体内部,须建立起一种科学有效的组织结构和相应的管理机构,其基于产权明晰、政企分开、所有权与经营权分离之上。这样有利于调动集团总部和内部各成员企业或公司的积极性,实现集权与分权的合理划分和有效结合,组成集团内部的决策系统、指挥系统、利润中心、技术中心与成本中心,形成组织合力打入国内外市场。

1. 组织结构

目前,我国的企业联合体一般有以下四个组织层次:

(1) 核心层企业(主体企业、母公司);
(2) 紧密层企业(全资子公司等);
(3) 半紧密层企业(控股公司、持股公司等);
(4) 松散层企业(与核心层企业有稳定契约关系的公司)。

若以足球这一运动比拟,则这四个层次在集团或联合体中的地位及相互关系可以理解为:核心层企业是"球星",紧密层企业是"主力队员",半紧密层企业是"替补队员",松散层企业则是"业余爱好者和球迷"。前三者组成了一支能攻善守的"球队"。所有层次组合起来,就形成了一个实力雄厚、竞争能力强的"俱乐部"。

市场如同风云变幻的足球赛场。只有实力超群、应变自如的企业联合体才能披荆斩棘,稳步发展壮大,获取上佳的经济效益和社会效益。这其实就是企业为什么会发展到"企业联合体"这种高级经济联合组织形式的重要原因。

2. 管理机构

关于企业联合体的管理机构,我国现阶段常见的有管理委员会和董事会两种形式。前者出现在半紧密型联合体中,后者多见于紧密型联合体(股份有限公司、集团公司等),且被我国企业集团普遍采用。

我国大多数企业联合体尚未完全改组成股份有限公司或以产权关系为唯一联结纽带的联合体。因此管理机构常常仅有董事会、总经理和监察委员会,而没有股东大会这一最高权力机构,经营决策完全由董事会掌握。今后还应加快股份制改造,通过产权交易等方式迅速建立现代企业制度,使其规范化、科学化,更快地与国际经济接轨。

(三) 企业联合体在我国市场经济中的作用

企业联合体在我国市场经济中的作用主要体现在以下七个方面:

(1) 有利于打破条块分割、政企不分的旧体制。
(2) 能极大地增强企业,特别是国有大中型企业的活力,促使企业由封闭内向型转为开放外向型。
(3) 有利于打破技术封锁,促进科学技术的进步与发展。
(4) 有利于发挥规模经济效能,提高国民经济的投入产出比率。
(5) 有利于增强企业群体的市场竞争能力,降低经营风险,提高信用水平;便于企业向社会融资,推动生产经营走上新台阶,打造中国品牌。
(6) 有利于按专业化协作调整工业布局和产业结构,优化资源配置。

(7) 有利于国家集中精力抓好宏观规划、决策、协调、服务和监督,加强行业指导和管理。

正是由于有以上七大作用,企业联合体才能在我国市场经济中蓬勃发展。从沿海到内地,从东北到西南,从汽车行业到食品行业,企业联合体几乎遍布第一、第二、第三产业各领域。

二、企业集团

当今的市场竞争集中体现在企业集团之间的竞争,面对这种日益激烈的市场竞争,如何培育出一批规模大、竞争力强的企业集团是摆在我国政府面前的重大课题。在我国经济体制改革深入发展、国有企业改革进入攻坚阶段、经济增长方式实行根本性转变的大背景下,企业集团的组建与发展已成为具有战略意义的重大举措。

企业集团是现代企业先进的、高级的联合形式,是生产集中和资本集聚的最新表现,也是社会化大生产和市场经济发展的必然产物,是适应社会化生产的一种新型组织形式。它是在现代企业高度发展基础上形成的一种以核心企业为主体,通过产权关系和生产经营协作等经营方式,由众多企业法人共同组成的经济联合体。企业集团由于其独特的组织结构——由核心层企业主导的多层次企业联合体,真正实现了企业组织与市场机制的相互替代,从而增强了自身的整体功能,相对于单个企业而言,具有很强的优越性。它的出现促进了社会经济的发展,为人们的生活改善和人类社会的进步奠定了物质基础。纵观当今世界,但凡经济发达国家,无不有一批规模巨大、实力雄厚的企业集团作为支撑。很难想象,如果没有三菱、三井、住友、芙蓉、三和等企业集团,日本经济会变成什么样子。

(一) 企业集团与集团公司的联系与区别

企业集团必须依托集团公司而组建;集团公司是企业集团的核心,没有集团公司,就没有企业集团;集团公司是企业集团形成的前提和基础。拥有若干子公司的母公司被称为集团公司;集团公司连同控股公司、参股公司和关联公司的总体,被称为企业集团。

企业集团与集团公司既有着十分密切的联系,又有着本质的区别。主要区别表现在以下几个方面:

1. 法律地位不同

集团公司作为一个经济实体具有法人资格;企业集团是法人企业的联合,其本身不具有法人资格。

2. 结构层次不同

由于集团公司内部推行资产一体化,因而无论其有多少子公司,其内部单位都属紧密联合,即从组织结构上讲,它只有单一的紧密层。但企业集团由于内部联合的紧密程度不同,因而呈现出组织结构上的多层次。

3. 联结纽带不同

集团公司内部成员一般以统一产品系列及加工工艺为纽带,实行公司内部专业化协作;企业集团内部成员则是通过企业间的契约,进而通过资金融通,在人力、技术、资源等方面进行联结。

4. 内部关系不同

集团公司内部是一种纵向的领导与被领导、支配与被支配的关系；企业集团内部是一种横向的平等互利关系。

(二) 企业集团的特征

1. 企业集团的基本特征

企业集团作为一种新型的经济联合体，具有许多与其他经济组织不同的特征，体现在"六多"：

(1) 多法人组成。企业集团是由多个法人组成的大型多层次经济联合组织。作为一个整体，其不具备法人地位，且不是独立核算单位，但集团公司和各成员单位均具有法人资格。

(2) 多层次并存。按照企业集团中资本的相互持有关系和协作关系的稳定性及紧密程度，企业集团成员可分为不同的层次，包括：①处于集团核心地位的核心层；②由核心层企业直接或间接控股的企业构成的紧密层，即所谓的子公司、孙公司；③由核心层企业和紧密层企业参股(但不控股)的企业所组成的半紧密层；④由与核心层、紧密层、半紧密层企业具有固定协作关系的企业所组成的松散层。

(3) 多纽带联结。企业集团要成为一个有机的整体，形成整体力量，就应该在集团内部各成员之间建立起各种联合纽带，进行内部协调，以增强向心力。这些联合纽带包括资本、人事、财务、计划、文化、科研、分配、职工教育等多方面，其中，最基本的纽带是资本，资本纽带的基础是股份制。只有股份制才能把各成员单位联结起来；没有股份制就没有资本联结，也就没有真正意义上的企业集团。

(4) 多元化经营。这里包含两层含义：一是经营对象的多元化；二是经营主体的多元化，即企业集团内应包含不同的所有制成分。

(5) 多功能发挥。企业集团由于经济实力较单个企业雄厚，所以，它不仅具有生产功能，而且具有强大的投资、贸易、科研、文化、社会等多方面的功能。

(6) 多国化竞争。企业集团本身就是以大型企业为核心组建的，因而规模大、实力强；而且随着经济一体化的加快，一般都要参与国际化竞争，实行跨国生产和经营。

2. 我国企业集团的特点

我国企业集团除具备上述企业集团的一般特征外，还具有以下三个特点：

(1) 我国企业集团几乎全部是以国有大中型企业为核心组建起来的，因此具有明显的国有性质。如首钢、宝钢、华能、中远、一汽、三汽、东电、西电、长城计算机、南化、西飞等集团均是国有企业集团。近年来，随着改革开放的深入，一些国有企业集团也吸收了一些城市集团企业、乡镇企业和私人企业参加，但以国有大中型企业为核心的集团所有制结构不会改变，我国的企业集团实行的仍是以社会主义公有制为主体、多种经济成分共存的所有制结构。

(2) 我国企业集团起步较晚，在进行多元化经营的同时，仍然以单一行业为主，具有较强的行业特点，即其主营业务还是在一个行业中。从我国企业集团的行业分布来看，已有的企业集团大多数集中在冶金、化工、机械、电子、轻工、纺织、商业、外贸等产业部门；从企业集团所属的产业和内部结构来看，目前我国综合型集团还不是很多，基本上属于工业企业集团、科研生产型企业集团、流通型企业集团这三类中的一类。

（3）我国企业集团对政府有关部门有一定的依附性。当前，我国已初步建立了社会主义市场经济体制，但计划经济体制的惯性使得我国企业集团（主要是指作为集团核心的国有大中型企业）对政府有关部门仍然存在一定程度的依附性。在政府职能尚未根本转变的情况下，政府有关部门插手集团内部事务的情况屡见不鲜。这些企业集团为了在竞争中凭借非市场力量，也不得不依靠一些主管部门。加之一些企业集团本身就是由原来的行政性公司转化而来的，这就使得它们和政府有关部门的关系更为密切。

（三）企业集团的功能

作为符合社会化大生产要求和市场发展需要的经济组织形式，企业集团触及的领域十分广泛和深刻，其发展必然会对我国的宏观和微观经济产生极大的影响。在我国建立健全市场经济体制这一特定历史时期，企业集团发挥了以下特殊功能：

1. 促进企业组织结构合理化

在促进企业组织结构合理化方面，企业集团的组建有利于解决长期以来困扰我国单体企业的"小而全""大而全"等问题。曾经有名的"南京四'鹤'难齐飞"的悲剧，终因东联石化集团的组建而获得圆满结局。

【案例 7-1】

在南京某地区方圆 30 公里范围内，曾经存在四家石化企业：扬子石化公司、金陵石化公司、仪征化纤公司和南京化学工业公司。这四大石化企业本组成了一个相互依存、联系紧密的工业生产体系，在生产上应相互衔接，彼此供应原料、半成品和成品。但由于分属不同部门和地区管理，彼此间的经济联系和协作关系被割裂，协作难以正常进行。为了做到"不受制于人"，每家企业只得往"全"的方向发展。在扬子石化公司已有年产 45 万吨对苯二甲酸（PTA）生产能力并计划改造到年产 60 万吨的情况下，仪征化纤公司却于"八五"期间新建了年产 25 万吨 PTA 生产装置；"九五"期间又提出新建年产 35 万吨 PTA 生产装置的要求。此外，在金陵石化公司本已有较强炼油能力的情况下，扬子石化公司又先后上了两套炼油装置，仅一江之隔，扬子石化公司与金陵石化公司先后共有 5 套常减压炼油装置，各自年炼油量分别为 500 万吨和 700 万吨，但均开工不足。如果说我国汽车企业是"小而全"，那么这四家石化企业就是典型的"大而全"。据有关部门测算，如扬子石化公司和仪征化纤公司联合组成企业集团以充分发挥两公司专业化分工协作的整体优势，可节约上百亿元资金。如果这四大企业联合，其效益之高更是可想而知。所幸的是，上述四家企业联同同在南京市的江苏省石油公司，最终组建了中国东联石化集团，实现了资源的整合，创造了惊人的效益。

2. 促进产业结构的优化

我国当前经济结构调整的方向是推动产业结构、企业结构的合理化和优化,而企业集团对经济结构的调整具有较强的推动作用。

一方面,企业集团经营多元化和技术系统化的特点对产业结构的调整具有很强的适应性。在市场化、工业化的进程中,企业集团能遵循产业结构升级的方向,通过扩张、扶持需要发展的重点企业,收缩、淘汰需要转移的企业,顺利地实现战略转移。

另一方面,企业集团在组织结构上的创新可以克服单个企业"单兵作战"的弱点。因为通过企业集团的组建,可以把企业集团内部各成员的资金联合起来(尤其是还可凭借集团的信誉,通过集团的财务公司在金融市场上筹集大量的闲散资金),从而形成资金雄厚的投资主体,并引导这一强有力的投资主体将资金投向最合适的产业,以形成合理化、最优化的产业结构。比如说投向基础工业等国民经济的薄弱部门,从而促进基础工业与加工工业协调发展。

一直以来,我国缺乏强有力的对基础工业进行投资的投资主体;企业自主权的逐步落实以及企业相应留利水平的提高所造成的资金分散化和单位投资小型化更加剧了这一问题,单个企业由于创利能力有限而不可能将其所积累的微量资金投向耗资巨大的基础工业部门。为此,组建企业集团,增加对基础工业的投入,正是缓解基础工业与加工工业矛盾的出路所在。

3. 推动资产存量的合理流动和社会资源的优化配置

在社会化大生产条件下,资源是不可能"一定终身"的,作为按照一定的技术结构组成的有机体企业,也不可能一直原封不动地运转下去。从实践来看,至少有三种原因会使已经配置的资源在不断流动中重新配置和组合:①由于技术的进步,原有的技术装备已经落后,或者原有的技术组合已不匹配,急需重组;②由于产品需求的变化,产业结构和企业结构必须进行相应的调整,这是引起资源重新配置的最主要原因;③企业本身经营管理的成功与否也对资源的重新配置产生了重大影响。如果成功了,企业就需要扩张,以增强实力;如果失败了,企业自然就要收缩或停产。然而,由于我国过去长期实行的是计划经济体制,"条条""块块"各自为政,经济运行中缺乏社会资源随需求和技术变化而自动调节的机制,资源配置不合理状态日益严重。除了前面提到的基础工业严重滞后,不合理状态还表现为加工工业中短缺与过剩并存,部分是由于计划导致的资源初始配置失误,部分是由于经济运行中缺乏社会资源的自动调整功能。改革伊始,我国曾试图通过调整资产增量的方式解决上述问题,然而收效不大。实际上,资产增量的方式不仅受国家财力的限制,而且受时间滞后的影响,见效缓慢,作用不大。可行的出路是建立促使资产存量流动的机制,实现社会资源在流动中的合理配置。鉴于当时各项改革措施还不配套,全面实行破产及产权交易还不现实,因此提出了组建企业集团的建议。实践也证明,企业集团的组建有力地促进了社会资源的优化配置。

4. 增强参与国际竞争的能力

从参与国际竞争方面来看,发达国家之所以能控制整个世界经济的命脉,就是因为这些国家拥有分布在不同产业的规模巨大的企业集团,企业集团构成了这些发达国家国民经济的主要力量。我们先看看日本的例子。早在明治初年,日本政府即官办了第一批近代工商企业,但是不久就将其廉价拍卖给三井、三菱、住友等大商家集团,从而形成了日本近代第一批财阀企业集团,以作为日本与欧美列强抗争的经济后盾。第二次世界大战后不久,按照西方自由竞争的价值观,盟军司令部解散了财阀集团,还将一些巨大工业企业分割成若干中小企业。但是从20世纪50年代开始,在日本政府的安排下,这些被分割、解散的中小企业又开始合并重组,形成了今日日本社会里规模巨大的企业集团。日本如此重视企业集团的发展,就是为了获得低成本的竞争优势,即为了获取规模和范围优势,从而有可能与欧美列强的大企业竞争。事实上也的确取得了这种效果。著名的世界经济论坛(World Economic Forum,WEF)和国际管理发展研究所(International Institute for Management Development,IMD)在一份关于世界竞争力的比较总结报告中认为,20世纪80年代初,日本的国际竞争力已跃居世界第一位。而支撑日本国际竞争力的就是在日本经济中占主要地位的企业集团。

我们再来看看韩国。第二次世界大战结束时,在韩国仅有当时的首都汉城和仁川之间的京仁大道沿线散存着一些轻工业企业,然而就是在如此薄的底子下,在20世纪60年代至80年代的30年间,韩国的经济增长率平均在12%以上,缔造了令人惊叹的"汉江奇迹",如今韩国是世界十大贸易国之一。韩国能取得如此巨大的成绩,很重要的一点就是韩国采取了迅速培植大企业、大集团的政府政策。正是在这一政策的鼓励下,形成了三星、现代、乐喜金星这样的大企业集团。早在1985年,国土狭小、自然资源贫瘠的韩国,就已有10个企业集团进入《财富》杂志发布的世界500强榜单。正是依靠这些成为韩国经济骨干的企业集团,韩国才有像乐喜金星的彩电、三星的电器等在国际市场上极具竞争能力的产品。从以上日本和韩国的经济史实中可见,国际竞争力的增强,无不伴随着企业集团的发展,换句话说,参与国际竞争的一个重要条件就是建立一批大规模的企业集团。在深化改革、扩大对外开放的实践中,要使我国企业走向世界,并同实力雄厚的外国大企业、大集团相抗衡,就必须组建中国特色的企业集团。

5. 保证国有经济对国民经济命脉的控制和主导作用

组建企业集团不仅能使成为集团成员的企业受益,而且能使没成为集团成员但属同产业甚至相关产业的大量企业受益,这在汽车、钢铁等一些工业部门中表现得最为明显。以汽车业为例,汽车产品由成千上万个零件组成,因而所属行业具有波及效应强并能牵动其他行业发展的功能,同时由于汽车业是资金密集型行业,进入该行业的绝对成本高,不采取集团化形式不足以解决成本问题,所以绝大多数国家的汽车业都采取了集团化发展战略。由此造成的效应更是远远超出人们的预料。钢铁业也是如此,作为资金和技术密集型产业,钢铁业走集团化发展的路子无疑也是获取规模经济及范围经济的最优路径。实际上,我国组建一汽集团、东风集团、攀钢集团、宝钢集团等就是看中了企业集团的这种功能。因为组建这些企业集团不仅能在很大程度上解决我国成千上万个小钢铁企业、小汽车企业"各自为政",不利于规模经济发展的问题,而且能通过企业集团的优势带动那些小钢铁企业、小汽车企业早日摆脱亏损。

6. 有利于完善宏观调控体系,提高政府宏观调控的有效性

在市场经济中,虽然中小企业数量远超大企业集团,但前者的生存和发展依赖于后者。大企业集团依靠其大生产规模、高市场份额、广泛的联系、良好的信誉和产品质量、优

越的企业文化以及多形式的经济合作,组织、协调、影响和引导着众多中小企业的发展。因此,当企业集团作为一个整体接受调控时,就使中央和各级地方政府的调控对象由数以千万计的单个企业转变为几十、上百个企业集团。企业集团接受政府调控后,再根据国家的基本政策对各成员企业进行不同方式的协调和指导,这样国家的意志就通过企业集团更有效地传达到基层,既避免了国家对企业生产经营活动的直接干预,又防止了企业微观活动偏离国家宏观调控的方向。国家对企业集团实施调控,还减少了调控阻力。而且,政企对话也比较容易,协调工作量大为减少。此外,由于政府可以通过企业集团采集微观信息,从而能够极大地提高宏观调控的效率和可靠性。国有企业改革初期(当时主要是放权让利),由于缺乏一种为适应社会化生产而使社会资源相应集中的体制,结果使已经分散、孤立的企业更加分散和小型化。在这种企业众多、分散的情况下,一个国家是很难制定出适合各企业状况的发展规划的。因此,通过发展企业集团来增强国家的宏观能力不仅是必要的,也是可行的。改革前及改革初期,我国宏观调控多次失灵,而在企业集团形成和进一步完善后,宏观调控有效性大为增强,这就从正反两方面论证了企业集团的这一功能。

以上我们从六个方面分析了企业集团的特殊功能。当然,企业集团的功能远不止上述六个方面。促进科学技术进步、加速市场体系发育、带动经济模式转换等也可以说是企业集团的特殊功能,只不过这些功能相对于上述六个方面来说显得较为次要,故在此没有展开分析。

(四) 企业集团的形成

1. 企业集团形成的理论基础

(1) 规模经济。规模经济是指随着企业生产要素投入规模的扩大,某一区间的平均成本所呈现的递减趋势。表现为长期平均成本曲线向右下方倾斜而呈现出经典的 L 形。平均成本的减少,在既定价格水平前提下,意味着利润的增加;或者,在既定利润水平前提下,意味着产量的增加。也即规模经济会导致生产的增产或节约,进而表现为总利润的增长。规模经济是要素投入数量增加至一定程度的副产品,它反映了要素投入规模与平均成本之间的变动关系。在技术条件即生产函数不变的情况下,要素投入的增加在大多数时候意味着产出的增长,也就将导致销售价格的下降,进而抵消由平均成本下降所贡献出的一部分利润。因而,规模经济也是可以继续"进化"为规模不经济的,这就需要选择一个合理的生产要素投入水平,有效地控制生产规模,并科学地改进要素投入组合方式的变化(即生产函数形式)。规模经济甚至会导致垄断或类似垄断的额外经济利润,如阿尔弗雷德·马歇尔(Alfred Marshall)论述的那样,"达到好像是一种有限的垄断;所谓有限的垄断,就是受到以下原因的限制的垄断:很高的价格会引起竞争的生产者的出现"[①]。

规模经济、垄断优势与多元化经济等,本应该是企业集团形成与发展的结果,而不

---

① 马歇尔.经济学原理[M].朱志泰,陈良璧,译.北京:商务印书馆,2019.

是企业集团形成与发展的原因。但在现代市场经济条件下,无论何种规模的企业,都会向规模经济发展,这种规模的扩大可能并非体现为劳动的增加,而会越来越多地体现为资本和作为生产要素的管理与技术的增加。在企业自身规模扩大后,为了专事专项处理,业务分割和资源转移将促成其分支机构与"后代"企业的诞生;或者由于获得竞争优势有资格且有能力兼并其他企业而得以扩大规模,因而形成了更为大型的企业集团。此外,类似于自然垄断的概念,由于所属行业的特殊性,存在某一个规模界限使得企业达到此界限才可能有效率,即所谓最小效率规模(Minimum Efficient Scale,MES)。因此,这一行业的企业不得不去扩大规模,当 MES 较大时,企业集团的组织形式似乎是不可避免的。所以,规模经济既是业已存在的企业集团发展的结果,也是形成未来企业集团的原因。

但同时应警惕潜在的规模不经济。当长期平均成本开始增加而形成 U 形曲线,显然规模经济效应的福利已然消失,企业或企业集团就会进入一个不恰当的经营规模。换言之,正如微观经济学所揭示的那样,长期平均成本最低的位置所指示的规模,即为企业或企业集团的生产边界。

(2)交易成本。新古典主义经济学在消费、生产、成本与商品市场的一般均衡理论中,将企业视为无法破解也无须破解的黑匣子,同时认为运用市场配置资源的交易成本可以忽略,这就包含了两层预设。一方面,所有的生产函数都是可被使用和被转换的,企业具有无限的可能性,使之能够立即达到任何的边际技术替代率,可以实现任意给定的生产函数,也不存在进入或退出壁垒,但这些在新古典主义经济学的"短期"内皆是无法实现的。另一方面,企业之间除了它们所面临的市场结构与自身规模就没有什么是有差别的,但是企业内部的组织成本差异和资源配置情况(如 X 非效率)、企业中的"委托—代理"契约关系,均没有被考虑在内。

于是,科斯抛弃了交易成本为零这一假定,将摩擦力这一更具现实意义的概念引入了经济学的理想物理模型,并揭示了企业的存在意义。在他看来,企业和市场不过是两种彼此替代的资源配置方式,交易是否在市场中进行,取决于如果采用企业的形式交易成本是否会更低。如果企业对于这项交易是更有效率的选择,那么就应该以企业的形式替代市场来组织资源:当前不存在企业的,就应当成立企业;已有企业的,就应当扩张之。当企业的规模扩张至这样一种程度——内外部交易成本完全无差别时,即扩张这一动作使得企业内部与市场外部的边际效率相同时,也就达到了生产规模最优。

作为交易成本理论的追随者,奥利弗·威廉姆森(Oliver Williamson)肯定了交易成本为正的事实,并进一步探讨了交易成本的类型及其来源。进一步地,他首次提出"规制结构"(Governance Structure)这一概念,认为规制结构主要有三种:企业、市场和存在于这两种组织形式之间的各类中间组织。中间组织既利用市场机制,又利用管理手段来协调企业间的交易。企业集团通过产权与人事等方面的行政或契约安排将一系列具有业务、资本、技术关联的企业结合到一起,显然属于上述三种结构中的中间组织。

因此,企业集团可被视为区别于传统经济学认知中企业与市场的另外一种新的组织形式。作为中间组织,它由具有市场关联的各企业所组成,但又不限于通过市场来将这些企业联系起来。一方面,它以具有实力的大企业作为核心层基础,扩充具有相关利益和交易往来的外围圈企业,扩大其规模,使得集团内部各成员企业的成本纷纷降低,实现企业个体效率的提升;另一方面,原本通过市场来进行的业务被纳入集团内部运作,交易成本得以降低,整体的利润水平进一步提高。另外,联合经营所形成的资源与信息共享也能进一步降低集团内部各成员企业的风险。显然,这种制度安排仍是某种人为的和内部的资源配置方式对于自发的和公开的市场机制的替代,本质上与企业对市场的替代并无区别。所以,企业集团边界的确定,也就基本上与企业边界的确定几无差别,仍然取决于扩张的边际效率。

2. 企业集团的形成方式

(1) 市场推广方式。在这种方式下,企业主要出于自身经济利益的考虑,依靠自己的经营优势以及经济实力的发展壮大,吸引相关企业,彼此为了优势互补或者资源的优化配置,以获得更大、更好的整体利益而在平等互利基础上自愿联合,并按照市场原则组建起企业集团。这种方式是市场经济体制下比较典型的企业集团的形成方式。按照这一方式形成的企业集团一般都比较规范,成员企业之间以资本为纽带,但均自主经营,自负盈亏,对外独立承担民事责任。从企业集团的产权关系、领导体制、分配关系、经营管理决策等方面来看,企业集团的内部关系比较紧密、顺畅、稳定,能够较好地发挥企业集团应有的整体和放大效应。

(2) 行政主导方式。这种企业集团形成的主导力量是政府部门。政府通过行政命令、行政手段等强制力量来主导企业集团的形成,企业集团组建后也主要依靠行政权力来管理,并首先以行政隶属关系作为企业集团内部各成员企业之间的联系纽带。核心层企业与其他成员企业之间是行政意义上的上下级关系。在这种方式下形成的企业集团并不完全是出于经济发展的客观需要。这种行政力量主导形成的企业集团是我国在经济转型初期比较典型的国营企业集团组织形式。按照这种方式形成的企业集团的核心层企业就是过去比较普遍的"行政性公司"。

(3) 市场和行政共同作用方式。在这种情况下,企业集团是在市场和行政两股力量的共同作用下形成的。这里的行政作用,主要指政府运用经济政策、法律手段引导企业的行为,保证市场的公平、公开竞争,并推动市场体系的建立和保障市场规则的运行,它是在我国市场经济条件下比较理想的国有企业集团的形成方式。行政力量和市场力量都不是单独存在的,而是同时存续、同时作用的,而且市场推动力往往对行政推动力的产生起着重要的决定作用。

3. 我国企业集团的形成过程

(1) 准备阶段。20世纪80年代初,为了改变不合理的企业组织结构,国务院制定了"发挥优势,保护竞争,推动联合"的方针,并于1980年和1986年分别发布了《关于推动经济联合的暂行规定》和《关于进一步推动横向经济联合若干问题的规定》,鼓励企业之间发展各种经济联合关系,促进了各种联营、合营企业和经济联合体的蓬勃发展。到1985年年底,经过各级工商行政管理部门注册的企业联合体已超过5 000个,参加的企业有1万多家。其间,也成立了少数冠以企业集团名称的紧密型企业联合体。各种联营、合营企业和经济联合体的建立,为后来企业集团的发展奠定了一定的基础。

(2) 探索阶段。从1987年起,企业集团的发展进入了探索、规范阶段。1987年12

月,《关于组建和发展企业集团的几点意见》颁布,该文件对企业集团的含义、组建原则、条件、内部管理等作出了一些原则性的规定。1991年12月,《关于选择一批大型企业集团进行试点的请示》的文件明确了发展企业集团的目的和原则,提出了企业集团应具备的条件以及对试点企业集团实行的一些政策。此后,有关部门陆续选择了56家大型企业进行组建企业集团的试点。这些措施把企业集团的发展纳入了规范化发展的轨道。

(3) 高速发展阶段。党的十四大的召开,尤其是党的十四届三中全会通过的《中共中央关于建立社会主义市场经济体制若干问题的决定》,为我国企业集团的快速发展扫清了障碍,使企业集团的发展进入了高速发展阶段。到1996年年底,各类企业集团剧增到3万家左右,其中较有规模的有1万家左右,经省部级以上单位批准的企业集团超过了2 000家,列入国家试点的企业集团也增加到120家。

(4) 发展大型企业集团阶段。1997年党的十五大召开后,我国企业集团的发展进入了发展大型企业集团的新阶段。《中共中央关于建立社会主义市场经济体制若干问题的决定》中曾提出,"发展一批以公有制为主体,以产权联结为主要纽带的跨地区、跨行业的大型企业集团,发挥其在促进结构调整,提高规模效益,加快新技术、新产品开发,增强国际竞争能力等方面的重要作用"。党的十五大进一步要求,"以资本为纽带,通过市场形成具有较强竞争力的跨地区、跨行业、跨所有制和跨国经营的大企业集团"。这些政策的落实,使一批大型企业集团迅速成长起来。到2000年年底,经省部级以上单位批准的比较大型的企业集团已经达到2 655家,资产总额达106 984亿元,营业收入达到53 260亿元。发展大型企业集团的工作取得了很大成效。

第二节 集团的治理制度与模式

一、企业集团治理

(一) 几个基本概念

1. 产权

产权是财产权,这个概念比较宽泛,它是经济所有制关系的法律表现形式。产权是一束权利,是法定主体对财产所拥有的各项权利的总和。这个权利总和,分解开来就是财产的所有权、占有权、支配权、使用权、收益权和处置权。

产权是帮助人们界定、规范和保护相互之间的经济关系、形成与他人进行交易的预期、激励人们努力工作的权利。比如,你拥有一家小餐馆的产权,那么在获取利益的驱使下,你就愿意拼命工作,因为产权是你的,赚了钱是你自己的。如果你是这家小餐馆的一个打工者,你工作起来就容易懈怠。因为,餐馆赚得再多也是老板的,你的目标是赚到正常的工资水平。

还是以小餐馆为例,小餐馆发展成大餐馆,并且还开了几家连锁店,此时老板就难以同时管理数家连锁店。于是老板就请了职业经理人来替他打理这些连锁店。可以看出,老板仍然拥有餐馆的所有权和收益权,但是由经理来负责日常经营了。这时,餐馆的管理支配权被让渡给了经理,由此实现了产权与经营权的分离。

2. 所有权

所有权是以财产所有权为基础的社会性行为权利,是所有人依法对自己的财产所享有的占有、使用、收益和处置的权利。所有权是一种财产权,因此所有权也被称为财产所有权。所有权是由法律规定的主体(所有权人)对于客体(财产)的最高的、排他性的独占支配权,对于圆满实现所有权过程中遇到的阻碍,所有权人有权排除。所有权有两个重要特性:一是排他性,表明物品在使用、流转的过程中所有权人所享有的绝对排他权利;二是支配性,表明所有权人对物的绝对独占支配权。

产权是一个较大的概念,所有权是产权中的一项权利。但是,所有权是产权中各项权利的核心,对产权的所有人来说,最重要的权利是对经济剩余的索取和对财产的处置。

3. 法人产权

法人实际上是一个组织,比如公司、非政府性组织等,只不过这个组织在法律上具有了人格化的称谓,使得其能够依法独立享有民事权利和承担民事义务。

公司法人产权就是公司的财产权,是公司作为法人对公司财产的排他性占有权、使用权、收益权和转让权。在公司取得法人资格的同时,就拥有了对公司财产的实际控制权。这个实际控制权能够保证不论是由谁投资形成的公司资产,一旦投入运营,产权就归公司,而原来的投资者就与现实资产的运营不再有关系。

4. 经营权

由于公司是法律层面赋予的概念,公司本身不是行为主体,需要依靠公司内的某个人代表公司行使法人权利,这种被代表行使的权利既包括对财产的所有权,也包括对财产的经营权。经营权是实现所有权的一项基本权利,因为只有通过经营权才有可能实现对企业财产权的保值、增值甚至处置,离开了经营权,所有权仅是一项不能发挥作用、不能产生效益的死权利。一般来讲,所有权与经营权应该是统一的,但是由于管理制度与管理能力等原因,许多企业的所有者并不直接参与公司经营,而是将经营权委托给其他人行使,这就形成了所有权与经营权的分离。

(二)公司治理基本情况

股东大会、董事会、监事会和经理层四套班子,被称为公司治理的"四驾马车"。

(1)股东大会。股东大会是股东代表机构在股份有限公司的说法,如果是在有限责任公司,股东代表机构就叫作股东会。按照《公司法》的规定,当有限责任公司的股东数目比较少时,是可以不设置董事会的。因此,当讨论法人治理结构时,提到股东大会,实际上也包括(设有董事会的)有限责任公司的股东会。

股东作为公司所有者,掌握着公司的最终控制权,并能够决定董事会人选,拥有推举或不推举直至起诉某位董事的权利。股东大会是公司的最高权力机构,它由全体股东组成,对公司重大事项进行决策,有权选任和解除董事,并对公司的经营管理有着广泛的决定权,公司一切重大的人事任免和经营决策一般都要得到股东大会的认可和批准后才有效。但是,股东的这项权利并不表示其可以随意干预公司的经营管理,当股东授权董事会负责公司的经营管理后,股东就不能随意干预董事会的经营决策。股东大会通常定期举行,但是当公司遇到紧急情况时,也可以临时召开股东大会。

(2) 董事会。董事会是由董事组成的,是公司的经营决策机构,是股东大会的业务执行机关,负责公司经营活动的指挥与管理,对公司股东大会负责并报告工作。董事会作为公司法人财产的代表,受股东利益的制约,对公司重大问题进行决策,全权负责公司资产的经营,拥有支配公司法人财产的权利,并负责聘任、监督和考核经理层。董事会必须执行由公司股东大会作出的有关公司重大事项的决定。

(3) 监事会。监事会由全体监事组成,是对公司经营活动及会计事务等进行监督的机构。监事会在股东大会领导下,与董事会并列设置,对董事会和经理层的经营管理行为进行监督。

(4) 经理层。经理层受聘于董事会,由董事会决定聘任或者解聘,是公司的代理人,管理公司日常经营事务。经理层对董事会负责,可以由董事和自然人股东担当,也可以由非股东的职业经理人充任。在董事会授权范围内,经理层有权对公司经营活动进行决策,其他人不得随意干涉。

股东大会、董事会、监事会和经理层之间并非简单的领导与被领导关系或上下级关系,而是相互制约的,实际上是一种法定的信任托管和委托代理关系。

(三) 企业集团治理与公司治理的异同

企业集团可以看成是若干以核心层企业为依托的企业群所构成的联合体,这个联合体是以资本、契约或行政指令为纽带联结在一起的。它以母公司和子公司为主体,由多个具有独立法律地位的子公司组成,是各企业因在生产经营、市场开拓、投资等方面紧密协作而形成的一个有机经济组织。

可以看出,企业集团由多个企业组成,但又比单个企业复杂得多,因此,企业集团治理与公司治理既有相同之处,也有不同之处。

1. 企业集团治理与公司治理的相同之处

企业集团治理首先要求企业集团的每一个成员企业能够解决好自身的委托代理问题,协调好股东与经营者(包括董事会和经理层)之间的关系,所以企业集团治理与单个公司治理存在相同的一面。只有企业集团内部的每一个成员企业做好了自身的公司治理,才能保证企业集团作为一种经济组织形式,建立起一套行之有效的治理机制,才能保证企业集团能够有效运营。

一般而言,股东大会、董事会、监事会和经理层,这些权力机构的职责及相互关系,以及外部力量(政府、市场和社区等)对公司的治理和对经营者的激励与约束机制,同样适用于企业集团治理,特别是对企业集团的核心层企业而言,这种共性会更大。

由此可见,企业集团治理与公司治理的相同之处表现在:企业集团内部的子公司,也面临着与一般企业一样的委托代理问题,因此二者在解决委托代理问题上的目的、程序、机制是相同的,对母公司而言这种共性更大。

2. 企业集团治理与公司治理的不同之处

企业集团的复杂性决定了企业集团治理与单个公司治理存在巨大的差异。

一般企业的运作需要处理好与上下游企业或其他交易伙伴的关系,但是,这种处理主要是依靠市场的方式来完成的,交易对象的选择具有很大的灵活性,交易关系一般比较短,甚至有时是一次性的。

企业集团与此不同,如果处理不好集团内部企业之间的关系,任由成员企业各自打着自己的算盘,不积极与其他成员企业合作或考虑集团整体的利益,互相猜疑、刁难、设置障碍,就会增加企业集团整体的运作成本,降低效率,最终导致企业集团形同虚设,甚至不如单个企业的效率,以致丧失存在的基础,走向解体。

从深层次角度考量,企业集团同样面临着一般企业面临的两大难题:一是委托代理问题;二是交易成本问题。按照经济学和现代企业理论,企业内所有权与经营权的分离问题导致委托代理的产生,这是公司治理需要重点解决的问题;契约的不完备性和组织内部的运作费用问题导致交易成本的产生,这又涉及企业之间的合并、分立以及交易中的合作与竞争等问题,这是产业组织需要重点解决的问题。而企业集团治理恰恰面对着这两大问题。

母公司需要将对子公司的控制与协调融入对子公司自身的治理,并通过公司的治理机制,在解决其内部的委托代理问题的同时,协调好与其他子公司之间的关系,降低企业集团内的协调费用。根据母公司与子公司之间关系的紧密程度,子公司可分为紧密型子公司和松散型子公司两类。母公司可以通过其内外部治理机制的设计和运作来控制和协调紧密型子公司,即母公司一方面通过持有紧密型子公司的控制权,借助紧密型子公司的股东大会、董事会、监事会等机构对其高层管理者进行监控,使他们的运作符合母公司和企业集团整体的要求;另一方面,通过让这些企业拥有独立法人地位和独立财产,实现产品市场、资本市场和经理人市场对其的外部治理,为企业及其经营者提供高强度的市场激励和约束。而对于松散型子公司,母公司主要借助市场的外部治理和长期契约纽带来实现对其的控制与协调。

从企业理论来看,企业集团的治理不仅要解决企业内部的委托代理问题,还要解决企业间的交易成本问题,而且这两个问题必须同时解决,不能单独地建立各自的机构、机制和程序,而是要把解决子公司之间的交易成本问题贯穿在公司治理机制之中,从而在企业集团治理中同时解决企业运作中遇到的委托代理问题和交易成本问题。

由此可见,相对于公司治理,企业集团治理的最大差别就是要设计一套控制、协调、激励和约束机制,处理好母公司与子公司、子公司与子公司之间的关系。这就要求母公司发挥特有的功能,通过建立资本、组织、人力、技术等纽带,将子公司紧密联结在自己的周围,形成集团的紧密层。对于与其关系不太紧密的其他子公司,主要利用长期契约纽带,以稳定与这些企业的业务和技术协作。这样,对于集团内各个层次的子公司,母公司都可发挥控制、协调功能,只是针对不同层次的子公司采用不同的方式而已。

企业集团治理与公司治理的不同之处表现在:①公司治理着重解决委托代理问题,企业集团除此之外还要解决子公司之间的交易成本问题。②公司治理从广义上说也包括企业间关系的治理,但对于这样的企业来说,不与既定公司建立和维持稳定的关系并不影响其存在,而对企业集团治理来讲,不与既定公司建立稳定的关系就不能形成企业集团,协调不好这种关系也将极大地影响企业集团的管理效率。③在处理企业间关系上,公司治理遵循平等、自愿原则,不存在控制与被控制、支配与被支配的关系;而企业集团治理由于存在资本、组织、人力、技术等联结纽带,有其控制和协调中心,从而在企业间关系上出现了控制与被控制、支配与被支配的关系。④在股权结构、权力机构构成、经营者激励及市场治理的强度等方面,企业集团治理也可能与公司治理存在较大差别,从而使同一个治理机制在公司和企业集团的作用力度和方式上出现差异。

(四) 企业集团治理结构

(1) 股东大会。对于企业集团,股东大会除具有公司治理的性质之外,还有其特殊性。这个特殊性就在于,对于企业集团内部的母公司和子公司而言,母公司为了实现对子公司的控制与协调,对子公司持有控股额(绝对和相对),并通过这种持股方式控制子公司的股东大会。企业集团母公司的一股独大,并不违反公司法,这是股权控制中利益与风险对等原则的必然结果,也是企业集团中母子公司体制的魅力所在。通过持有子公司多数的股份,一般是50%以上的股份,母公司获得对子公司的绝对控制权,从而在治理层面上获得对于公司的控制,并可以由此实施母公司的管理制度。

在某些情况下,企业集团的母公司没有必要绝对控股某个子公司,而是与另一出资人合资,共同持有50%的股份,从而在股权结构上达到了双方合作控制子公司的目的。对于存在相互持股的企业集团而言,如果相互持股的数额较大,各自成为对方的大股东,这些成员企业一旦联合起来,就可能形成相对控股。但这也不违反公司法,恰好是企业集团中成员企业之间加强联结纽带的主要方式。这时,成员企业的其他股东的实权可能就没有了,此时成员企业的股东大会就变成了"大股东会"。

(2) 董事会。对于企业集团来讲,其母公司和子公司需解决好各自董事会的职能、构成及独立性问题。企业集团作为一个整体,其董事会的构成也形成一个等级体系,其中核心层企业(集团总部或母公司)的董事会位于顶端,是集团的战略管理中心,其他成员企业的董事会则是集团的战略实施单位。在母子公司体制中,母公司通过向子公司派遣董事,实现对子公司的战略控制。

许多集团内部的子公司,其董事会基本上由执行董事构成,主要职能是执行母公司的战略,而母公司的董事会则对制定的公司战略进行审批并监督实施。在集团存在多个核心层企业并通过交叉持股形成资本联结纽带时,可能会互派董事,形成资本关系上的高层人事参与,并借此实现对所参股企业的控制、监督和协调。

无论集团母公司这一级别的董事会构成如何,母公司对于公司的董事派遣,是集团母公司进行母子公司管理、协调成员企业间关系的一个重要手段。子公司的董事会大多由集团母公司内部的执行董事构成,这也是一个较普遍的现象。

(3) 监事会。为了加强集团对战略、资本、财务、人力的控制,母公司通常会向子公司派遣监事,也有可能对子公司的监事会在业务上进行指导,这种做法在日本的独立企业集团中很常见。中国也有不少企业集团的母公司通过对子公司派遣财务总监来实现对子公司的财务监督与控制。另外,为了实现特大型国有企业集团中国有资产的保值与增值,监督集团的财务状况以及控制集团的违法行为,国家会向这些企业派驻稽查特派员。

(4) 经理层。对于集团母公司来说,母子公司的经理层之间还会形成一个体系,其中母公司的经理层在集团的决策执行体系中处于支配和领导地位,并主要通过向子公司派遣董事及经理人员,控制和协调子公司的经理层,以保证集团战略决策的有效实施。

对于经理层的代理问题,母公司一级与下属子公司一级也是存在区别的。母公司一级所有者与经营者之间的代理问题及其解决,与单个公司面临的问题差别不大。但是对于子公司一级,经营者与所有者之间除存在两权分离所产生的代理问题之外,母子公司的经营者之间也存在委托代理问题。也就是说,母公司的经营者要将其所有者委托的一部分经营权再委托给子公司的经营者,从而使子公司的经营者与其母公司的所有者之间的代理链条拉长,由此所产生的相互之间的信息不对称、责任不对等和利益不一致,比单个公司更为复杂。因此,母公司的所有者要解决多重委托代理问题,就必须设计更为复杂的治理机制:一是按照持股额和公司法及公司章程,任命和控制子公司的董事及经理层,并由母公司经理层对子公司经理层的日常业务进行指导、协调和控制,从而通过企业集团组织体制,使子公司经理层的产生及运作渗透母公司的意志;二是在子公司中设置独立法人,利用独立资产所赋予的强约束力以及其他股东的监管,发挥市场对子公司特别是参股公司和关联公司经理层的控制。

二、企业集团的管理模式

企业集团相比单个企业的一个重要特点就是不仅要考虑单个企业内部的管理工作,还要考虑母子公司之间的管理。其中,首先需要解决的就是集团母公司对下属子公司的管理模式问题。

企业集团的战略发展要考虑子公司的发展,以及子公司与集团整体之间的协同效应,这种协同效应的发挥依赖于集团母公司的整合效应和对下属子公司的授权与分权。根据集团母公司对下属子公司的授权与分权程度,企业集团的管理模式可以分为集权型管理模式、平衡型管理模式和分权型管理模式。

(一)集权型管理模式

集权型管理模式指的是权力集中在集团母公司,由母公司集中决策。集权型管理模式又分为绝对集权型和相对集权型两种,它们有各自不同的特征和适用条件。

1. 绝对集权型管理模式

绝对集权型管理模式属于高度集权的管理模式,由集团母公司集中决策、集中经营,负责对企业集团所有事项的决策和组织实施。

绝对集权型管理模式的主要特征有:

(1)集团母公司掌握着整个企业集团的各项决策,绝对集中控制和管理企业集团的各项资源,直接介入企业集团的具体经营管理活动。企业集团通常设有投资决策中心和管理运营中心。在绝对集权型管理模式中,集团母公司不仅管理和控制着投资决策中心和管理运营中心,还直接开展具体的经营管理活动,具体负责企业发展战略计划、管理计划以及财务指标的制定与考核,下属子公司仅作为一个执行组织负责具体实施。

(2)集团战略发展目标明确,下属子公司的经营目标也紧紧围绕集团发展战略目标展开,体现了集团管控的统一化。

(3)由于绝对集权型管理模式是一种"脑袋大、身体小"的管理模式,因此,势必导致集团母公司规模大、人员多、组织复杂。

从以上绝对集权型管理模式的特征可以看出,尽管企业集团要加强管控能力,但是这种管理模式并不适用于所有企业集团。实际上,绝对集权型管理模式是有一定的适用条件的,具体如下:

(1) 从控股权角度来说,集团母公司对下属子公司要有绝对的控股权。因此,这就要求集团母公司对下属子公司的持股比例要绝对高。只有这样,集团母公司才能从法律意义上实施绝对集权型管理模式,下属子公司也才不会违背集团母公司的决策意图。

(2) 从子公司数量角度来说,事必躬亲式集中决策、集中经营模式,使得集团母公司没有太多的精力管理太多的子公司。因此,这种管理模式要求集团下属子公司的数量不能太多,否则会缺乏管理效率。

(3) 从组织结构角度来说,企业集团应该尽量采用直线型组织结构,做到母子公司之间的信息通道直接顺畅。同时,为了提高决策和管理效率,应尽量使组织结构扁平化。

(4) 从业务角度来说,企业集团的业务范围不能太宽,并且子公司之间的业务要有较高的相关性和相似度。这样才能保证集团母公司对下属子公司的决策和管理的集中管控能够落到业务层面上,真正做到落到实处。

正因为绝对集权型管理模式有这些特征和适用条件,企业集团如果采用这种模式,将会面临如下三个问题:

第一,由于集团母公司要绝对控股,因此在资金使用效率上就会显得不足,不能充分发挥资金的财务杠杆作用,这样会限制企业集团的扩张规模,减缓企业集团的发展速度。

第二,集中决策、集中运营,势必导致集团母公司面临巨大的决策和管理工作量,如何科学合理地设置管理部门和培养相应的决策、管理人才,是企业集团必须解决的问题。

第三,由于集团母公司掌控着子公司的决策和运营管理权,那么势必会削弱下属子公司的主动性和积极性。集团母公司如何有效激励下属子公司更主动地创新管理实践,更积极地实施集团发展战略,也是企业集团面临的重要问题。

2. 相对集权型管理模式

与绝对集权型管理模式相比,相对集权型管理模式是集团母公司集中决策,子公司分散经营,集团母公司只起到战略管理的作用。

相对集权型管理模式的主要特征有:

(1) 集团母公司和子公司各有分工。集团母公司集中决策,定位于企业集团的决策中心、监督中心和服务中心;下属子公司分散经营,定位于经营中心。集团母公司制定集团发展战略和重大投资项目并审核子公司对战略的执行情况。下属子公司在集团发展战略的指导下开展各自的经营管理活动,得到来自企业集团的资源分配,并接受集团母公司的监督和审核。

(2) 母子公司之间的协同运作。相对集权型管理模式强调在集团母公司集中决策的前提下,实现下属子公司的分散经营。这就要求母子公司之间要有很好的协同效应,集团母公司的侧重点也就放在了整体协调、平衡集团整体效益和母子公司利益关系上。

(3) 由于相对集权型管理模式仍然是集权的,因此,集团的整体规模也不是很大。

相对集权型管理模式也有一定的适用条件,具体如下:

（1）从授权角度来说，集团母公司只有给予下属子公司一定的经营管理授权，才能够做到分散经营。由于还是集权型管理，因此，这种授权并不要求母公司全权委托子公司负责一切管理活动，而只对其授予经营管理权。

（2）从子公司数量角度来说，企业集团母公司虽然把经营管理权分散到了子公司，但仍需要母公司的集权决策和协助经营管理，因此，企业集团规模不应该过大。子公司的数量也不能太多，否则会给集团母公司的集权决策和协调管理带来困难。

（3）从组织结构角度来说，企业集团应该尽量采用直线职能型组织结构，同时，为了提高决策和管理效率，也应该尽量使组织结构扁平化。

（4）从业务能力角度来说，集团下属子公司要有一定的经营管理能力才行，否则就无法有效地完成集团母公司分配的任务。由于子公司的经营管理活动是在集团母公司的监督和协助下的，因此，对某经营管理能力的要求也不高。

可以看出，在相对集权型管理模式下，集团采用集中决策的方式，有效地保证了集团发展战略的整体统一性。而分散经营的方式，则有效地发挥了下属子公司的经营管理积极性，提高了企业集团的经营效率。由于只是给予下属子公司经营管理权，而决策权仍在集团母公司的手上，集团母公司可以派出经营管理专家指导子公司，子公司的经营管理数据也可以集中到集团总部，这样就有效地降低了企业集团的经营管理风险。

尽管相对集权型管理模式有上述优点，但是，企业集团采用这种模式也会面临如下两个问题：

第一，容易出现决策信息失真，导致决策失误。集中决策、分散经营，必然会导致集团母公司的决策层离下属子公司的经营管理现场较远，使集团母公司和下属子公司之间出现信息孤岛，导致集团母公司在决策时掌握的信息失真、不完整，引起决策失误。

第二，降低了企业集团应对市场变化的反应速度。当集团下属子公司在经营管理过程中面临复杂多变的环境时，如果不能够及时应对，或者集团母公司没能及时给予指导，就会降低企业集团对市场的反应速度。

（二）平衡型管理模式

平衡型管理模式是指权力在集团母公司和下属子公司之间的分配取得某种平衡的模式。采用这种管理模式要求集团母公司和下属子公司要在母公司和子公司的战略决策权和经营管理权方面谋求对等平衡。

平衡型管理模式的主要特征有：

（1）企业集团不再只是由集团母公司来决策，下属子公司也有决策权。至于经营管理权，也是由母公司和子公司共同分享。而且这种权力的分配，要达到一个相互平衡的状态，否则就无法实现真正的平衡管理。

（2）企业集团的长期发展战略更多考虑的是集团整体的利益，而下属子公司考虑的则是公司短期内的经营绩效。平衡型管理模式要求在集团长期利益和子公司短期绩效之间取得平衡。

平衡型管理模式的适用条件如下：

（1）从授权角度来说，相较于集权型管理模式而言，在平衡型管理模式下，集团母公司要给予下属子公司更多的授权,才能够达到权力平衡状态。因此,这就要求企业集团各方面要发展均衡,人才分布也要平均,治理结构偏重于出资人分散。只有这样,才能达到母公司和子公司的授权平衡。

(2) 从子公司数量角度来说,由于子公司得到了充分的授权,因此,子公司数量可以稍微多一些。当然,子公司数量越少,企业集团管理的难度就会越低。

(3) 从组织结构角度来说,企业集团应该采用事业部制或子公司制。这样才能够充分发挥子公司的战略决策和经营管理能力,保障平衡型管理模式的有效实施。

(4) 从业务能力角度来说,集团下属子公司需要具备一定的决策和经营管理能力,面对市场的变化,能及时调整集团战略决策和经营管理策略,否则即使得到权力也会因为自身能力不足而无法驾驭。

(三) 分权型管理模式

分权型管理模式要求企业集团母公司与下属子公司之间合理分配权力。通常情况下,集团母公司制定企业集团的财务管理制度,下属子公司在集团财务管理制度下,各自经营管理。

分权型管理模式的主要特征有:

(1) 充分的分权管理。集团母公司的主要任务就是制定严格的集团财务制度和财务指标,并对这些指标进行考核。集团下属子公司是独立的公司,拥有独立的业务,并且是独立的盈利中心。子公司不用得到集团母公司的审批就可以自行进行决策,拥有高度的经营管理自主权。

(2) 母公司和子公司之间的联结纽带是资本。企业集团的目标是实现资本价值最大化,子公司只是母公司实现这一目标的工具。在分权型管理模式下,两者的联结纽带就是资本或金融市场。集团母公司通过投资或在股票市场上买进或卖出股票等金融工具来影响下属子公司。

(3) 企业集团母公司规模小。由于企业集团母公司的权力主要集中在财务管理和资本运作上,因此不要求其规模大。因为财务管理工作不同于生产运作管理,需要的员工数量较少,集团母公司的员工数量也因此较少。

(4) 企业集团母公司不需要突出主营业务。企业集团的业务范围分布广泛,但这主要集中在子公司身上,对母公司自身的业务能力没有过多要求。

分权型管理模式的适用条件如下:

(1) 集团母公司要具备很强的财务管理能力和资本运作能力,掌握多种金融工具,能够根据需要从事高水平的资本运作管理。

(2) 集团子公司要有很强的运营管理能力。由于集团母公司只是从财务上对子公司进行管理,大部分公司战略决策和运营管理都要靠子公司自己来完成,因而子公司只有具备了这些能力,才能在母公司不提供帮助的情况下管理好公司。

(3) 分权型管理模式下,集团下属子公司之间的业务相关性可以弱一些,可以更多地拓展集团母公司涉及的业务领域。

三、企业集团治理制度

企业集团中存在集团所有权、战略决策权和经营管理权三种权利,企业集团领导制度恰恰反映出这三种权利之间的关系。因此,企业集团领导制度的核心就是通过集团内部领导权归属划分及其行使方式的选择,处理好集团母公司与下属子公司之间、子公司相互之间的各种关系,以提高企业集团的经济利益。

(一)企业集团领导制度

1. 企业集团领导制度的特点

关于领导的定义,学界观点不一,比如,领导是解决问题而采取的最初行动;领导是对制定和实现企业目标的各种活动施加影响的过程;领导是指挥、带领、引导和鼓励员工为实现目标而努力的过程。但是这些定义基本上是对单个企业的领导进行的论述。一般而言,企业集团领导制度与单个企业领导制度还是有区别的,其特点具体如下:

(1)利益主体的多元性。企业利益主体依靠企业生产经营活动来维护和发展自身利益。企业集团中既有母公司,也有下属子公司,因此是由多个企业法人联合而成的,它们之间相互持股,其利益是多元的。企业集团的领导制度必须适应各个不同利益主体的需要,保证集团管理能最大限度地维护和发展各子公司的共同利益。

(2)领导作用的整体性。企业集团是由若干以核心层企业为依托的企业群组成的联合体,任何单个企业都无法离开集团整体而独立地发挥其领导作用,因此,企业集团的领导作用必须考虑整体效应。由于组成企业集团的单个企业是分层次的,企业集团并不是杂乱无章的集合体,因此企业集团的领导作用也是分层次的。

(3)领导方式的间接性。企业集团领导方式的间接性,是与单个企业领导方式的直接性相对照的。企业集团由多个企业组成,拥有多个法人,包含多层次的组织结构,具有跨地区、跨部门的特点。这使得企业集团的管理关系复杂,管控跨度大,不适合用单个企业的直接领导方式来管理企业。由于企业集团的成员企业通常是通过股权、契约等方式联结在一起,因此,可以采用以股权为基础的投票权,或以契约为基础获得管理权等间接方式实施管理。例如,集团母公司派出董事或监事到下属子公司担任要职,通过影响子公司的董事会决策来间接领导子公司;派出经理人员到子公司,实现对子公司的间接管理。

(4)管理形式的多样性。相对于单个企业较为单一的管理形式,企业集团的管理形式是多样的。例如,在企业集团的经营控制上,可以采取设立分公司的形式,也可以采用全资子公司和参股子公司的形式;在集团成员企业之间的分配形式上,既可以采用资金补偿形式,也可以采用实物补偿形式或劳务补偿形式;在管理控制程度上,既可以采用集权式以加强管控,也可以采用分权式以发挥子公司的经营管理灵活性和主动性的特点。总之,企业集团不是单个企业的简单加总,其管理形式具有多样性,企业集团领导制度要适应管理形式的多样性特点。

2. 企业集团领导制度形式

企业集团领导制度原则上是由成员企业依据实际情况协商而定的。一般而言,企集团领导制度有三种形式：董事会领导下的总经理负责制、总经理负责制、管理委员会领导下的总经理负责制。

(1) 董事会领导下的总经理负责制。这种形式是目前大多数企业集团采用的领导制度。一般情况下，董事会是企业集团的最高权力机构，其作用是对企业集团的发展战略进行决策和监督，总经理负责日常经营的决策和管理工作。董事会设董事长一人，副董事长若干，常务董事和董事若干，总经理由董事会聘任。

董事会的组成，不能仅仅体现企业集团成员企业的结构，还要综合考虑董事会成员的专业构成和知识背景。董事会的人数也是可以变化的，一般根据企业集团的规模、成员企业的数量，以及董事会承担业务的复杂程度等因素来决定。规模大、成员企业多、工作复杂度高的企业集团，其董事会人数可以多一些，反之就可以少一些。

董事会和总经理各自的职责也有所区别，董事会主要负责处理企业集团的重大决策问题，检查总经理的执行情况。总经理更偏重于负责集团的日常工作，执行董事会决议，负责集团公司生产经营计划和实施。

(2) 总经理负责制。总经理负责制通常适用于股东单一的全民所有制企业集团，这些企业集团一般是从行政事业单位或行政性公司转轨变型组建而成的，有的是通过核心企业的跨部门、跨地区横向联合组建，其共同特点是核心层企业在集团中居重要地位，基本上属于单一的全民所有制。这类企业集团生产和管理都比较集中，适合采用总经理负责制。在这一领导制度下，总经理是企业集团的最高负责人，行使集团的最高决策权，集团的职工代表大会行使民主管理权。

企业集团的决策和管理需要多方面的专业知识，因此，这一领导制度的一大弊端就是，如果总经理的管理能力和知识结构无法胜任这个位置，就可能会给企业集团带来决策失误或管理混乱。通过设立参谋机构，例如管理委员会，可以有效弥补总经理知识与能力的不足，使得决策和管理科学化。

管理委员会的组成成员一般包括总经理、副总经理、总经济师、总工程师、总会计师以及主要成员企业的管理层和部分职工代表，并由总经理兼任管理委员会主任。由于管理委员会只是一个参谋机构，每项重大问题经充分讨论后，最后还是要由管理委员会主任，也就是总经理做出最终的决策。可见，管理委员会能否发挥作用取决于：①能否汇集多方面信息，反映各方面的意见和建议；②能否进行专业的综合分析和判断，辅助总经理决策。

(3) 管理委员会领导下的总经理负责制。这一企业集团领导制度下，管理委员会不再是参谋机构，而是最高决策机构。管理委员会作为最高决策机构，其组成成员包括集团总部的总经理、副总经理、总经济师、总工程师、总会计师以及下属子公司的法人代表，并由总经理兼任管理委员会主任。

(二) 企业集团控制制度

按照集团母公司对下属子公司控制的紧密程度，企业集团控制制度可以分为财务型控制制度、战略型控制制度和操作型控制制度三种。

1. 财务型控制制度

在财务型控制制度下，集团母公司是投资决策中心，通过财务管理和领导的方式追求资本价值最大化。集团母公司负责集团公司的财务和资产运营，包括制订集团财务计划、做出投资决策、收购与兼并外部企业等。集团母公司每年给下属子公司下发财务目标，不具体过问子公司的生产管理情况，只关注子公司的盈利能力和投资回报情况，只要子公司完成了集团设定的财务指标就可以。这种制度之下，集团母公司的人员并不多，主要是财务管理人员。

2. 战略型控制制度

在战略型控制制度下，集团母公司是战略决策和投资决策中心，主要关注总体战略控制、业务组合的协调发展、投资业务的战略优化，以及战略协同效应的培育。集团母公司在资产上对下属子公司进行控制，并负责集团财务、资产运营和集团整体的战略规划；各下属子公司同时也要制定各自的业务战略规划，并提出实现规划目标所需投入的资源预算。集团母公司审批下属子公司的规划并给予有价值的建议，批准其预算后，再交由下属子公司执行。集团母公司对下属子公司的管理主要是通过年度报告或季度报告的形式来表现的，这种制度适用于下属子公司业务相关性较强的集团。一般采用这种控制制度的集团，母公司的规模都不大。

3. 操作型控制制度

在操作型控制制度下，集团母公司是经营决策中心和生产指标管理中心，以对企业集团资源的集中控制和管理、追求企业经营活动的统一和优化为目标，直接管理集团的生产经营活动。也就是说，母公司从战略规划制定到实施几乎样样都管，是一种集权型控制制度。由于集团母公司面临的管理问题很多，为保证母公司能够正确决策并解决这些问题，集团母公司通常组织架构庞大，职能人员众多，各下属子公司的数量少且业务相关性较强。

本章小结

本章系统介绍了企业集团与多级治理的相关知识，主要包括：企业联合体的形成、组织形式、组织结构、管理机构，以及在中国市场经济中的作用；企业集团与集团公司的联系与区别、企业集团的特征与功能，以及企业集团的形成；公司治理的基本情况，企业集团治理与公司治理的异同；企业集团的治理结构、管理模式、领导制度等。

思考题

1. 企业联合体的组织形式有哪几种？
2. 企业联合体在中国市场经济中的作用如何？
3. 简述企业集团与集团公司的区别与联系。
4. 企业集团的功能有哪些？
5. 企业集团治理与公司治理有何差异？
6. 企业集团有哪几种管理模式？试简述之。

> 案例分析

1. 海信集团概况

海信集团的前身是青岛无线电二厂,成立于1969年,目前发展成为我国特大型电子信息产业集团公司。海信集团以强大的研发实力为后盾,以优秀的国际化经营管理团队为支撑,加快产业扩张速度,已形成以数字多媒体技术、现代通信技术和智能信息系统技术为支撑,涵盖多媒体、家电、通信、智能信息系统和现代地产与服务的产业格局。2010年海信集团实现销售收入637亿元,在中国电子信息百强榜单中名列前茅。

海信集团拥有海信视像(600060)、海信家电(000921)、三电控股(6444)、乾照光电(300102)四家上市公司,旗下有海信(Hisence)、东芝电视(Toshiba TV)和容声(Ronshen)等多个品牌。海信集团的核心产品包括电视、空调、冰箱、手机等,并正在实现由"家电公司"向"高科技公司"的华丽转身。

2. 母公司的功能定位

海信集团的母公司是控股公司,是青岛市人民政府授权的国有资产经营机构,对国有资产保值增值负责。集团母公司对投资企业行使出资人权利,按照持股比例享有资产收益、重大决策和选择经营者等职权。母公司负责制定集团总体战略和发展规划;培育集团的市场、技术、品牌等可共享资源;负责集团资本运营和投融资决策;选拔培养子公司的经营班子;对子公司实行监控考评。母公司是国有独资公司,不设股东会,设有董事会、监事会和总裁班子。

3. 母公司对子公司的财务管理体系

母公司对子公司的财务管理体系包括集中的财务管理政策与稳健的财务政策。

(1)集中的财务管理政策。集团财务中心设立了内部银行资金结算中心,资金由母公司统一调度、统贷统还,实现了集团内部各类账户资金的全面监控及集团内部资金的调剂使用。调度资金的瞬时到位,提高了资金使用效能;母公司上收子公司的收益分配权和工资总额控制权,子公司在集团财务中心的监督下,有预算内的资金调配权。

(2)稳健的财务政策。海信集团认为,财务安全比盈利更重要,一定要坚持稳健性原则,宁可降低收入,也要保证资金安全;宁可错过市场机遇,也不过度投资;宁可减缓发展速度,也不能破坏财务状况。因此,海信集团严格控制企业资产负债率,提高资金周转速度,降低资金占用。

综合上述分析,海信集团母公司对下属子公司享有出资人的重大决策、收益分配和选择管理者三大权利。母公司的高管人员进入子公司担任董事长或贯彻执行母公司的决策。在集团内部集权分权掌握上,母公司着重对财务管理集权,控制了投融资和现金流通,其他管理权基本上都在子公司,如子公司的供应、生产、销售业务均自行决策、独立开展,享有充分的自主权。为防止母公司职能部门对子公司正式经营活动的干涉,海信集团从制度上规定只有母公司的总裁办、计财部、人力资源部等三个部门可以行使母公司的组织指挥权。这种适度集权分权的管理方式,有效地调动了子公司的主观能动性和积极性,确保了海信集团经营方针的贯彻和目标的实现。

■ 思考

结合上述案例,回答下列问题:

1. 海信集团母公司的功能定位是什么,体现了哪种领导制度形式?

2. 海信集团母公司与子公司的财务管理体系是怎样的,对现代企业集团治理有何启示?

第三篇

法商运营与法条解读

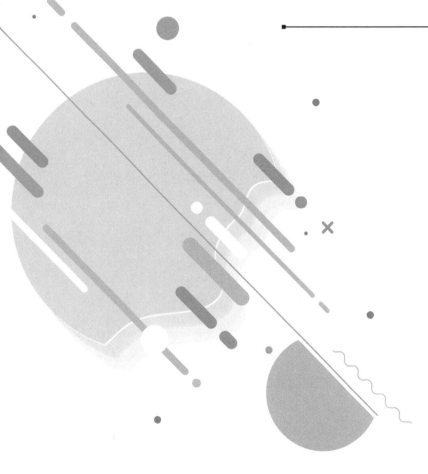

第八章 资本运作与相关法条解读

学习目标

1. 理解和掌握并购与重组的内涵和方式。
2. 理解企业竞争的内涵与本质，了解《中华人民共和国反不正当竞争法》的有关规定。
3. 理解垄断与反垄断的内涵，了解《中华人民共和国反垄断法》的地位和特征。

基本概念

合并　收购　重组　竞争　垄断

案例导入

美的集团收购小天鹅

美的集团股份有限公司（以下简称美的集团）成立于2000年4月7日，2013年9月18日通过吸收合并广东美的电器股份有限公司（以下简称美的电器）在深圳证券交易所上市。作为美的集团的大家电平台，在被美的集团吸收合并前，美的电器曾实施了一系列的并购交易，其中以收购无锡小天鹅股份有限公司（以下简称小天鹅）最具代表性。通过本次要约收购，美的集团直接和间接持有小天鹅 33 315.3059万股股份，占其总股本的52.67%，实现了对小天鹅的绝对控股。

在企业并购完成之后，美的电器不断进行营销体系改革，提高运营效率。公司大力改革销售渠道结构，建立洗衣机营销公司，管理中心改为区域销售中心；开拓了三、四级市场和乡镇网点，使得销售渠道的数量增多，同时提高了产品的覆盖率与品牌的知名度。美的电器成立了中国营销总部，不断优化营销平台和资源整合，同时壮大国际事业部，把内外销相结合。通过不断的努力，美的电器实现了销售规模的突破，巩固了其在行业中的领先地位。小天鹅在并购完成后，就开始整合国内和国外两个营销平台。利用美的电器在物流配送方面的优势，以及配备相应的技术支持系统，小天鹅进入了上游的供应商原料和产品销售环节，这大大降低了小天鹅的生产成本和运输成本，同时有利于提高企业的盈利能力。借鉴美的电器营销渠道方面的经验，小天鹅逐步优化了自身的内部销售结构和渠道。之后小天鹅剥离了其弱势业务——冰箱业务，同时控股荣事达洗衣设备公司，在经过这些改革后,小天鹅的营销范围不断扩大,利用美的电器的大平台,与欧美高端市场客户的合作不断增加,小天鹅的外销渠道不断完善。小天鹅借鉴美的电器的营销经验,努力提高洗衣机的市场占有率,提升企业的核心竞争力,实现了跨越式发展。

第一节 公司合并、收购与重组

一、公司合并的概念及理解要点

> 公司合并是指一家或多家公司(以下称为被合并公司)将其全部资产和负债转让给另一家现存或新设公司(以下称为合并公司),被合并公司股东换取合并公司的股权或非股权支付,实现两个或两个以上公司的依法合并。

在理解这个定义时,我们需要把握如下要点:

(一)公司合并是合并公司与被合并公司之间的交易

与公司股权收购交易属于收购公司与目标公司股东之间的交易行为不同,公司合并是合并公司与被合并公司之间的交易,并且是合并公司收购被合并公司的全部资产和负债(净资产)的交易行为。因此,合并公司收购的目标资产是被合并公司拥有的法人财产(全部资产),并同时承担其全部负债,而不是被合并公司股东持有的目标公司的股权或股份,目标公司股东本身只是该交易的利益相关人。公司合并之后,被合并公司的资产、负债全部由合并公司承继,被合并公司解散注销。

(二)合并公司获取被合并公司的全部资产并承担全部债务

在实务中,公司合并与公司资产收购具有类似性。其相同的地方在于交易的对象都是目标公司而不是目标公司的股东,并且都希望获取目标公司的资产。但两者也存在明显的不同,主要包括如下几点:

(1)资产收购可以适用于并非收购目标公司全部资产的情形,但公司合并只能是收购目标公司的全部资产。

(2)资产收购可以适用于不承担任何债务的情形,或者只承担部分债务的情形,当然也可以全部承担,但公司合并只能是全部。

(3)资产收购后,目标公司无须清算,即可以清算,也可以不清算。如果是后者,则目标公司成为收购公司的股东;如果是前者,则目标公司的股东成为收购公司的股东。事实上,如果收购的不是全部净资产,目标公司向其股东分配的资产构成会与公司合并不同,因为这时,目标公司除了拥有收购公司支付的对价,可能还有自身的剩余财产(未被收购财产)需要分配。

另外,对于资产收购,如果目标公司不清算,只是作为收购公司的持股股东,它的存在在我国法律下反而具有障碍——目标公司基本被收购公司全盘接收或整体收购了,目标公司持有的资产除了股权资产,其他的大多是非实质经营性资产,这样的公司几乎没有实质性经营活动,它唯一的作用在于持有股份。因此,在实务中,目标公司通常还需要变更经营范围为投资性公司。由于当前的英美公司法下几乎废止了"越权经营规则",也就是说公司可以通过特殊决议修改其章程大纲中的公司目的,极大地减少了越权经营规则在公司法领域中的适用,这在英美公司法下几乎不存在障碍。但是在中国公司法下,公司的经营范围还是需要经过审批的,且投资性公司并不容易获得审批。

(三)合并公司可以采用各种方式支付对价

与公司股权收购一样,在公司合并中,合并公司可以采取股权支付、非股权支付或两者结合的方式作为对价。所谓股权支付,是指合并公司可以以自身发行的股权或股份,或者以其直接持有的其他公司的股权或股份作为对价进行支付;所谓非股权支付,是指除股权支付之外的其他支付方式,包括以货币资金、非货币性的其他财产作为对价进行支付。

鉴于在实务中,许多人经常将公司合并与公司股权收购相混淆。因此,我们将公司合并与公司股权收购的异同总结如表8-1所示:

表8-1 公司合并与公司股权收购的异同

项目		公司合并	股权收购
相同点		二者的目的均在于凭借对财产权或股权的控制,获得目标公司的资产或者掌握公司的经营权,并以此实现获利	
不同点	定义	公司合并指一家或多家公司(以下称为被合并公司)将其全部资产和负债转让给另一家现存或新设企业(以下称为合并公司),被合并公司股东换取合并公司的股权或非股权支付,实现两个或两个以上公司的依法合并	股权收购是指收购方通过一定方式购买目标公司的股权,当其获取的股权达到一定比例后,取得该公司控制权的一种市场交易行为
	交易主体	公司合并的主体是合并公司和被合并公司	股权收购的主体为收购公司和目标公司的股东
	交易标的	公司合并的标的是被合并公司的有形或无形资产	股权收购的标的为股东对公司所享有的股权
	对价支付对象	公司合并中,合并公司的对价支付给享有财产权的被合并公司	股权收购中,收购公司的对价支付给目标公司的股东
	对目标公司的影响	公司合并中,合并公司取得被合并公司的资产并承担负债,被合并公司解散注销	股权收购中,目标公司的股东发生了变化,而对目标公司的资产无任何影响

二、公司合并的类型及交易架构

按照《公司法》第一百七十二条的规定,公司合并可以分为吸收合并和新设合并两大类型。吸收合并是指两个以上的公司合并时,其中一个公司吸收了其他公司而存续,被吸收的公司解散并清算分配。新设合并是指两个以上的公司合并为一个新公司,参与合并各方解散并清算分配。这两种类型的区别在于:吸收合并中参与合并的一方将存续下去;而新设合并则是所有参与合并方都注销的同时设立一个新的公司以承继。

在理解公司合并时,我们需要注意的是,不论是吸收合并还是新设合并,都是合并公司(存续公司或新设公司)与被合并公司之间的交易行为,而不是与被合并公司股东之间的交易行为,这是由公司的财产权和股东的财产权所决定的,不能因为被合并公司股东最终获得了对价而混淆了合同的相对方。被合并公司股东获得的对价是被合并公司注销时,股东收回其股权投资所获得的对价,同时也是被合并公司回购其股份时支付的对价。

(一) 吸收合并的交易架构

一个典型的吸收合并的交易架构如图 8-1 所示:

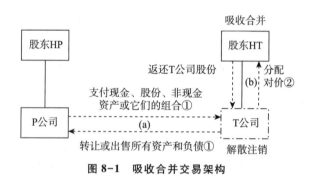

图 8-1 吸收合并交易架构

注:①T 公司将全部资产和负债整体转让给 P 公司,P 公司向 T 公司支付现金、股份等作为收到该资产和负债的对价;

②T 公司在解散注销中将收到的 P 公司支付的对价分配给其股东 HT,用以交换(回购)HT 持有的 T 公司股份,T 公司收回其全部股份后解散注销。

总体上,一个典型的吸收合并可以分解为两个独立的交易行为:

(1) 合并公司接受被合并公司转让或出售的净资产(全部资产和负债)并支付对价给被合并公司[图 8-1 中的(a)]。合并公司支付对价可以采取现金、股份(自身股份或持有的控股企业的股份)、非现金资产或它们的组合等。

(2) 被合并公司在解散注销中,将其收到的合并公司的股份作为对价回购其股东持有的被合并公司的股份[图 8-1 中的(b)],随后被合并公司清算解散。

(二) 新设合并的交易架构

新设合并从原理上分析,其本质是两个或多个被合并公司将其全部资产和负债"打包"投资注入合并公司(新设公司),合并公司发行自身股份给被合并公司,被合并公司在解散注销中,分配合并公司的股份给被合并公司的股东,被合并公司的股东成为合并公司的股东,被合并公司分配完毕后解散注销。一个典型的新设合并的交易架构如图 8-2 所示:

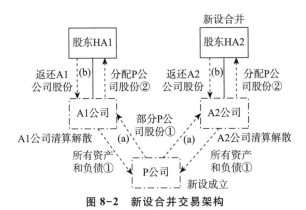

图 8-2　新设合并交易架构

注：①A1 公司、A2 公司将全部资产和负债整体转让给（投入）P 公司，P 公司收到该净资产而向 A1 公司、A2 公司发行 P 公司股份作为支付的对价；

②A1 公司、A2 公司在解散注销中将收到的 P 公司股份分配给其股东 HA1、股东 HA2，用以交换（回购）其持有的 A1 公司和 A2 公司股份，A1 公司和 A2 公司收回其全部股份后解散注销。

类似地，一个典型的新设合并也可以分解为两个独立的交易行为：

（1）新设公司接受被合并公司 A1 公司、A2 公司的净资产并发行股份，作为对价支付给被合并公司[图 8-2 中的(a)]。

（2）被合并公司将其收到的合并公司的股份作为对价，回购其股东持有的自身股份，随后被合并公司解散注销[图 8-2 中的(b)]。

三、收购

> 收购是指一家企业以现金、债券或股票购买取得其他企业的部分或全部资产或股权，以取得这些企业的控制权的经济行为。

（一）股权收购的内涵

> 股权收购是购买一家公司股份的投资方式，它通过购买目标公司股东的股份或认购目标公司所发行的新股而实现，收购后使资金流入目标公司股东的账户。

当收购者收购了目标公司一定比例的股权，从而取得该公司的经营控制权，即可称之为接收该公司，对于并未取得控制权的收购则称之为投资。

【案例 8-1】

2010 年 6 月 21 日，亚太本土最大的管理软件提供商、国内市场占有率第一的软件巨头——用友软件股份有限公司（以下简称用友软件）在北京召开发布会，正式宣布以 4.91 亿元收购上海英孚思为信息科技股份有限公司（以下简称英孚思为）100%的股权。2011 年

7月5日,上海英孚思为信息科技股份有限公司正式更名为用友汽车信息科技(上海)有限公司。用友软件以4.91亿元的收购规模创下中国管理软件行业史上之最,原英孚思为的董事长及总经理也凭借本次收购成为新晋的亿万富翁。此外,用友软件此次并购背后的战略意图及其深远影响更是引起行业人士瞩目。通过此次并购,用友软件迅速进入汽车行业信息化和咨询服务市场并占据领导地位,使得用友软件能够持续领跑中国企业云服务市场。

(二)资产收购的内涵

> 资产收购是购买一家公司资产的投资方式,属于一般资产买卖行为,收购后使资金流入目标公司。

由于在收购目标公司资产时并未购买目标公司的股份,所以无须承受目标公司的债务。一般来说,目标公司所出售的资产只是全部资产的一部分,如果目标公司将其全部资产出售,则该公司将无法继续经营原来的生产或业务,甚至被迫解散。

四、并购的类型和方式

并购依据不同的标准可以划分为不同的类型。并购类型不同,其实际运作的方式和内容也会有很大差异。

(一)按并购行业关联性分类

1. 横向并购

横向并购是指生产同类产品企业间的并购,是最常见的一种并购方式。横向并购在一定范围内能实现规模经济,在更大范围内、更高水平上实现专业化分工协作,增强企业市场竞争能力和盈利能力。

横向并购带来的积极效应主要体现在规模经济上。英国古典经济学家马歇尔将规模经济定义为某一企业在一定时期内,由于生产规模的扩大而导致单位产品成本降低、收益增加的现象。从资产的性质来看,横向并购是一种同质资产的叠加。在一定的条件下,横向并购能使企业规模扩大,生产要素增加,从而引起规模收益的递增。

横向并购的消极效应主要体现在规模不经济上。规模经济本质上是一种适应性生产经营规模带来的效率和效益,而规模不经济则体现为随着企业生产规模扩大而形成的单位产品成本提高、收益递减的现象。企业在进行横向并购时,如果盲目追求规模经济,超过适度规模的限度,就有可能出现规模不经济的现象。

2. 纵向并购

纵向并购是指生产过程或经营环节相互衔接、密切联系的企业间,或者具有纵向协作关系的专业化企业之间的并购。纵向并购又可分为前向并购和后向并购;前者指向其产品的下游加工流程方向并购;后者指向其产品的上游加工流程方向并购。优势企业通过并购供应厂商或客户,将与本企业生产紧密相关或具有顺序生产营销过程的企业收购过来,以形成纵向生产一体化。

纵向并购的积极效应主要体现为企业交易成本的降低。交易成本一般包括寻找和发现交易对象的成本、了解交易价格的成本、讨价还价的成本、订立交易合约的成本、监督合约履行的成本、制裁违约行为的成本等。通常情况下,一家企业不会仅与一个备选对象进行谈判,谈判意味着讨价还价,往往要耗费大量的时间、金钱和精力,包括准备谈判的时间、交通往返费用、谈判材料的准备和修改等;为促成交易合约的订立也要耗费一定的成本;在合约签订后,合约的履行仍是有成本的,尤其是合约的履行需要进行监督,这对交易双方都是一笔支出;如果合约的履行出了问题,那么交易双方就会因制裁违约行为而支付更多的费用。纵向并购是一种以内部组织替代市场交换的手段。企业通过纵向并购,能够有效地解决专业化分工引起的生产流程的分离,减少生产过程中的各种损耗和时间的浪费,降低交易成本,实现纵向整合效应。

纵向并购的消极效应主要体现为管理成本的上升。交易成本对企业来说是一种外部成本,如果原来的交易双方合并成一个企业,那么原来的外部成本内部化了,从而减少了交易成本。但是在外部交易成本内部化的过程中,还存在管理成本上升的问题。因为纵向并购避免的只是市场交易成本,而不是交易本身。组织内部的协调与管理也是有成本的,从而决定了纵向生产一体化对市场的替代存在某种限度,导致内部激励与约束成本的上升以及内部组织成本的上升,并增加了信息成本。

3. 混合并购

混合并购是指生产经营的产品或服务没有关联,既非竞争对手又非现实中或潜在的客户或供应商企业之间的并购。混合并购可实现技术或市场共享,增加产品门类,提高市场销售量,实现多元化经营战略以分散经营风险。

混合并购的积极效应主要体现在实现范围经济上。范围经济是指由于企业经营范围扩大而带来的经济性。范围经济的存在,意味着企业的多个业务可以共享剩余资源。由于特定投入有一定的最小规模,对生产一种产品而言,这种投入可能得不到充分利用;在生产两种或两种以上产品时,就能够使这种投入的成本在不同的产品间进行分配,使单位产品成本降低,产生范围经济。范围经济主要体现在生产上的有效组合、原材料应用上的有效组合以及市场组合效应、研发组合效应、无形资产组合效应等方面。

混合并购的消极效应主要体现在可能造成企业负债率上升、财务状况恶化。企业通过混合并购实施多元化战略时,需要大量的资金作为保障。如果企业没有足够的剩余资金,资金需求将远远大于供给,使企业发展处于资金不足的硬约束之下。而企业的运营资金可分为权益性资金和债务性资金两大类。其中,权益性资金积累的规模和速度受到收入水平、金融市场的成熟程度、投资者意愿和其他条件的限制,运用这类资金为企业提供巨额资金支持的难度很大,也不易迅速见效。因此,企业往往主要依赖债务性资金,而高负债将导致高昂的资金占用成本和较高的财务风险。

(二)按并购态度分类

1. 善意并购

善意并购通常指收购公司与目标公司的管理层协商,为了能以较合理的价格使目标公司的股东和管理层接受收购,而提出收购条件并承诺给予协助。

一般来说,两者商定的并购协议应该包括以下内容:收购公司、目标公司各自的名称及简况;双方达成一致的并购条件,如目标公司的股份或股票、资产、债权债务的处理;公司管理人员和职工的安置;并购后公司的发展方向和经营设想;收购价格和支付方式的拟定;并购后目标公司的章程的修改等。

2. 恶意并购

恶意并购指收购公司事先未与目标公司管理层协商或未达成一致意见,在目标公司对其收购意图尚不知晓或持反对态度的情况下对其强迫进行收购的行为。恶意并购主要表现在:一是收购公司事先不与目标公司协商,突然发出公开收购要约;二是收购公司在收购目标公司股权时,遭到目标公司抗拒而继续对该公司进行强行收购。

(三)按股权交易方式分类

1. 协议并购

协议并购是指收购公司与目标公司的主要股东在证券交易所之外,通过协商并签署股权转让协议的方式,取得目标公司实际控制权的行为。

2. 要约并购

要约并购是指收购公司通过向目标公司的股东公开发出收购要约的方式,以特定价格收购其所持有的目标公司股份,取得目标公司实际控制权的行为。根据《上市公司收购管理办法》第二十三条和第二十四条的规定,投资者自愿选择以要约方式收购上市公司股份的,可以向被收购公司所有股东发出收购其所持有的全部股份的要约(以下简称全面要约),也可以向被收购公司所有股东发出收购其所持有的部分股份的要约(以下简称部分要约);通过证券交易所的证券交易,收购人持有一个上市公司的股份达到该公司已发行股份的30%时,继续增持股份的,应当采取要约方式进行,发出全面要约或者部分要约。

3. 集中竞价并购

集中竞价并购是指收购公司通过证券交易所集中竞价交易系统,依法购买目标公司在二级市场流通的股票,取得目标公司实际控制权的行为。与协议并购相比较,集中竞价并购的交易双方并不签署书面协议。

(四)按控制被并购方的方式分类

1. 直接并购

直接并购是指收购公司通过收购目标公司母公司或实际控制人所持有的目标公司的股权,获得目标公司控制权的行为。直接并购完成后,收购公司直接持有目标公司的股权,成为目标公司的股东。

2. 间接并购

间接并购是指收购公司通过收购目标公司母公司或实际控制人的控股权,间接获得目标公司控制权的行为。间接并购完成后,收购公司并不直接持有目标公司的股权,不成为目标公司的直接股东,而是通过获得目标公司母公司或实际控制人的控股权,实现对目标公司的间接控制。

（五）按控制权的转移方式分类

1. 正向并购

正向并购是指收购公司通过实施并购交易,成为目标公司的控股股东或实际控制人的行为。在正向并购方式下,目标公司的控制权由其原实际控制人转移至收购公司。

2. 反向并购

反向并购是指形式上的收购公司通过发行权益性证券,收购目标公司的股权,由于目标公司的权益价值较大,导致目标公司的控股股东或实际控制人成为形式上收购公司的控股股东或实际控制人,即目标公司的控股股东或实际控制人通过股权互换交易成为收购公司的控股股东或实际控制人的行为。在反向并购方式下,收购公司的控制权转移至目标公司的控股股东。反向并购主要发生于拟上市主体通过上市公司重大资产重组实现借壳上市即重组上市的交易中。

五、企业重组的内涵

与企业重组相关联的两个概念是战略联盟和资产重组。

> 战略联盟是指具有相互兼容目标结构的两个或两个以上的企业为了一定的目标通过一定的方式组成的网络式的联合体。

战略联盟是现代企业组织制度的一种创新形式,具有边界模糊、关系松散、机动灵活、运作高效等特点。战略联盟近年来得到迅速发展的主要原因是基于如下几个方面:增强自身实力、扩大市场份额、迅速获取新的技术、进入国外市场、降低风险。战略联盟目前主要有合资、研究与开发协议、定牌生产、特许经营、相互持股等形式。

> 资产重组是指在社会范围内或企业范围内对企业资产进行重新配置,以完成企业资产结构上的战略调整,使企业在较短的时间内实现效益最大化。

企业资产重组既可以采用物质形态的重组,也可以是非物质形态的置换;既可以是整体的重组,也可以是部分的整合。企业内部的资产重组主要是对企业现有自身资产的改造;企业外部的资产重组主要是通过兼并或收购其他企业资产,达到资本的迅速对外扩张,从而进一步壮大自己的竞争实力。企业内部的资产重组方式主要有股份公司改制上市、企业业主转换、企业资产分割、资产出售转让、企业租赁与托管、企业的产权拍卖与破产;企业外部的资产重组方式主要有企业并购、买壳上市、借壳上市。通过资产重组,企业资源得到了有效配置,从根本上解决了企业发展后劲不足的问题。特别是那些长期亏损、濒临破产的企业,凭借资产重组注入的优质资产,也得以起死回生。然而,资产重组并不是解决企业经营问题的万应灵药,资产重组仅仅为企业提供了一个良好的物质基础,并不意味着企业绩效和管理水平就随着资产重组的完成自然而然地得到提高和改善。

企业重组是一个更为宽泛的概念,它包括但不限于企业的资产重组。企业重组活动的范围很广,包括扩张、收缩、资产重组以及所有者结构变更等。企业重组指在资产重组的基础上,利用内部经营管理手段,进行有效的吸纳和重新配置,同时带动技术系统、管理系统及营销系统升级,以提升经营系统的竞争力。企业重组主要包括管理重组、组织结构与人员重组、开发战略重组、企业文化重组,如表8-2所示。

表8-2 企业重组的范围与具体内容

企业重组的范围	具体内容
管理重组	• 包括管理体制重组和新的所有者在公司制度框架之内对企业管理层进行必要的调整和改组 • 管理体制重组主要是按现代企业制度的要求将国有企业由缺乏活力的工厂式管理体制转变为公司制 • 管理层调整和改组的重点通常是营销、财务、会计、研发等领域
组织结构与人员重组	• 企业重组的首要步骤是减少富余人员,优化劳动组合,提高劳动生产率;在裁员的基础上,建立起新的组织结构 • 建立新的组织结构,是为了适应企业新的发展战略,重新确定自己的产品系列、市场范围、生产技术、融资渠道和方式,而对原有采购、生产、营销、行政管理等组织结构进行必要的调整和重组
开发战略重组	企业重组的目的之一是在市场中重新确定自己的位置,为此,企业需要在充分研究市场状况的基础上,重新审视自己的产品竞争力,从加强技术改造、产品开发、市场开拓三个方面进行开发战略的实施
企业文化重组	• 企业精神、企业管理理念以及企业的团队工作氛围构成企业文化的统一体 • 企业文化是对企业各项管理制度的必要补充和完善,在现代企业管理中的地位和作用越来越为人们所重视

六、企业并购的动因与意义

(一)企业并购的动因

1. 技术创新引发的产业结构调整和升级

新技术、新材料、新设备的发明和广泛运用,极大地提高了企业的生产效率,与此同时也推动产业结构的不断升级和调整。而产业结构调整是通过各个产业内部的企业数量、规模、结构的变化来实现的。产业结构调整,既给某些企业的生存带来了威胁,也为另外一些企业提供了发展机遇。同时,企业间跨地域、跨行业的并购,又促进了国民经济存量资产的合理流动和优化配置,有利于提高整个市场资源的利用效率。

2. 宏观经济周期性变化

宏观经济是周期性变化的,存在经济强盛期和低迷期。企业投资决策必须适应宏观经济的周期性变化。经济危机阶段,社会需求大幅度萎缩,造成大量资产闲置;而经济复苏时,随着社会对某些产品需求的迅速回升,那些在危机中没有倒下的企业往往会率先开始扩张,通过并购增加企业产出,而不是开设新工厂。

3. 市场竞争与政府对市场竞争的维护

竞争是市场的灵魂,摆脱被市场抛弃的命运需要通过打败对手来实现。而打败对手的条件就是拥有独特的优势,或者说是核心竞争力。企业通过并购扩大规模、增加资本积累无疑是获得独特优势的重要途径。作为市场竞争秩序的维护者,政府既要保护企业的创新精神和激发其创新动力,又要不断打击企业试图破坏市场竞争的行为,尤其是市场垄断和不正当竞争。当政府加强对行业垄断的管制时,是对并购的一种约束;反之,当政府放松对行业垄断的管制时,则有助于企业并购活动的开展。

4. 资本市场创新

现代企业并购活动的主战场是资本市场。金融工具的创新以及中介机构作用的增强,一方面降低了企业并购成本,促进了企业并购规模的扩大;另一方面使得企业并购和反并购技术水平提高,使企业并购活动变得更加复杂和激烈。

(二) 企业并购的意义

1. 提高市场占有率,缓解竞争压力,提升行业地位

在市场经济体制下,几乎所有企业都面临着残酷的市场竞争。并购方通过实施并购交易,可以迅速获得被并购方所拥有的市场份额,将原来过于分散的市场快速集中,从而提高企业的市场占有率,扩大企业的市场规模。同时,并购消除了很多中小企业竞争对手,减少了市场恶性竞争压力,为企业有序发展创造了条件。可以说,并购交易是企业提高市场占有率最快捷、最有效的方法,有利于增强企业在行业中的话语权,有利于提升企业在行业中的地位。

2. 扩大生产能力,降低成本费用,实现规模经济

由于受资源和能力等多种因素制约,并购交易中的被并购方通常存在运营效率低下、生产能力闲置、管理能力薄弱、成本费用偏高等一系列问题。而作为并购方的企业,其管理能力和运营效率则通常更为优秀。在并购交易完成后,并购方可以将自己的管理运营优势导入被并购方,迅速提升被并购方的运行效率,增强其管理能力,扩大其生产规模,减少资源闲置浪费,产生 1+1>2 的协同效应,实现企业的规模经济。通过产能的扩大和运营效率的提升,企业的营业成本和单位固定成本通常会大幅度降低,有利于经营绩效的快速提升。

3. 获取原材料、技术、市场等资源,搭建完整的产业价值链

为了实现产品的生产和销售,企业通常需要拥有原材料、技术和市场等资源。然而,由于自身可能存在的瓶颈,并不是所有的企业都能直接加工原材料、研发高端技术和获得市场销售渠道。在这种情况下,并购方可以通过并购交易,直接获得原材料生产商、技术开发商和市场渠道商的控制权,进而搭建起完整的产业价值链。换言之,并购交易可以使得并购方将自己的控制权顺利延伸到产业链的上下游,增强并购方对整个产业价值链的影响力和控制力。

4. 优化企业的财务状况,提升企业的抗风险能力

在并购交易中,很多被并购对象存在资金短缺等现实问题。部分企业因前期研发投

入很大,导致亏损严重,财务状况持续恶化。并购交易通常可以解决被并购方面临的财务问题,提升被并购方的抗风险能力。首先,并购有利于增强被并购方的资本实力,提升被并购方的融资能力,降低企业的融资成本;其次,并购有利于持续改善交易双方的经营状况,扩大企业市场销售规模,增加企业的营业收入,提高企业整体的盈利水平,增强企业的资金回笼能力;最后,并购方在完成交易后,通常会对被并购方进行整合重组,剥离不良资产,注入优质资产,并在被并购企业建立健全科学的内部控制制度。这对于提升被并购方的抗风险能力具有重要作用。另外,如果被并购方存在经营亏损,根据税法有关规定,可以在并购后进行抵扣,这在一定程度上降低了企业的税务成本。

5. 突破行业壁垒,快速占据市场,实现多元化经营

企业拟进入某一新行业时,通常都会面临一定的行业壁垒。通过并购交易,并购方不仅可以迅速获得被并购方的产品与市场,还可以拥有被并购方的专业管理团队,从而快速有效地突破其所面临的行业壁垒,减少自身投资建企所耗费的时间,大大降低因不熟悉某行业所带来的跨行业经营风险。不仅如此,如果企业经营单一产品或单一业务,还会面临产品或业务单一所带来的重大不确定性。一旦该行业或业务出现重大风险,尤其是政策性风险,则企业有可能陷入无法挽回的困境。并购交易可以帮助并购方获得跨行业和跨领域的企业资源,迅速实现多元化经营。因此,并购交易是企业突破行业壁垒和实现多元化经营的重要手段。

6. 实现公司股价上涨,提升公司内在投资价值

如前所述,并购交易(正向并购)能够提高并购企业的市场占有率,改善并购企业的经营管理,增强并购企业的竞争力,提升并购企业的经营绩效,这有利于其股价的上涨及价值的增长。对于反向并购,即重组上市或借壳上市,上市公司的原有股东将丧失公司控制权,拟上市主体的控股股东将获得上市公司的控制权。原有股东放弃控制权的主要目的就是希望新股东向上市公司注入优质资产,实现上市公司股价上涨,自己则可以通过股价上涨获得丰厚的资本利得。因此,并购交易是实现企业投资价值提升和股东财富增长的有效手段。

另外,并购交易还可能面临两种情形:一是并购方取得被并购方的控制权并不是出于长期经营目的,而是基于短期交易的需要。即并购方在收购被并购方后迅速对被并购方进行整合重组,然后将其控制权再次进行转让。这种并购的主要意义在于为并购方获得企业重组及股权增值收益。二是并购方取得被并购方的控制权主要是为了解决被并购企业面临的突发性重大风险。在这种情况下,并购方扮演"救火队员"的角色,并购交易的主要目的是解决被并购方的危机。

七、企业并购的原则与风险

(一) 企业并购的原则

企业并购是一项复杂的工程,它在很大程度上受制于企业发展战略和并购目的以及目标企业的具体情况,因而是一项"量体限料裁衣"的工作,尽管不同的企业并购其内容千差万别,但仍有一些原则需要遵守。

1. 系统性原则

并购本身就是一项系统工程,涉及企业各种要素的整合,缺少任何一个方面,都可能带来整个并购的失败。表8-3列示了几种系统的整合类型及内容。

表8-3 整合类型与具体内容

系统的整合类型	具体内容
战略整合	并购后企业战略方向的重新定位,关系到企业长远发展的方针和策略
组织与制度整合	建立新的组织结构,把企业各项活动重新部门化、制度化,确定各部门明确的权责利关系
财务整合	保证各方在财务上的稳定性、连续性和统一性,使并购后的企业尽快在资本市场上树立良好形象
人力资源整合	企业重新调整和分配管理人员、技术人员,进行员工的重组和调整,使企业能正常有效地运营
文化整合	包括并购双方企业的价值观、企业精神、领导风格和行为方式的相互融合和吸纳,目标在于构筑双方能够接受的企业文化,为各种协调活动提供共同的心理前提
品牌整合	无论对目标企业还是并购企业而言,品牌资产都是其发展和经营的重点,品牌整合是企业不可或缺的战略措施

2. 可操作性原则

并购所涉及的程序和步骤应当是在现实条件下可操作的,或者操作所需要的条件或设施是可以创造或以其他方式获得的,不存在不可逾越的法律和事实障碍。并购的方式、内容和结果应该便于股东知晓、理解和控制。

3. 合法合规原则

企业并购引起的直接结果是目标企业法人地位的消失或控制权的改变,因而需要对目标企业的各种要素进行重新安排,以体现并购方的并购意图、经营思想和战略目标。但这一切不能仅从理想愿望出发,因为企业行为要受到法律法规的约束,企业并购的操作也要受到法律法规的约束。在并购过程中,在涉及所有权、经营权、抵押权等知识产权,以及购销、租赁、承包等债权的设立、变更和终止时,都要依法行事,这样才能得到法律的保护,也才能避免各种来自地方、部门和他人的法律风险。

(二) 企业并购的风险识别

企业并购风险实质上是资本经营风险。企业并购风险识别是指对企业并购面临的尚未发生的各种风险进行系统的归类分析,并加以认识和辨别的过程,是企业并购风险测评的基础。

1. 企业并购前的风险——战略风险

企业并购战略是与企业整个经营发展战略密切相关的,从一定程度上说,并购战略的正确与否直接关系到企业并购的成败。我们把由并购战略的不当而引起的风险称为战略风险,其主要指由于对目标企业的错误选择而导致的一系列风险,如组织结构错综复杂、管理沟通困难、权责利结合不紧密、对外部市场环境的变化反应迟钝等。企业并购的一个重要作用是可以降低企业进入新行业的壁垒。很多企业借并购大举进入新行业,但由于对新行业的技术、设备、管理、市场和销售方面不熟悉,大多数企业最后只能无功而返,甚至大败而归。

2. 企业并购中的风险——交易风险

企业并购在谈判交易阶段的主要任务是签订正式的并购合同并采取经济的融资方式进行并购,此过程中出现的风险被称为交易风险。交易风险主要包括谈判风险、融资风险两大类。谈判风险是指由于谈判力量不对等、信息不对称、并购市场不成熟等原因,导致交易条件对并购方不利,这必然导致并购方在以后的经营发展中面临很大风险。融资风险是指由于不同的融资方式导致的不同并购成本上的差异,以及由于融资额不够导致的并购中断。

3. 企业并购后的风险——整合风险

由于并购后缺乏有效的人事整合,激发了收购企业员工的守旧思想和目标企业员工的恋旧情结之间的矛盾,直接导致人事冲突,造成员工流失和企业凝聚力的减弱。由人事整合冲突引发的风险属于文化冲突风险,它指由于并购双方企业文化不能融合而产生文化冲突,最终导致并购不能收到预期效果。据统计,在成功的企业并购的贡献因素中,文化整合位居第三;在企业并购的失败原因中,由文化差异引发的文化冲突则位居榜首。

第二节 企业竞争与《中华人民共和国反不正当竞争法》

一、竞争概述

(一)竞争的概念

从经济学上讲,一般认为竞争是指两个或两个以上的生产经营者,以谋取有利的生存发展环境和尽量多的利润为目的,以其他利害关系人为对手所进行的各种商业性行为。也有观点认为,竞争是生产经营者以较有利的价格、数量、品质等条件,争取交易机会的行为。

> 竞争就是两方或者两方以上的人或集团在一定的范围内为了争夺他们所共同需要的对象而展开较量的过程。竞争是个人或集体之间的对立和争斗,只要双方或多方都要获取各方不能得到的东西,竞争就会产生。

从企业性质的角度来看,企业竞争可以理解为:企业为了获得价值链上的低成本和差异化优势而进行的基于产品的竞争,企业的竞争是基于核心能力、核心产品和终端产品的竞争;企业竞争是为了获取资源价值,围绕着资源的争夺与利用而进行的较量过程;企业的竞争是基于顾客需求的竞争,即通过提供更低的认知价格和更高的认知价值获取竞争优势的过程。

(二)竞争的分类

竞争有不同的分类,其中最主要的有正当竞争和不正当竞争、自由竞争和不自由竞争、公平竞争和不公平竞争、国内竞争和国际竞争。

1. 正当竞争和不正当竞争

正当竞争是指建立在公平、平等、自愿和诚实守信基础上的良性竞争,参加竞争的各方具有平等的权利和义务,是一种符合诚实信用原则和社会公认的商业道德的竞争。同时,正当竞争一定是符合法律法规规定的竞争。它有利于社会经济发展。

不正当竞争是一种违背自愿、平等、公平、诚实信用原则和违反社会公认商业道德的竞争。不正当竞争行为不仅会损害其他经营者和消费者的利益,还会破坏良性发展的竞争秩序,因此是各国法律均要禁止的行为。

2. 自由竞争和不自由竞争

根据竞争本身的特质不同,良性竞争可以表现为自由竞争和公平竞争。与自由竞争和公平竞争相对立的就是不自由竞争和不公平竞争。

自由竞争是指竞争主体有权在国家法律法规和政策许可的范围内,以各种合法的手段和方法,根据自己的意愿自由地从事各种竞争活动,不受他人非法干预和限制。自由竞争是市场经济的客观要求,其实现要求市场必须具备有效的竞争机制和合理的竞争结构。自由竞争意味着市场主体进入市场没有人为设置的障碍,市场经济活动在公平、公开、公正的环境下开展,市场能够提供足够多的可替代产品使消费者享有广泛、自由的选择空间。

不自由竞争是指竞争主体想进行而无法进行充分的、有效的竞争,不自由竞争是反垄断法主要针对的现象。实践证明,自由竞争具有否定自身的特性,不受约束的自由竞争必然会导致限制竞争行为或垄断行为的出现,因此,当竞争实际上不再自由的时候,国家需要通过干预来调整竞争秩序,恢复竞争自由。反垄断法中的维护自由竞争原则意味着国家鼓励和保护自由竞争,否定和制裁各种限制竞争行为。反垄断法通过禁止阻碍、限制竞争充分进行的行为来保证竞争机制能够发挥作用。

3. 公平竞争和不公平竞争

公平竞争是指竞争主体在公平的市场条件下,以符合法律和道德的手段及方法进行自由竞争,以实现其经济利益;各竞争主体在竞争活动过程中都应受到公正合理的对待。公平竞争是市场经济良性运行和追求社会目标的必然要求。

公平竞争原则是宏观和微观两方面的共同要求,体现了对国家公共利益和竞争主体个体利益的兼顾。一方面,它要求竞争主体在市场上从事竞争活动时不得损害国家利益和社会公共利益,不得违反国家法律法规和经济政策;另一方面,它要求竞争主体兼顾其他竞争对手的合法权益,不得以不正当的或欺骗性的方法进行竞争。公平竞争不仅指竞争各方的法律地位平等,也指竞争者所采取的竞争手段、竞争方法和通过竞争所追求的目标,符合市场自然法则的基本要求。此外,公平竞争还意味着竞争者公平地接受竞争结果。

不公平竞争是指竞争的结果偏离了正义的目标,违背了法律追求的目标和结果,是反垄断法和反不正当竞争法共同针对的问题。

4. 国内竞争和国际竞争

根据竞争发生的范围不同,竞争可分为国内竞争和国际竞争。国内竞争是指在一国范围内并由一国范围内的竞争主体所参与的竞争。

国际竞争是指不同国家的竞争主体之间,在产品、资金、技术、资源、人才、市场等方面所进行的竞争。随着国际贸易的发展,国际竞争在经济生活中的作用越来越重要,同时,由于国内市场与国际市场的交叉,国内竞争和国际竞争也相互渗透,从而使国内竞争与国际竞争的界限模糊起来。

(三)竞争的特征

竞争是市场经济的特有范畴,与市场密切相连。一般而言,竞争具有如下特征:

(1)竞争是两个或两个以上的独立的经济活动主体,主要是经营者之间的相互较量的活动。具有独立利益的经济活动主体的存在是竞争得以展开的基础,同时也是商品生产和市场经济存在的条件。竞争是市场经济的产物,没有市场经济就不可能存在真正的竞争,当然,没有竞争也不可能存在真正的市场经济。市场主体的独立性是竞争机制发挥作用的微观基础条件,只有独立的市场主体,才会为争取其自身利益的最大化而进行不间断的努力。

"经营者"是中国有关经济立法的习惯表达。《中华人民共和国反垄断法》(以下简称《反垄断法》)第十五条第一款规定:"本法所称经营者,是指从事商品生产、经营或者提供服务的自然人、法人和非法人组织。"《中华人民共和国反不正当竞争法》(以下简称《反不正当竞争法》)第二条第三款规定:"本法所称的经营者,是指从事商品生产、经营或者提供服务(以下所称商品包括服务)的自然人、法人和非法人组织。""经营者"实际上是指所有从事或者参加市场竞争的经济活动主体。从狭义上讲,竞争主体是直接从事或参加市场竞争的经营者;从广义上讲,竞争主体还包括虽不直接从事或参加市场竞争但会影响他人之间市场竞争的其他经济活动主体。

(2)竞争是由双方经济力量的互相抗衡而引起的。在市场竞争中,处于劣势地位的经营者总是企图摆脱自己的不利地位,而处于优势地位的经营者总是千方百计地保持住自己的优势地位。这种经济力量的抗衡是通过争取有利的投资场所、购销条件,以及提高技术水平、管理水平和服务水平进行的,是通过经济手段的竞争完成的。竞争的对抗性是竞争的魅力所在,也是竞争双重作用产生的根源。

(3)竞争是以实现经营者追逐自身利益最大化为目标的。市场竞争的动因和目标就是争夺有限的交易机会,表现为尽可能争取更多的客户、扩大市场份额、增加销售额、降低成本和提高利润率,以最大限度地获取经济利益。市场竞争的本质就是逐利性,对自身利益最大化的追求是竞争的起点和终点。为了实现自身利益最大化,竞争者的目标就是获得有利的市场条件和尽可能多的经济利益。非市场竞争还可能存在其他目的,但市场竞争则基本上表现为对经济利益的关注和追求。

(4)竞争的作用是双重的,竞争的结果会呈现出利弊并存的矛盾状态。竞争是市场经济活动的核心,支配着每一个经营者。竞争的结果必然是使竞争中的获胜者得到生存和发展的机会,而优胜劣汰则会促进社会生产力发展和社会进步。在竞争机制作用下,整个社会经济会充满活力。优胜劣汰是对先进生产力的鼓励、对落后生产力的抛弃,其存在具有充分的社会基础。当然,为了追求自身利益的最大化,有时竞争也会呈现出非理性的特点,那就是竞争主体可能会超越法律、道德和理智,使竞争的过程和结果偏离合理、有效的正常轨道,从而损害市场机制和破坏市场秩序。

(四) 竞争的功能

竞争是各利益主体为了追求和实现利益最大化而进行的技术、经济、社会等层面角逐的过程。从生产力的角度来看,竞争引起了技术创新和组织创新,提高了劳动生产率,促进了社会生产力的发展,但同时也蕴含了破坏经济发展的负面力量。因此,竞争的功能表现为积极功能和消极功能两个方面。

1. 竞争的积极功能

市场经济的基本属性就是竞争,通过竞争可以实现企业在市场中的优胜劣汰,同时为消费者提供更多的可选择的、质优价廉的产品和服务。竞争的积极功能主要是指基于人们的价值判断所确认的包含于竞争运作过程中的有利因素及其所带来的正面作用和效果。

自由竞争将产生最优的经济资源分配、最低的价格、最高的质量和最大的物质进步。竞争能够最大限度地调动经营者的积极性,并对经营者施加可能失败的压力,促使其通过不断完善管理机制,不断开发和采用新技术、新工艺等手段,向市场提供质优价廉的产品。竞争导致的优胜劣汰,将使社会资源得到合理的配置,使经济活动充满活力和健康开展,并为消费者和全社会带来最大福利。因此,竞争的积极功能主要表现为:①竞争对微观经济活动有激励作用;②竞争对经济的宏观调控具有积极的作用;③竞争可以促进生产力的发展,实现社会经济的繁荣与进步;④竞争可以实现消费者福利的最大化。

2. 竞争的消极功能

竞争的消极功能是指竞争中所包含的不利因素及其所带来的负面作用和效果。只要存在竞争,就会出现不正当竞争行为和垄断行为,这反映出竞争的消极功能。垄断行为或限制竞争行为会造成对合理市场结构的破坏,不正当竞争行为则会造成对市场竞争秩序的破坏。

竞争的消极功能是竞争自身所无法克服的,它只能通过国家强制力即法律的形式来加以排除。放任竞争消极功能的影响,会使市场缺陷周期性出现,造成社会财富的分配不公和巨大浪费,而单纯依靠道德约束和纠正市场缺陷是不现实的,成熟的市场规则和良性的交易惯例应上升为法律,因此,制定和实施反垄断法和反不正当竞争法是市场经济发展的客观要求。

二、《反不正当竞争法》概述

(一) 立法目的

《反不正当竞争法》的立法目的有三:其一,促进社会主义市场经济健康发展;其二,鼓励和保护公平竞争;其三,保护经营者和消费者的合法权益。由此可以看出,立法目的分为宏观和微观两个层次:宏观上,是为了鼓励和保护公平竞争,促进社会主义市场经济健康发展；微观上，通过对妨害市场秩序的具体不正当竞争行为的坚决制止，达到保护正当合法的竞争行为和消费者利益的目的。

（二）基本原则

经营者在生产经营活动中，应当遵循自愿、平等、公平、诚信的原则，遵守法律和商业道德。上述基本原则的确立具有重要意义，如自愿原则有助于保障经济主体的经济民主和经济自由权利；平等原则的确立可以平等地保护各类市场经济主体，使市场经济主体的合法经济权益得到平等的实现；公平原则要求市场经济主体不谋求法律之外的任何特权和优势；诚信原则有利于引导市场经济主体从善意出发做到诚实、守信地行使权利和承担义务；遵守法律和商业道德有利于促进市场经济主体不断增强职业道德和社会责任感，维护消费者的合法权益和实现社会公共利益。

（三）执法机构

《反不正当竞争法》的实施主要通过两种方式实现：司法和行政执法。司法主要是通过民事诉讼、刑事诉讼活动打击扰乱市场公平秩序的不正当竞争行为。行政执法是《反不正当竞争法》的重要实施方式，特别是在受不正当竞争行为损害的经营者或消费者不明确的情况下，行政执法尤为重要。政府履行公共服务的职能，而该职能的主要内容就包括为经济发展创造和维持良好的市场环境，维护社会主义市场经济秩序。因此，各级人民政府应当采取措施，制止不正当竞争行为，为公平竞争创造良好的环境和条件。据此，政府应积极承担制止不正当竞争行为的职责和义务。根据《反不正当竞争法》，国务院建立了反不正当竞争工作协调机制，研究决定反不正当竞争重大政策，协调处理维护市场竞争秩序的重大问题。一般而言，由县级以上人民政府履行工商行政管理职责的部门负责对不正当竞争行为进行查处；但如果法律、行政法规规定由其他部门查处，则依照其规定。也就是说，市场监督管理机关作为国家经济监督管理部门和行政执法部门，其本身具有规范市场行为的综合职能，是反不正当竞争的主要执法机构。但是，法律、行政法规规定由其他部门查处的，则应依照相关法律、行政法规之规定。实践中，在制止不正当竞争行为中发挥重要作用的行政机构主要包括市场监督管理局、物价局、生态环境局、证监局以及其他相关行政管理机构。

（四）社会监督

如前所述，《反不正当竞争法》是事后调整，以民事制裁（主要靠私人提起民事诉讼）手段为主，因此国家鼓励、支持和保护一切组织和个人对不正当竞争行为进行社会监督。社会监督的主体包括除国家机关之外的一切个人和组织，具体包括经营者、经营机构内部自控机构、行业协会、消费者等。社会监督的方法主要包括披露、举报、控告、起诉等。对涉嫌不正当竞争行为，任何单位和个人都有权向监督检查部门举报，监督检查部门在接到举报后应当依法及时处理。根据要求，监督检查部门应当向社会公开受理举报的电话、信箱或电子邮件地址，以便于单位和个人举报。《反不正当竞争法》为了保护举报人、鼓励举报，要求监督检查部门为举报人保密，另外，对于实名举报并提供相关事实和证据的情形，监督检查部门还应当将处理结果告知举报人。

（五）国家机关和行业协会的义务

为了更好地维护市场竞争秩序，在赋予单位和个人监督权利的同时，《反不正当竞争法》还要求国家机关和行业协会履行相应的职责和义务，共同促进市场秩序良好运作和发展。国家机关及其工作人员负有维护市场秩序、保障公平竞争的职责和义务，在实践中应积极制止不正当竞争行为，不得支持、包庇不正当竞争行为。国家机关及其工作人员支持、包庇不正当竞争行为，给经营者和消费者造成经济利益损失的，不仅相应国家机关和个人应依法给予经营者和消费者民事赔偿，相关责任人也应当依据《反不正当竞争法》及相关法律法规承担行政责任；在情节严重的情况下，还须承担刑事责任。

对于行业协会而言，《反不正当竞争法》倡导行业组织在实践中加强行业自律，引导、规范会员依法竞争，维护市场竞争秩序。由此可以看出，中国对制止不正当竞争行为的措施是全方位的，一方面，国家机关及其工作人员要积极制止不正当竞争行为，行业协会要引导、规范会员依法竞争；另一方面，单位和个人可以对不正当竞争行为进行监督举报。此外，一旦发现和确认有关经营者实施不正当竞争行为，相应的司法和行政机关应依法给予处罚。

（六）不正当竞争行为

《反不正当竞争法》中所称的"不正当竞争行为"，是指经营者在生产经营活动中，违反本法规定，扰乱市场竞争秩序，损害其他经营者或者消费者的合法权益的行为。

三、《反不正当竞争法》的具体规定

（一）市场混淆行为

经营者不得实施混淆行为，即在市场交易中，经营者擅自使用与他人相同或近似的标识或者其他会导致其商品或服务与他人的商品或服务相混淆的行为。经营者违反《反不正当竞争法》的规定实施混淆行为的，将会被监督检查部门责令停止违法行为，没收违法商品以及处以罚款。

根据《反不正当竞争法》第六条的规定，经营者不得实施下列混淆行为，引人误认为是他人商品或者与他人存在特定联系：

（1）擅自使用与他人有一定影响的商品名称、包装、装潢等相同或者近似的标识。

需要注意的是，实践中，由经营者营业场所的装饰、营业用具的式样、营业人员的服饰等构成的具有独特风格的整体营业形象，可以认定为《反不正当竞争法》中规定的"装潢"。

（2）擅自使用他人有一定影响的企业名称（包括简称、字号等）、社会组织名称（包括简称等）、姓名（包括笔名、艺名、译名等）。

根据《最高人民法院关于审理不正当竞争民事案件应用法律若干问题的解释》，企业登记主管机关依法登记注册的企业名称，以及在中国境内进行商业使用的外国（地区）企业名称，应当认定为《反不正当竞争法》规定的"企业名称"。具有一定的市场知名度、为相关公众所知悉的企业名称中的字号，可以认定为《反不正当竞争法》规定的"企业名称"。

艺名虽然是姓名权的一种，但因其背后蕴含着巨大的商业利益且具有明显的商标属性,因此《反不正当竞争法》将其明确纳入反不正当竞争制度保护的范围,经营者擅自使用他人有一定影响的艺名的,将受到《反不正当竞争法》的规制。

(3)擅自使用他人有一定影响的域名主体部分、网站名称、网页等。

《最高人民法院关于审理不正当竞争民事案件应用法律若干问题的解释》进一步对上述规定中的"使用"作出解释,即在中国境内进行商业使用,包括将知名商品特有的名称、包装、装潢或企业名称、姓名用于商品、商品包装以及商品交易文书上,或者用于广告宣传、展览以及其他商业活动中等。

(4)实施其他足以引人误认为是他人商品或者与他人存在特定联系的混淆行为。

(二)商业贿赂行为

经营者不得实施商业贿赂行为,即不得在交易过程中收买交易相对方的员工或其他与交易相对方有关联的单位或个人,从而获取优于对方的竞争优势。经营者违反《反不正当竞争法》规定实施商业贿赂行为的,将会被监督检查部门没收违法所得并处以罚款,情节严重的,还会被吊销营业执照。

根据《反不正当竞争法》第七条的规定,经营者不得采用财物或者其他手段贿赂下列单位或者个人,以谋取交易机会或者竞争优势:一是交易相对方的工作人员;二是受交易相对方委托办理相关事务的单位或者个人;三是利用职权或者影响力影响交易的单位或者个人。

可以看出在反不正当竞争制度中,收受商业贿赂的主体不仅包括交易相对方的工作人员,还包括受交易相对方委托办理相关事务的单位或者个人,以及利用职权或者影响力影响交易的单位或者个人。需要说明的是,商业贿赂中所称的"财物",是指现金和实物,包括经营者为销售或购买商品,假借促销费、宣传费、赞助费、科研费、劳务费、咨询费、佣金等名义,或者以报销各种费用等方式,给付交易相对方工作人员以及其他相关主体的财物。而"其他手段"是指提供国内外各种名义的旅游、考察等给付财物以外的其他利益的手段。

经营者在交易活动中,以明示方式向交易相对方支付折扣,或者向中间人支付佣金的行为不属于商业贿赂行为,但是《反不正当竞争法》要求经营者向交易相对方支付折扣、向中间人支付佣金时必须如实入账,接受折扣、佣金的经营者也应当如实入账。这里的"折扣",即商品购销中的让利,是指经营者在销售商品时,以明示并如实入账的方式给予对方的价格优惠,包括支付价款时对价款总额按一定比例即时予以扣除和支付价款总额后再按一定比例予以退还两种形式。"佣金",是指经营者在市场交易中给予为其提供服务的具有合法经营资格中间人的劳务报酬。"明示"和"如实入账",则是指根据合同约定的金额和支付方式,在依法设立的反映其生产经营活动或者行政事业经费收支的财务账上按照财务会计制度规定如实记载。

(三)虚假或者引人误解的宣传行为

《反不正当竞争法》第八条第一款规定:"经营者不得对其商品的性能、功能、质量、销售状况、用户评价、曾获荣誉等作虚假或者引人误解的商业宣传,欺骗、误导消费者。"

所谓"虚假或者引人误解的商业宣传",是指在市场交易中,经营者利用广告或其他方法,对商品或服务的质量、制作方法、性能、用途、生产者、有效期限、产地等作与实际情况不符的公开宣传,导致或足以导致购买者产生误解,从而损害消费者或竞争对手利益的行为。

虚假宣传的形式包括广告或其他形式。其中,商业广告是最常见的形式,其他形式包括:雇用或伙同他人进行欺骗性的销售诱导;现场虚假的演示和说明;张贴、散发、邮寄虚假的产品说明书和其他宣传材料;在经营场所对商品作虚假的文字标注、说明或解释;通过大众传媒进行虚假的宣传报道等。

(四) 侵犯商业秘密行为

经营者不得实施侵犯商业秘密的行为,经营者违反《反不正当竞争法》规定侵犯商业秘密的,将会被监督检查部门责令停止违法行为并处以罚款。

商业秘密,是指不为公众所知悉、具有商业价值并经权利人采取相应保密措施的技术信息和经营信息。其中,"权利人"是指依法对商业秘密享有所有权或使用权的公民、法人或其他组织。"权利人采取相应保密措施",包括订立保密协议、建立保密制度及采取其他合理的保密措施。在实践中,人民法院根据所涉信息载体的特性、权利人保密的意愿、保密措施的可识别程度、他人通过正当方式获得的难易程度等因素,认定权利人是否采取了保密措施。"技术信息和经营信息",包括设计、程序、产品配方、制作工艺、制作方法、管理诀窍、客户名单、货源情报、产销策略、招投标中的标底及标书内容等信息。而"不为公众所知悉",是指该信息是不能从公开渠道直接获取的。

根据《最高人民法院关于审理不正当竞争民事案件应用法律若干问题的解释》第九条的规定,具有下列情形之一的,可以认定有关信息不构成不为公众所知悉:

(1) 该信息为其所属技术或者经济领域的人的一般常识或者行业惯例;

(2) 该信息仅涉及产品的尺寸、结构、材料、部件的简单组合等内容,进入市场后相关公众通过观察产品即可直接获得;

(3) 该信息已经在公开出版物或者其他媒体上公开披露;

(4) 该信息已通过公开的报告会、展览等方式公开;

(5) 该信息从其他公开渠道可以获得;

(6) 该信息无须付出一定的代价而容易获得。

经营者不正当获取商业秘密的行为,披露、使用或者允许他人使用不正当手段获取权利人商业秘密的行为,以及违反保密义务或者权利人有关保守商业秘密的要求,披露、使用或者允许他人使用所掌握的商业秘密的行为等,都将为《反不正当竞争法》所禁止。为了更加全面地保护商业秘密不受侵犯,《反不正当竞争法》还特别规定,第三人明知或应知商业秘密权利人的员工、前员工或者其他单位、个人实施侵犯商业秘密行为的情形下,仍获取、披露、使用或者允许他人使用该商业秘密的,视为侵犯商业秘密。

商业秘密应当具有秘密性、价值性和保密性,但不一定具有实用性。也就是说,一些方案或技术(如失败的研究数据、失败的经营方式和经营模式等),虽然并不能带来积极的经济利益,但可以降低研发成本、减少研发的曲折和弯路,具有值得保护的经济价值,同样受到《反不正当竞争法》的保护。

【案例 8-2】

优铠(上海)机械有限公司(以下简称优铠公司)是一家制造、销售优选锯产品的公司。该公司主张其享有"边测量边锯切"的技术秘密,针对李某、周某等从优铠公司离职后成立上海路启机械有限公司(以下简称路启公司),并利用优铠公司的技术秘密制造、销售优选锯产品的行为提出上诉。2019年1月,一审法院经委托鉴定后认为,没有证据表明被诉侵权产品使用了涉案技术秘密,判决驳回优铠公司全部诉讼请求。优铠公司不服,向最高人民法院知识产权法庭提起上诉。二审中,根据当事人的申请,最高人民法院组织各方当事人进行现场勘验并进行技术比对。最高人民法院经审理认为,根据二审勘验的实验结果,被诉侵权产品的锯切方式和结果遵循了涉案技术秘密的工艺流程,并且实现了涉案技术秘密的技术效果,属于侵害技术秘密的行为,故撤销一审判决,判令路启公司停止侵权,赔偿经济损失及合理开支600万元。

案例评述:在商业秘密案件中,技术事实查明和举证责任分配是核心问题,其决定了诉讼结果成败和商业秘密保护实效。

(五)不正当有奖销售行为

有奖销售,是指经营者销售商品或者提供服务,附带性地向购买者提供物品、金钱或者其他经济上的利益的行为,包括奖励所有购买者的附赠式有奖销售和奖励部分购买者的抽奖式有奖销售。凡以抽签、摇号等带有偶然性的方法决定购买者是否中奖的,均属于抽奖式有奖销售。

根据《反不正当竞争法》第十条的规定,经营者进行有奖销售不得存在下列情形:

(1)所设奖的种类、兑奖条件、奖金金额或者奖品等有奖销售信息不明确,影响兑奖;

(2)采用谎称有奖或者故意让内定人员中奖的欺骗方式进行有奖销售;

(3)抽奖式的有奖销售,最高奖的金额超过五万元。

(六)商业诋毁行为

商业诋毁,或称诋毁商誉、商业诽谤,是指从事生产、经营活动的市场主体为了占领市场,在市场交易中,故意捏造、散布虚伪事实,损害竞争对手的商业信誉和商品声誉,削弱竞争对手的竞争能力的行为。经营者不得在市场交易中实施商业诋毁行为,否则将会被监督检查部门责令停止违法行为、消除影响并处以罚款。涉及刑事犯罪的还将被处以刑事处罚。

商业诋毁行为的构成应当具备以下要件:

(1)行为的主体是经营者,并且行为人与受害者之间具有竞争关系;

(2)行为人主观上具有过错;

(3)行为人在客观上有诋毁行为,即编造、传播虚假信息或误导性信息的行为;

(4)行为的后果是被诋毁者的商业形象或商品形象方面的社会评价降低或有降低的可能性。

《反不正当竞争法》第十一条规定:"经营者不得编造、传播虚假信息或者误导性信息,损害竞争对手的商业信誉、商品声誉。"除《反不正当竞争法》外,《中华人民共和国广告法》对通过广告形式实施的商业诋毁行为进行了规制,禁止广告贬低其他生产经营者的商品或者服务。

商业诋毁行为的表现形式是多种多样的,可以是利用口头或书面形式制造、散布诋毁或贬低他人的虚假信息,也可以是以片面性的、夸大性的不当说法影射他人的商业信誉或商品声誉。实践中商业诋毁行为主要有以下五类:

(1) 利用散发公开信、召开新闻发布会或刊登对比性广告等形式,编造、传播损害竞争对手的商业信誉、商品声誉的虚假信息或误导性信息;

(2) 在与他人的业务往来中,向业务客户及消费者编造、传播虚假信息或误导性信息,以贬低竞争对手的商业信誉、商品声誉;

(3) 利用商品说明书,吹嘘本商品质量上乘,贬低同业竞争对手生产、销售的同类商品;

(4) 唆使他人在公众中造谣并传播消息,称竞争对手所售的商品质量有问题,使公众对该商品失去信赖,以便自己的商品取而代之;

(5) 组织人员,以顾客或消费者的名义,向有关监督管理部门做关于竞争对手商品质量低劣、服务质量差、侵害消费者权益等情况的虚假投诉,从而达到贬损竞争对手商业信誉、商品声誉的目的。

(七) 通过互联网技术进行的不正当竞争行为

随着互联网技术的普及和应用,实践中出现了诸多通过互联网技术进行的不正当竞争行为。经营者利用网络从事生产经营活动,同样会受到《反不正当竞争法》的规制。根据《反不正当竞争法》第十二条的规定,经营者利用网络从事生产经营活动,应当遵守《反不正当竞争法》的各项规定。

经营者不得利用技术手段,通过影响用户选择或者其他方式,实施下列妨碍、破坏其他经营者合法提供的网络产品或者服务正常运行的行为:

(1) 未经其他经营者同意,在其合法提供的网络产品或者服务中,插入链接、强制进行目标跳转;

(2) 误导、欺骗、强迫用户修改、关闭、卸载其他经营者合法提供的网络产品或者服务;

(3) 恶意对其他经营者合法提供的网络产品或者服务实施不兼容;

(4) 其他妨碍、破坏其他经营者合法提供的网络产品或者服务正常运行的行为。

实践中,法院在裁决通过互联网技术进行不正当竞争行为的案件时,首先要判断当事人之间是否存在竞争关系,在此前提下进一步判断行为人的行为是否具有不正当性、行为人是否具有主观故意,最后还要认定行为人实施的行为对其他经营者是否造成损害。

【案例 8-3】

湖南快乐阳光互动娱乐传媒有限公司(以下简称快乐阳光公司)是芒果 TV 网站的经营者。广州唯思软件股份有限公司(以下简称唯思公司)于 2013 年开始运营 720 浏览器。网络用户通过 720 浏览器的内置功能可以实现默认拦截屏蔽芒果 TV 网站片头广告的功能。快乐阳光公司认为唯思公司的行为构成不正当竞争,故诉至法院。一审法院判决驳回快乐阳光公司的诉讼请求。广州知识产权法院二审认为,唯思公司技术中立的抗辩不能成立,唯思公司的上述行为违反诚实信用原则和公认的商业道德、扰乱社会经济秩序,构成不正当竞争,判令唯思公司赔偿快乐阳光公司经济损失及合理开支80万元。

案例评述:浏览器屏蔽视频广告是社会关注度极高的互联网竞争行为,也是司法实践中认定的难点。本案二审判决对浏览器屏蔽视频广告行为进行了多角度综合评价,细化了互联网不正当竞争行为认定的构成要素和适用场景,对《反不正当竞争法》一般条款适用等法律适用难点进行了有益探索。本案是人民法院面对新技术、新业态、新领域不断完善竞争法律法规的生动体现。

第三节 反垄断与《反垄断法》

反垄断法被誉为自由经济的《大宪章》,在市场经济法律制度中居于核心地位。在市场开放和经济活动一体化的作用和影响下,反垄断法已经突破了国家和民族的地域、文化界限,并超越了不同的经济体制、政治制度和意识形态,成为世界各国(地区)拥有较多共同话语和制度趋同的经济法域。《反垄断法》是我国为促进和保护竞争,通过规制竞争行为来调整竞争关系以及与竞争有密切联系的其他社会关系的法律,担负着制止垄断行为、维护社会公共利益的重要使命。本节通过介绍垄断与《反垄断法》,包括《反垄断法》的立法目标、基本特征与地位,力图为解读《反垄断法》的具体法律条款打下较为坚实的理论基础。

一、垄断与反垄断

(一)垄断的含义

《辞海》(第六版)中对于垄断的定义如下:经济意义上的垄断意味着人们在商品的生产交换、买卖等商品交易活动中的独占活动或寡头统治。《现代汉语词典》(第六版)中,垄断一词则是指独占和把持商品贸易,以获得独占利益。《布莱克法律词典》中则将垄断定义为赋予某个人或公司或更多的人或公司的一种特权或特别优势。由于垄断一词首先在经济学上使用,因此有必要讨论经济学中的垄断含义。古典经济学家亚当·斯密(Adam Smith)认为垄断将导致产量减少、资源浪费和效率降低。近代英国经济学家琼·罗宾逊(Joan Robinson)认为垄断的普遍意义是对供给的控制,为此也就控制了价格。而后不同时代经济学家对于垄断都有不同的看法,主要有"厂商数目论""产品差异论""运输距离论"和"生产集中论"等。"厂商数目论"以市场中厂商数量的多寡来判断市场垄断状况。"产品差异论"强调产品的差异性是形成市场垄断的重要因素,这也给厂商追求技术创新以形成产品差异的动机做出了很好的诠释。"运输距离论"为研究在不同区域生产同质产品的厂商对邻近市场具有的垄断力提供了实证分析。"生产集中论"则是以资本的积聚作为衡量指标。

(二) 反垄断的含义

> 反垄断是指禁止垄断和贸易限制的行为,是当一家企业的经营呈现垄断或有垄断趋势的时候,国家政府或国际组织所采取的一种干预手段。

19世纪末期,随着世界经济的发展进入了垄断资本主义时期,反垄断成为各国规制的对象,各国均采取严厉的立法来进行反垄断的法律规制。

2021年4月22日,最高人民法院发布《人民法院知识产权司法保护规划(2021—2025年)》,明确了"十四五"时期知识产权司法保护的重点工作举措,将加强反垄断和反不正当竞争案件审理工作,强化竞争政策基础地位,适时制定有关司法解释,明确规制各类垄断和不正当竞争行为,消除市场封锁,促进公平竞争。

【案例8-4】

张某主张其系在宜宾市砖瓦协会的发起人四川省宜宾市吴桥建材工业有限责任公司(以下简称吴桥公司)、宜宾市四和建材有限责任公司(以下简称四和公司)、曹某等的胁迫下,加入该砖瓦协会,签订《停产整改合同》,并因该合同被迫停止生产。宜宾市砖瓦协会及其发起人通过广泛签订上述合同,迫使宜宾市部分砖瓦企业停产,通过减少砖瓦供应量,实现提高砖瓦价格,获取不当利益,上述行为明显具有排除、限制竞争的目的,且在特定时间内实现了排除、限制竞争的效果,构成《反垄断法》规定的横向垄断协议。但宜宾市砖瓦协会和仍维持生产的砖瓦企业支付了少量停产扶持费后不再依照约定付款,张某以其被限制参与竞争,将包括砖瓦协会及其发起人在内的组织及个人诉至法院。一审法院认为,被诉行为构成对《反垄断法》的违反,侵害了张某的权益,故判决吴桥公司、四和公司、曹某、宜宾市砖瓦协会连带赔偿经济损失33.6万元、合理开支5 000元。吴桥公司、曹某、宜宾市砖瓦协会不服,向最高人民法院提起上诉。最高人民法院二审认为,该案核心问题是,张某作为该案横向垄断协议的实施者之一,是否有权要求该垄断协议的其他实施者赔偿其经济损失。鉴于横向垄断协议实施者主张损害赔偿,实质上是要求瓜分垄断利益,故判决撤销一审判决,驳回张某的全部诉讼请求。

案例评述:横向垄断协议实施者要求其他实施者赔付其因实施该横向垄断协议遭受的损失,本质上是要求在横向垄断协议实施者之间对垄断利益进行重新分配。该案例阐明了垄断民事救济的宗旨和导向,明确了请求损害赔偿救济者,其行为必须正当合法的基本原则,揭示了横向垄断协议实施者要求其他实施者赔偿所谓损失的本质,对于打击横向垄断行为、维护公平竞争秩序、引导行业协会良性发展具有重要意义。

二、反垄断法

经济学所说的垄断是指一种没有竞争的市场状态,而反垄断法所反对的垄断不是指这种状态,而是滥用这种状态排斥竞争的行为,以及虽没有这种状态但谋求此类状态的反竞争行为。各国家和地区对垄断进行规制的立法被统称为反垄断法,但具体的称谓是不同的,在美国一般被称为反托拉斯法,在德国一般被称为反对限制竞争法或卡特尔法,在日本一般被称为禁止垄断法,等等。

(一)反垄断法的概念

从内涵上讲,反垄断法是禁止排除或限制市场竞争的状态或行为的法律规范的总称;从外延上讲,反垄断法是禁止反竞争的垄断协议行为、滥用市场支配地位行为、经营者集中行为和行政性垄断行为的法律规范的总称。

竞争是历史上最伟大和最出色的剥夺权力的手段,反垄断法的主要任务是抵制经济势力的产生及权力滥用,大多数国家的反垄断法都体现了这个具有普遍意义的原则。反垄断法的宗旨在于从宏观上防止市场的竞争力度、活力不足,培育竞争环境,提升本国企业和整体经济的竞争实力。

《反垄断法》第一条规定:"为了预防和制止垄断行为,保护市场公平竞争,鼓励创新,提高经济运行效率,维护消费者利益和社会公共利益,促进社会主义市场经济健康发展,制定本法。"

(二)反垄断法的调整对象

反垄断法并不是反对所有的垄断(包括状态和行为),而是有其特定的规制范围,即只有那些实质性地限制或损害竞争的垄断状态和垄断行为才是反垄断法的调整对象。反垄断法的调整对象因此主要是垄断状态和垄断行为。在中国,滥用行政权力排除或限制竞争的行为也是反垄断法的调整对象。

垄断状态和垄断行为两者关系密切。一方面,垄断状态是垄断行为所追求的目标;另一方面,垄断状态形成后又往往导致另一些垄断行为,比如搭售、差别待遇等。因此,垄断状态和垄断行为往往是结合在一起的,在确定某些垄断行为(结构性垄断行为)时需要对相关垄断状态进行确定,如对经营者集中行为进行控制时需要对集中后的市场垄断状态进行分析。当然,也有许多垄断行为如订立各种卡特尔协议的行为,并不一定都发生在具有垄断状态的企业之间,只是在具有垄断状态的企业之间发生的这种行为对竞争的限制更明显。

1. 垄断状态

> 垄断状态是指经济力高度集中,是企业的资本、生产经营规模和市场份额的大规模化,即一家企业或者少数几家企业在某种商品或服务领域的市场占有率达到或超过一定比例的垄断性市场结构。

垄断状态一般形成于合法、公平的竞争过程之中,是公平竞争的结果或规模经济的表现形式。垄断状态尽管客观上可能对经济自由和经济民主造成损害,但主观上并没有故意限制竞争。因此,在各国反垄断法立法中,除日本、美国等少数国家对垄断状态进行规制外,一般都不反对垄断状态。即使对垄断状态进行规制的国家,往往也有严格的认定标准和构成要件,真正进行规制的情形很少见。目前,各国反垄断法对垄断状态的形成均规定了事先预防制度,即经营者集中行为的反垄断审查制度,而在这种情况下,垄断状态的形成大多是合法竞争的结果。

明确对垄断状态本身进行直接规制的只有个别国家,如日本的《禁止垄断法》等。尽管日本的《禁止垄断法》是典型的结构主义的反垄断立法,但该法对垄断状态也进行了严格定义,即垄断状态仅指"在某种商品或商业服务领域内,因市场规模、市场结构的原因产生市场弊害的情形"。但日本《禁止垄断法》关于垄断状态的规定并没有被真正运用过,也因此被戏称为日本《禁止垄断法》上的"装饰品"。

大多数国家的反垄断法不认为单纯的垄断状态或市场支配地位本身是违法的,而是规定滥用市场支配地位的行为违法,这实际上已是对垄断行为的规制,而不是对垄断状态的规制。只是滥用市场支配地位行为需要以一定的垄断状态为前提,因此常被称为结构性垄断行为。

2. 垄断行为

> 垄断行为是指形成垄断状态、谋求垄断状态的各种行为,以及凭借垄断状态所实施的各种限制竞争的行为。

各国家和地区反垄断法所规制的重点一般均不在市场结构上,而是在市场行为上,并且主要着眼于行为的消极后果。垄断行为是各国反垄断法的调整对象,在许多国家还是唯一的调整对象。在反垄断法中,垄断行为就是限制或阻碍竞争的行为,垄断行为与限制竞争行为的含义也是一致的。

根据《反垄断法》第三条的规定,垄断行为包括:①经营者达成垄断协议;②经营者滥用市场支配地位;③具有或者可能具有排除、限制竞争效果的经营者集中。

除此之外,鉴于中国经济生活中广泛存在的危害市场经济秩序的行政性垄断行为,《反垄断法》第十条规定:"行政机关和法律、法规授权的具有管理公共事务职能的组织不得滥用行政权力,排除、限制竞争。"

三、《反垄断法》——禁止垄断协议行为

(一)垄断协议行为的概念和特征

> 垄断协议行为是指两个或两个以上的企业,采取协议、决议或其他形式,共同决定商品或服务的价格,或者就商品的销售数量、生产技术标准及销售地区、销售对象进行限定,从而排斥、限制或妨碍特定市场竞争的行为。

例如,有些行业协会通过行业自律行为来限制竞争,以行业协会决议的形式限制价格竞争,也属于垄断协议行为的一种表现形式。根据《反垄断法》第十六条的规定,垄断协议是指排除、限制竞争的协议、决定或者其他协同行为。

垄断协议行为主要有以下特征:
(1)垄断协议行为具有两个或两个以上的独立市场主体;

(2) 垄断协议行为采用的是协议、决定或其他形式；

(3) 垄断协议行为的行为人在联合时具有共同目的，并基于共同的目的而形成共同的行动；

(4) 垄断协议行为在绝大多数情况下在当事人之间仍然保持某种形式的竞争，总是互为潜在的竞争者，其联合常常是在有限的期限内存续；

(5) 垄断协议行为的实施使得参加者之间原来的竞争受到限制，或者使得参加者以外的其他企业的交易受到限制。

（二）垄断协议行为的分类

垄断协议行为是对竞争危害最大的一类行为，它主要通过联合，开拓自己的市场，限制其他竞争者的竞争。其主要内容包括联合限定商品价格、产销数量、技术标准，划定市场或顾客以及联合拒绝购买或销售，串通投标等，也包括限制转售价格行为等。

1. 横向垄断协议行为、纵向垄断协议行为和混合垄断协议行为

横向垄断协议行为，一般也被称为卡特尔，是指两个或两个以上因生产或销售同一类型商品或提供同一类服务而互为直接竞争对手的经营者，通过共谋而实施的限制竞争行为。由于横向垄断协议行为是竞争者之间的联合，对竞争的危害直接、严重，因而是《反垄断法》重点规制的行为。

纵向垄断协议行为是指两个或两个以上在同一产业中处于不同阶段而有买卖关系的经营者，通过共谋而实施的限制竞争行为。纵向垄断协议行为由于是非竞争者之间的联合，只有在特定的情形下，如对价格进行限制时，才会产生限制竞争的后果从而需要《反垄断法》的规制。

混合垄断协议行为是指横向垄断协议行为和纵向垄断协议行为的混合。

2. 价格垄断协议行为和非价格垄断协议行为

从垄断协议行为的内容出发，垄断协议行为可以分为价格垄断协议行为和非价格垄断协议行为。

价格垄断协议行为是指在价格方面排除、限制竞争的协议、决定或者其他协同行为。

非价格垄断协议行为是指除价格垄断协议行为外的排除、限制竞争的协议、决定或者其他协同行为。这里的价格是指广义的价格，包括具体价格，还包括价格变动幅度，对价格有影响的折扣或费用，统一的谈判价格、价格计算公式等。

（三）横向垄断协议行为

1. 固定或变更价格协议行为

固定或变更价格协议行为是指具有竞争关系的行为人通过协议、决定或其他协同行为，确定、维持或改变价格，从而减弱或消除竞争的行为。

2. 限制数量协议行为

限制数量协议行为又称数量卡特尔，是指具有竞争关系的经营者共谋限定商品的生产和销售数量，间接控制商品价格的垄断协议行为。根据《禁止垄断协议暂行规定》第八条的规定，禁止具有竞争关系的经营者就限制商品的生产数量或者销售数量达成下列垄断协议：①以限制产量、固定产量、停止生产等方式限制商品的生产数量，或者限制特定品种、型号商品的生产数量;②以限制商品投放量等方式限制商品的销售数量,或者限制特定品种、型号商品的销售数量;③通过其他方式限制商品的生产数量或者销售数量。

3. 划分市场协议行为

划分市场协议行为是指竞争者之间共同划定或者分割地域市场、客户市场或产品市场的行为。

根据《禁止垄断协议暂行规定》第九条的规定,禁止具有竞争关系的经营者就分割销售市场或者原材料采购市场达成下列垄断协议:①划分商品销售地域、市场份额、销售对象、销售收入、销售利润或者销售商品的种类、数量、时间;②划分原料、半成品、零部件、相关设备等原材料的采购区域、种类、数量、时间或者供应商;③通过其他方式分割销售市场或者原材料采购市场。

4. 限制创新协议行为

限制创新协议行为是指竞争者之间限制购买新技术、新设备或者限制开发新技术、新产品的垄断协议行为。

根据《禁止垄断协议暂行规定》第十条的规定,禁止具有竞争关系的经营者就限制购买新技术、新设备或者限制开发新技术、新产品达成下列垄断协议:①限制购买、使用新技术、新工艺;②限制购买、租赁、使用新设备、新产品;③限制投资、研发新技术、新工艺、新产品;④拒绝使用新技术、新工艺、新设备、新产品;⑤通过其他方式限制购买新技术、新设备或者限制开发新技术、新产品。

5. 联合抵制协议行为

联合抵制协议行为,又被称为集体拒绝交易行为,是指竞争者之间联合起来,共同拒绝与其他竞争对手、供应商或客户进行交易的行为。联合抵制协议行为具有多种情况。例如,有时是针对竞争者实施的,有时是针对垂直关系的其他企业实施的;有时是相当大的数量的竞争者将特定的企业排挤出市场。当竞争者们联合起来迫使供应商或客户停止与其他任何竞争对手进行交易时,这就是非常典型的横向垄断协议行为。

6. 行业协会组织的垄断协议行为

行业协会不得组织本行业的经营者从事《反垄断法》禁止的垄断协议行为。根据《禁止垄断协议暂行规定》第十四条的规定,禁止行业协会从事下列行为:①制定、发布含有排除、限制竞争内容的行业协会章程、规则、决定、通知、标准等;②召集、组织或者推动本行业的经营者达成含有排除、限制竞争内容的协议、决定、纪要、备忘录等;③其他组织本行业经营者达成或者实施垄断协议的行为。

(四)纵向垄断协议行为

纵向垄断协议行为的特征主要表现为:

(1)纵向垄断协议行为的主体处于不同的市场层次,这些行为主体之间并不是真正意义上的竞争者。所谓不同的市场层次是指行为主体处于不同的相关市场上,如制造商与销售商、批发商与零售商就处在不同的相关市场上。

(2)纵向垄断协议行为可以采用多种方式进行。最典型的纵向垄断协议行为是通过订立书面协议来进行的,但行为主体也可以采用口头协议或默契的行为来进行。

(3) 纵向垄断协议行为的上、下游企业之间在决策上可能具有程度不同的事实上的统一和协调,从而可能利用这种统一和协调使某一市场层次的竞争受到限制。

(4) 纵向垄断协议行为对竞争的影响比较复杂,不同类型的纵向垄断协议行为或同类型的纵向垄断协议行为在不同市场条件下对竞争的影响都是不同的,因此《反垄断法》对纵向垄断协议行为的规制原则和力度均与对横向垄断协议行为的有明显的区别。

根据《禁止垄断协议暂行规定》第十二条的规定,禁止经营者与交易相对人就商品价格达成下列垄断协议:①固定向第三人转售商品的价格水平、价格变动幅度、利润水平或者折扣、手续费等其他费用;②限定向第三人转售商品的最低价格,或者通过限定价格变动幅度、利润水平或者折扣、手续费等其他费用限定向第三人转售商品的最低价格;③通过其他方式固定转售商品价格或者限定转售商品最低价格。

四、《反垄断法》——禁止滥用市场支配地位行为

(一) 滥用市场支配地位行为概述

经营者具有市场支配地位是确认滥用市场支配地位行为的前提和基础,当然,企业具有市场支配地位本身并不违法,只有滥用市场支配地位才会受到《反垄断法》的禁止。

1. 滥用市场支配地位行为的含义

滥用市场支配地位是指具有市场支配地位的企业不合理利用其市场支配地位,在一定的交易领域实质性地限制竞争,违背公共利益,明显损害消费者利益和自由公平的市场竞争秩序,应受《反垄断法》禁止的行为。

2. 滥用市场支配地位行为的特征

滥用市场支配地位行为的特征主要表现为:

(1) 滥用市场支配地位行为的主体是特殊主体,即只有具有了市场支配地位的经营者才可能实施滥用市场支配地位行为。

(2) 滥用市场支配地位的行为具有限制竞争性,现代反垄断法并不禁止市场支配地位本身,而是禁止滥用市场支配地位,消除或限制竞争,损害公平的竞争秩序的行为。

(3) 市场支配地位与损害竞争的滥用行为之间有着必然的联系。

3. 滥用市场支配地位行为的分类

滥用市场支配地位行为根据行为主体的目的、对于竞争的危害程度、针对对象的不同可以分为剥削性滥用行为和排挤性滥用行为。

剥削性滥用行为是具有市场支配地位的经营者针对交易相对人所实施的滥用行为。由于具有市场支配地位的企业不受竞争的限制,因此有能力对交易相对人提出不合理的条件来实现个体利益的最大化。剥削性滥用行为典型的表现形式是对包括供应者、顾客和最终消费者在内的各种交易相对人索取不合理的垄断性高价或不公平地以超低的价格购买商品的行为等。

排挤性滥用行为是具有市场支配地位的经营者针对同业竞争者所实施的滥用行为,

其目的是排挤竞争对手,或者将自己的市场优势不正当地扩大到本没有竞争优势的领域。排挤性滥用行为主要的表现形式是掠夺性定价行为、独家交易行为、附条件交易行为等。

【案例 8-5】

永福县供水公司是自来水供水公用企业。吴某向该公司申请用水,永福县供水公司要求其填写《用水报装申请表》,该申请表对用水和水表安装一并进行约定,同时要求签订供水协议、缴纳安装工程预缴款。吴某缴纳了水表费、安装费共计 2 500 元。后吴某不同意签订《个人用户供水安装工程施工协议》,要求自行购买水表,退还施工服务费。永福县供水公司未退款也未给吴某提供供水服务。吴某认为永福县供水公司的行为构成捆绑交易等四项滥用市场支配地位行为,遂诉至法院。广西壮族自治区南宁市中级人民法院经审理认为,永福县供水公司在永福县所辖地域范围内的城市公共供水服务具有市场支配地位。永福县供水公司在该过程中并没有给予吴某从别处购买供水设施材料和安装服务的选择权,据此认定永福县供水公司系以在用户申请供水时需同时购买供水设施安装的方式实施了捆绑交易行为,该合同应认定为无效。法院判决永福县供水公司返还吴某安装费并支付利息,赔偿经济损失及合理开支。

案例评述: 该案例中,人民法院认定供水公司具有市场支配地位,其要求用户申请供水时需同时购买供水设施材料和安装服务,构成捆绑交易行为,应当承担赔偿责任。案例中的重点在于垄断行为的认定标准。公用事业领域中关于垄断的认定,是关系国计民生的重大问题,这也需要实际判例予以指导。

(二) 市场支配地位的认定

反垄断法在禁止滥用市场支配地位行为时,首先对市场支配地位进行界定,以确定滥用市场支配地位行为主体资格的具备;同时,市场支配地位本身并不违法,只有在具有市场支配地位的经营者实施滥用市场支配地位的行为时,才受到反垄断法的禁止。因此,对市场支配地位进行界定是反垄断法,尤其是禁止滥用市场支配地位行为制度的一项重要且复杂的基础性工作。

1. 市场支配地位概述

市场支配地位又称市场优势地位或市场控制地位,属于经营者的一种状态,是指经营者在特定市场上所具有的某种程度的支配或控制力量,即在相关的产品市场、地域市场和时间市场上,所拥有的决定商品产量、价格和销售等的控制能力。

2. 市场支配地位的形态

市场支配地位是经营者在特定市场上具有控制商品价格、排除市场竞争的力量,是经营者取得了可以不受竞争压力影响的地位,从而其市场行为可以在较大程度上不必顾及同行竞争者和交易相对人的反应。市场支配地位的形态是指市场支配地位的具体表现形式,其主要包括以下几种:

(1) 独占(Monopoly),指一个经营者作为某种特定商品或服务的供应者或需求者,在相关市场上没有竞争者,即具有垄断地位。如果一个经营者在相关市场上没有竞争者,不会面临来自任何方面的现实的或潜在的竞争,可以任意支配或控制市场,则该经营者属于独占企业。它既可以是一种自然垄断,也可以是依法律规定而获得和维持的市场地位。

(2) 准独占(Quasi-monopoly),指一个经营者作为某种特定商品或服务的供应者或需求者,在相关市场上不存在实质性的竞争,即具有准垄断的地位。如果一个经营者可以在相当程度上自主地决定自己的经营策略和经营行为,而无须特别考虑其竞争对手、购买者或供应商的存在和反应,该经营者即属于准独占企业。

(3) 突出的市场地位(Prominent Market Status),指企业在相关市场中虽然有竞争者,或者虽然有实质上的竞争,但该企业因其占有的市场份额、财力、采购或销售市场的渠道以及其他因素上具有绝对的优势,故相对于其他竞争者而言具有突出的市场地位,在从事经济活动时拥有绝对的自由决策权和对其他竞争者的绝对影响。

(4) 寡占(Oligopoly),指两个或两个以上经营者之间就某种商品或服务不存在实质上的竞争,并且这些经营者在总体上具备了垄断、准垄断或者突出市场地位的要件,即不止一个企业可以取得市场支配地位。反垄断实践经验表明,一个相互间没有实质性竞争的企业集团内的企业,也可以在相互不存在卡特尔协议的情况下,共同支配某个相关市场。

3. 中国认定市场支配地位的方法

(1) 推定。所谓推定,是指依照法律规定,从已知的基础事实推断主体法律状态的过程。

根据《反垄断法》第二十四条的规定,有下列情形之一的,可以推定经营者具有市场支配地位:①一个经营者在相关市场的市场份额达到二分之一的;②两个经营者在相关市场的市场份额合计达到三分之二的;③三个经营者在相关市场的市场份额合计达到四分之三的。有前款第②项、第③项规定的情形,其中有的经营者市场份额不足十分之一的,不应当推定该经营者具有市场支配地位。被推定具有市场支配地位的经营者,有证据证明不具有市场支配地位的,不应当认定其具有市场支配地位。

(2) 认定。经营者是否具有市场支配地位,可以综合考量各种要素进行认定。根据《反垄断法》第二十三条的规定,认定经营者具有市场支配地位,应当依据下列因素:①该经营者在相关市场的市场份额,以及相关市场的竞争状况;②该经营者控制销售市场或者原材料采购市场的能力;③该经营者的财力和技术条件;④其他经营者对该经营者在交易上的依赖程度;⑤其他经营者进入相关市场的难易程度;⑥与认定该经营者市场支配地位有关的其他因素。

(三) 滥用市场支配地位的行为类型

根据《反垄断法》第二十二条的规定,禁止具有市场支配地位的经营者从事下列滥用市场支配地位的行为:①以不公平的高价销售商品或者以不公平的低价购买商品;②没有正当理由,以低于成本的价格销售商品;③没有正当理由,拒绝与交易相对人进行交易;④没有正当理由,限定交易相对人只能与其进行交易或者只能与其指定的经营者进行交易;⑤没有正当理由搭售商品,或者在交易时附加其他不合理的交易条件;⑥没有正当理由,对条件相同的交易相对人在交易价格等交易条件上实行差别待遇;⑦国务院反垄断执法机构认定的其他滥用市场支配地位的行为。

1. 不公平垄断性定价行为

不公平垄断性定价行为是指具有市场支配地位的经营者没有正当理由,以不公平的高价销售商品或者以不公平的低价购买商品的行为。

(1) 不公平的垄断性高价销售行为。其指具有市场支配地位的企业向交易相对人索取不合理的超高的销售价格的行为。

(2) 不公平的垄断性低价购买行为。它与垄断性高价销售行为是一个问题的两个方面,当具有市场支配地位的企业为了获得垄断利润而以超高的价格销售其产品时,为了自身利益的最大化,它在进行原材料及其他产品的购进活动时会尽可能地压低购买的价格,而由于其拥有独占的市场地位,交易相对人同样无力拒绝该项不合理的定价,这当然也属于滥用其市场支配地位对交易相对人进行剥削的行为。

2. 掠夺性定价行为

掠夺性定价行为是指具有市场支配地位的经营者没有正当理由,为了排挤竞争对手,在一定市场上和一定期限内以低于成本的价格销售商品或提供服务,从而消除或限制竞争的行为。

3. 附条件交易行为

附条件交易行为是指经营者利用其市场支配地位,违背交易相对人的意愿,在提供商品或服务时强迫交易相对人购买其不需要、不愿购买的商品或服务,或者接受其他不合理条件的行为。《反垄断法》禁止具有市场支配地位的经营者没有正当理由搭售商品,或者在交易时附加其他不合理的交易条件。附条件交易行为主要表现为以下几种:

(1) 搭售行为。搭售是指经营者利用其市场支配地位,违背交易相对人的意愿,没有正当理由地在提供商品或服务时强行搭配销售其他商品或服务的不合理的附条件交易行为。

(2) 在销售商品时附加其他不合理条件的行为。经营者在销售商品时附加的不合理条件主要表现为:限定转销价格、限定销售地区、附加其他条件。

(3) 在技术转让中附加不合理条件。在技术转让合同中,由于技术本身给权利人带来了经济优势,其会凭借技术优势给交易相对人附加一些不合理的条件,其实质是权利人对自己所拥有的知识产权的滥用。

4. 拒绝交易行为

拒绝交易行为是指具有市场支配地位的经营者没有正当理由,拒绝与交易相对人进行交易的行为。

5. 限定交易行为

限定交易行为是指具有市场支配地位的经营者没有正当理由,限定交易相对人只能与其进行交易或者只能与其指定的经营者进行交易的行为。

6. 差别待遇行为

差别待遇行为是指具有市场支配地位的经营者在提供相同商品或服务时,没有正当理由地对交易条件相同的交易相对人实行不同的交易价格或交易条件的行为。

7. 其他滥用市场支配地位行为

《反垄断法》第七条规定:"具有市场支配地位的经营者,不得滥用市场支配地位,排除、限制竞争。"第二十二条规定:"禁止具有市场支配地位的经营者从事下列滥用市场支配地位的行为……(七)国务院反垄断执法机构认定的其他滥用市场支配地位的行为。"因此,具有市场支配地位的经营者所从事的造成排除、限制竞争后果的任何滥用行为,都会受到《反垄断法》的禁止,例如,产生排除、限制竞争后果的忠诚折扣行为。

【案例 8-6】

OPPO广东移动通信有限公司(以下简称OPPO公司)和OPPO广东移动通信有限公司深圳分公司(以下简称OPPO深圳分公司)是全球性智能终端制造商和移动互联网服务提供商,其共同向广州知识产权法院提起诉讼,主张西斯威尔国际有限公司及其子公司西斯威尔香港有限公司(以下简称西斯威尔方)拥有无线通信领域相关标准必要专利,具有市场支配地位,在标准必要专利的许可协商中违反了公平、合理和无歧视(FRAND)的原则,实施了收取不公平高价许可费等滥用市场支配地位的行为,并就相同专利在不同国家提起诉讼,给OPPO公司、OPPO深圳分公司的经营行为造成负面影响和经济损失。西斯威尔方提出管辖权异议,主张在案证据不足以证明广州知识产权法院对该案具有管辖权,西斯威尔方已就标准必要专利许可问题在英国法院提起诉讼,本案应由英国法院审理。广州知识产权法院驳回了西斯威尔方的管辖权异议。西斯威尔方不服,提起上诉。最高人民法院二审认为,鉴于标准必要专利许可市场的特殊性,结合西斯威尔国际有限公司已在其他国家提起专利侵权诉讼,可能对OPPO公司等参与国内相关市场的竞争造成直接、实质、显著地排除与限制竞争效果,OPPO公司住所地广东省东莞市可以作为本案侵权结果发生地,广州知识产权法院对本案具有管辖权。

案例评述:本案例涉及与标准必要专利有关的滥用市场支配地位垄断纠纷管辖问题。案件既涉及双方主体在全球不同司法辖区平行的标准必要专利侵权纠纷对我国法院管辖垄断纠纷的影响,又涉及垄断纠纷的相关案件事实发生在国外应否适用不方便法院原则的问题。本案裁定以《反垄断法》第二条规定的域外适用原则为依据,对垄断纠纷的域外管辖问题进行了探索,明确了涉国际标准必要专利垄断纠纷案件的管辖规则,对人民法院依法积极行使对涉外反垄断案件的司法管辖权,充分发挥司法职能作用,维护公平竞争的市场环境具有典型意义和促进作用。

本章小结

公司合并是指一家或多家公司将其全部资产和负债转让给另一家现存或新设公司,被合并公司股东换取合并公司的股权或非股权支付,实现两家或两家以上公司的依法合并。收购是指一家企业依照法定程序收购其他企业的资产或股份(股票)以达到控制该企业的一种购买行为。企业重组指在资产重组的基础上,利用内部经营管理手段,进行有效的吸纳和重新配置,以提升经营系统的竞争能力。公司并购的主要类型有横向并购、纵向并购与混合并购,善意并购与恶意并购,协议并购、要约并购与集中竞价并购,直接并购与间接并购,正向并购与反向并购等。

在经济学范畴中,竞争是指商品的生产者和经营者为争夺有利的生产条件和销售条件,以便获得最大利益的斗争,这种斗争在商品经济中是必然发生和普遍存在的。《反不正当竞争法》中所称的不正当竞争行为,是指经营者在生产经营活动中,违反本法规定,扰乱市场竞争秩序,损害其他经营者或者消费者的合法权益的行为。《反不正当竞争法》的立法宗旨在于鼓励和保护公平竞争,制止不正当竞争行为,保护经营者和消费者的合法权益,保障社会主义市场经济健康发展。

垄断行为包括:①经营者达成垄断协议;②经营者滥用市场支配地位;③具有或者可能具有排除、限制竞争效果的经营者集中。反垄断是禁止垄断和贸易限制的行为,是当一家公司的经营呈现垄断或有垄断趋势的时候,国家政府或国际组织所采取的一种干预手段。反垄断法从根本上维持了整个国家的市场结构和市场秩序,使竞争机制的作用得以正常发挥,由此保证经济的健康发展。

思考题

1. 企业合并有哪几种类型?它们各自有什么特征?
2. 并购与重组有什么区别?
3. 《反不正当竞争法》规定的不正当竞争行为有哪些?
4. 《反垄断法》规制的垄断行为有哪些?

案例分析

腾讯诉世界之窗浏览器案件

"腾讯视频"是由腾讯公司提供的影视播放服务,其主要采用提供"免费视频+广告"以及会员制的运行模式。"世界之窗浏览器"系奇虎360子公司世界星辉公司出品的具有"广告屏蔽"功能的浏览器,用户选择使用该功能后可以有效屏蔽在线视频广告。2017年年初,腾讯公司向北京市朝阳区人民法院起诉,请求法院判令世界星辉公司立刻停止涉案视频广告屏蔽行为,并向原告赔偿相应的经济损失及合理的支出费用。2018年1月26日,一审法院判决认为涉案视频广告屏蔽行为不构成不正当竞争。结果的判决主要观点为:第一,世界之窗浏览器屏蔽视频广告功能不具有针对性,不存在主观恶意;第二,浏览器屏蔽视频广告是行业惯例;第三,广告收入并非视频网站的唯一收入,广告屏蔽不会对腾讯公司盈利产生根本影响;第四,广告屏蔽符合大部分用户的意愿,过滤广告是一种技术创新,是一种激励市场发展的行为,符合公共利益。腾讯公司对其判决表示不服,并向北京知识产权法院提出上诉,而且提供了大量相关的行业研究报告,并就涉案行为对视频网站利益、消费者福利及社会总福利进行了经济学量化分析等,对涉案行为进行了综合性分析论证。2018年12月28日,北京知识产权法院二审判决世界之窗浏览器屏蔽腾讯视频广告构成不正当竞争,被告行为属于《反不正当竞争法》第十二条所禁止的行为,并认为被诉行为不仅有违公认的商业道德,而且长期存在会对社会总福利有明显损害。原告腾讯公司胜诉,判决被告世界之窗浏览器所属世界星辉公司赔偿腾讯公司经济损失费及合理支出189万余元。

对于为什么二审的判决结果与一审判决完全不同,二审法院做出了解释,他们认为原审法官错误承认浏览器屏蔽视频广告为行业惯例,并且错误定义了社会公共利益;社会公共利益不仅包含消费者的利益,也包含运营商的利益。而且根据市场的长期发展,"免费视频+广告"模式也将成为视频运营商的主要商业模式。

■ 思考

1. 被告行为有无违背商业道德?
2. 被告是否损害了社会公共利益?
3. 结合实际,谈谈浏览器屏蔽视频广告的不正当竞争给我们带来的思考与启示。

第九章
物资管理与相关法条解读

学习目标

1. 理解物资管理、物权法的内涵。
2. 掌握物资管理、物权法的种类。
3. 明确物资管理的流程。
4. 理解新时代下物资管理、物权法的新内涵。

基本概念

物资　物资管理　物权　物权法

案例导入

甲房地产公司与乙公司就买卖房屋达成协议,双方签订了房屋购买合同,乙公司购买甲房地产公司面积为3 000平方米的写字楼,总价款为3 000万元。

合同履行期届至,乙公司交付了价款,但比约定的清偿期迟延了10天。同时甲房地产公司也依合同约定完成了交付,将该楼盘移转给乙公司占有,并着手办理产权过户手续。

在此期间,经交付已实际占有该房屋的乙公司因业务调整的需要,又将该房屋以每平方米11 000元的价格转让给第三人丙公司,双方订立了房屋买卖合同。丙公司在购买前到房地产登记部门查阅该房产登记情况,登记机关告知该房产过户手续已经过领导批准,正在办理中。丙公司便向乙公司支付了3 300万元总价款,并与乙公司完成了该房产的交付。至此,该房产已由第三人丙公司占有。其后,丙公司要求登记机关一次性将该房产过户登记到其名下。后由于甲房地产公司了解到该楼盘所处地区将由政府规划开发为商业区,该处楼盘房价也将大幅升值,极具投资潜力。甲房地产公司便以乙公司迟延10天支付房款为由宣告解除购房合同,并请求该房产的占有人丙公司返还房屋。

■ 思考

1. 本案例中,房屋所有权属于哪类物资?
2. 根据此案例,分析物权法的意义。

第一节　企业物资与物权法

一、企业物资

（一）概念

> 物资是物质资源的简称，它既包括自然界直接提供的物质财富，又包括经过人的劳动所取得的劳动产品；既包括可以直接满足人们需要的生活资料，又包括可以间接满足人们需要的生产资料。

物资有广义和狭义之分。广义的物资既包括直接满足人们需要的生活资源，又包括间接满足人们需要的生产资源；狭义的物资则指商品生产过程中所消耗物品的各种生产材料。

（二）物资的分类

企业所需的物资可以根据不同标准分为许多种类，如表9-1所示。

表9-1　物资的分类

分类方法	具体分类	作用
按物资在生产中的作用	（1）主要原材料，指构成产品实体的物资 （2）辅助材料，指在产品生产过程中有助于产品形成但不构成产品实体的物资 （3）燃料，指产生热能、动力的可燃物质，主要是含碳物质或碳氢化合物 （4）动力，指用于生产和管理等方面的电力、蒸汽、压缩空气等 （5）配件，指准备更换设备中已磨损和老化的零件和部件的各种专用备件 （6）工具，指在生产中所消耗的各种刀具、夹具、量具等	采用这种分类方法，便于企业制定物资消耗定额，计算各种物资需要量和产品成本
按物资的自然属性	（1）金属材料，包括黑色金属和有色金属 （2）非金属材料，包括木材、煤炭、化工、纺织、建材等 （3）机电产品，包括电机、电线、仪表、机械设备、电子和光学仪器及液压配件等	采用这种分类方法，便于编制物资供应目录，也便于物资采购、存储、保管和运输
按物资的使用范围	（1）基本建设用物资 （2）生产产品用物资 （3）维修用物资 （4）科研及新产品开发用物资 （5）工艺装备用物资	采用这种分类方法，便于企业按物资的使用方向进行物资的核算平衡

(续表)

分类方法	具体分类	作用
按物资的管理体制	（1）国家统一分配物资 （2）中央各部委分配物资 （3）地方分配物资（以上三类统称"计划分配物资"） （4）由商业部门、供销社和企业自产自销物资（统称"非计划分配物资"）	采用这种分类，主要是为了根据物资的不同供应渠道来进行订货或采购

（三）物资管理概念

物资的概念有广义与狭义之分。同样，物资管理也有广义和狭义之分：广义的物资管理包括从资源资料到形成物资的管理、从物资产品到物资消耗殆尽（物资失去使用价值）以及残余物资处理完毕的全过程；狭义的物资管理是指物资进库到物资出库的管理。

物资管理是企业管理的一个重要环节。物资管理是否科学、合理，直接影响到企业的成本控制，关系着企业的生存与发展。在市场经济条件下，我国传统的以"计划配给"为中心的企业物资管理模式逐渐丧失了活力，已经不能适应市场经济发展的要求。为此，对企业物资管理进行创新就成为我国企业界的一个重要课题。

> 所谓物资管理，是指企业在生产过程中，对本企业所需物资的采购、使用、储备等行为进行计划、组织和控制。物资管理的目的是，通过对物资进行有效管理，以降低企业生产成本，加速资金周转，进而促进企业盈利，提升企业的市场竞争能力。

企业的物资管理，包括物资计划、物资采购、物资使用和物资储备等几个重要环节。这些环节环环相扣、相互影响，任何一个环节出现问题，都将对企业的物资供应链造成不良影响。因此，在市场经济异常活跃的今天，物资管理已不能用"计划""配额""定量"等几个简单概念进行诠释，它已成为现代企业管理的重要组成部分，是企业成本控制的利器、企业生产经营正常运作的重要保证以及企业发展与壮大的重要基础。

（四）物资管理环节

1. 物资计划管理环节

在计划经济时期，物资计划的编制主要以国家下达的产量为依据，物资的采购、使用和储备都是以满足产量为标准。今天，瞬息万变的市场对企业物资计划的编制提出了更高的要求，综合企业内部各部门的信息进行物资计划编制，可以使计划更精准、更科学、更具可操作性。

物资计划的编制是企业物资管理的首要环节。物资计划是企业进行订货采购工作和组织企业内部物资供应工作的依据。目前，综合物资、生产、财务等各部门的信息进行物资计划编制，由物资部门监督计划落实的物资计划管理模式已经为越来越多的企业所采用。图9-1展示了物资计划管理环节各部门的职责。

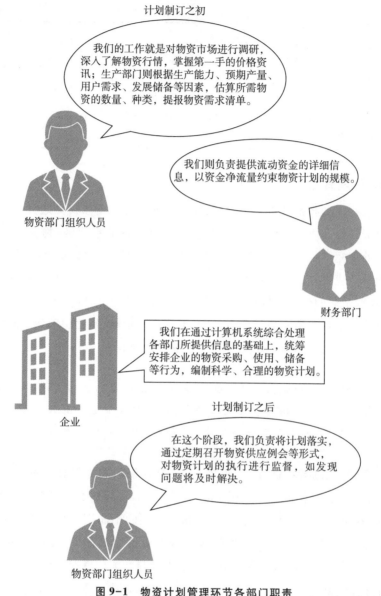

图 9-1 物资计划管理环节各部门职责

物资计划管理不但是其他物资管理环节的重要前提,也是有效避免物资浪费的重要保证。例如,施工企业在物资计划管理方面狠下功夫后,在工程招标阶段,物资部门将组织材料员对当地的市场行情和资源状况进行调研,评估项目所需的材料数量和种类。中标后,工程计划部门立即对单项工程、分部工程施工量进行预算分割;财务部门则根据预算分割控制各项费用的支出。经过多部门的协调合作,企业所制订的物资计划将既切实可行,又有助于控制成本。

2. 物资采购管理环节

物资采购是企业资金支出的关口,能不能把好这个关口是企业成本控制的关键。为此,以比价、限价和定价采购方式为核心的物资采购管理模式便成为当前企业物资采购的主流模式。比价采购,指的是在采购物资过程中实行的一种以综合比对为主要手段的物资采购管理制度。其综合比对的要素包括物资的供应质量和价格、采购的中间费用、售后服务、供货商的信誉及货款的承付方式等。简单而言,就是"同种物资比质量,同等质量比价格,同样价格比服务,同等服务比信誉,先比后买",其实质就是通过对各要素进行综合比对,实现"物美价廉"的目标。企业实行比价采购,不但可以使物资市场的竞争更加活跃,使物资的性价比不断提升,还在无形之中拓展了企业的物资来源渠道。

限价采购和定价采购是比价采购的一种延伸,在特定的情况下能够发挥更加积极的作用。在企业采购的物资品种繁杂、零星采购次数频繁、物资采购难以形成大规模的情况下,可以由企业物资部门在深入调查物资市场行情的基础上,拟定和公布企业所能接受的物资价格上限或具体数额,实行限价采购或定价采购。

科学合理的物资采购计划加上严格的物资采购过程控制,可以使企业有效节省开支,为赢取更丰厚的利润打下坚实基础。随着比价采购、限价采购、定价采购等采购方式的普及,企业可以从根本上解决盲目采购、无计划采购、多头采购等问题,最大限度地改善企业成本支出状况,这种物资采购管理模式必将在实践中不断得到完善。

3. 物资使用管理环节

物资使用主要是指物资的配送及消耗。现代企业物资使用管理,重点突出了配送方式的灵活性、多样性和物资消耗的控制力度。统一进货、集中存放、定点发放材料的配送方式,在过去为大部分企业所认可。但这种管理模式由于缺少弹性,在材料搬运、等待领料等环节造成了许多浪费。

今天,企业的物资配送更趋向灵活,"即时配送""准时配送""变领料为送料"等新方式、新观念逐渐被企业接受。事实上,在配送方式的选择上并没有固定的规则,企业要遵循的是方便、高效的原则,并结合本企业的特点和实际工作情况,制订最适合于本企业的物资配送计划。

生产过程中的物资消耗量是影响企业生产成本的决定性因素,目前,企业已经将物资消耗量控制作为管理的重点。一般来说,在物资计划中企业都会制定比较科学、合理的物资消耗定额,然而,在物资计划实施的过程中,物资消耗定额沦为"摆设"的现象并不少见。为什么会出现这种状况呢?应当说,企业对物资消耗的监控力度不够是主要原因之一。

现代企业应该对物资的消耗建立起一套行之有效的监控系统,比如可以利用计算机系统对生产过程中的物资消耗量进行详细记录、分析、比对,通过监控将超额情况及时反馈到管理层,尽早查明超额原因,最大限度地减少物资消耗环节出现的浪费现象。

4. 物资储备管理环节

过去,对于许多企业来说,物资储备是保障生产经营正常进行的必要手段。现在,这种观念正在发生变化,现代物资储备管理要求企业在满足现实生产需求和扩大再生产需求的情况下,尽可能地降低库存,减少资金占用。

在计划经济年代,"物资储备越多越好"的观念曾经占据物资储备管理的主流地位,很多企业简单地将"生产能力"和"仓储量"画上等号。在物资相对紧缺的计划经济时期,充足的物资储备为扩大再生产提供了动力和保障。

但是,在市场经济条件下,很多企业发现,不仅生产物资的积压使企业承担了巨额的仓储费用,而且无限量地购买物资使企业的资金周转日益艰难,超额的物资储备让众多企业背上了沉重的"包袱"。而现代企业的物资储备管理模式正是解决以上问题的良策,因为它是以调整企业库存结构、盘活超储(积压)物资、加快资金周转、减少储备资金占用为主线的,主要内容包括以下几个方面:

第一,对长线物资、产销平衡物资、紧俏物资实行物资分类管理。对供应充足、可即时购买的长线物资原则上不储存;对产销平衡物资通过合理安排进货时间实现不储存;而对于进货相对困难的紧俏物资则要备有一定的储存量。

第二,对物资储备量实施实时监控,及时将储备情况向管理层上报,预防超储现象的发生。

第三,若出现物资超储(积压)现象,企业内部能够代用的物资实行代用,无法代用的物资可与供货商进行协商退货,或与其他企业交换物资实现双赢。

物资管理作为企业管理的重要组成部分,其管理模式的不断创新是社会主义市场经济发展的必然要求,是我国企业今后的努力方向。相信在今后的生产实践中,我国企业将在物资管理领域积累更多的宝贵经验,在计划、采购、使用、储备等各重要环节的管理模式上有所创新,取得新的突破和进展。

(五)物资管理的加强

只有加强物资管理,才能有效地保证生产物资的供应,提高企业的经济效益。加强物资管理,可以从以下四个方面做起:

1. 加强物资的计划管理

根据各生产单位上报的材料计划,认真及时编制月度材料计划,严格控制补充计划的上报次数;月末认真做好计划兑现率的考核,以确保月度材料计划的准确性;坚决杜绝盲目采购和无计划采购,坚持需要多少采购多少,避免造成物资超储(积压)所带来的物资浪费。

2. 加强物资的采购管理

规范物资采购审批权限,严把物资采购关;在物资采购中,推行阳光采购,积极对物资实行招标和比价采购,扩大物资采购招标比价范围;严格控制议价采购,增加物资采购的透明度。计划员要定期自查和向经理汇报物资采购和落实情况,实行物资集中管理。同时,坚持电子信息网调查与市场调查同步,降低企业的物资采购成本。

3. 加强物资的使用管理

(1)制定合理的材料消耗定额和资金限额。对于主要材料,要认真按消耗定额领料;对于辅助材料,严格按资金限额领料。

(2)组织物资发放,做好物资核销工作。物资到货后,积极与使用单位联系,督促物资及时出库,保持所进物资收消平衡,避免造成新的物资积压。

(3)减少丢失浪费。引导和督促用料单位合理使用物资,科学管理物资;经常深入基层单位,掌握生产进度和物资消耗情况,对各单位闲置物资进行平衡调剂;积极组织废旧物资的回收复用,修旧利废,充分发挥废旧物资的效能,做到物尽其用。

(4) 对生产物资进行跟踪管理,延伸服务。对基层单位领用的物资,全部登记在册,全面实行跟踪管理;深入生产一线,了解物资使用及质量情况,如发现质量问题,要认真分析原因和责任,及时联系供货单位妥善处理,全面为生产一线服务。

4. 加强物资的储备管理

(1) 对于在库物资,计划员与保管员要紧密协作,经常沟通。计划员要虚心听取保管员对库存物资的处理意见,保管员要及时向计划员汇报库存物资动态,共同管理好库存物资。

(2) 结合企业生产情况,制定合理的库存控制制度和奖罚办法;按类别制定库存储备定额,责任落实到对应的计划员和保管员;最大限度地降低材料库存储备,减少储备管理费用,减少企业流动资金占用,提高企业经济效益。

(3) 做好清仓查库工作,对于在库物资,要及时清查盘点,全面掌握现有库存,充分利用库存物资,处理库存超储;与基层单位密切联系,对一些物资能利用则利用,能代用则代用,不能利用的加工改制或处理外调,减少库存物资占用,提高物资利用率,实现合理的库存结构。

(4) 做好库存物资的保管保养,平时积极组织库存物资的盘点与验收,维护库存物资的安全与完善。

【案例 9-1】

家乐福的库存管理

家乐福(Carrefour)于 1959 年创立于法国,1999 年与 Promodes 合并为欧洲第一、世界第二大零售集团。家乐福的库存管理表现在以下几个方面。

一、需求估算阶段

第一个是计划环节。预先周全的计划,可以防止各种可能的缺失,也可以使人力、设备、资金、时机等各项资源得到有效充分的运用,还可以规避各类可能的大风险。制订一个良好的库存计划不仅可以减少公司不良库存的产生,还能最大限度地保证生产的顺利进行。

在库存商品的管理模式上,家乐福实行品类管理,优化商品结构。一种商品进入系统之后,会有 POS 机实时收集库存、销售等数据进行汇总和分析,并根据汇总分析的结果对库存的商品进行分类。然后,根据不同的商品分类匹配相应的库存计划模式,对于不同的商品,设定不同的订货公式参数。当可得到的仓库存储水平下降到确定的安全库存量或以下的时候,该系统就会启动自动订货程序。

二、购料订货阶段

计划环节的下一个环节即实施环节,也就是购料订货阶段。在选用合理的存货管理模式后,就根据需求估算的结果来实施订货的动作,以确保购入的货物能够按时、按量到达,保证之后生产和销售的顺利进行。

家乐福有一个特有的部门——OP(Order Pool),也就是订货部门,是其物流系统的核心,控制了整个企业的物流运转。在家乐福,采购与订货是分开的:由专门的采购部门选择供应商，议定合约和订购价格；OP 则负责对仓库库存量进行控制，一方面生成正常订单与临时订单，保证所有的订单发送给供应商，另一方面进行库存异动的分析。对于仓储部门，它控制实际的和系统中所显示的库存量，并反映存货的异动情况；对于财务部门，它提供相关的入账资料和信息；对于各个营业部门，它提供商品存量信息，提醒各部门根据销售情况及时更改订货参数，或增加临时订量。

三、仓储作业阶段

家乐福的做法是将仓储、OP、财务、营业部门的功能和供应商的数据整合在一起，从统一的视角来考虑订货、收货、销售过程中的各种影响因素。因此，分析家乐福仓储作业的管理就必须联系它的 OP、财务、营业部门来看。仓库在每日的收货、发货之外会将每日存货异动的信息及存量信息的数据传输给 OP，OP 则根据累积和新传输的信息生成各类分析报表。同时，家乐福已逐步用周期盘点代替传统一年两次的"实地盘点"。在实行了周期盘点后，家乐福发现，最大的功效是节省了一定的人力、物力、财力，没有必要在两次实地盘点的时候兴师动众了；同时，盘点的效率得到了提高。

四、账务管理阶段

账务管理是物料管理循环的最后一个环节，同时也是下一个循环的开始。它包含两部分的内容：一是仓储管理人员的收发料账；二是财务部门的材料账。对于这两类账的日常登记、定期检查汇总，称为物料的账务管理。账务管理最主要的目标是保证料账准确，真实反映库存物料的情况。

家乐福的做法是从整体的角度出发，考虑仓储、OP、财务各个部门的职责和功能，减少不必要的流程，最大限度地提高效率和减少工作周期。在家乐福，账务管理的基本结构包括三个部分：一是库存管制，由仓储管理人员实施；二是异动管理，由 OP 负责物料入库、出库及增减情况的登记和录入；三是库存资讯，包括库存量查询、OP 提供有关管理需求的账面报表，以及财务提供有关财务需求的报表。

二、物权与物权法

（一）相关概念

1. 物权的概念及发展

> 物权是权利人依法对特定的物享有直接支配和排他的权利，包括所有权、用益物权和担保物权。

"物权"一词是由中世纪的注释法学派首先提出来的。他们在解释《罗马法》时，以"对物之诉"为基础，创立了具有近代意义的物权学说。随后，1811 年的《奥地利民法典》率先在立法上使用了物权的概念，提出物权是属于个人财产上的权力，可以对抗任何人。《德国民法典》率先在法典中设立了物权编，对物权制度做了系统、完整的规定。其后，物权概念为多数国家的立法所接受，但除《奥地利民法典》外，各国立法上并未给物权下定义。

从法律关系阐释物权的含义,主要有对物关系说、对人关系说和两方面说(又称折中说)三种说法。我国采用折中说,认为物权关系是以对物的占有、支配为媒介而发生的人与人的关系。

2. 物权的分类

(1) 自物权与他物权。自物权是权利人对于自己的物所享有的权利。因其与他人之物无关,故称作自物权。所有权是自物权。他物权是在他人所有的物上设定的物权,是对他人的物享有的权利,其内容是在占有、使用、收益或者处分某一方面对他人之物的支配。

(2) 动产物权与不动产物权。这是根据物权的客体是动产还是不动产所作的分类。不动产所有权、建设用地使用权、不动产抵押权等是不动产物权;而动产所有权、动产质权、留置权则是动产物权。

(3) 主物权与从物权。这是以物权是否具有独立性进行的分类。主物权是指能够独立存在的物权,如所有权、建设用地使用权;从物权则指必须依附于其他权利而存在的物权。如抵押权、质权、留置权,是为担保的债权而设定的。

(4) 所有权与限制物权。这是以对于标的物的支配范围的不同而对物权所作的区分。所有权是全面支配标的物的物权;限制物权是于特定方面支配标的物的物权。针对该种分类,一些学者认为所有权也要受法律、相邻关系等的限制,故应避免使用限制物权这一概念。日本学者松冈正义首创了"定限物权"一词,表示所有权以外的他物权内容是有一定限度的。但这只是名称之争,关于所有权与限制物权分类的实质内容是一致的。

(5) 有期限物权与无期限物权。这种分类的标准是物权的存续有没有期限。有期限物权是指有一定存续期间的物权,如抵押权、质权、留置权;无期限物权则指没有预定存续期间而永久存续的物权,所有权属于无期限物权。

(6) 民法上的物权(普通物权)与特别法上的物权。这是以物权所依据的法律的不同而进行的区分。民法上的物权是指在民法典中规定的物权,我国《民法典》物权编中的物权就是民法上的物权;特别法上的物权则指土地法、海商法等特别法中所规定的物权。

(7) 本权与占有。对标的物不仅有事实上的控制力,而且有权利为依据,该依据之权利,即为本权;占有则以对物的实际控制、占领为依据,因此不论占有人在法律上有没有支配物的权利,都可以成立。占有人基于占有制度,在事实上控制物,并在法律上享有排除他人妨害其占有的权利以及其他效力,乃是一种与物权的性质相近的权利,故应为物权的内容。

(8) 意定物权和法定物权。意定物权是基于当事人的意思而发生的物权,比如买卖转让;法定物权则指非依当事人意思,而是基于法律的直接规定而产生的物权,物权法中的留置权、海商法中的船舶优先权等都是典型的法定物权。

3. 物权的特点

(1) 物权是**支配权**。它是权利人直接支配的权利,即物权人可以依自己的意志就标的物直接行使权利,无须他人的意思或义务人的行为的介入。

(2) 物权是**绝对权**。物权的权利人是特定的,义务人是不特定的第三人,且义务内容是不作为,即义务人只要不干涉物权人行使权利就是履行他的义务,所以物权是一种绝对权。

(3) 物权是**财产权**。物权是一种具有物质内容的、直接体现为财产利益的权利,其中财产利益包括对物的利用、物的归属和就物的价值设立的担保,与人身权相对。

(4) 物权的**客体是物**。物权的客体是物,且主要是有体物。

(5) 物权具有**排他性**。一方面,物权的权利人可以对抗一切不特定的人,所以物权是一种对世权;另一方面,同一物上不许有内容不相容的物权并存(最典型的就是一个物上不可以有两个所有权,但可以同时有一个所有权和数个抵押权并存),即"一物一权"。

应该注意的是:在共有关系上,只是数个共有人共同享有一个所有权,并不是一物之上有数个所有权。在担保物权中,同一物之上可以设立两个或两个以上的抵押权,但效力有先后次序的不同。因此,共有关系以及两个以上抵押权的存在都并不与物权的排他性矛盾。

(6) 物权作为一种绝对权,必须具有**公开性**。

(7) 物权设立采用**法定主义**。物权具有优先效力,又称物权的优先权。

4. 物权效力

(1) 物权相互间的优先效力。这种优先效力是以物权成立时间的先后确定物权效力的差异。一般说来,两个在性质上不能共存的物权不能同时存在于一个物上,故而后发生的物权根本不能成立。例如在某人享有所有权的物上,不得再同时成立其他人的所有权。如果物权在性质上可以并存,则后发生的物权仅于不妨碍先发生的物权的范围内得以成立。在这种情况下,先发生的物权优先于后发生的物权。例如在同一物上设立数个抵押权,先发生的抵押权优于后发生的抵押权。再如抵押权设立后再设立地上权时,地上权因抵押权的实行而消灭;但于地上权设立后再设立抵押权时,抵押权的实行不能使地上权消灭。

物权相互之间以成立时间的先后确定其效力的强弱,本质上是对现存的和既得的物之支配权的保护。因为任何人都必须尊重物权人对于其物的支配范围,不得干涉物权的行使。这也包括在同一标的物上,后成立的物权只有在不侵入、不干涉先成立的物权的支配范围的条件下才能成立;否则,成立时间在后的物权根本就不能成立。

关于物权之间依性质可否并存,就一般情形而言,以占有为内容的物权的排他性较强,这类物权大多不可以并存。具体的各类物权依性质是否可以并存,大致可以分为以下几种情况:①用益物权与担保物权——原则上这两种物权可以同时存在于一物之上,例外的是以占有为要件的质权、留置权与用益物权不能并存。②用益物权与用益物权——不管其种类是否相同,一般都难以并存。但是地役权有时可以与其他用益物权并存。例如消极地役权以某种不作为,如不得兴建高层建筑,为其内容,可附存于已经设立地上权的土地上。再如,两个通行权可共存于同一供役地上等。③担保物权与担保物权——两者一般能够并存,例外的是当事人有特别约定时不能并存,以占有为要件的留置权等担保物权之间不能并存。

关于物权相互之间的优先效力,一般的原则是依物权成立时间的先后确定物权效力的差异。**例外就是限制物权(定限物权)的效力优先于所有权**:限制物权是于特定方面支配物的物权,一般是在他人所有之物上设定的权利。所以在同一标的物上,限制物权成立于所有权之后。但是,限制物权是根据所有人的意志设定的物上负担,起着限制所有权的作用,因此限制物权具有优先于所有权的效力。例如在一块土地上设定地上权之后,地上权人在地上权的范围内,得优先于土地所有权人而使用土地。

(2)物权对于债权的优先效力。在同一标的物上物权与债权并存时,物权有优先于债权的效力,这主要表现在两个方面:

第一,在同一标的物上,既有物权又有债权时,物权有优先于债权的效力。

例如,甲同意将10吨水泥出卖给乙,乙就取得了请求甲交付该10吨水泥的债权。后来甲又将这10吨水泥出卖给丙,并交付给丙,丙就取得了已交付的10吨水泥的所有权,而乙只能请求甲承担债务不履行的责任。再如,甲将其房屋借给乙使用,又为丙设定了典权;此时丙的典权优先,他可以优先于乙对房屋进行使用、收益。这是因为物权是直接支配物的权利;而债权的实现则要依靠债务人的行为,债权人不能对物进行直接支配。基于两者在性质上的不同,物权具有这种优先效力。但是这只是一般原则,在法律有特别规定的情况下也有极少数的例外。例如,不动产租赁使用权在民法上属于债权,如甲将其所有的房屋出租给乙,之后又将该房屋出售给丙,丙取得该房屋的所有权后,乙仍然可以对丙主张其租赁使用权。这在学理上称为"买卖不破除租赁"。

此外,依据《最高人民法院关于适用〈中华人民共和国民法典〉有关担保制度的解释》第五十四条第(二)项的规定,抵押人将抵押财产出租给他人并移转占有,抵押权人行使抵押权的,租赁关系不受影响,但是抵押权人能够举证证明承租人知道或者应当知道已经订立抵押合同的除外。

第二,在债权人依破产程序或强制执行程序行使其债权时,作为债务人财产的物上存在他人的物权时,该物权优先于一般债权人的债权。

例如,在债务人的财产上设有担保物权的,担保物权人享有优先受偿的权利,此为别除权;在破产时,非为债务人所有之物,所有人有取回该物的权利,此为取回权。例如,出卖人已将出卖物发送,买受人尚未收到,也没有付清全部价款而宣告破产时,出卖人可以解除买卖合同,并取回其标的物。

(二)物权法

2007年3月16日,第十届全国人民代表大会第五次会议通过《中华人民共和国物权法》(以下简称《物权法》),并于2007年10月1日起施行。《物权法》第四条规定:"国家、集体、私人的物权和其他权利人的物权受法律保护,任何单位和个人不得侵犯。"

第五条规定:"物权的种类和内容,由法律规定。"

第六条规定:"不动产物权的设立、变更、转让和消灭,应当依照法律规定登记。动产物权的设立和转让,应当依照法律规定交付。"

第七条规定:"物权的取得和行使,应当遵守法律,尊重社会公德,不得损害公共利益和他人合法权益。"

2020年5月28日,第十三届全国人民代表大会第三次会议通过《中华人民共和国民法典》,自2021年1月1日起施行。《物权法》同时废止。

第二节　所有权与他物权

一、所有权

（一）内涵

> 所有权是指所有权人依法对自己财产所享有的占有、使用、收益和处置的权利,是对生产劳动的目的、对象、手段、方法和结果的支配力量。它是一种财产权,所以又称财产所有权。

所有权是物权中最重要也最完全的一种权利,具有**绝对性、排他性、永续性**三个特征,具体内容包括占有、使用、收益、处置四项权能。

从民法上来看,作为所有权客体的物必须是**特定的、独立的物**。所谓特定的物,就是说,作为所有权的客体的物具有独有的特征,不能以其他物代替。所谓独立的物,是指物在空间上能够个别地、单独地存在。

如果标的物不具有特定性和独立性,权利人就不能对该物进行支配,因而也就不能形成所有权,尤其是因为所有权的移转要采取登记和交付的方式,如果标的物不具有特定性和独立性,则无法登记或交付。

1. 所有权的分类

所有权可分为**国家所有权、集体所有权、私人所有权**。

（1）国家所有权即法律规定属于国家所有的财产,属于国家所有即全民所有。国有财产由国务院代表国家行使所有权;法律另有规定的,依照其规定。

属于我国国有的财产包括:①矿藏、水流、海域。②城市的土地,以及法律规定属于国家所有的农村和城市郊区的土地。③森林、山岭、草原、荒地、滩涂等自然资源,但法律规定属于集体所有的除外。④法律规定属于国家所有的野生动植物资源。⑤无线电频谱资源。⑥法律规定属于国家所有的文物。⑦国防资产。⑧铁路、公路、电力设施、电信设施和油气管道等基础设施。

（2）集体所有权。集体所有权的权利主体是集体经济组织。

属于集体所有的不动产和动产包括:①法律规定属于集体所有的土地和森林、山岭、草原、荒地、滩涂。②集体所有的建筑物、生产设施、农田水利设施。③集体所有的教育、科学、文化、卫生、体育等设施。④集体所有的其他不动产和动产。

（3）私人所有权。享有私人所有权的不动产和动产主要包括合法的收入、储蓄、投资及其收益、房屋、生活用品、生产工具、原材料等。

2. 所有权的特征

（1）所有权是**绝对权**。所有权不需要他人的积极行为,只要他人不加干预,所有权人自己便能实现其权利。所有权关系的义务主体是所有权人以外的一切人,其所负的义务是不得非法干预所有权人行使其权利,是一种特定的不作为义务。

（2）所有权具有**排他性**。所有权属于物权,具有排他的性质。所有权人有权排除他人对于其行使权利的干涉,并且同一物上只能存在一个所有权,而不能并存两个以上的所有权。当然,所有权的排他性并不是绝对的,现代各国法律对所有权有不同程度的限制。

（3）所有权是**最完全的物权**。所有权是所有权人对于其所有物进行一般的、全面的支配中内容最全面、最充分的物权,它不仅包括对于物的占有、使用、收益,还包括对于物的最终处置权。所有权作为最完全的物权,是他物权的源泉。与之相比较,建设用地使用权、地役权、抵押权、质权、留置权等他物权,仅仅是就占有、使用、收益某一方面的对于物的直接支配的权利,只是享有所有权的部分权能。

（4）所有权具有**弹力性**。所有权人可在其所有物上为他人设定地役权、抵押权等权利,虽然占有、使用、收益甚至处置权都能与所有人发生全部或者部分的分离,但只要没有发生使所有权消灭的法律事实（如转让、所有物灭失）,所有权人仍然保持着对于其财产的支配权,所有权并不消灭。当所有物上设定的其他权利消灭,所有权的负担除去的时候,所有权仍然恢复其圆满的状态,即分离出去的权能仍然复归于所有权人,这被称为所有权的弹力性。

（5）所有权具有**永久性**。这是指所有权的存在不能预定其存续期间。例如,当事人不能约定所有权只有5年期限,过此期限则所有权消灭。当事人对所有权存续期间的约定是无效的。

（6）所有权具有**观念性**。观念性,是指近代以来,所有权的存在已经观念化,即所有权人不以对所有物的现实支配为必要,发生了从所有到占有的"所有权人支配观念"的转化——把所有权行使带来的利益看得比所有物的控制更为重要的观念,比过去任何时候都要强烈,属于"所有权人实现利益观念"的范畴。

（7）所有权具有**平等性**。所有权作为私权,其法律地位应当无差别给予保护的物权属性。《民法典》第二百零七条、第二百零八条关于物权的规定,体现了社会主义市场经济体制下的所有权平等原则。

【案例9-2】

李某（原告）在某自行车专卖店（被告）中闲逛,偶然发现了一款自己非常喜爱的自行车,很想买但未带够钱,又怕仅剩的两辆会被卖完,于是跟售货员商量想预付200元钱让专卖店预留一辆,等他第二天再来付足余款取车。经过李某一再恳求,售货员答应了他的请求。李某便在两辆车中指定了一辆。不料当夜专卖店发生了盗窃案,这两辆车全部被盗。

第二天,李某带钱来取车。他在得知了此事后,便要求专卖店退还其预付款或者自己补足差额待店里再进此种型号的新车时给自己补一辆。专卖店拒不答应,认为原来指定的自行车已被李某买下,其所有权已经发生了转移,因而丢车的损失应由李某自负,并要求李某补足差额。李某要不回车款遂提起诉讼,要求专卖店退还其预付车款200元。

【几种观点】

1. 该自行车是种类物,在交付以前所有权没有发生转移。原告并未对该自行车享有所有权,故不承担丢车的损失。原告可以要回预付车款200元。

2. 该自行车不是种类物,而是特定物。原告在被告处指定购买该车之时,这辆自行车就已经从自行车的同类物中分离出来,从种类物转化为特定物。而由于特定物的所有权已从合同订立时发生转移,所以原告已对此享有所有权,并应承担丢车的损失。原告不能要回预付车款200元。

3. 双方只是就自行车的买卖达成了附条件的协议,因原告未付足车款导致该协议未成立,自行车的所有权也因此未发生转移。

案例9-2中,原告指定的标的物即自行车,并非特定物而是种类物。尽管该车是原告从两辆自行车中特别挑选出来的,相对具有特定性,但这仅是品种与质量的差异。在没有交付之前,可以以其他同类自行车来替代。只有在实际交付时,交付给原告的自行车才特定化,所以认为自行车在原告挑选出后就已特定化,并产生了所有权转移的观点是不妥当的。更何况,由于《民法典》并未区分种类物和特定物在所有权转移上的差异,所以,即使认定该自行车为特定物,也不能认为其所有权在原告预付200元时发生转移,如果双方当事人在当时特别约定,在原告预付款时自行车所有权即转移给原告,可视为一种特殊的交付方式,则所有权当时便发生转移。但案例9-2中并无此类规定,因而原告虽然预交了部分车款,但双方只是就自行车的买卖达成了附条件的协议。而自行车的所有权因买卖协议的未完全履行,即原告未交足车款,并未发生转移而仍属于被告。因此,自行车丢失的风险损失应由被告承担,被告应退还原告预付的车款。

(二)所有权的取得方式

1. 原始取得和继受取得

按照是否以他人所有权为前提,可分为原始取得和继受取得。

原始取得是指非依他人既存的权利而是基于法律规定直接取得所有权,包括先占、生产、收取利息、添附、无主物和罚没物的法定归属、动产的善意取得、没收等方式。

继受取得是指基于他人既存的权利而取得所有权,其方式主要是法律行为。

2. 不动产所有权的取得

(1)依法律行为而取得:①双方法律行为(如基于买卖合同、赠与合同、互易合同而为的变更登记);②单方法律行为(如受遗赠)。

(2)依法律行为以外的事实而取得。如继承、建造、法院判决、强制执行以及公用征收、没收等行政行为。

3. 动产所有权的取得

(1)依法律行为而取得:①双方法律行为(如基于买卖合同、赠与合同、互易合同而为的交付);②单方法律行为(如受遗赠)。

(2)依法律行为以外的事实而取得:①继承,包括遗嘱继承和法定继承;②法院判决、强制执行；③公用征收、没收、罚款；④收取利息[①]；⑤所有权人不明的埋藏物、隐藏物[②]；⑥无人认领的遗失物、漂流物、失散的饲养动物；⑦无人继承的遗产[③]；⑧先占；⑨添附，包括附合、混合和加工[④]；⑩善意取得，其要件包括受让人受让该动产时是善意的，以合理的价格受让，以及转让的动产依照法律规定应当登记的已经登记，不需要登记的已经交付给受让人。

（三）关于所有权的规定变化：从《物权法》到《民法典》

此部分的重大革新主要发生在"业主的建筑物区分所有权"与"共有"两章，其他章节变化不大。

但是"业主的建筑物区分所有权"与企业关系并不大，更针对个人，故此处不详细说明。这里主要说明与企业关系较大的法条变化。

《物权法》第九十三条规定："不动产或者动产可以由两个以上单位、个人共有。共有包括按份共有和共同共有。"

《民法典》第二百九十七条规定："不动产或者动产可以由两个以上组织、个人共有。共有包括按份共有和共同共有。"第三百零六条规定："按份共有人转让其享有的共有的不动产或者动产份额的，应当将转让条件及时通知其他共有人。其他共有人应当在合理期限内行使优先购买权。两个以上其他共有人主张行使优先购买权的，协商确定各自的购买比例；协商不成的，按照转让时各自的共有份额比例行使优先购买权。"

尽管单独所有权是所有权的基本形态，但是在一些领域，数人共有仍然广泛存在，例如夫妻共有、家庭共有、继承人在遗产分割前对遗产的共有、约定共有等。共有与社会经济有密切关系，在某种程度上反映了所有权制度的变迁及社会经济的发展。

共有是指两个以上民事主体对同一物享有所有权，分为按份共有和共同共有。需要注意的是，共有并非数个所有权之并存。在共有关系中，所有权只有一个，而并非多个。基于所有权的排他性，一物之上不能存在多个所有权，但一个所有权可以由数个主体共有。

二、他物权

（一）内涵

1. 他物权的发展

他物权体系形成于《罗马法》时期。为了满足社会经济关系发展的客观要求，《罗马

[①] 除法律另有规定或当事人另有约定外，利息所有权一般由原物所有权人取得；但所有权与用益物权分离的应由用益物权人取得。

[②] 《民法典》第三百一十八条规定："遗失物自发布招领公告之日起一年内无人认领的，归国家所有。"

[③] 《民法典》第一千一百六十条规定："无人继承又无人受遗赠的财产，归国家所有，用于公益事业；死者生前是集体所有制组织成员的，归所在集体所有制组织所有。"

[④] 《民法典》第三百二十二条规定："因加工、附合、混合而产生的物的归属，有约定的，按照约定；没有约定或者约定不明确的，依照法律规定；法律没有规定的，按照充分发挥物的效用以及保护无过错当事人的原则确定。因一方当事人的过错或者确定物的归属造成另一方当事人损害的，应当给予赔偿或者补偿。"

法》创设了较为完备的他物权体系,使之与其他法律制度一道,构成了商品生产者社会的第一个世界性法律,以致后来的一切法律都不能对它做任何实质性的修改。

《罗马法》认为,他物权是积极地创设在他人之物上的权利。它充实了物权的内容,同所有权一起,充分保护了《罗马法》时期的财产关系,并成为扩大所有权的一种救济制度,为后世所长期效仿。

他物权的完备时期始于《法国民法典》的诞生。为适应自由资本主义市场经济发展的需要,《法国民法典》把现代社会的经济生活译成司法法规的语言,使它成为典型的资产阶级社会的法典。

《法国民法典》在第二卷"财产及所有权的各种限制"中,详细地规定了用益物权,包括用益权、使用权、居住权、役权和地役权;在第三卷"取得财产的各种方法"中规定了质权和抵押权,即担保物权。这两部分相辅相成,构成了完备的他物权体系。

如果说《法国民法典》是典型的自由资本主义时期的民法典,那么反映垄断资本主义市场经济的民法典则应推《德国民法典》。

《德国民法典》沿袭了《罗马法》的优良传统,借鉴了《法国民法典》的编纂经验,采用了先进的立法技术,充分适应了资本主义垄断市场经济的需要。它创设了将用益物权和担保物权统一规定为他物权制度,并将其置于物权体系之中的新体例。《德国民法典》中的他物权包括地上权、地役权、用益权、限制的人役权、抵押权和质权。

2. 他物权的概念

> 他物权是在他人所有的物上设定或享有的权利。

学理上往往将他物权称为不完全物权或限制物权,并将其具体划分为用益物权和担保物权两类。用益物权是指非所有权人对他人之物所享有的占有、使用、收益的排他性权利,比如土地承包经营权、建设用地使用权、宅基地使用权、地役权、居住权;担保物权是与用益物权相对应的他物权,指的是为确保债权的实现而设定的,以直接取得或者支配特定财产的交换价值为内容的权利。

3. 他物权的特点

(1) 他物权是**在他人所有之物上设定的物权**。这是他物权与自物权的最本质区别。他物权不能在自己所有之物上设定,因为自己所有之物,是所有权的客体,而所有权是最完备的物权,所有权人享有最完全的支配权,无须也不能为自己设定他物权。离开他人所有之物,他物权无从设定。

(2) 他物权是**派生于所有权而又与所有权相分离的物权**。他物权是所有权的派生之权,并非完全独立的民事权利。它是根据对所有权所设定的债权而形成的,而且来源于所有权,因而所有权又被称为母权,他物权则被称为子权。他物权虽然与所有权具有如此密切的关系,但它是在所有权权能与所有权发生分离的基础上产生的民事权利,即指非所有权人在所有权人的财产上享有占有、使用或收益权,以及在特殊情况下依法享有一定的处置权。因而,这种物权具有相对独立的性质。

(3) 他物权是**受限制的物权**。所有权是最完备的物权,不受任何限制;他物权则属于限制物权。他物权的限制表现在两个方面:①**他物权受所有权的限制**。在一般情况下,他物权只是以所有权的一定权能为内容,因而仍受所有权的支配,不能完全任意行使;即使是以所有权的占有、使用、收益和处置四项权能为内容的他物权,也必须受所有权的支配。②**他物权也限制所有权的行使**。在所有权的客体上又设置他物权,其结果是使所有权的行使受到限制,不再是完全不受限制的自物权。依所有权的权能分离的内容不同,也即他物权的内容不同,所有权所受限制的程度也不相同。

(4) 他物权是**依法律规定或合同约定而发生的物权**。他物权并非自由发生。其发生的途径或方法有两种:一是依照法律规定,如留置权等;二是由合同约定,如抵押权、典权等。

他物权无论是由法律规定还是依合同约定,其具体内容均由法律所规定,且为强制性规定,因而他物权是法定物权。

(二) 用益物权

1. 用益物权的发展

用益物权作为他物权之一,着眼于财产的使用价值。在现代民法中,各国物权法贯彻效益原则,已经逐渐放弃了传统民法注重对物的实际支配、财产归属的做法,转而注重财产价值形态的支配和利用。这种立法趋势反映到理论研究上,即学者越来越注重对用益物权的研究。

2. 用益物权的特征

用益物权除具备物权的一般属性和他物权的基本属性外,还具有以下特征:

(1) 目的的**用益性**。用益物权是他物权,是对所有物的利用。从物权的分类来看,他物权包括用益物权和担保物权。与担保物权相对应,设立用益物权的目的就是对他人所有的财产进行使用、收益,即为了追求物的使用价值而对他人的物在一定范围内进行支配。与此相应,用益物权的内容也主要是行使使用、收益的权能。

(2) 地位的**独立性**。用益物权为独立物权,是对所有权的限制。用益物权是非所有权人对所有权人的物在法律规定的限度内独立支配的排他性权利,是一种独立的权利。用益物权人在法律规定或合同约定的某种权利的具体支配范围内,可以对抗一切人,包括所有权人,从而形成对所有权的限制。例如,建设用地使用权人依法享有对国家所有的土地占有、使用和收益的权利,有权自主利用该土地建造并经营建筑物、构筑物及其附属设施。

(3) 客体的**限制性**。一是用益物权的客体必须具有使用价值,客体的存在形态或使用形态发生变化,会对用益物权人的利益产生直接影响,甚至使之丧失利益。例如:设定土地承包经营权,必须是对可耕种、种植、养殖的土地,如该土地已经成为沙漠,无法耕种,则不能设定土地承包经营权。二是用益物权的客体以不动产作为主导,《民法典》中规定用益物权的客体包括动产和不动产。三是用益物权的享有和行使必须以对客体的实际占有为前提,否则使用和收益无从谈起。

3. 关于用益物权的规定变化:从《物权法》到《民法典》

该部分的变化,除《民法典》第三百二十四条把《物权法》第一百一十八条规定中的

"单位"修改为"组织"这种概念修改外,还突出体现在对土地承包经营权、建设用地使用权及居住权的修改、增补上。因居住权主要的适用对象为业主,故此处不详细说明。

(三) 担保物权

1. 担保物权的概念

> 担保物权人在债务人不履行到期债务或者发生当事人约定的实现担保物权的情形,依法享有就担保财产优先受偿的权利,但是法律另有规定的除外。债权人在借贷、买卖等民事活动中,为保障实现其债权,需要担保的,可以依照《民法典》和其他法律的规定设立担保物权。第三人为债务人向债权人提供担保的,可以要求债务人提供反担保。反担保适用《民法典》和其他法律的规定。

2. 担保物权的分类

如表9-2所示,担保物权可分为抵押权、质权和留置权。

表9-2 担保物权的分类

分类	具体内容
抵押权	• 抵押权是债务人或第三人向债权人提供不动产或动产,作为清偿债务的担保而不转移占有所产生的担保物权 • 当债务人到期不履行债务时,抵押权人有权就抵押财产的价金优先受偿 • 债权人可以申请法院变卖抵押财产抵偿其债权,如有剩余应退还抵押人;如有不足仍可向债务人继续追索,但对不能强制执行的财产不能设定抵押权
质权	• 质权是指债务人或第三人将动产或一定的财产权利移交给债权人作为担保,当债务人不履行到期债务或发生当事人约定的事由时,债权人可就该动产或财产权利优先受偿的权利 • 以动产出质的为动产质权,以财产权利出质的为权利质权
留置权	留置权是债权人对已占有的债务人的动产,在未清偿前加以留置作为担保的权利

3. 担保物权的特征

在我国社会主义市场经济条件下,担保物权制度的目的就是维护经济秩序和保护当事人的合法权益。担保物权是以确保债务履行为目的,在债务人或第三人所有的特定财产上设定的一种物权。其特征包括以下四个方面:

(1) 担保物权以确保债务的履行为目的。担保物权的设立,是为了保证主债债务的履行,使得债权人对于担保财产享有优先受偿权,所以它是对主债权效力的加强和补充。

担保物权的担保范围包括主债权及其利息、违约金、损害赔偿金、保管担保财产和实现担保物权的费用。当事人另有约定的,按照约定。

(2) 担保物权是在债务人或第三人的特定财产上设定的权利。担保物权的标的物,必须是特定物,否则就无法从其价值中优先受清偿。这里的特定,应解释为在担保物权的实行之时是特定的。所以,于将来实行之时为特定的标的物上设定担保物权仍然有效,如以流动仓库中的货物为质权标的物。第三人提供担保,未经其书面同意,债权人允许债务人转移全部或者部分债务的,担保人不再承担相应的担保责任。

(3) 担保物权以支配担保物的价值为内容,属于物权的一种,与一般物权具有相同性质。不同的是,一般物权以对标的物实体的占有、使用、收益、处置为目的;而担保物权则以标的物的价值确保债权的清偿为目的,以就标的物取得一定的价值为内容。

担保期间,担保财产毁损、灭失或者被征收的,担保物权人可以就获得的保险金、赔偿金或者补偿金等优先受偿。被担保债权的履行期未届满的,也可以提存该保险金、赔偿金或者补偿金等。

(4) 担保物权具有从属性和不可分性。所谓从属性,是指担保物权以主债的成立为前提,随主债的转移而转移,并随主债的消灭而消灭。例如,抵押人就债权的处分必须及于抵押权,抵押权人不得将抵押权让与他人而自己保留债权;也不得将债权让与他人而自己保留抵押权;更不得将债权与抵押权分别让与两人。

所谓担保物权的不可分性,是指担保物权所担保的债权的债权人得就担保物的全部行使其权利。这体现在:债权一部分消灭,如清偿、让与,债权人仍就未清偿债权部分对担保物全部行使权利;担保物一部分灭失,残存部分仍担保债权全部;分期履行的债权,已届履行期的部分未履行时,债权人就全部担保物有优先受偿权。担保物权设定后,担保物价格上涨,债务人无权要求减少担保物;反之,担保物价格下跌,债务人也无提供补充担保的义务。

被担保的债权既有物的担保又有人的担保的,债务人不履行到期债务或者发生当事人约定的实现担保物权的情形,债权人应当按照约定实现债权;没有约定或者约定不明确,债务人自己提供物的担保的,债权人应当先就该物的担保实现债权;第三人提供物的担保的,债权人可以就物的担保实现债权,也可以要求保证人承担保证责任。提供担保的第三人承担担保责任后,有权向债务人追偿。

4. 关于担保物权规定的变化:从《物权法》到《民法典》

在担保物权部分,"担保物权一般规定"与"留置权"两部分没有任何变化,变化主要出现在抵押权、质权上,对抵押权的修改补充尤其显著。

本章小结

本章系统介绍了物资、物资管理的基本概念。狭义来说,物资是指商品生产过程中所消耗物品的各种生产材料;物资管理是指对各种生产资料的采购、使用、储备等行为进行计划、组织和控制。此外,阐述了企业怎么进行物资管理和如何加强物资管理,说明了物资管理对企业的重要性。

本章还对物权法的发展和分类进行了介绍,着重分析了所有权和他物权,并结合相关案例进行解读。需要注意的是,每种物权的取得方式、效力各有不同。随着《民法典》的施行,物权相关法条发生了变化,为此本章也对变化的法条进行了介绍。

> **案例分析**

肯考帝亚公司与富虹公司、第三人湛江建行所有权确认纠纷案

2008年4月18日,肯考帝亚农产品贸易(上海)有限公司(以下简称肯考帝亚公司)与广东富虹油品有限公司(以下简称富虹公司)签订《货物代理进口协议》,约定肯考帝亚公司为富虹公司代理进口阿根廷大豆。肯考帝亚公司代理进口的马卡轮项下64 000吨大豆到港后,富虹公司持马卡轮正本提单换取了提货单。2008年7月24日,富虹公司为进口的康劲轮货物向中国建设银行股份有限公司湛江市分行(以下简称湛江建行)申请开立远期信用证,并于同日向湛江建行出具信托收据:"本公司同意并确认,贵行享有或自本信托收据出具之日起即取得上述文件及其代表货物的所有权。同时,本信托收据确立了贵行与本公司之间的信托法律关系。贵行为委托人与受益人,本公司为受托人,上述文件及其代表的货物为信托财产。"湛江建行于2008年7月25日签署《贸易融资额度支用通知书》,同意富虹公司支用贸易融资额度2 380万美元用于开立信用证,并向富虹公司发出《开立信用证通知书》。

2008年9月9日前,富虹公司从湛江建行处取得了康劲轮货物全套正本提单,并委托湛江市粤西进出口货运代理有限公司(以下简称粤西货代)报关。同年9月10日,肯考帝亚公司、富虹公司签订质押合同,约定:富虹公司以康劲轮全套海运提单及其项下的52 231吨货物向肯考帝亚公司出质,肯考帝亚公司确认已经收到富虹公司交来的全套海运提单,富虹公司保证在两个月内与肯考帝亚公司以现货置换或向肯考帝亚公司付清货款。同年9月15日,肯考帝亚公司、富虹公司签订确认书,确认以"新货"换"旧货"的方式,由富虹公司向肯考帝亚公司偿还已提货未付款的大豆;富虹公司确认将康劲轮项下52 231吨大豆的所有权转让给肯考帝亚公司,肯考帝亚公司确认将其所有的52 231吨大豆的所有权转让给富虹公司;康劲轮项下52 231吨大豆的所有权转移给肯考帝亚公司后,前述质押合同自动失效。同年9月16日,康劲轮抵达湛江港。同年9月18日,富虹公司持正本海运提单向康劲轮船方换取得康劲轮项下52 231吨大豆的提货单一套(五联),提货单位栏盖有富虹公司和湛江元亨船务代理有限公司(以下简称元亨公司)的公章。同年10月8日,肯考帝亚公司、富虹公司签订《货物置换协议》一份,载明:由于富虹公司未能如约提取马卡轮项下货物,货物质量将会发生变化,肯考帝亚公司、富虹公司就马卡轮、爱华轮和康劲轮项下货物予以置换,明细如下:富虹公司已将其所有的爱华轮项下35 000吨大豆与由肯考帝亚公司代理富虹公司进口的马卡轮项下未付款、已先行提货的35 000吨大豆进行了等量置换;富虹公司现将其所有的康劲轮项下52 231吨大豆置换回用于第一次置换的爱华轮项下35 000吨大豆以及马卡轮项下剩余的17 231吨大豆,即康劲轮项下52 231吨大豆所有权归属肯考帝亚公司,马卡轮项下17 231吨大豆、爱华轮项下35 000吨大豆归属富虹公司。同日,富虹公司向元亨公司出具委托书,告知其已按《货物置换协议》的约定,将康劲轮项下52 231吨大豆的所有权转让给肯考帝亚公司,现全权委托元亨公司代为办理上述货物交接和提取货物的手续。

2008年12月10日,肯考帝亚公司、富虹公司就欠款事项进行了对账。同年12月16

日,肯考帝亚公司、富虹公司在上海市签订补充协议,约定由确认书以及《货物置换协议》引发的有关争议,如双方协商不成,任何一方有权在合同签订地有管辖权的法院提起诉讼。2009年4月7日,肯考帝亚公司向原审法院提起本案之诉。

另查明,因富虹公司于议付日届满未向境外议付行承兑付款,湛江建行在扣除保证金2 352万元后,于2008年12月3日代富虹公司向境外议付行垫款支付了信用证款项29 322 013.95美元,截至2009年7月31日,富虹公司偿还了该笔垫款的利息共141 515.37美元,余款未付。湛江建行催讨未果,遂以富虹公司和富虹集团有限公司为被告,向湛江中院提起诉讼。2008年11月28日,湛江中院依湛江建行提起的诉前财产保全申请作出裁定,并于同年11月30日轮候查封了爱华轮、康劲轮卸下存放在湛江港(集团)股份有限公司(以下简称湛江港公司)仓库的共约72 000吨大豆。2008年12月4日,肯考帝亚公司持提货单至湛江港公司要求提货,湛江港公司书面回复称:"如提货单上签章的提货单位与提交提货单的货主不一致,则提交提货单的货主应提交该签章单位同意向其转移货物所有权的相关文件。现贵司向我司提交提货单及上述货物所有权转移的文件要求提取货物,由于湛江中院已予以查封,故不能办理有关的货物交接手续。我司在确认法院解除查封后,如贵司向我司提交前述提货单及货物所有权转移的文件正本,则我司同意将前述提货单项下合法通关进口的货物放给贵司。"2008年11月28日,肯考帝亚公司以被查封康劲轮52 231吨大豆属其所有为由提出保全异议,请求湛江中院解除查封。同年12月11日,湛江中院依湛江建行的申请裁定解除了对爱华轮约17 600吨大豆的查封。2009年3月17日,湛江中院书面通知肯考帝亚公司,其对于康劲轮52 231吨大豆的权属异议需经实体审理确定,故不予解封。考虑到长期存放影响大豆的品质,湛江中院于2009年3月23日裁定对该批大豆进行变卖,经实际交接清点,以2 640元/吨的价格实际变卖51 854.92吨大豆,获价款136 896 988.80元(未扣除应支付的关税、增值税及滞纳金、港口费等)存入湛江中院账户。湛江中院于2008年4月1日通知肯考帝亚公司作为该案无独立请求权第三人参加诉讼。

■ 思考

1. 肯考帝亚公司是否已取得康劲轮货物所有权?
2. 肯考帝亚公司的申诉是否会被法律支持?

第十章 人力资源管理与相关法条解读

学习目标

1. 掌握人力资源管理、《中华人民共和国劳动法》和《中华人民共和国劳动合同法》的基本概念与内容。
2. 理解人力资源管理,尤其是人才吸引、保留的劳动法律联系和法律依据。
3. 了解新时代下人力资源管理和相关法律相结合的新内涵和发展趋势。

基本概念

人力资源　人力资源管理　《中华人民共和国劳动法》《中华人民共和国劳动合同法》

案例导入

考核等级不佳,能否直接解聘?

2013年7月,王鹏进入中兴通讯(杭州)有限责任公司(以下简称中兴通讯)工作,劳动合同约定王鹏从事销售工作,基本工资为每月3 840元。该公司的《员工绩效管理办法》规定:员工半年/年度绩效考核分别为S、A、C1、C2四个等级,分别代表优秀、良好、价值观不符、业绩待改进;S、A、C(C1、C2)等级的比例分别为20%、70%、10%;不胜任工作原则上考核为C2。王鹏原在该公司分销科从事销售工作,2017年1月后因分销科解散,转岗至华东区从事销售工作。2016年下半年、2017年上半年及2018年下半年,王鹏的考核结果均为C2。中兴通讯认为,王鹏在原岗位不能胜任工作,经转岗后,仍不能胜任工作,故在支付了部分经济补偿金的情况下解除了劳动合同。

2019年7月27日,王鹏提起劳动仲裁。同年10月8日,仲裁委作出裁决:中兴通讯支付王鹏违法解除劳动合同的赔偿金36 596.28元。中兴通讯认为其不存在违法解除劳动合同的行为,故于同年11月1日诉至法院,请求判令不予支付解除劳动合同赔偿金。

▶ 思考

结合相关法律知识,思考在上述案例情境下,中兴通讯解除与王鹏的劳动合同是否合法,为什么?

第一节　人才管理与《中华人民共和国劳动法》

一、人力资源与人力资源管理

（一）人力资源的概念

1. 人力资源的含义

人才,是一家企业生存与发展的核心支撑,在管理学领域中被称为人力资源。著名管理学家彼得·德鲁克(Peter Drucker)于1954年在其《管理的实践》(The Practice of Management)一书中引入了"人力资源"这一概念。结合他的观点,人力资源和其他资源相比,唯一的区别是"人"。"人"是管理者必须考虑的具有独特性的资源——拥有协调能力、融合能力、判断力和想象力等独特素质,对自己是否工作拥有完全的自主权。

纵观国内外学者们的观点,本书对人力资源的定义如下:

> 人力资源是指能够推动特定社会系统发展进步并达成其目标的该系统的人的能力的总和。其从宏观层面来看,是以国家或地区为单位进行划分和计量的;从微观层面来看,其计量单位是部门和企业事业集体。

2. 人力资本与人力资源的联系与区别

人力资本是企业人力资源的重要价值,人力资本与人力资源内涵不同却关系紧密。要正确理解人力资源,需要厘清二者的内涵与联系。"人力资本理论之父"西奥多·舒尔茨(Theodore Schultz)认为,广义的资本分为物质资本与人力资本,人力资本是对人力资源进行开发性投资所形成的,表现为人的知识、技能、经验等素质和能力,在经济发展中起决定性作用。图10-1显示了人力资本与人力资源的联系与区别。

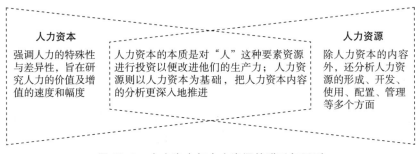

图10-1　人力资本与人力资源的联系与区别

3. 人力资源在企业竞争中的重要性

全球化浪潮和知识经济时代的到来,使得人力资源愈发成为维系和增强企业竞争优势的关键。人力资源作为企业的核心能力要素之一,具有价值性、独特性、难以模仿性和组织化四个基本特征。

(1) 人力资源的价值性。它主要体现在两个方面：

第一，人力资源是企业价值创造的主体。科技的迅猛发展使人们的智识不断积累，以知识资本为导向的经济模式正成为主流。企业价值创造已从传统体力劳动逐步向知识的创造、应用、增值等转变。企业家和知识工作者等人力资源也日益成为现代企业价值创造的主体。

第二，人力资源是企业可持续发展的关键要素。基于企业的可持续发展视角，经营客户的第一目标，是为客户创造价值、令客户满意，从而保持客户忠诚度。如何为客户创造价值？来自企业员工为客户提供的优异产品和服务；而产品和服务的质量，又是由员工的生产率与综合素质决定的。因此，经营好人才是经营好客户的前提。这就需要使员工满意，也即满足员工的需求，使其实现个人价值（见图10-2）。

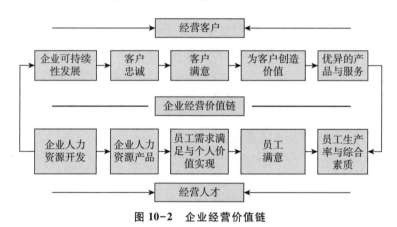

图 10-2 企业经营价值链

可见，企业人力资源部门只有立足企业发展与员工需求的角度，开发不同的产品与服务，才能最终实现持续赢得客户、赢得市场的目标。由此，人力资源就具备了成为企业核心能力要素的价值性。

(2) 人力资源的独特性。人力资源是体力和脑力的结合，具有认识和改造世界的主观能动性，这是其区别于其他资源的最根本特征。它表现为三个方面：一是自我强化，即人能够通过学习提升自身综合素质能力；二是选择职业，这是人力资源主动与物质资源结合的过程；三是积极劳动，这是人力资源发挥潜能的决定性因素。

在不同年龄段，人们能从事劳动的能力不尽相同，人力资源的时效性使得一定时期内劳动力市场上的某种人才供需不均衡，使得人力资源具有稀缺性，这是人力资源具有独特性的重要前提。人力资源对某一企业的独特性如图10-3所示。

(3) 人力资源的难以模仿性。它体现在，员工认同企业文化后，将形成与企业经营管理模式相融合的独特价值观，是竞争对手难以识别和轻易模仿的。因此，经由特定企业文化塑造的人力资源，成为一种特殊的、不可复制的无形内部资源，能够为企业带来持续而稳定的利益与竞争力。

(4) 人力资源的组织化特征。人力资源是一种高度组织化的资源，它与整个企业的战略、经营模式、管理方式等方面相契合，成为整个组织的一个有机组成部分。同时，与物

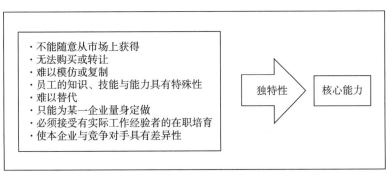

图 10-3 人力资源的独特性

质资源的有限开发不同,人力资源是可以不断再开发、再生产的资源,其使用的过程也是开发过程,且这种开发具有持续性。这就要求对人力资源的开发与管理应具备终身延续性,以适应当下知识更迭迅速的特点,使人力资源水平持续得到提高。

综上所述,正是人力资源具备了价值性、独特性、难以模仿性、组织化这四个基本特征,人力资源才成为维持企业核心竞争力的关键要素,支撑着企业的生存与发展。

(二) 人力资源管理的内涵

人力资源管理作为企业的一种职能性管理活动,最早由工业关系和社会学家怀特·巴克(Wright Bakke)在《人力资源功能》(*The Human Resources Function*)一书中提出,具体包括以下七个方面:

(1) 人力资源管理是对人力资源进行获取、保持、开发和有效地利用;

(2) 人力资源管理必须在任何组织活动的开始就加以实施;

(3) 人力资源管理的目标是使企业所有员工有效地工作和取得最大的发展机会,并利用他们所有的与工作相关的技能使工作达到更高的效率;

(4) 人力资源管理不仅包括薪酬和福利,还包括企业中员工之间的工作关系;

(5) 人力资源管理和组织中各个层次的人员都息息相关,甚至包括 CEO;

(6) 人力资源管理必须通过组织中负责监督他人的每一个成员来实现;

(7) 所有人力资源管理的结果所关注的一定是企业和员工根本利益的同时实现。

结合国内外学者对人力资源管理概念的界定,本书对人力资源管理的定义如下:

> 人力资源管理是指依据组织和个人发展需要,对组织中的人力这一特殊资源进行有效开发、合理利用与科学管理的机制、制度、流程、技术方法的总和。也就是说,人力资源管理是运用现代管理方法,对人力资源的获取(选人)、开发(育人)、保持(留人)和利用(用人)等方面进行计划、组织、指挥、控制和协调,最终实现企业发展目标的一种管理行为。

(三) 人力资源在企业中的角色与人力资源管理的主要内容

1. 人力资源在企业中的主要角色

人力资源在企业中主要扮演四种角色:作为战略伙伴,结合企业战略制定人力资源规划;作为人力资源专家,运用专业知识和职业技能提供产品与服务;作为员工支持者,及时了解员工的需求,为员工及时提供产品和服务;作为变革的推动者,参与变革与创新过程中的人力资源管理实践,推动组织变革进行。

2. 人力资源管理的主要内容

结合现代企业管理的需求,人力资源管理的内容主要包括以下几个方面:

(1)人员招聘录用与配置,如表10-1所示:

表10-1 人员招聘录用与配置的主要内容

工作分析与评价	1. 根据战略和使命进行组织设计与确定职务(岗位) 2. 进行工作分析,编制职务说明书 3. 确立职务规范(如职能与任职资格标准) 4. 做出职务价值评价
人力资源规划	1. 根据企业发展战略及目标,预测人力需求 2. 对人员供求状况进行分析 3. 编制人员招聘、晋升、培训开发、工作轮换、工资福利计划 4. 开展人力成本分析和预算工作
招聘、甄选与录用	1. 开辟招聘渠道,广纳人才,建立人才储备库 2. 选择合适的甄选工具 3. 实施人员甄选录用程序,挑选所需的人才 4. 组织内部人才竞聘 5. 构建人力资源管理信息系统
人员配置	1. 管理员工劳动合同 2. 组织工作轮换 3. 促进内部人才流动 4. 办理员工调入和调出手续
劳动市场研究	1. 对外部劳动力市场供给状况进行分析 2. 统计员工流动率,开展流动人员面谈 3. 制定吸纳人才、留人政策 4. 密切与人才中介的合作

(2)绩效、薪酬与福利管理,如表10-2所示:

表10-2 绩效、薪酬与福利管理的主要内容

绩效管理	1. 建立员工分层、分类管理体系 2. 建立企业职务、职能等级系列 3. 建立企业价值评价体系,制定人事考核制度、考核标准和指标 4. 监督协助各层主管实施绩效考核 5. 对部门及分支机构绩效考核的监督 6. 组织绩效考核面谈 7. 根据绩效考核结果,制定相应举措 8. 管理考勤

(续表)

薪酬管理	1. 调研同行业工资情况,确定和调整各部门工资 2. 制订利润分享、员工持股计划 3. 制订激励、奖励计划
福利管理	1. 查阅相关法律法规中关于员工福利的规定 2. 制订和实施福利计划 3. 建立福利体系与后勤服务体系

（3）员工关系和沟通,如表10-3所示:

表10-3 员工关系和沟通的主要内容

员工关系	劳资协调、劳资纠纷处理、集体谈判、对就业做出立法建议
员工沟通与参与	1. 听取员工合理化建议 2. 处理人事申诉 3. 开展员工满意度调查 4. 组建质量小组、团队 5. 普及企业文化教育
职业安全与健康	1. 查阅相关法规 2. 处理具体事故 3. 编制员工安全规划 4. 营造良好工作环境 5. 编制员工健康规划

（4）培训与开发,如表10-4所示:

表10-4 培训与开发的主要内容

培训开发规划	1. 设计目标体系 2. 编制规划草案及预算
培训开发组织实施	1. 制订教学方案,采购教材及配备师资 2. 进行培训开发基地建设管理 3. 评估培训效果
管理者能力开发和评价	1. 制订管理继承人计划 2. 设计考察管理者任职资格 3. 开展管理者能力评价,开发管理者潜能 4. 组织管理者培训
变革与职业生涯规划	1. 开展组织变革与员工适应性调查 2. 参与组织变革计划制订 3. 进行员工职业生涯设计指导

二、《中华人民共和国劳动法》相关概述

（一）《中华人民共和国劳动法》的订立及其适用范围

《中华人民共和国劳动法》(以下简称《劳动法》)是以《中华人民共和国宪法》为依据制定的,旨在保护劳动者的合法权益、调整劳动关系,建立和维护适应社会主义市场经济的劳动制度,促进经济发展和社会进步。

中国第一部劳动法规于1994年7月5日在第八届全国人民代表大会常务委员会第八次会议上通过,并于2009年8月和2018年12月进行了修正。

《劳动法》第二条规定:"在中华人民共和国境内的企业、个体经济组织(以下统称用人单位)和与之形成劳动关系的劳动者,适用本法。国家机关、事业组织、社会团体和与之建立劳动合同关系的劳动者,依照本法执行。"

因此,《劳动法》的适用范围大致上划分为两种类型:一类是企业、个体经济组织和与之形成劳动关系的劳动者;另一类是国家机关、事业组织、社会团体和与之建立劳动合同关系的劳动者。在第一种情形下,只要双方形成事实劳动关系,即便没有签订劳动合同,也适用《劳动法》的规定;而在第二种情形下,双方必须建立了劳动合同关系,才适用《劳动法》。

（二）《劳动法》的主体

劳动法律关系有主体、客体和内容三要素。其中,主体是指劳动法律关系中享有劳动权利和承担劳动义务的当事人,主要是指劳动者和用人单位;客体指主体的劳动权利、义务共同指向的对象,如劳动、工资、保险福利、工作时间、休息休假、劳动安全卫生等;内容即主体享有的劳动权利和承担的劳动义务,三者缺一不可。其中,劳动法律关系主体对于劳动关系的确立、劳动争议的处理等均具有关键作用,因此,对主体身份的明确十分必要。

1. 劳动者

劳动者可以是本国公民,也可以是外国人和无国籍人。具体来说,有以下几种:

（1）与企业、个体经济组织建立劳动关系的劳动者。其中,企业包括个人独资企业、合伙企业和公司;个体经济组织是指有雇工的个体工商户。这是劳动者中最广泛的群体,也是《劳动法》保护的基本主体。

（2）与民办非企业单位建立劳动关系的劳动者。

（3）与国家机关、事业单位和社会团体建立劳动关系的工作人员、编制外人员和工勤人员。

（4）被派遣劳动者和非全日制劳动者。

（5）获准在中国就业的外国人和在大陆就业的港澳台居民。

> 劳动者应是达到法定劳动年龄的,具有劳动权利能力,能够签订劳动合同,独立提供劳动行为并享有劳动报酬的自然人。

此外,《关于贯彻执行〈中华人民共和国劳动法〉若干问题的意见》中规定,公务员和比

照实行公务员制度的事业组织和社会团体的工作人员,以及农村劳动者(乡镇企业职工和进城务工、经商的农民除外)、现役军人、家庭保姆等不适用劳动法。

2. 用人单位

> 用人单位是指能够依法签订劳动合同,使用劳动力并承担给付劳动报酬的组织或者机构。

用人单位主要有以下几种类型:企业组织;个体经济组织;民办非企业单位组织;会计师事务所、律师事务所等合伙组织和基金会等其他组织;视为用人单位的国家机关、事业单位、社会团体。

(三)《劳动法》订立的意义

1. 为市场经济发展注入活力

《劳动法》打破了企业的所有制界限,确立了劳动力资源市场配置的原则,为劳动力这一重要的生产要素按照市场规则自由流动打开了闸门;《劳动法》以平等自愿签订劳动合同的方式建立劳动关系,以集体协商签订集体合同的方法调整劳动关系,使所有企业统一遵循,从而为社会主义市场经济,特别是国有经济的发展注入了强大的制度活力。

2. 促进劳动关系的公平与和谐

市场中劳动关系存在"强资本、弱劳动"的特性,容易导致劳资关系冲突。而《劳动法》将"保护劳动者的合法权益"作为立法宗旨,全面规范企业的用工行为,积极倡导正确的用工理念,充分保障劳动者的合法权益,从而推动劳动关系的公平公正及和谐稳定。

3. 推动劳动法治的建设与完善

《劳动法》旨在确立劳动关系的基本制度和基本原则,这些制度、原则需要其他劳动法律法规加以细化和完善,也为后来制定《中华人民共和国就业促进法》《中华人民共和国劳动合同法》《中华人民共和国社会保险法》等劳动法律法规及劳动规章奠定了基础;同时,《劳动法》为劳动关系双方依法管理、依法维权,为政府相关职能部门依法监管、行政处罚,为执法机关依法审理、强制执行等提供了遵循和依据,推动了劳动关系向法治化深入发展。

三、《劳动法》在人力资源管理流程中的应用

(一)《劳动法》对招聘与录用的影响

用人单位在制作招聘广告、设定录用条件,以及最终定岗配置时均需要设立明确的信息,不违反法律规定,树立良好的企业形象。

1. 招聘广告

招聘广告是用人单位公开发布招聘信息、吸引优秀人才的重要媒介,广告的内容通常包括用人单位的基本情况、招聘岗位的基本要求和应聘者应具备的基本条件,如学历、经

历、职称、技术资格等。招聘广告不同于录用条件,也不同于劳动合同,在内容上是对招聘条件的概括。用人单位在发布招聘广告时应当注意以下几点:

(1) 信息真实,不得提供虚假招聘信息。

以《劳动法》为基准的《就业服务和就业管理规定》第六十七条表明,用人单位违反规定提供虚假招聘信息、发布虚假招聘广告的,由劳动保障行政部门责令改正,并可处以一千元以下的罚款;对当事人造成损害的,应当承担赔偿责任。

人力资源部门在招聘时应当如实反映用人单位的信息,规避虚假宣传的法律风险,维护良好的形象和公信力。

(2) 不得以诋毁其他用人单位信誉、商业贿赂等不正当手段招聘人员。

招聘广告主要是介绍用人单位自身的情况和表明对求职人员的基本要求,不应借此诋毁同行的信誉,或采取商业贿赂等不正当手段达到招聘的目的。

(3) 不能包含歧视性内容。

《劳动法》第十二条规定:"劳动者就业,不因民族、种族、性别、宗教信仰不同而受歧视。"

不同的招聘岗位对人员的要求存在差别,用人单位可以根据具体的工作岗位设定不同的基本条件,并在招聘广告中予以体现,但这些条件的设定和限制应与拟聘岗位的性质、需求紧密相关,不能违反《劳动法》关于就业歧视的规定。

【案例 10-1】

湖南小伙张峰(化名)因是乙肝病毒携带者而被深圳同洲电子股份有限公司拒绝录用,为此张峰一纸诉状将该公司告上深圳市南山区法院。张峰在起诉书中提道:公司要求其在入职时检查乙肝五项并索取该体检信息的行为严重侵犯了其个人隐私权;同时,公司因其是乙肝病毒携带者而拒绝录用,是明显歧视乙肝病毒携带者的行为,严重侵犯其平等就业权。经深圳市南山区法院调解,被告深圳同洲电子股份有限公司同意支付原告张峰精神抚慰金 3 万元。

案例 10-1 中,乙肝病毒携带者传染性比较弱且一般生活接触不会导致感染,招聘公司不应当将其作为拒绝录用的理由。在实际招聘过程中,用人单位也不应当因为性别、年龄、身体状况等因素歧视应聘者。

2. 面试与录用

面试是用人单位获取应聘者信息的重要渠道之一,其目的是通过收集应聘者的基本信息和与其工作能力相关的有效信息,以全面认识和了解应聘者的个人素质(如应聘者的责任心)以及与工作相关的业务能力、表达能力、沟通能力、分析能力、管理能力等,综合评价应聘者是否是合适的人选,进而做出是否聘用的决定。

录用条件是指应聘者符合某一职位的具体要求所包括的全部条件。大多数用人单位在招聘员工时,并没有制定清晰的录用条件,而只制定了招聘条件。事实上,录用条件和招聘条件是两个不同的概念。

招聘条件仅在于设定招收员工的初步资格,如果应聘者不符合招聘条件,但招聘者仍愿意将其招收进来,那么一旦签订了合同,用人单位便很难以不符合招聘条件为由解除劳动合同;而录用条件是确定用人单位是否最终正式录用应聘者的具体标准,对于已招收进来的员工,用人单位仍然可以以其不符合录用条件为由依法解除与其签订的劳动合同。

【案例10-2】

天启公司贴出招聘广告,规定拟聘的销售经理必须符合"大学本科及以上学历、三年以上同行业工作经历、吃苦耐劳、有进取心及较强的开拓市场的能力"的条件。招聘广告贴出后不久,萧某认为其满足招聘条件,于是前来应聘。他自称在该行业有很多人脉,能协助公司尽快打开销路,每季度可以保证300万元的销售额。天启公司的领导见其口若悬河,面试印象非常好,于是确定聘请其为销售经理,合同期限为两年,试用期为3个月,月薪为1.5万元,试用期满后月薪调至2万元,且有销售提成,但双方并未约定录用条件。

孰料3个月试用期后,萧某完成的销售额不足50万元,远低于其保证的300万元,不仅如此,其还报销了数万元的费用。经打听,公司领导才得知萧某在面试中所言的种种均为不实,且在前公司就是因不能胜任工作而被炒了鱿鱼。公司领导一气之下,以其不符合录用条件为由让萧某走人。不料萧某反而到劳动仲裁委员会提起仲裁,要求公司支付经济补偿金。在庭审中,面对仲裁员要求公司提交关于录用条件的证明,天启公司的人事经理支吾半天也拿不出来,显得十分被动。

案例10-2启发我们,劳动者在试用期内被证明不符合录用条件,是用人单位避免招错人的最佳利器,而确定具体职位的录用条件是打造这一利器的必要材质。但是,用人单位动用这一利器维护自己权益时,一定要注意提供相应的证明,证明在招用员工时,员工确认自己符合这些具体的录用条件,而实际情形是并不符合。这样,用人单位才能取得仲裁和诉讼的主动权。

(二)《劳动法》对绩效、薪酬与福利的影响

《劳动法》第四十六条第一款规定:"工资分配应当遵循按劳分配原则,实行同工同酬。"

工资水平应在经济发展的基础上逐步提高。用人单位可以根据本单位的生产经营特点和经济效益,依法自主确定本单位的工资分配方式和工资水平,但需要参照当地最低工资标准,以保障劳动者的合法权益。

《劳动法》中的"工资"是指用人单位依据国家有关规定或劳动合同的约定,以货币形式直接支付给本单位劳动者的劳动报酬,一般包括计时工资、计件工资、奖金、津贴和补贴、延长工作时间的工资报酬以及特殊情况下支付的工资等。

此外,用人单位需要参考以下因素调整最低工资标准:劳动者本人及平均赡养人口的

最低生活费用;社会平均工资水平;劳动生产率;就业状况;地区之间经济发展水平的差异。

确定和调整最低小时工资标准,应基于颁布的月最低工资标准,考虑单位应缴纳的基本养老保险费和基本医疗保险费等因素,同时还应适当考虑非全日制劳动者在工作稳定性、劳动条件、劳动强度、福利等方面与全日制就业人员之间的差异。

《劳动法》第五十条规定了工资的支付形式:"工资应当以货币形式按月支付给劳动者本人。不得克扣或者无故拖欠劳动者的工资。"第五十一条规定:"劳动者在法定休假日和婚丧假期间以及依法参加社会活动期间,用人单位应当依法支付工资。"

【案例 10-3】

李某是广州市某工厂的厂长,2017 年 6 月与一线工人汪某签订了劳动合同,约定在每月 5 日至 10 日发放汪某月薪 5 000 元。2018 年 4 月,李某因工厂资金周转困难,没有在当月 5 日至 10 日发放工资。同月 22 日,汪某向李某要求发放工资及加班工资,但李某不同意,汪某于当日离开工厂,并诉至法院。李某辩称他是由于工厂资金周转困难而拖延支付工资。法院认为,李某的行为构成无故拖欠工资,侵犯了汪某的合法权益,应向汪某支付拖欠的工资及经济补偿金。

案例 10-3 中,汪某作为履行了劳动合同规定的义务和责任、保质保量完成生产工作任务的劳动者,应当按月得到相应报酬。而李某的行为已构成恶意拖欠工资,需要支付拖欠的工资及经济补偿金。

此外,《中华人民共和国刑法》第二百七十六条之一第一款规定:"以转移财产、逃匿等方法逃避支付劳动者的劳动报酬或者有能力支付而不支付劳动者的劳动报酬,数额较大,经政府有关部门责令支付仍不支付的,处三年以下有期徒刑或者拘役,并处或者单处罚金;造成严重后果的,处三年以上七年以下有期徒刑,并处罚金。"

(三)《劳动法》对员工关系管理的影响

处理好员工关系,需要做到合法、合情、合理。

合法主要是指劳动关系管理要遵守现行的各项劳动法律法规,企业应合法地获取利润,自觉承担起对企业员工的责任,特别是对员工薪酬的责任和义务。

合情主要是指劳动关系管理要在劳资双方相互依存和相互尊重的基础上,以人为本,把员工视为企业的利益相关者,进行动态的人性化管理,实现劳动关系的健康和谐发展,化解劳动争议,避免劳动冲突。

合理主要是指通过科学的劳动关系管理,提高企业的经济运行效率,使企业获取竞争优势,实现组织的可持续发展。

由此,企业层面的员工关系管理,可包括企业规章制度、劳动合同管理、劳动争议处理与预防三个方面。首先,企业需要制定共同遵循的劳动标准和规章制度,包括工作时间及休息休假制度、工资制度、社会保险制度、劳动安全卫生规章与制度、女员工及未成年人保护等内容,以规范员工行为,同时保障双方的合法权益。其次,订立条例明确、公平公正的劳动合同,是长期有效开展生产服务活动的关键,用人单位应当积极地与劳动者沟通薪酬待遇、工作内容与限制等涉及合同履行、变更、解除等各方面的细节。最后,为减少劳动纠纷,在上述两点的基础上,用人单位需要及时根据劳动者的合同履行状态及现实发展需要调整合同内容,并保留相关证据,在发生争议时主动解决、合理维权。

【案例 10-4】

田某于 2010 年进入某厂任普通员工,后升任生产部门主管一职。2016 年 6 月,该厂发现生产部门全年度的产品质量不合格率、返修率高出规定标准两倍,遂以田某不胜任工作为由,将其调离生产部门,在不降低其薪酬待遇的情况下,调至后勤部门,田某也签署了调岗协议。不久,田某请假 7 天,请假期满仍未到公司上班,也未办理续假手续。该厂随后向其发出"上班通知"及"解除劳动合同通知"快递各一份,但未得到回应。随后,田某以该厂擅自调岗变相解除劳动合同为由,向当地劳动仲裁委员会申请仲裁。那么,该公司的做法是否合法?

回答案例 10-4 问题的关键点在于:一是调岗的合法性;二是田某请假后一直未上班的事实性质认定。

该厂出具了田某任生产部门主管期间,其所辖部门的产品质量异常统计单、返修单等质量单据,以及经田某签名确认的不改变薪酬待遇的调岗协议。据此,田某不胜任工作证据确凿,该厂的调岗也符合《劳动法》的规定。同时,结合该厂的规章制度,田某擅自离职不归,并在工厂发出通知后仍不予答复,已经达到"严重违反用人单位规章制度"的程度,该厂与其解除劳动合同合法。

案例 10-4 涉及调薪调岗、解除劳动合同等问题。可以看出,该厂完善的相关制度及证据保存在处理案件的过程中起了相当大的作用。用人单位对员工进行调岗,一方面员工不胜任工作之事实须确实存在;另一方面用人单位应掌握员工不胜任工作的相应证据,且该证据得到员工的确认或有法律上的证明力。

第二节 人才吸引、保留与《中华人民共和国劳动合同法》

一、人才的吸引与保留

(一)人力资源获取

人力资源获取是指根据组织战略和人力资源规划的要求,通过各种渠道识别、选取、发掘有价值的员工的过程。狭义上仅指组织内外部招聘活动,广义上包括内外部招聘活动以及人力资源在组织内部的再配置过程。

1. 人力资源获取的渠道

人力资源获取的渠道主要包括内部招聘和外部招聘。

> 内部招聘主要指从组织内部获取所需要的人力资源,常见的方式有内部晋升、工作调换、工作轮换、重新聘用等。

(1)内部晋升。即从内部提拔人员填补职位空缺。它可使组织迅速地从员工中提拔合适的人选到空缺的职位上。内部晋升给员工提供了机会,这对于鼓舞士气、稳定员工队伍是非常有利的。同时,由于晋升的人员对组织较为了解,他们对新的工作环境能快速适应。这也是一种省时、省力、省成本的方法。但这种方法由于人员选择范围小,可能选不到最优秀的人员,还会造成"近亲繁殖"的弊病。

(2)工作调换,也称"平调"。它是指职务级别不发生变化,工作的岗位发生变化。工作调换可为员工提供从事组织内多种相关工作的机会,为员工今后晋升到更高一层职位做好准备。

(3)工作轮换。工作调换一般适用于中层管理人员,且在时间上往往是较长的,甚至是永久的;而工作轮换则用于一般员工,它既可以使有潜力的员工在各方面积累经验,为晋升做准备,又可缓解员工因长期从事某项工作而积极性下降。

(4)重新聘用。重新聘用有两种情境:其一,一些组织由于一段时期内经营绩效不佳,会暂时让一些员工下岗待聘,而当组织经营状况好转时,再重新聘用这些员工;其二,返聘离退休人员。老员工对组织较为熟悉与了解,重新聘用可为组织省去大量的培训费用。同时,组织又能以最小的代价实行有效的激励,并使组织更具有凝聚力,实现组织与个人的共同发展。

> 外部招聘主要指组织从外部获取组织所需要的人力资源,常见的方式有发布广告、借助中介机构、现场招聘、内部推荐等。

(1)发布广告。发布广告是组织从外部招聘人员最常用的方法之一。它通过新闻媒体向社会传播招聘信息,其特点是信息传播范围广、速度快,应聘人员数量多、层次丰富,组织的可选择余地大。组织应综合考虑空缺岗位的广告价格、潜在应聘者的所在地域、工作特性等因素选择相应广告媒介,同时在广告的设计上,达到吸引注意、激发兴趣、创造愿望、促使行动的目的。

(2)借助中介机构。组织可借助的中介机构包括猎头公司以及其他职业介绍机构,如人才交流中心、职业介绍所、劳动力就业服务中心等。猎头公司一般都会建立自己的人才库,因此推荐的人才素质高,其服务费也较为高昂。而其他职业介绍机构往往扮演着双重角色:既为组织择人,也为求职者择业。组织向介绍机构提出用人要求后,介绍机构根据要求提供求职者简历等资料。不过,这种方式一般更适合中低层员工的招聘。

(3)现场招聘。即由组织派招聘人员到招聘对象聚集的场所直接进行招聘,这类场所包括学校、人才交流会、劳动力市场等。学校是组织招聘人员的主要渠道之一,跟社会招聘相比,学校招聘有许多优势:候选人专业多样化,可满足组织多方面的需求;招聘成本较低;有助于宣传组织形象等。学校招聘的主要形式是召开宣讲会,另外也可采取张贴海报、委托学校的就业服务部门介绍等。此外,学校、政府、职业中介机构常常举办各种形式的人才交流会,有些地区还有常设的劳动力市场,均可与应聘者面谈,发现人才,接收申请。

(4) 内部推荐。由对组织情况较为了解的员工、客户、合作伙伴等对象推荐人选。这种方式的优点是推荐人对候选人情况掌握较精确,招聘成本也较低。缺点是可能在组织内形成小团体。减少以致消除这种负面影响的关键是在选拔和录用环节严格把关,对被推荐人和其他应聘者一视同仁,按照统一的程序进行选拔和做出录用决策。

2. 人力资源的甄选与测评

实现组织内部的"工作与人的匹配"是人力资源获取与配置的客观依据,这就需要用人单位开发科学有效的甄选与测评方案,以找到最合适的人才。

人力资源甄选是指通过运用一定的工具和手段对求职者进行鉴别和考察,区分他们的性格特点与知识技能水平,预测他们的未来工作绩效,最终挑选出组织所需要的人才,填补空缺职位的活动。

这一阶段的工作直接决定组织最后所选用人员的状况,会给组织带来重大的经济和战略后果,因而是招聘过程中最重要的决策阶段。

人力资源测评是指应用专门的手段和工具,依据科学的测量和评价原理,针对特定的人力资源管理目的(如招聘、安置、考核、晋升、培训等)对人的素质进行多方面、系统的测量和评价,进而为人力资源管理与开发提供可靠的参考依据。

一般而言,人力资源测评的素质包括身体素质和心理素质两大方面。其中,身体素质主要是指身体健康状况和体力;心理素质主要是指智力和技能素质、品德素质、认知水平和其他一些个性素质,如兴趣、动机、气质、性格等。

人力资源测评的主要方法有笔试、情景模拟、评价中心、面试和心理测验。

(1) 笔试。笔试主要用来测试应聘者的知识和能力,现在有些组织也通过笔试来测试应聘者的性格和兴趣等。对知识和能力的测试包括两个层次,即一般知识和能力与专业知识和能力。

一般知识和能力包括一个人的社会文化知识、智商、语言理解能力、数字才能、推理能力、理解速度和记忆能力等。专业知识和能力即与应聘岗位相关的知识和能力,如财务会计知识、管理知识、人际关系能力、观察能力等。

(2) 情景模拟。情景模拟是模拟实际工作场景,使应聘者参与其中,由评委对其行为做出评价的一类测试方法。情景模拟的设计费用较高。

常用的情景模拟方法有三种:

第一,公文筐测试。在公文筐里放置诸如信件、备忘录、电话记录之类的文件,这些文件经常会出现在管理人员的办公桌上。首先向应聘者介绍有关背景材料,然后告知其现在需要作为实际任职者,全权负责处理公文筐里的所有文件。应聘者要根据自己的经验、知识和性格去处理问题。然后,由评委通过考查应聘者在测试过程中所做的工作并综合考虑其在自信心、组织领导能力、计划能力、书写表达能力、决策能力、风险意识、经营管理能力七个方面的表现来对其打分。

第二,无领导小组讨论。这是对一组应聘者同时进行测试的方法。主持者给一组应聘者一个与工作有关的题目,并简单地交代他们就这个题目展开一场讨论。没有人被事先指定为这个小组的领导,也没有人告诉任何一个小组成员他应该坐在哪个位置上,讨论时应聘者通常围坐在圆桌旁,每个座席具有同等的重要性。最后,由评委给应聘者评分。评分标准大致涵盖七个方面:主动性、说服力和兜售能力、口头表达能力、自信程度、抗压能力、精力及人际交往能力。

第三,商业游戏法。设置一个真实的公司经营管理场景,应聘者可自行决定在公司中所担任的角色,并以选取的职务身份解决公司遇到的经营问题。最后,由评委根据个人的表现评分。

(3)评价中心。评价中心由几种工作模拟方法组合而成,指利用现场测试或演练,由评委观察应聘者的具体行为,并给予评分。其评委一般是直线经理或心理学家。如果由直线经理担任评委,他与应聘者应该不熟悉,在职务级别上要比应聘者高两级或两级以上,他事先要在面试技术、行为观察、人才评价等方面接受两天到几周的训练,最好能作为应聘者亲自经历整个过程。

(4)面试。根据面试的标准化程度,面试可分为结构化面试、非结构化面试和半结构化面试。结构化面试是指依照预先确定的题目、程序和评分标准进行面试,优点在于客观性强、便于分析比较,缺点是过于僵化,所收集信息的范围受到限制。非结构化面试是指在面试中事先没有固定的框架结构,灵活自由,问题可因人而异,能得到较深入的信息。但是这种方法缺乏统一标准,易带来偏差,且对评委要求较高,评委需要有丰富的经验与很高的素质。半结构化面试是一种介于结构化面试与非结构化面试之间的面试形式,集合了上述两种面试的优点,使得考核客观而全面。

(5)心理测验。所谓心理测验,是指在控制的情境下,向应聘者提供一组标准化的刺激,以所引起的反应作为代表行为的样本,从而对其个人的行为做出评价。心理测验一般包括专业能力测验、潜力测验、智力测验、人格测验等。

(二)人力资源的保留与再配置

人力资源的保留与再配置,是指通过重新培育、职业生涯规划等开发手段,认识员工的新价值,并利用激励手段提高员工的工作积极性和稳定性,进一步合理配置人力资源,解决组织内部"适岗率"低的核心问题,是组织获取人力资源的重要途径。

1. 人力资源的培训与开发

培训是给新雇员或现有雇员传授其完成本职工作所必需的基本技能的过程。员工培训与开发,是组织通过开展学习、训导等活动提升员工的工作能力、知识水平和潜能,最大限度地使员工的个人素质与工作需求相匹配,进而促进员工现阶段及将来工作绩效的提高。

员工培训流程可分为培训需求分析、培训方案设计以及培训实施与反馈。具体如图10-4所示:

培训需求分析	• 分析组织视角的培训需求，包括组织战略、员工培训态度及培训费用 • 了解与绩效问题有关的工作的详细内容、标准和完成工作所应具备的知识和技能 • 比较员工个人现有绩效状况与应有绩效状况之间的差距，以确定培训对象和培训内容
培训方案设计	• 确定培训目标与培训内容，一般包括知识培训、技能培训和素质培训 • 确定培训资源，内部资源包括企业的领导、具备特殊知识和技能的员工；外部资源包括专业培训人员、公开研讨会或学术讲座等 • 确定培训对象与方法，常见的有课堂讲授法、情景模拟法、视听培训法等 • 确定培训日期、场地、设备等条件
培训实施与反馈	• 第一，看方案的各个组成要素是否合理，各要素前后是否协调一致 • 第二，看培训对象是否对此培训感兴趣，其需求是否得到满足 • 第三，看培训对象培训前后行为的改变是否与所期望的一致，若改进了工作方法，工作效率明显提高，就说明培训是有效的 • 第四，分析培训的成本收益比，若成本高于收益，则需要找出原因，设计更优的方案

图 10-4 员工培训流程

员工培训的情况主要分为三种，即新员工入职培训、在职员工培训以及职业资格培训。培训方法必须结合培训对象的特点，并与培训需求、课程、目标相适应。常见的培训方法有以下七种：

（1）课堂讲授法。课堂讲授法的成本最低、最节省时间，有利于向学员系统地讲解知识，且易于掌握和控制培训进度。不足之处在于，它是一种被动的学习方法，只注重对学员的单向输出，缺乏学员的参与、反馈，这些会阻碍学习和培训成果的转化。

（2）情景模拟法。情景模拟法让学员身临其境，突出操作性、趣味性、实效性，具有理论与实际高度结合、教师与学员高度投入、学员自身管理经验与模拟情景高度融合的特点，是现代能力培训中最常用的培训方法之一。

（3）视听培训法。视听培训法是以录像机、幻灯机、电影放映机等视听教学设备为主要培训手段进行训练的方法。此外，有条件的企业还运用摄像机自行摄制培训录像带，将企业实务操作规范、礼貌礼节行为规范等内容编成音像教材用于培训。

（4）案例研究法。案例研究法是为学员提供一份关于组织中存在问题的书面描述，然后让学员分析案例、诊断问题，再与其他学员一起讨论自己得出的研究结果以及解决问题的方案。目前，该方法广泛应用于企业管理人员（特别是中层管理人员）的培训中。

（5）角色扮演法。角色扮演是一种情景模拟活动，由学员扮演某种角色，模拟性地处理工作事务，从而提升处理各种问题的能力。这种方法比较适用于领导行为培训、会议成效培训（如何开会、会议讨论、会议主持等）。

（6）学徒制培训。学徒制培训通过将正式学习与长期的在职培训相结合，让学员在一位技能熟练的师傅指导下学习。这是人力资源培训与开发非常有效的形式，其优点在于学员在学习的同时能获取收入，由于"师带徒"的培训持续时间长，学员的工资会随着其技能水平的提高而自动增长。不足之处在于"师带徒"只对学员进行某一技艺或工作的培训,员工可能会难以适应工作环境的变化。

(7) 网络培训。网络培训又称在线培训、网络教育和在线学习等,其优点在于学员可灵活选择学习的时间、地点和内容,合理安排学习进度,从而节省学员集中培训的时间与费用;缺点是网络培训要求企业建立良好的网络培训系统,需要前期投入大量的培训资金。该方法主要适合知识方面的培训,一些如人际交流的技能培训则不太适用。

2. 人才的激励

人才的激励是指通过采取一定的政策和措施,调动员工工作积极性、提升个人绩效、实现自我价值,并最终促进组织发展和绩效提升的过程。

激励的核心在于对员工内在需求的把握与满足。激励主要依靠薪酬激励、职业生涯管理两个人力资源管理模块来实现。

"薪酬"一词可从狭义和广义两方面来理解,狭义的薪酬指货币和可以用货币度量的报酬;广义的薪酬除了狭义薪酬指涉的内容,还包括获得的各种非货币形式的满足,即工作给予员工的精神层面的享受和回报,是不能够用货币度量的。

货币薪酬(外在薪酬)会在中短期内激励员工并调动员工的工作积极性,但是它不是万能的,非货币薪酬(内在薪酬)对员工的激励则是中长期的、根本的。企业应把货币薪酬和非货币薪酬结合起来激励员工,对员工进行价值观引领,使其保持工作积极性以及对组织的忠诚。

薪酬的主要构成如图10-5所示。

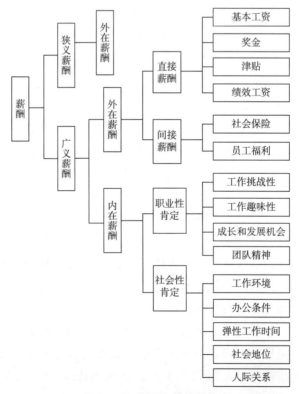

图10-5 薪酬的主要构成

在具体操作中,薪酬管理主要包括确定薪酬管理目标、选择薪酬政策、制订薪酬计划、调整薪酬结构四个方面的内容。

(1) 确定薪酬管理目标。薪酬管理的目标主要包括:建立稳定的员工队伍,吸引和留住企业或组织核心员工;激发员工的工作热情,使其创造更高的工作绩效;使员工的能力不断得到开发;努力实现组织目标和员工个人发展目标的协调等。

(2) 选择薪酬政策。薪酬政策的实质是管理者对组织薪酬管理的目标、任务、手段所做的选择和组合,是组织在员工薪酬管理方面所采取的方针政策。薪酬政策的内容包括企业的薪酬体系构成、薪酬模式、福利保险政策、薪酬支付方式、薪酬水平等。

(3) 制订薪酬计划。制订薪酬计划要考虑员工薪酬支付水平、支付结构等重点内容,薪酬支付水平包括领先型(高于市场平均水平)、跟随型(等于市场平均水平)、滞后型(低于市场平均水平)、竞争型(先高再持平后低于市场平均水平)、混合型(领先、跟随、滞后同时并行)五种。

(4) 调整薪酬结构。薪酬结构是指组织中各种工作或岗位之间薪酬水平的相对关系。调整薪酬结构包括企业工资成本在不同员工之间的分配,职务和岗位工资率的确定,员工基本、辅助和浮动工资比例及基本工资的调整等。常见的薪酬结构有高弹性薪酬结构、折中式薪酬结构、高稳定薪酬结构,其比较如表10-5所示:

表 10-5 常见薪酬结构比较

	高弹性薪酬结构	折中式薪酬结构	高稳定薪酬结构
主要特点	• 薪酬中固定部分占比较低,浮动部分占比较高,绩效占比远大于基本薪酬,福利、保险比重较小,如计件薪酬、提取佣金等 • 适用于流动性高、变动大的组织	薪酬中固定部分和浮动部分占比较为均衡,其他附加工资适中,如退休金计划等	薪酬中固定部分占比较高,浮动部分占比较低,基本薪酬占比远大于绩效,福利、保险比重较小,如岗位工资制、技能工资制等
优点	激励性强、弹性高,易于控制人工成本	激励性较强,员工有安全感	员工稳定性强、安全感较强
缺点	员工容易缺乏安全感	制定科学薪酬体系较困难	激励性较弱,人工成本较高

职业生涯是指一个人一生中所有与职业相联系的行为和活动,以及相关的态度、价值观、愿望等连续性经历的过程。职业生涯管理是指通过分析和评价员工的能力、兴趣、价值观等,确定双方都能够接受的职业生涯目标,并通过培训、工作轮换、丰富工作经验等一系列措施,逐步实现员工职业生涯目标的过程。

职业生涯管理包含两方面的内容:

一是组织职业生涯管理,具体包括:对员工个人能力和潜力的正确评价;向员工提供职业发展的信息,给予其公平竞争的机会;为员工制订培训与发展计划,确定职业生涯发展路径;为员工制订知识更新方案;建立员工工作—家庭平衡计划;为员工提供职业指导和制订员工退休计划等。

二是自我职业生涯管理,是指员工在职业生命周期(从进入劳动力市场到退出劳动力市场)中,职业发展计划、职业策略的制定,以及职业进入、职业变动和职业位置等的选择。

员工职业生涯管理流程如图10-6所示,主要包括帮助员工了解自我、建立评价中心、工作扩大化与工作轮换、工作丰富化四部分内容。

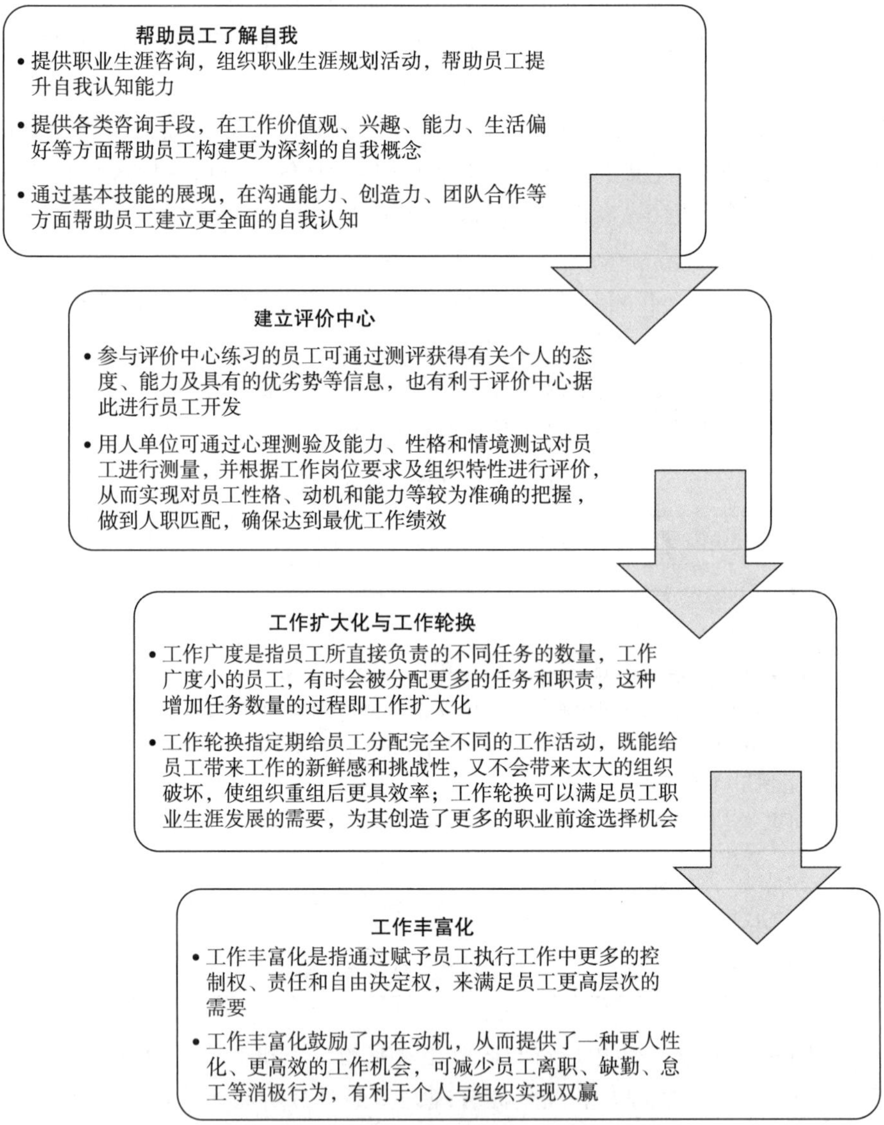

帮助员工了解自我
- 提供职业生涯咨询,组织职业生涯规划活动,帮助员工提升自我认知能力
- 提供各类咨询手段,在工作价值观、兴趣、能力、生活偏好等方面帮助员工构建更为深刻的自我概念
- 通过基本技能的展现,在沟通能力、创造力、团队合作等方面帮助员工建立更全面的自我认知

建立评价中心
- 参与评价中心练习的员工可通过测评获得有关个人的态度、能力及具有的优劣势等信息,也有利于评价中心据此进行员工开发
- 用人单位可通过心理测验及能力、性格和情境测试对员工进行测量,并根据工作岗位要求及组织特性进行评价,从而实现对员工性格、动机和能力等较为准确的把握,做到人职匹配,确保达到最优工作绩效

工作扩大化与工作轮换
- 工作广度是指员工所直接负责的不同任务的数量,工作广度小的员工,有时会被分配更多的任务和职责,这种增加任务数量的过程即工作扩大化
- 工作轮换指定期给员工分配完全不同的工作活动,既能给员工带来工作的新鲜感和挑战性,又不会带来太大的组织破坏,使组织重组后更具效率;工作轮换可以满足员工职业生涯发展的需要,为其创造了更多的职业前途选择机会

工作丰富化
- 工作丰富化是指通过赋予员工执行工作中更多的控制权、责任和自由决定权,来满足员工更高层次的需要
- 工作丰富化鼓励了内在动机,从而提供了一种更人性化、更高效的工作机会,可减少员工离职、缺勤、怠工等消极行为,有利于个人与组织实现双赢

图10-6 员工职业生涯管理的流程

(三)人力资源获取与再配置的系统模型

人力资源获取与再配置是一个双向动态耦合的过程,实现人才的获取与再配置,需要两方面的配合:一是基于内外部劳动力市场的研究,二是符合人力资源获取与再配置的需求。

具体来看,组织需要根据其战略发展目标制定长期人力资源获取规划,结合对人员供求缺口的分析,拟订人员需求计划;而解决组织内部的"人事不匹配"现象,就需要对那些素质能力水平同职位要求存在较大差距的员工及现有职位进行再配置,组织可以根据绩效考核的结果,在有利于改进绩效的前提下,重新配置人力资源。

同时,为组织发展培育全方位人才也是组织获取未来竞争优势的重要途径,企业应当设定满足其成员个性化需求和促进其职业生涯发展的目标,并通过有计划的工作轮换以及其他形式实现人力资源的再配置与再开发。

人力资源获取与再配置的基本框架如图10-7所示。

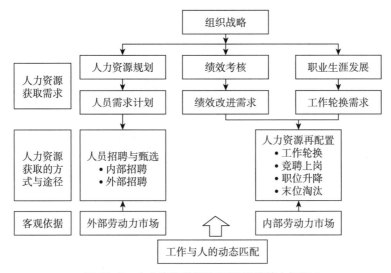

图10-7 人力资源获取与再配置的基本框架

二、《中华人民共和国劳动合同法》概述

(一)《中华人民共和国劳动合同法》的订立及其适用范围

《中华人民共和国劳动合同法》(以下简称《劳动合同法》)于2007年6月29日经第十届全国人民代表大会常务委员会第二十八次会议通过,并在2012年12月进行了第一次修正。《劳动合同法》是调整劳动合同关系的法律规范的总称,旨在完善劳动合同制度,明确劳动合同双方当事人的权利和义务,保护劳动者的合法权益,构建和发展和谐稳定的劳动关系。

《劳动合同法》第二条规定了其适用范围:"中华人民共和国境内的企业、个体经济组织、民办非企业单位等组织(以下称用人单位)与劳动者建立劳动关系,订立、履行、变更、解除或者终止劳动合同,适用本法。国家机关、事业单位、社会团体和与其建立劳动关系的劳动者,订立、履行、变更、解除或者终止劳动合同,依照本法执行。"

根据劳动协议,劳动者加入某一用人单位,承担某一工作和任务,遵守单位内部的劳动规则和其他规章制度;而用人单位有义务按照劳动者的劳动数量和质量支付劳动报酬,并根据劳动法律法规和双方的协议,提供各种劳动条件,保证劳动者享受本单位成员的各种权利和福利待遇。

(二)《劳动法》与《劳动合同法》的关系

从立法背景上看,《劳动法》是 20 世纪劳动立法的标杆,《劳动合同法》则是 20 世纪中国劳动关系发展的必然结果,因而又被称为"新劳动法"。

从具体内容上看,《劳动法》是整个法律体系中一个重要的、独立的法律,是劳动保障立法体系中的基准法,是《劳动合同法》的立法依据,可以说,《劳动法》与《劳动合同法》是母子法的关系,如表 10-6 所示:

表 10-6 《劳动法》与《劳动合同法》的关系

	《劳动法》	《劳动合同法》
立法背景	《劳动法》诞生于中国由计划经济向市场经济过渡的时期,当时劳动关系处于初步紧张状态	《劳动合同法》则是在中国市场经济发育逐渐成熟时颁布的,此时劳动关系已非常紧张
具体内容	综合性法律,它分促进就业、劳动合同和集体合同,以及工作时间和休息休假、工资、劳动安全卫生、女职工和未成年工特殊保护、职业培训、社会保险和福利等章节;同时,在劳动合同和集体合同这一章中确立了我国劳动合同制度	对《劳动法》中规定的劳动合同制度进一步完善和细化,针对现存的问题加以规范

(三) 劳动合同及其种类

劳动合同也称劳动契约、劳动协议,是指劳动者同用人单位为确立劳动关系,明确双方责任、权利和义务的协议。

劳动合同分为固定期限劳动合同、无固定期限劳动合同和以完成一定工作任务为期限的劳动合同三种类型。

1. 固定期限劳动合同

固定期限劳动合同也称有一定期限的劳动合同,是指劳动合同双方在劳动合同中明确规定了合同效力的起始和终止的时间的劳动合同。这类劳动合同在现实中最为常见,适应性较强,也有利于劳动者的合理流动。

2. 无固定期限劳动合同

无固定期限劳动合同也称不定期劳动合同,是指劳动合同双方没有在合同中约定有效期限的劳动合同。

《劳动合同法》第十四条规定了应当订立无固定期限劳动合同的情形:

(1) 劳动者在该用人单位连续工作满十年的;

(2) 用人单位初次实行劳动合同制度或者国有企业改制重新订立劳动合同时,劳动者在该用人单位连续工作满十年且距法定退休年龄不足十年的;

(3) 连续订立二次固定期限劳动合同,且劳动者没有本法第三十九条和第四十条第一项、第二项规定的情形,续订劳动合同的。

3. 以完成一定工作任务为期限的劳动合同

以完成一定工作任务为期限的劳动合同,是指用人单位与劳动者约定以某项工作的完成为合同期限的劳动合同。此类合同的完成期限往往有较强的不确定性,并且受到客观环境因素、人为主观因素等诸多条件的限制,劳动合同双方往往约定工作任务开始的时间为合同生效日,并以工作任务结束的实际时间为合同到期日。

(四) 劳动合同关系与事实劳动关系

《劳动合同法》第七条规定:"用人单位自用工之日起即与劳动者建立劳动关系。用人单位应当建立职工名册备查。"第十条规定:"建立劳动关系,应当订立书面劳动合同。已建立劳动关系,未同时订立书面劳动合同的,应当自用工之日起一个月内订立书面劳动合同。用人单位与劳动者在用工前订立合同的,劳动关系自用工之日起建立。"

劳动合同仅是劳动关系建立的书面证据,不是劳动关系建立的唯一表现形式。劳动双方形成合意并在书面劳动合同上签字,则形成了劳动合同关系;劳动关系建立则以实际用工为判断标准。

因此,劳动合同订立与劳动关系建立之间可能产生三种情形:①在建立劳动关系的同时订立劳动合同;②在劳动关系建立前订立劳动合同;③在劳动关系建立后一个月内订立劳动合同。在第③种情形下,劳动合同订立是在劳动关系建立之后,存在事实劳动关系。

事实劳动关系指劳动者与用人单位之间已经形成从属性劳动,但不符合书面劳动合同要件的劳动关系,但关系双方的合法权益同样受到法律保护。

《劳动合同法》第八十二条规定:"用人单位自用工之日起超过一个月不满一年未与劳动者订立书面劳动合同的,应当向劳动者每月支付二倍的工资。用人单位违反本法规定不与劳动者订立无固定期限劳动合同的,自应当订立无固定期限劳动合同之日起向劳动者每月支付二倍的工资。"

若用人单位自用工之日起满一年,不与劳动者订立书面劳动合同,将面临事实劳动关系转为无固定期限劳动合同的法律风险。

【案例10-5】

李欣2016年大学毕业后与北京宏成公司签订了为期三年的劳动合同,工作岗位为财务经理,约定岗位工资为7 000元/月。2019年6月30日合同到期后,双方均没有提出续订劳动合同,但是一直保持劳动关系至2019年10月。2019年10月26日,北京宏成公司准备缩减人员规模,发现李欣的劳动合同到期后没有续签,就书面通知双方的劳动关系将于2019年10月31日终止。李欣咨询法律专业人士后认为双方已经形成事实劳动关系,至少还应签订为期一年的劳动合同,且以二倍工资补偿没有合约期的这段时间;但北京宏成公司则认为双方劳动合同已到期,可以随时终止劳动关系,并且不需要赔偿。那么,哪一方的诉求是正当的?

《劳动合同法》第八十二条第一款规定:"用人单位自用工之日起超过一个月不满一年未与劳动者订立书面劳动合同的,应当向劳动者每月支付二倍的工资。"案例10-5中,李欣与北京宏成公司的劳动合同期满后没有及时续签,但仍然在该公司工作,形成了事实劳动关系。依据法律规定,北京宏成公司应当和李欣签订至少为期一年的劳动合同,不能随时终止该劳动关系,且应当在7月到10月这段时间向李欣支付二倍的工资。

三、《劳动合同法》对人才吸引、保留的影响

(一)《劳动合同法》对人才招聘与吸引的影响

在人才招聘与吸引的过程中,劳动者与用人单位双方都应当有知情权。

《劳动合同法》第八条规定:"用人单位招用劳动者时,应当如实告知劳动者工作内容、工作条件、工作地点、职业危害、安全生产状况、劳动报酬,以及劳动者要求了解的其他情况;用人单位有权了解劳动者与劳动合同直接相关的基本情况,劳动者应当如实说明。"

《劳动法》并没有规定知情权,《劳动合同法》将劳动合同订立时的告知义务作为新增加的内容加以规定,其立法目的是使双方在订立劳动合同前能比较全面地获取对方与劳动合同相关的真实情况,再决定是否签约,减少或避免订立劳动合同时的盲目、草率。

> 知情权是指用人单位和劳动者了解对方与实现劳动权利和履行劳动义务有关的条件和因素的权利。

《劳动合同法》对知情权的规定为用人单位了解劳动者及与工作直接相关的信息提供了法律依据,而面试环节正是用人单位充分行使知情权的最佳时机。用人单位应当充分行使知情权,做好入职审查,控制入职成本。

用人单位行使知情权应注意以下三方面的问题:

一是劳动者没有主动告知的义务,如果用人单位没有提出要了解,劳动者无须主动说明,因此用人单位如果要了解劳动者的关键信息,就应当而且最好在招用劳动者时或签订劳动合同之前主动提出。

二是了解的信息应当是劳动者与劳动合同直接相关的信息,不能涉及与工作无关的信息,用人单位不能借了解情况而侵害劳动者的隐私权。

三是出于证据保留和自身权益保障的考虑,用人单位应当要求劳动者提交包含基本信息或相关信息的履历表或信息登记表,书面签字承诺信息的真实性和准确性,并注明对提供虚假信息的行为承担法律后果。如劳动者提供虚假信息,用人单位可以即时解除劳动合同并不给予经济补偿。

【案例10-6】

林玉是某重点大学日语专业的优秀毕业生,2015年6月16日,林玉与某科技公司签订了劳动合同,约定林玉进入公司从事营销兼日语翻译工作。公司《就业规定》载明:"员工提交的资料,经核实与真实情况不符的,按公司规定惩处,严重者可解雇。"合同签订后,林玉正式进入该公司工作。

2015年6月25日,林玉按公司的要求填写员工基本情况登记表时,对如何填写其中的"婚姻状况"一栏犯难。原来,林玉已于2014年8月28日登记结婚。林玉担心已婚状态会使公司解雇自己,最终决定在"婚姻状况"一栏中填了"否";为了再给自己增加工作经验值,在"个人经历"一栏中,林玉编造了一段工作经历,填了"2012年3月至2015年6月,

任职于某日资物流中心"。

2015年10月下旬,林玉突然发现自己怀孕,并计划生产。然而她来公司工作仅四个月,且对单位声称是未婚,此时提出生育孩子不妥,这让林玉十分为难。随着妊娠反应加重,林玉放松了工作要求,影响了工作效率和质量。公司因林玉的不佳表现接连向她发出了六份警告处分决定书。但林玉工作表现并无起色,公司便着手调查,发现她结婚并怀孕的事实。公司遂以林玉在进入公司工作时虚假填写婚姻状况及个人履历,并多次严重违反单位规章制度拒不改正为由决定解雇林玉。林玉不服,一纸诉状将公司推上了被告席,要求公司继续履行劳动合同并给予其孕期的相关待遇。那么,该公司解除与林玉的劳动合同是否合理?

案例10-6中,林玉应聘以及签订劳动合同时,公司都未声明已婚即不录用,因此,公司并不存在就业歧视。签订合同后,公司要求林玉填写员工基本情况登记表,这是法律赋予公司了解员工基本信息的权利,林玉应该如实填写。林玉自行隐婚,并且杜撰工作经历,显然构成欺诈;随后消极怠工违反公司规章制度拒不改正,公司据此解除与林玉的劳动合同,并无不当。虽然《劳动法》第二十九条第三项规定,女职工在孕期、产期、哺乳期内的,用人单位不得依据本法第二十六条、第二十七条的规定解除劳动合同。但该法第二十五条第二项规定,劳动者严重违反劳动纪律或者用人单位规章制度的,用人单位可以解除劳动合同。因此,林玉的情况属于违纪,单位解雇林玉的做法是合理的。

此外,劳动者同样有知情权,需要谨防用人单位虚假招聘。用人单位应当如实向劳动者说明相关必要信息,包括劳动者的工作内容、工作条件、工作地点、职业危害、安全生产状况、劳动报酬等。知情权具有法定性和无条件性,与劳动者权益密切相关,且在很大程度上决定了劳动者的就业选择。至于其他信息,如用人单位的规章制度、休息休假制度、社会保险、考勤制度等,则在劳动者要求了解时,用人单位应当予以说明。

【案例10-7】

李某与某化工厂签订了为期三年的劳动合同,约定李某的工作岗位是货车司机,每月的工资为1500元。李某在工作岗位上尽职尽责,工作表现良好。一年后,化工厂对工作岗位进行调整,要求李某去生产岗位负责搬运产品,但没有告知李某这个岗位有可能接触有毒有害物质这一情况。李某工作一段时间后,感觉身体不适,了解到长期接触有毒有害物质对人体健康危害很大,要求化工厂将自己换回原来的岗位。化工厂答复说新岗位不影响身体健康,李某要么服从企业的安排,要么解除劳动合同。经仲裁后,化工厂根据仲裁结果将李某调回到原工作岗位。

案例10-7中,李某与化工厂在最初的劳动合同中约定的工作岗位是货车司机,不属于有毒有害的作业,化工厂无须履行告知义务。但化工厂调整岗位,属于劳动合同的变更,由于新的工作岗位有接触有毒有害物质的可能性,用人单位应当在变更劳动合同前如实告知。化工厂选择了回避,违反了《劳动合同法》关于告知义务的规定,李某有权拒绝从事有职业危害的作业,化工厂不得因此单方面解除劳动合同。

《中华人民共和国职业病防治法》第三十三条第一、第二款规定:"用人单位与劳动者订立劳动合同(含聘用合同,下同)时,应当将工作过程中可能产生的职业病危害及其后果、职业病防护措施和待遇等如实告知劳动者,并在劳动合同中写明,不得隐瞒或者欺骗。劳动者在已订立劳动合同期间因工作岗位或者工作内容变更,从事与所订立劳动合同中未告知的存在职业病危害的作业时,用人单位应当依照前款规定,向劳动者履行如实告知的义务,并协商变更原劳动合同相关条款。"

因此,用人单位在与劳动者订立和变更劳动合同时,只要劳动者所应聘岗位存在职业病危害作业,都应履行如实告知义务。如果用人单位违反告知义务,隐瞒职业病危害情形,所面临的法律风险是当劳动者拒绝从事此类作业时,用人单位不得因此解除或者终止与劳动者的劳动合同。

(二)《劳动合同法》对录用与试用的影响

对于拟聘用的满足招聘条件且面试、体检过关的劳动者,人力资源部门的主要工作是向其发出录用通知书,及时通知劳动者前来签订劳动合同,并主动履行告知义务。用人单位在与劳动者订立劳动合同时应注意内容和程序合法,避免因合同无效而产生事实劳动关系。

《劳动合同法》第二十六条规定了劳动合同无效或者部分无效的几种情形,包括以欺诈、胁迫的手段或者乘人之危,使对方在违背真实意思的情况下订立或者变更劳动合同;用人单位免除自己的法定责任、排除劳动者权利;违反法律、行政法规强制性规定。用人单位在合同条款设计上要考虑劳动者的合法权益,与劳动者充分协商以确定合同条款。

为保留证据,维护用人单位自身的合法权益,人力资源部门在录用阶段应注重文件的签收程序。实务中,用人单位在试用期解除与劳动者的劳动合同通常使用的也是最有效的撒手锏是"试用期间劳动者不符合录用条件",但用人单位对此负有举证责任,必须出示证据证明劳动者不符合录用条件。因此,制定清晰、具体的录用条件为用人单位解除与处于试用期的劳动者的劳动合同提供了合法依据,是降低用工风险的有效措施。

依据《劳动合同法》第三十九条和第四十条规定,用人单位可解除劳动合同的情形包括:

(1)在试用期间劳动者被证明不符合录用条件;

(2)劳动者严重违反用人单位的规章制度;

(3)劳动者严重失职,营私舞弊,给用人单位造成重大损害;

(4)劳动者同时与其他用人单位建立劳动关系,对完成本单位的工作任务造成严重影响,或者经用人单位提出,拒不改正;

(5)劳动者以欺诈、胁迫的手段或者乘人之危,使用人单位在违背真实意思的情况下订立或者变更劳动合同,使劳动合同无效;

(6)劳动者被依法追究刑事责任;

(7)劳动者患病或者非因工负伤,在规定的医疗期满后不能从事原工作,也不能从事由用人单位另行安排的工作;

(8)劳动者不能胜任工作,经过培训或者调整工作岗位,仍不能胜任工作;

（9）劳动合同订立时所依据的客观情况发生重大变化，致使劳动合同无法履行，经用人单位与劳动者协商，未能就变更劳动合同内容达成协议。

【案例 10-8】

北京某特大型国有企业每年响应国家号召大量招录应届毕业生，并且历来实行灵活有效的劳动人事管理制度。2017年7月，企业新招录了一批应届毕业生，在同其签订劳动合同时，合同期限统一为三年，且试用期也统一为三个月。同时，企业根据试用期内这些新员工的具体表现，决定是否维持、延长或缩短其试用期。两个月后，企业人事部遇到了三个特别的试用期问题。一个是研发部的小陈，人事部认为小陈表现不太理想，决定延长其试用期两个月到五个月；二是市场部的小张，人事部认为小张在两个月期间请了长达一个半月的病假，公司无法完成对其的正常考察，决定也延长其试用期两个月，使有效考察期恢复到整三个月；三是办公室的小刘，人事部认为其表现优异，最近执笔的一份工作报告得到了董事长的表扬，决定将其原来三个月试用期缩短为两个月，并立即转正。但是，企业的这三项决定都分别遭到了这三位员工的反对。小陈认为，其在企业的工作表现有目共睹，之所以延长其试用期是因为他心直口快的性格让某些部门领导不满意，故意为难他，且延长试用期应与其本人商量；小张认为，自己请病假也是迫不得已，并且病假期间他也按时完成了企业布置的相应工作，不能简单地以其患病而故意延长其试用期；小刘认为，企业与其约定试用期，一方面企业考察他，另一方面他也有考察企业的权利，目前他尚未最终决定是否继续在该企业工作，所以企业不能单方面缩短其试用期。

在案例10-8中，小陈和小张的情况虽然不完全一样，但都属于单位单方面延长试用期的情形。特别是小张，即使是因为其请病假没有按时上班，但只要劳动合同中没有试用期患病等相应情况的后延处理约定，员工也可以主张按期转正。在员工同意的情形下，企业才可以变更试用期期限。小刘的情况则属于单位单方面缩短试用期的情形。企业通过此种方式要求员工在原定的试用期内承担试用期之后的义务，无疑侵害了员工在试用期内自由选择用人单位的权利。公司单方面宣布小刘提前转正享受正式职工的待遇，也应该与小刘协商重新修订合同。否则，小刘并不因单位决定提前转正而丧失试用期的"特权"，他仍享有随时解除合同且不承担违约责任的权利。

试用期条款是劳动合同的条款之一，合同条款的修改变更必须经合同主体协商一致。试用期是劳动关系双方进行互相考核、增进了解的特殊阶段，这种考核与了解的权利对于劳动者和用人单位是对等的，因此试用期一经约定，非经合同双方协商一致，不能由任何一方随意延长或缩短。

（三）《劳动合同法》对薪酬管理与激励的影响

薪酬是激励与保留人才的最直接方式，工资待遇是劳动者与用人单位签订合同时需要明确的最重要的内容之一，劳动争议案件中绝大多数都会涉及劳动报酬约定的问题。

《劳动合同法》第十八条规定："劳动合同对劳动报酬和劳动条件等标准约定不明确，

引发争议的,用人单位与劳动者可以重新协商;协商不成的,适用集体合同规定;没有集体合同或者集体合同未规定劳动报酬的,实行同工同酬;没有集体合同或者集体合同未规定劳动条件等标准的,适用国家有关规定。"

因此,用人单位在劳动合同中应当明确约定劳动者的正常工作时间工资,具体数额可与劳动者协商后确定;明确约定工资及福利待遇,如伙食补助、交通补助、住房补贴(非物价波动的住房补贴)等,以避免在计算经济补偿金或缴纳社会保险的基数时,将不应该作为计算基数的福利等费用计算到工资里,增加额外的开支。

【案例 10-9】

刘毅与博远建材公司签订劳动合同,从 2016 年 8 月 10 日起计合同期限一年,约定博远建材公司聘用刘毅任建材厂厂长,每月固定工资为 10 000 元,余下年终结算,年薪基数最高为 22 万元,最低为 18 万元。刘毅当日到岗工作。2016 年 11 月 1 日,刘毅就公司拖欠 9 月、10 月工资与公司协商不成,遂申请仲裁要求按照可能获得年薪的上限 22 万元为基数计算年终工资。而公司只同意支付刘毅两个月的工资,不同意支付年终工资。

案例 10-9 中,双方劳动合同仅仅履行了三个半月,在这三个半月中刘毅依约履行了工作责任,其付出了相应劳动,也是全年工作量的积累,公司并未举证证明其有确定年薪基数的考核标准。所以,刘毅应当获得相应工资收入,包括每月固定工资 10 000 元和留待年终结算的部分,该三个半月工资年终应以双方劳动合同中确定的年薪基数 20 万元予以计算。

用人单位不应当无故拖欠员工工资;同时,在劳动合同中约定的具体工资数额不能表述为"不低于最低工资标准",这种表述属于"约定不明"。约定具体的工资数额可以避免因正常工作时间工资约定不明或未约定带来的工资再次计算和支付的风险。

(四)《劳动合同法》对人才保留与管理的影响

人才的保留与管理,包括岗位调整、关系维护等,即劳动合同变更及解除等方面。劳动合同的变更,是指劳动合同双方对依法成立、尚未履行的劳动合同条款所作的修改或增减;劳动合同的解除,是指劳动合同双方提前终止劳动合同的法律效力,解除双方的权利义务关系。用人单位调整岗位合同,需要与劳动者协商一致,或提前在劳动合同中约定,不得随意变更。

【案例 10-10】

小王于 2018 年 1 月与一家公司签订了一份为期三年的劳动合同,由其担任公司质检员。半年后,公司未经小王同意,即以生产人员紧缺为由,将其调到必须上夜班、噪声大、粉尘多的车间工作,但工资却未变。小王曾要求公司增加工资,但被公司拒绝。理由是其有用工自主权,可以根据员工的实际情况调整岗位。那么,公司的理由成立吗?

案例 10-10 中,公司的理由不能成立,小王可从以下三个方面进行维权:①与公司协商,按照原来签订的劳动合同履行质检员的职责;②协商不成,可以单方解除劳动合同并要求公司赔偿损失;③接受换岗,但公司必须按同层次的车间职工的工资标准给小王计付工资。

一方面,公司调岗超出了用工自主权的范畴。

《劳动合同法》第八条规定:"用人单位招用劳动者时,应当如实告知劳动者工作内容、工作条件、工作地点、职业危害、安全生产状况、劳动报酬,以及劳动者要求了解的其他情况;用人单位有权了解劳动者与劳动合同直接相关的基本情况,劳动者应当如实说明。"在劳动关系存续期间,用人单位可以根据实际情况适当调整内设岗位和人员,但前提是不能动摇原劳动合同的基础。公司将小王由质检员变为车间生产人员,且必须上夜班,车间噪声大、粉尘多,工作强度更大,调岗已使小王的工作内容、工作时间、劳动强度、工作地点、工作环境发生了重大变化,已不属于适当调岗,而是劳动合同的变更。

另一方面,公司单方面调岗构成违约。

《劳动合同法》第三十五条第一款规定:"用人单位与劳动者协商一致,可以变更劳动合同约定的内容。变更劳动合同,应当采用书面形式。"公司单方面变更劳动合同,没有与员工协商,也未采用书面形式,明显违反《劳动合同法》的规定。

《劳动合同法》第二十三条规定了用人单位与劳动者约定相关保密事项的情形。对于一些涉密、敏感岗位,在劳动合同的订立期就应当协商好竞业限制条件与补偿,以保护双方的合法权益。

【案例 10-11】

廖某曾担任北京市某系统软件公司华南区总经理、广州分公司总经理,2011 年年初调任北京总公司掌管该软件公司在全国的售后服务,同年 5 月廖某离开该软件公司,数月后加入业内竞争对手北京市某信息科技公司。此前,廖某作为公司高级管理人员,曾与该软件公司订立了为期二年的竞业限制协议,竞业限制的范围是中国的 IT 服务行业,并特别约定了廖某后入职的该信息科技公司属于竞业限制的任职公司范围,而且在廖某离职次月该软件公司即向其按月支付竞业限制补偿金。于是,该软件公司起诉廖某违反竞业限制,要求廖某离开目前服务的信息科技公司,并按照事先的违约金约定向系统软件公司支付违约金 20 万元。仲裁机构受理了这一案件并支持了该软件公司的请求。

竞业限制是指用人单位与知悉或者可能知悉本单位商业秘密的劳动者之间通过协议的方式约定,劳动者在任职期间或是在与原用人单位解除或终止劳动关系后的一定期限内,不得到与本单位生产或者经营同类产品、从事同类业务的有竞争关系的其他用人单位工作,或者自己开业生产或者经营与本单位有竞争关系的同类产品或同类业务。

《劳动合同法》第二十三条第二款规定:"对负有保密义务的劳动者,用人单位可以在劳动合同或者保密协议中与劳动者约定竞业限制条款,并约定在解除或者终止劳动合同后,在竞业限制期限内按月给予劳动者经济补偿。劳动者违反竞业限制约定的,应当按照约定向用人单位支付违约金。"

案例 10-11 中,竞业限制协议明确了适用主体、范围、地域和期限,以上内容均属于法律许可的范围,所以竞业限制协议是合法有效的。廖某违反竞业限制协议,应当按照协议的约定支付违约金。

本章小结

本章系统介绍了人力资源、人力资源管理的基本概念。人力资源是指能够推动特定社会系统发展进步并达成其目标的该系统的人的能力的总和;人力资源管理则是依据组织和个人发展需要,对组织中的人力这一特殊资源进行有效开发、合理利用与科学管理的机制、制度、流程、技术方法的总和。同时,阐述了人力资源对于企业维持竞争力的重要性;并结合人力资源的主要内容,从《劳动法》下的管理视角,结合相关案例对人力资源管理中的招聘与录用、薪酬管理、员工关系管理等流程进行法律关系联结。同时,本章构建了人力资源获取与再配置的基本框架,从人才获取的渠道和方式,到人才保留涉及的培训与开发、薪酬激励和职业生涯管理,结合《劳动合同法》相关规定,对新态势下人才获取与再配置进行了较为详细的解读和分析。

思考题

1. 在人才招聘过程中,用人单位需要注意哪些法律规范?
2. 与用人单位签订劳动合同时,劳动者需要关注哪些方面?
3. 在试用期内,劳动者依法享有哪些权利和义务?
4. 在哪些情形下,用人单位可以依法解除劳动合同?

案例分析

王云飞于 2005 年 8 月 29 日到施耐德上海分公司工作,双方签订了劳动合同,工作地点在江苏省南京市。同日,双方签订了《保密和竞业禁止协议》,该协议约定:竞争业务是公司或其关联公司从事或者计划从事的业务,以及与公司或其关联公司所经营的业务相同、相近或相竞争的其他业务;竞争对手是除公司或其关联公司外从事竞争业务的任何个人、公司、合伙企业、合资企业、独资企业或其他实体,包括 Phoenix、Rockwell Automation、Rittal 等公司;区域是中华人民共和国境内。披露禁止是指雇员应对公司保密信息严格保密,在其与公司的聘用关系解除时不得以任何方式删改、锁定、复制保密信息,并应立即向公司返还所有保密信息及其载体和复印件;雇员同意在与公司解除雇佣关系期间及之后的五年内,不以任何方式向公司或其关联公司的任何与使用保密信息工作无关的雇员、向任何竞争对手或者出于公司利益之外的任何目的向任何其他个人和实体披露公司任何保密信息,除非该披露是法律所要求的。

2007 年 4 月 30 日,王云飞从施耐德上海分公司离职。施耐德上海分公司称其于 2007

年7月7日得知王云飞在Phoenix公司工作,认为Phoenix公司与其存在业务竞争关系,王云飞离职后到Phoenix公司工作的行为违反了双方签订的《保密和竞业禁止协议》中确定的竞业禁止义务。2007年7月17日,施耐德上海分公司向上海市普陀区劳动争议仲裁委员会申请劳动仲裁,要求王云飞承担竞业禁止违约金66 600元,并继续履行双方约定的竞业禁止义务。2007年9月20日,上海市普陀区劳动争议仲裁委员会裁决王云飞承担竞业禁止违约金66 600元,但施耐德上海分公司的其他请求不予支持。王云飞不服该仲裁裁决,于2007年9月25日提起诉讼。

庭审中,原告王云飞认可自己在Phoenix公司工作,但认为该公司与被告只存在一些产品的交叉互补,不存在业务竞争关系。另查明:施耐德上海分公司于2007年6月汇入王云飞的银行账户24 814.50元。施耐德方述称该笔款项是截至2007年4月原告的报酬,包括基本工资6 800元、竞业禁止补偿金20 400元,上述费用扣除保险费和税费后,实发数额为24 814.50元,同时施耐德方表示,竞业禁止补偿金20 400元是按照原告离职前三个月的基本工资计算的。王云飞对收到上述款项无异议,但表示不清楚该笔款项的构成。施耐德方提供原告离职前十二个月的收入明细,证明王云飞总收入税前为114 306元,税后为88 199.09元。原告对此表示异议,但其提供的2006年12月工资单载明其税后收入为6 663元,与被告陈述的数额基本一致。

施耐德上海分公司提交了该公司和Phoenix公司的产品介绍,用以证明两公司在电源产品、工业以太网、接插线产品等方面均存在业务竞争。王云飞则认为Phoenix公司生产上述产品的市场份额很小,与被告不存在业务竞争关系,仅仅是产品重叠和互补关系。

施耐德上海分公司提交了中国工控网出具的市场份额调查数据,用以证明该公司与Phoenix公司的计算机输入输出接口(IO)市场份额均处于前十名,分别是3.3%和2.9%;在人机交互(HMI)市场中,施耐德上海分公司的市场份额为3.1%,而Phoenix公司由于市场份额过小而无法计算。原告王云飞则认为两公司一个是销售公司,一个是生产公司,主要经营范围不同,90%以上的业务也不同,虽然部分产品相同,但产品存在交叉不等于存在业务竞争。

■ 思考

1. 原告王云飞与被告施耐德上海分公司签订的《保密和竞业禁止协议》所确定的竞业禁止条款是否有效?

2. 王云飞是否应该承担违约责任?

第十一章 知识产权管理与相关法条解读

学习目标

1. 理解知识产权的概念、特征和性质。
2. 理解著作权、专利权、商标权的概念。
3. 掌握知识产权法律在现实生活中的应用。

基本概念

知识产权 《中华人民共和国商标法》《中华人民共和国著作权法》《中华人民共和国专利法》

案例导入

伽利略的请求

著名科学家伽利略曾在17世纪发明了一种灌溉机。他向当时的威尼斯共和国元首写了一封信,信中写道:"阁下,我发明了一种只用很简单的方法和很少的费用,而使用又非常方便的扬水灌溉机械,仅用一匹马的力量,即可使二十个管口不断地向外喷水。我费了很大力气,花了很大代价才完成了它。因此像这样的发明,如果变成所有人的共同财产,是不能被容忍的。所以恳求您,在四十年内或在规定的期间内,除了我和我的子孙或从我的后代手中获得这种权利的人,不允许其他任何人制造和使用我所发明的新机械,即使是制造了,也不准使用。如果有人违反,希望阁下考虑处以适当的罚金,将罚金的一部分归我所有。如蒙阁下垂恩,为了社会的福利,我将更热心地将力量倾注于新的发明上,为阁下效劳。"

伽利略写这封信的主要目的是恳求威尼斯共和国元首承认他的发明创造,即灌溉机中所体现的技术方案是属于他的财产。那么,威尼斯共和国元首怎样才能使伽利略的设计方案——一种本来可以被人自由使用和传播的信息,成为伽利略在法律上的财产呢?其方法就是强制地使这种设计方案具备法律上的财产应当具备的排他性和可转让性。排他性在此是指:除了伽利略和经他许可的人,其他任何人不得使用这种设计方案制造、销售扬水灌溉机,也不得使用未经许可而制造的扬水灌溉机,否则,就会受到法律的制裁。

可转让性在此是指：伽利略可以把这种排他性的权利以一定价格转让给他人。可见，通过赋予发明人对其发明创造成果的排他性使用权和转让权的方式，法律就强制性地使技术方案成为发明人在法律上的财产，创造出了一种前所未有的财产权形式。

第一节　知识产权与企业管理

一、知识产权的概念与范围

（一）知识产权的概念

> 知识产权是指人们就其智力劳动成果所依法享有的专有权利。

对于知识产权的概念，需要注意以下几点：

（1）知识产权的客体不是有形的物质，而是智力成果或商誉等非物质客体。这是知识产权区别于物权的特征。

（2）只有符合知识产权法规定的特定形态和特征的知识形态才可能成为知识产权的客体。公有领域中的知识，如历史、地理知识，本身不可能成为任何人的财产，也就没有知识产权可言。

（3）有些知识产权的客体与智力创造并无直接关系。例如，经营者完全可以将自然界客观存在的奇花异石的图案、形状或公有领域的词汇注册为商标加以使用，并享有商标权。

（二）知识产权的范围

传统知识产权大致包括著作权、专利权、商标权，其中著作权自成一体，而专利权和商标权被合称为工业产权。

> 著作权主要适用于能够给人带来美感和精神享受的文学艺术作品。人们阅读小说或观赏电影的主要目的是从中获得精神的愉悦，而不是利用它们进行生产活动。

> 专利权保护的是能够在工农业等领域进行实际应用的技术方案和工业品外观设计；商标权保护的则是在商业流通领域使用的商标标识所体现的商誉。专利权和商标权的客体的主要作用是在生产和商业流通中产生实用效果。

随着科学技术的发展和社会的进步，不断有新的非物质客体被纳入知识产权的保护范围，新型知识产权应运而生，主要包括集成电路布图设计权、植物新品种权、地理标志权和商业秘密权等。需要注意的是，在新型知识产权产生的同时，传统知识产权也在不断扩张，如随着复制技术和传播技术的发展，著作权人相应地被赋予了控制新型复制和传播行为的专有权利，如信息网络传播权。

《民法典》第一百二十三条规定："民事主体依法享有知识产权。知识产权是权利人依法就下列客体享有的专有的权利：（一）作品；（二）发明、实用新型、外观设计；（三）商标；（四）地理标志；（五）商业秘密；（六）集成电路布图设计；（七）植物新品种；（八）法律规定的其他客体。"

二、企业知识产权管理

对现代企业来说，知识作为一种资产，其作用超过劳动力、货币、资产、原材料和能源等传统的生产要素，成为经济长期增长和发展的重要资源和最关键要素。为此，企业必须建立一种有效的知识产权管理制度来保障新知识的生产、扩散和利用，使企业在激烈的市场竞争中处于优势地位，增强企业的可持续发展能力。知识产权管理的具体措施应包括以下几个方面：

（一）制定企业知识产权战略，重视灵活的自主创新

企业应制定符合自身情况的知识产权战略，从战略的高度重视自主创新和知识产权保护，并将其作为关系企业生存与竞争能力的重要因素。企业知识产权战略的制定，首先要明确企业的技术实力和竞争实力，明确企业所处产业的特点和经济环境，然后通过综合分析得出适合企业未来几年发展的知识产权战略。企业知识产权战略的制定既要高层领导的充分重视和参与，又要明确自主创新的重点领域和创新方式，还要选择合适的知识产权保护策略与手段，因而是一项综合性的工作。

（二）加强知识产权管理机构和制度建设

知识产权战略一旦制定，在执行层面上就要依赖于知识产权管理机构和制度对战略的推进。大型跨国公司在知识产权管理机构和制度建设方面往往有比较成功的经验和独到之处，它们通常设有专门的知识产权管理机构，统一负责企业所有的知识产权事务，机构人员由研发人员、法律事务专家、营销人员、知识产权管理人员等共同组成，并可根据知识产权内容或地域划分为不同的二级单位。在知识产权管理制度方面，跨国公司一般都有比较健全的知识产权价值评价制度、知识产权控制制度、知识产权激励制度等。

（三）加强员工的知识产权教育

知识产权教育有两层含义：第一层是针对全体新员工或不同层次员工设立的有关知识产权法律知识的课程教育；第二层是针对知识产权管理部门人员的培训。第一层次教育的课程包括专利知识入门、专利说明书写作知识等，旨在普及专利的概念及重要性。在进行知识产权教育过程中，知识产权管理部门起着重要的作用。第二层次教育的课程包括商标权、著作权、技术契约、案例研究、专利情报、专利的写作及专利管理等，旨在提升专业人员的理论水平和实践能力。

三、企业知识产权保护

（一）树立保护别人利益与自己利益并重的原则

在对待别人和自己的知识产权上，既要重视自我保护，也要重视保护别人的利益。这既是企业的道德责任，也是法律要求。

（二）加强专利侵权监视，建立法律纠纷处理机制

通过专利侵权监视，了解他人的专利申请和商标登记，预防对企业的在先权利造成侵蚀和侵害。对侵犯企业知识产权的行为，根据不同情况，可以采取诉讼和非诉讼的措施进行处理。

（三）高度重视知识产权诉讼工作

高度重视知识产权诉讼工作，包括以下两个方面：

第一，要积极应对被告侵权诉讼。许多侵权诉讼可能是由企业实际侵权导致，对于这类诉讼，企业应积极通过与权利人协商予以解决，力争以市场换技术的方式取得庭外和解；还有一些企业并不一定构成侵权或者说侵权存在争议，这就需要企业聘请专业的知识产权诉讼律师，有针对性地收集不侵权证据以维护自己的权益。

第二，要积极通过诉讼保护企业自主创新成果。对于侵犯企业知识产权的行为，平时应注重证据的收集，一旦该侵权行为对企业的经济利益和声誉构成实质性的损害，应坚决对该行为提起诉讼以保护自身合法权益。

【案例 11-1】

华为知识产权反击战

据2016年4月14日出版的《环球时报》报道，中国华为和美国摩托罗拉持续数月的知识产权纠纷终于以双方和解告一段落。双方4月13日发表联合声明称，"已就所有未决诉讼达成和解""同意摩托罗拉向华为支付转让费"。多名中国专家4月13日接受《环球时报》采访时都表示，这说明华为的知识产权获得摩托罗拉的承认。

事情的起因还要追溯到2015年7月19日，诺基亚西门子通信公司斥资12亿美元欲收购摩托罗拉公司的无线网络业务和资产，原定于年底完成交易。由于摩托罗拉掌握着华为的部分核心机密，收购案可能导致机密泄漏，因此，华为竭力反对，于2016年年初向美国伊利诺伊州北区联邦地区法院提起诉讼。

华为用法律手段维护自己的权益，在美国打赢了官司，延缓了诺基亚西门子通信公司并购的进程，在整个事件中占据了主动。这起事件在欧美引起轰动，百余家媒体先后惊呼"不可思议"。

华为这些维权行为的背后离不开任正非对知识产权的重视。这些年来，华为在知识产权的保护方面做了很多工作。首先，华为建立了强大的知识产权队伍。华为拥有数百名专门从事知识产权相关工作的技术专家、专利工程师和负责版权、商标、许可等业务的律师。它开发出一项技术以后，会在国内和国际同步申请专利。截至2016年5月，华为已累计在全球申请专利40 148件，其中国内累计申请专利31 869件，已获得授权14 705件；国外累计申请专利8 279件，已获得授权3 060件，85%的国外授权专利是在欧美发达国家获得的。因而，当自己的知识产权被侵犯时，往往可以运用国际公约来维护权益。对于一个企业而言，创新是其发展的灵魂，而知识产权就是保护这个灵魂最有力的武器。在市场经济日益发达的今天，企业必须抓住知识产权这个核心。华为作为中国企业的代表，其知识产权战略的运用值得所有中国企业学习。

四、《民法典》中知识产权相关条文解读

2020年5月28日,《民法典》在第十三届全国人民代表大会第三次会议上通过。在《民法典》中,有多条内容涉及知识产权,尤其是分则部分。与过往法律法规中的表述相比,变化体现在以下几个方面。

(一) 知识产权质押相关规定

原《物权法》第二百二十七条第一款规定:"以注册商标专用权、专利权、著作权等知识产权中的财产权出质的,当事人应当订立书面合同。质权自有关主管部门办理出质登记时设立。"

《民法典》第四百四十四条第一款规定:"以注册商标专用权、专利权、著作权等知识产权中的财产权出质的,质权自办理出质登记时设立。"

《民法典》删除了"书面合同"的要件,这无疑降低了交易成本,便利了权利人的知识产权融资。当然,这一修改并非仅针对知识产权,以其他标的设立的权利质权遵循同样标准,无论是通过票据、债券或股权、基金份额出质还是通过应收账款出质,都不再要求当事人必须订立书面质押合同。

(二) 知识产权归属相关规定

原《合同法》第一百三十七条规定:"出卖具有知识产权的计算机软件等标的物的,除法律另有规定或者当事人另有约定的以外,该标的物的知识产权不属于买受人。"

《民法典》第六百条规定:"出卖具有知识产权的标的物的,除法律另有规定或者当事人另有约定外,该标的物的知识产权不属于买受人。"

知识产权是完全独立于物权的一种产权。通过一般标的物所有权的买卖合同,买方购买到的是标的物的所有权,而不是标的物上可能存在的知识产权。《民法典》将计算机软件独立于计算机软件载体(如光盘、计算机等)的属性推广至所有知识产权。

(三) 职务技术成果的奖酬

原《合同法》第三百二十六条第一款规定:"职务技术成果的使用权、转让权属于法人或者其他组织的,法人或者其他组织可以就该项职务技术成果订立技术合同。法人或者其他组织应当从使用和转让该项职务技术成果所取得的收益中提取一定比例,对完成该项职务技术成果的个人给予奖励或者报酬。法人或者其他组织订立技术合同转让职务技术成果时,职务技术成果的完成人享有以同等条件优先受让的权利。"

《民法典》第八百四十七条第一款规定:"职务技术成果的使用权、转让权属于法人或者非法人组织的,法人或者非法人组织可以就该项职务技术成果订立技术合同。法人或者非法人组织订立技术合同转让职务技术成果时,职务技术成果的完成人享有以同等条件优先受让的权利。"

原《合同法》条款无疑有利于鼓励发明创造的产生。然而,由于中国目前专利技术的商业化比例较低,所以所述条款在实践中的应用较少。此外,一种产品在商业上的成功往往是多方面因素共同促成的,技术本身的价值可能只是其中之一,所以要从商业成功中具

体计算发明人的提成也比较复杂。《民法典》删除了单位根据职务技术成果的商业化收益对职务技术成果的完成人进行奖酬的义务,旨在鼓励企业对技术成果进行商业推广和应用。

(四)专利侵权责任

《民法典》第一千一百八十五条规定:"故意侵害他人知识产权,情节严重的,被侵权人有权请求相应的惩罚性赔偿。"

关于专利侵权的惩罚性赔偿制度的讨论由来已久,但是一直未以生效法律规范的形式落实。此次将惩罚性赔偿制度直接纳入法律位阶仅次于《宪法》的《民法典》,足见国家对于强化知识产权保护、打击专利侵权的决心。在专利侵权中适用惩罚性赔偿制度,除应具备侵权人主观故意的要件外,还应当具备"情节严重"的要件。

(五)总结

通过以上对比分析,可以归纳出《民法典》涉及知识产权部分的如下特点:

(1)强制性条款减少,约定优先或者约定排除的条款明显增多;

(2)推动技术成果的知识产权化,鼓励知识产权的商业推广与应用,鼓励知识产权融资方面的立法导向性明显;

(3)强化知识产权保护,打击故意侵权,反映出民众知识产权保护意识的提高。

第二节　商标及《中华人民共和国商标法》

一、商标

(一)概念

> 商标是商品或服务的提供者为了将自己的商品或服务与他人提供的相同或类似商品或服务相区别而使用的标记。

《与贸易有关的知识产权协议》(TRIPs)第十五条第一款规定:"任何标记或标记的组合,只要能够将一企业的货物和服务区别于其他企业的货物或服务,即能够构成商标。此类标记,特别是单词,包括人名、字母、数字、图案的成分和颜色的组合以及任何此类标记的组合,均应符合注册为商标的条件。如标记无固有的区别有关货物或服务的特征,则各成员可以由通过使用而获得的显著性作为注册的条件。各成员可要求,作为注册的条件,这些标记应为视觉上可感知的。"

《中华人民共和国商标法》(以下简称《商标法》)第八条规定:"任何能够将自然人、法人或者其他组织的商品与他人的商品区别开的标志,包括文字、图形、字母、数字、三维标志、颜色组合和声音等,以及上述要素的组合,均可以作为商标申请注册。"

由此可见,商标与商品或服务名称、商品装潢和广告用语等其他用于说明或推销商品或服务的用语不同:商标能够起到将某一商家提供的商品与服务和其他商家提供的相同或类似的商品与服务区别开来的作用。

(二) 功能

商标的功能包括识别来源、品质保障和广告宣传。其中,识别来源为其核心功能,也是商标的本质特征和进行商标注册的前提条件。

1. 识别来源功能

商标的首要功能是区分商品或服务来源,也就是使消费者通过商标将相同或类似商品或服务的提供者区分开来。商标的这一功能被称为识别来源功能。不具有识别来源功能的标志是不能被称为商标的,更不能被注册为商标,也无法得到《商标法》的保护。而凡是具有识别来源功能的标志都是商标,无论其是否被注册。

与商标的识别来源功能相适应,《商标法》的首要目标也在于确保商标的识别来源功能得以正常实现,保证消费者能够通过商标识别商品或服务的来源,为自己希望购买的商品或使用的服务而付费,从而以降低消费者识别商品或服务来源所需要的信息成本,并促进经营者对质量的保障和展开公平竞争。而假冒他人商标的行为会对他人商标的识别来源功能造成严重破坏。

2. 品质保障功能

商标的品质保障功能是指商标向消费者传递了这样一种信息:使用相同商标的商品或服务具有相同的品质。这一功能在商品制造者和最终提供者相分离的情况下显得特别重要。随着全球经济一体化步伐的加快,越来越多知名品牌的所有者为了降低生产成本,选择在人力资源丰富、工资水平较低的国家和地区投资设厂,或干脆与当地企业签订合同,由当地企业按照其要求制造商品,再贴上商标,在世界范围内进行销售。这在国际贸易中被称为"定牌生产"。在这种情况下,商品的真正制造者与商标所有者已发生了分离,消费者凭借商标往往只能识别商品的最终提供者,也即商标所有者,而非商品的真正制造者。即便如此,只要消费者信赖商标所有者的信誉,认定使用相同商标的商品具有相同的品质,自己能够享受到相同的售后服务,也依然愿意购买使用其商标的商品,而无论该商品是否由商标所有者自己制造。这就是商标品质保障功能的体现。

商标的品质保障功能对于商标所有者而言是一把"双刃剑":一方面,商标所有者在保证商品和服务质量的前提下,可以广泛地授权他人使用自己的商标,以最大限度地实现商标所蕴含的价值。另一方面,商标所有者必须注意保持商品和服务的品质,因为即使是一小部分商品或服务的质量出现问题,也会使消费者怀疑所有使用相同商标的商品或服务的质量,从而使商标所有者的商业信誉受到沉重打击。因此,商标的品质保障功能能够促使商标所有者始终保持其商品和服务的质量。

3. 广告宣传功能

商标具有识别来源功能的特性使商标所有者很容易利用商标进行广告宣传。商标所有者往往在广告中突出商标,使人们对商标产生强烈的印象,从而通过商标选择其提供的商品或服务。商标的广告宣传功能在驰名商标上体现得特别明显。一些商场为了吸引消费者,在显著位置展示其所售商品的商标,就是在利用这些驰名商标突出的广告宣传功能。

(三) 分类

商标可以根据不同标准,进行多种划分。按照商标是否可视,可划分为可视性商标和非可视性商标。其中,可视性商标是指可以通过视觉感知的商标,人们所熟知的绝大多数商标都是可视性商标。有时,仅能通过听觉或嗅觉感知的标志也能起到区分商品或服务来源的作用,例如,美国米高梅公司拍摄的电影片头总有一段狮子吼声。按照商标的外在特征,可划分为平面商标和立体商标。其中,平面商标可按照其构成要素分为文字商标、图形商标和组合商标三种。立体商标是指占据一定立体空间的三维商标,例如,麦当劳和肯德基门口的"麦当劳叔叔"和"桑德斯上校"。按照商标的作用,可划分为商品商标和服务商标。商品商标用于识别商品提供者,而服务商标用于识别服务提供者。例如,"空中客车"是商品商标,用于识别民用航空器的制造者;而"中国东方航空"是服务商标,用于识别民用航空运输服务的提供者。

二、企业商标管理

为适应市场竞争需要,企业要不断提高商标意识,学习和了解商标法律法规的内容,积极主动地制定商标管理制度,对商标进行全方位的保护。一般说来,企业内部的商标管理制度应包括以下内容:

(一)企业应设立专门职能部门,全权负责企业商标管理与决策

企业领导集团要对商标工作予以充分重视,把制定商标战略纳入企业的经营管理系统。现在虽然不少企业加强了企业内部商标管理工作,但管理职能分散,职责不清,不利于科学管理。从实践经验来看,不宜将商标管理分散到多个职能部门。规模大的企业应设立知识产权管理部门,也可以将管理工作归并到一个综合性的商标职能部门。

(二)企业应建立健全企业内部商标管理的各项工作制度

如对商标的设计,在申请前由商标职能部门提出后,要有严格的内部审核程序,以审核商标是否有显著性和可识别性;对商标注册证、注册商标标识和商标许可使用合同要明确规定管理办法。对商标的印制生产实行严格的责任制度,从而使注册商标的日常使用制度化、规范化。

(三)重视企业商标档案管理,发挥商标档案作用

企业商标档案是企业在商标注册和使用过程中保存下来的有关文件材料。企业商标档案是否完整和管理好坏,关系到商标能否切实得到有效的保护。如两个申请人同日在同一种商品上申请同一注册商标时,根据《商标法》的规定,同日申请注册的商标依据使用在先的原则,驳回其他人的申请。这时企业使用商标的原始资料就成为关键证据。做好企业商标档案管理工作包括三个方面:

一是收集与商标注册相关的文件,包括设计过程、设计说明、设计日期、申请日期等;

二是收集整理保护商标专用权的有关材料,包括全面的商标案件投诉材料,执法机关检查和处理情况等;

三是收集整理商标用于每个商品的营业成绩记录,如用于宣传商标的广告等。

(四)形成企业商标体系,增强商标企业的市场竞争力

企业商标体系是由企业若干商标及其活动相互联系、相互影响而构成的一个企业整

体商标的总称。企业商标体系的形成应具备以下条件:企业商标意识浓厚,形成了商品与商标有机结合的良性格局;拥有若干注册商标,它们是相互联系的整体,两三个商标是难以形成体系的;各个商标具有较强的整体功能,基本达到"三统一",即商标行为与经营行为统一、商标信誉与企业信誉统一、商标优势与企业优势统一;企业商标行为规范科学,企业的商标信誉高,有一个或多个商标具有较高知名度,能为企业带来好的经济效益。确立企业商标体系有利于推动企业商标管理工作的整体发展。

三、《商标法》条款解读

为贯彻落实党中央、国务院决策部署,适应经济社会发展形势,加强知识产权保护,进一步优化营商环境,解决实践中出现的突出问题,更有效地遏制商标恶意注册,加大商标专用权保护力度,2019年4月23日第十三届全国人民代表大会常务委员会第十次会议通过对《商标法》的第四次修正。本次修正主要体现在以下三个方面:

(一) 非以使用为目的的恶意注册申请应当驳回

《商标法》第四条第一款规定:"自然人、法人或者其他组织在生产经营活动中,对其商品或者服务需要取得商标专用权的,应当向商标局申请商标注册。不以使用为目的的恶意商标注册申请,应当予以驳回。"

这一条款以禁止性的描述,对于实务中存在的恶意抢注商标的行为进行了制约。2018年俄罗斯世界杯,法国国家队球员姆巴佩一战成名后,第二天就有数以千计的"姆巴佩"商标被申请。这无疑造成了商标管理秩序的混乱。条款明确了申请商标应当以使用为目的,申请人应当考量申请的商标与自身业务之间的关联性,合理进行申请。换言之,目前不少企业通过"抢热点"的方式对热点人物名称、事件名称等进行抢注,希望以此取得关注度,这一手段在2019年新《商标法》正式施行之后,也就无法继续了。但是,申请人出于防御商标侵权的目的而注册的"防御性"商标,则不在本次修正禁止的范围内。

此外,本次修正中对于商标代理机构代理申请商标的行为,也要求符合上述"以使用为目的""非恶意"的规定,这给商标代理机构提出了新的要求,其在代理申请过程中应对商标申请的目的性和合法性进行一定的审查。

商标在申请成功后,即成为商标权利人的私权利。而私权利的行使,不应损害社会的公权力以及其他第三人的私权利。因此,在新《商标法》施行之后,无论是商标申请人,还是商标代理机构,都应当注意有关合理性及合法性的要求,合理行使自身的权利。

(二) 假冒注册商标的商品、制造工具等原则上应当销毁

《商标法》第六十三条第四款规定:"人民法院审理商标纠纷案件,应权利人请求,对属于假冒注册商标的商品,除特殊情况外,责令销毁;对主要用于制造假冒注册商标的商品的材料、工具,责令销毁,且不予补偿;或者在特殊情况下,责令禁止前述材料、工具进入商业渠道,且不予补偿。"第五款规定:"假冒注册商标的商品不得在仅去除假冒注册商标后进入商业渠道。"

上述规定无疑大大增强了对商标权利人的保护。实践中,假冒注册商标的商品往往

在进入流通环节后才被权利人发现。而在发现之后,权利人也仅能对已经发现的侵权产品采取相应的维权措施,而无法在生产环节维权以杜绝后续的侵权行为,侵权人的侵权行为极易死灰复燃。

而在新《商标法》施行后,权利人依照上述新规定,在掌握了相应线索的情况下,可以要求法院一并销毁假冒注册商标的商品,以及制造所用的材料、工具,从而最大限度地增加侵权人的成本,限制侵权人再次制造侵权产品,一定程度上降低了后续侵权的可能性。

不过,权利人对于该部分的举证责任需要明确到什么程度,人民法院是否可以责令侵权人自行提供相关制造材料、工具的存储位置,在法院判决之后销毁的实际执行流程是什么等问题,还尚未在本次修正中被明确。

(三)侵犯商标权的赔偿上限大幅提高

《商标法》第六十三条第一款规定:"侵犯商标专用权的赔偿数额,按照权利人因被侵权所受到的实际损失确定;实际损失难以确定的,可以按照侵权人因侵权所获得的利益确定;权利人的损失或者侵权人获得的利益难以确定的,参照该商标许可使用费的倍数合理确定。对恶意侵犯商标专用权,情节严重的,可以在按照上述方法确定数额的一倍以上五倍以下确定赔偿数额。赔偿数额应当包括权利人为制止侵权行为所支付的合理开支。"第三款规定:"权利人因被侵权所受到的实际损失、侵权人因侵权所获得的利益、注册商标许可使用费难以确定的,由人民法院根据侵权行为的情节判决给予五百万元以下的赔偿。"

本次修正也对侵犯商标权的赔偿上限进行了大幅提高,对恶意侵犯商标专用权,情节严重的,赔偿数额由"一倍以上三倍以下"提高为"一倍以上五倍以下";法院酌定赔偿的上限也由"三百万元"增加至"五百万元",对于侵权人的惩罚力度大大增强。

四、《商标法》中对企业的建议

(一)合理对待防御性商标注册

虽然新《商标法》自2019年11月1日起施行,但是2019年上半年开展的严厉打击商标囤积和恶意注册行为已经在遏制恶意申请商标注册方面取得了一定的成效。根据国家知识产权局于2019年7月9日发布的信息,一方面,2019年上半年商标申请量为343.8万件,同比下降4.1%,出现了不多见的"下降"现象。另一方面,国外在华商标申请量为12.7万件,同比增长15.4%,继续维持上升态势。其中,美国、日本、英国位居在华商标申请量前3位,分别同比增长13.6%、31.4%和56.9%。

上述数据体现出中国推动知识产权从高数量发展转型到高质量发展的决心,也表明了国外企业来华投资兴业、分享中国发展机遇的动力不减,充分体现了全球创新主体对中国知识产权保护和营商环境的坚定信心。

对于正常经营的企业来说,也无须过于担心《商标法》修正后防御性商标的申请问题。在仍然适用先申请的制度设计下,为了防止他人的恶意抢注,我们建议中外企业还是要积极地考虑、慎重地进行防御性注册。

（二）日常经营中注意保管好使用证据

如果商标申请依据《商标法》第四条被官方驳回后,则需要证明该申请具有"使用的目的",而这些证据材料原则上要求发生在中国境内,其中对于证明使用目的的证据材料的时间点,在目前的规定中尚没有明确的要求。因此,在日常的经营活动中,企业应当建立良好的内部信息和档案资料保管制度,尽量保存好相关的使用证据。

（三）委托正规的商标代理机构

《商标法》将遏制恶意注册行为贯穿于整个商标申请注册和保护程序,责任主体既包括商标申请人和商标权利人,也包括中介服务机构。事实上,国家知识产权局在2019年3月曾因个别专利代理机构从事非正常申请专利等行为,做出了责令停止承接新的专利代理业务12个月的处罚。鉴于商标代理机构在国家机构改革后也被并入国家知识产权局管理,不排除今后会有商标代理机构面临同样的处罚。因此,在企业委托国内代理机构办理商标业务时,应尽量委托正规的、信誉度较好的代理机构,并且保持与代理机构的有效沟通,以期将商标申请的各种风险降至最低。

【案例11-2】

"今日头条"诉"今日油条"商标侵权

2020年10月15日,北京字节跳动科技有限公司（以下简称字节跳动）以商标权权属、侵权纠纷为由,向广州知识产权法院起诉了河南今日油条餐饮管理有限公司、河南烧烤者食品有限公司以及郑州市金水区今日油条早餐店。

被告辩称,"今日油条"只是用来描述自己售卖的油条,其中"今日"是形容词,意指当天,表达的意思和"今天油条"一样,而"今日头条"是提供信息服务的,两者跨度大,不会造成公众误认；公众看到"今日油条",并不会造成对"今日头条"印象的转移,两者只是语言表达方式接近,不存在混淆可能性,不会对"今日头条"商标使用及声誉造成损害。

字节跳动当庭反驳称,被告用"今天油条"解释"今日油条"的说法过于牵强,"今日"并不能代表油条的新鲜度,而且被告的店铺装修、标志、海报和"今日头条"极其相似,抄袭了其具有独创性的标志设计。此外,除了"今日油条",被告还申请注册了今日豆花、今日面条、饼多多、快手抓饼、明日油条等商标,明显是利用驰名商标的流量来获利。庭审中,字节跳动明确表示不同意调解,该案并未当庭宣判。

根据《商标法》的规定,未经商标注册人的许可,在同一种商品上使用与其注册商标近似的商标,或者在类似商品上使用与其注册商标相同或者近似的商标,容易导致混淆的,属于侵犯注册商标专用权。据此分析本案例是否具备侵权要件：

其一,未经商标注册人的许可——显然,"今日油条"没有得到这样的许可；

其二,与注册商标相同或者近似的商标——结合新闻报道的相关图片,以及"今日油条"法定代表人张新亚的相关表述,"傍大牌"的目的和手段十分显著,显然属于容易导致

混淆的范畴;

其三,在同一种或者类似商品上使用——"今日头条"的注册公司属于信息技术类,而"今日油条"属于餐饮类,两者显然不能认定为同一种或者类似商品。

这样看起来,就商标权权属问题,"今日头条"的诉求似乎难以获得相应支持。

但《商标法》同时规定了对驰名商标的保护。对驰名商标的认定,需要考虑相关公众对该商标的知晓程度,该商标使用的持续时间,该商标的任何宣传工作的持续时间、程度和地理范围,以及该商标作为驰名商标受保护的记录等因素。因此,"今日头条"如果想在商标权权属方面获得保护,就应着重考虑其是否能够被认定为驰名商标,进而获得《商标法》规定的驰名商标保护。否则,其诉求恐怕难以获得支持。

虽然在商标权权属方面具有一定的争议,但在侵权纠纷方面,"今日头条"的诉求能获得支持的可能性较大。根据《反不正当竞争法》的规定,经营者擅自使用与他人有一定影响的商品名称、包装、装潢等相同或者近似的标识,引人误认为是他人商品或者与他人存在特定联系的混淆行为,属于不正当竞争行为,应当被禁止。

根据这一规定,"今日油条"的做法,在两个要素上容易使人认为其与"今日头条"存在特定联系:

其一,擅自使用了与"今日头条"近似的标志,容易使人混淆;

其二,容易使他人误认为其与"今日头条"存在特定联系。

不正当竞争行为并未明确限定为同一商品,可能引人误认为与他人存在特定联系即构成。据此,"今日头条"的侵权纠纷诉求,被支持的可能性较大。

第三节 著作权与《中华人民共和国著作权法》

一、著作权

(一) 著作权相关内涵

著作权是民事主体依法对作品及相关客体所享有的专有权利。"著作权"这一概念有狭义和广义之分。狭义的著作权仅指民事主体对作品所享有的一系列专有权利。广义的著作权还包括邻接权,即民事主体对作品之外的客体享有的一系列专有权利。邻接权在中国依《中华人民共和国著作权法》(以下简称《著作权法》)的规定特指表演者对其表演、录音录像制作者对其制作的录音录像制品、广播组织对其播出的节目信号和出版者对其设计的版式享有的专有权利。著作权区别于其他知识产权的一个特点是,**著作权同时包括人身权利和财产权利。**

著作人身权,又称著作精神权利,指作者对其作品所享有的各种与人身相联系或者密不可分而又无直接财产内容的权利,是作者通过创作表现个人风格的作品而依法享有获得名誉、声望和维护作品完整性的权利。该权利由作者终身享有,不可转让、剥夺和限制。作者死后,一般由其继承人或者法定机构予以保护。人身权具体包括以下四种权利(见表11-1):

表 11-1　著作人身权的内容

权利名称	权利内容
发表权	决定作品是否公布于众的权利
署名权	表明作者身份、在作品上署名的权利
修改权	修改或者授权他人修改作品的权利
保护作品完整权	保护作品不受歪曲、篡改的权利

著作财产权,又称著作权的经济权利,是指通过传播作品而获得经济报酬的权利,包括对作品的使用权、收益权、处分权。使用权是著作财产权中的核心部分。著作权人可以许可他人通过多种方式使用作品,并由此获得报酬。财产权具体包括以下十三种权利(见表 11-2):

表 11-2　著作财产权的内容

权利名称	权利内容
复制权	以印刷、复印、拓印、录音、录像、翻录、翻拍等方式将作品制作一份或者多份的权利
发行权	以出售或者赠与方式向公众提供作品的原件或者复制件的权利
出租权	有偿许可他人临时使用电影作品和以类似摄制电影的方法创作的作品、计算机软件的权利
展览权	公开陈列美术作品、摄影作品的原件或者复制件的权利
表演权	公开表演作品,以及用各种手段公开播送作品的权利
放映权	通过放映机、幻灯机等技术设备公开再现美术、摄影、电影和以类似摄制电影的方法创作的作品等的权利
广播权	以无线方式公开广播或者传播作品,以有线传播或者转播的方式向公众传播广播的作品,以及通过扩音器或者其他传送符号、声音、图像的类似工具向公众传播广播的作品的权利
信息网络传播权	以有线或者无线方式向公众提供作品,使公众可以在其个人选定的时间和地点获得作品的权利
摄制权	以摄制电影或者类似摄制电影的方法将作品固定在载体上的权利
改编权	改编作品,创作出具有独创性的新作品的权利
翻译权	将作品从一种语言文字转换成另一种语言文字的权利
汇编权	将作品或作品的片段通过选择或者编排,汇集成新作品的权利
其他财产权	应当由著作权人享有的使用作品的其他权利

(二) 作品相关内涵

1. 作品的概念

著作权的客体是"作品",是指文学、艺术和科学领域内具有独创性并能以某种有形形

式复制的智力成果。对作品的定义必须从以下三个方面理解:

(1)"作品"必须是人类的智力成果。纯粹的自然风光和声音虽然可能很优美、具有欣赏价值,以至于可以被称为"大自然的杰作",但它不是人类智力创作的结果,也就不是《著作权法》意义上的作品。

(2)"作品"必须是能够被他人客观感知的外在表达。单纯停留在内心世界的思想感情或者"腹稿"并不是《著作权法》意义上的"作品"。

(3)只有具有"独创性"的外在表达才是"作品"。"独创性"是"作品"区别于其他人类劳动成果的关键。

2. 作品的分类

《著作权法》按照作品的表现形式,将作品分为以下几类:

(1)文字作品。文字作品是指小说、诗词、散文、论文等以文字形式表现的作品,即以书面语言作为表达工具的作品。对文字作品需要注意两点:一是文字作品不同于文学作品,文字作品的范围要比文学作品广。没有上升到"文学"水准,但有独创性的文字组合仍然是文字作品,如产品说明书、理工科方面的学术论文等。二是文字作品不仅包括我们平时所熟悉的以文字包括汉字、英文等写成的作品,还包括以数字、符号表示的作品。

(2)口述作品。口述作品也称口头作品,是指即兴的演说、授课、法庭辩论等以口头语言形式表现的作品。创作口述作品与以口头形式表演作品完全不同。在以演说等口述方式创作作品之前,作品并不存在,而是在演说等活动中才被即兴创作出来的。如果演说、授课和法庭辩论基本上是按照事先准备好的讲稿来宣讲的,则有独创性的讲稿属于文字作品,而按照讲稿进行宣讲只是对文字作品的表演。宣讲者并没有创作出新作品,不是作品的作者,而只是他人作品的表演者;其享有的也不是狭义著作权而是表演者权。

【案例 11-3】

新东方罗永浩讲课录音案

罗永浩曾是北京新东方学校的教师,在该校讲授英语课程,具有较高知名度。某网站上传了载有罗永浩讲课内容的 MP3 格式录音文件,登载时注明"新东方老罗语录"等字样,并对文件进行了介绍:"罗永浩,北京新东方的英语教师,以讲课生动活泼且令人爆笑不止闻名,很多经典段子都是课堂上同学们自己录下来的。"罗永浩起诉该网站侵权。

法院认为:教师讲课内容是口述作品的一种,依法受《著作权法》的保护。罗永浩向学生讲授的课程虽是以相关的大纲、教材为基础,但具体的授课内容系罗永浩独立构思并口头创作而成,故其授课内容具有独创性,符合《著作权法》规定的作品要件,全部内容均可构成口述作品。网站未经许可将罗永浩享有著作权的口述作品上传,供用户浏览或者下载,侵犯了罗永浩对其口述作品享有的信息网络传播权,依法应当承担赔偿损失等民事责任。

（3）音乐、戏剧、曲艺、舞蹈、杂技艺术作品。其中，音乐作品是指歌曲、交响乐等能够演唱或者演奏的带词或不带词的作品。其核心是旋律、音调等音乐要素及其和谐。戏剧作品是指话剧、歌剧、地方戏等供舞台演出的作品。它总是要通过演员在舞台上的表演将故事活灵活现地展示在观众面前。曲艺作品是指以相声、快书、大鼓、评书等说唱为主要形式表演的作品。它们均属于我国传统的文艺创作成果。舞蹈作品是指通过人体连续的动作、姿势、表情等表现思想、情感的作品。换言之，舞蹈作品是通过躯体的具有艺术感染力的活动来表现思想、感情的作品。舞蹈作品同样不是指在舞台上的表演，而是指被表演的舞蹈动作的设计。对舞蹈动作的设计一般是以文字描述、动作标记、绘图示意或录制下的舞蹈画面加以体现的。杂技艺术作品是指杂技、魔术、马戏等通过形体动作和技巧表现的作品。有学者进一步将杂技解释为"包括蹬技、手技、顶技、踩技、口技、车技、武术、爬杆、走索以及各种民间杂耍等，通常也把戏法、魔术、驯兽包括在内"。

（4）美术、建筑作品。其中，美术作品是指绘画、书法、雕塑等以线条、色彩或者其他方式构成的有审美意义的平面或者立体的造型艺术作品。它不但包括各种形式的平面绘画，如油画、水墨画、木版画、铜版画、素描等，也包括各种立体形式的雕刻和雕塑，如石雕、木雕和以各种材料塑造出来的形象。建筑作品是指以建筑物或构筑物形式表现的有审美意义的作品。《著作权法》将"图形作品和模型作品"与"建筑作品"作为两个不同的类别加以规定，《著作权法》意义上的建筑作品并不包括平面建筑设计图和建筑模型，而只指三维的建筑物或构筑物。

【案例 11-4】

书法是文字作品，还是美术作品？

书法在我国是作为文字作品还是美术作品受到保护的呢？例如，毛主席以其特有的"毛体"书写了不少诗句，如果他人抄写了其中一首，究竟是对文字作品的复制还是对美术作品的复制呢？

这个问题取决于此人是以怎样的方式复制的。如果他对字形外观进行了精确临摹，则复制的是美术作品；如果他以正楷或其他字体抄写了诗词内容，则复制的是文字作品。这是因为，只要文字组合形成了具有独创性的内容，就属于文字作品，受保护的是作者思想的外在表达，也即作品中的遣词造句和内容。而造型优美的文字外观是美术作品，受保护的并非由文字组合形成的内容，而是文字外观本身的艺术表达。当然，对于由一两个字构成的书法作品而言，只可能作为美术作品受到保护，因为单独的文字或过于简短的文字组合不可能是具有独创性的文字作品。

（5）摄影作品。摄影作品是指借助器械在感光材料或者其他介质（物质载体）上记录客观物体形象的艺术作品。这里的"感光材料"是指传统的胶卷，而随着技术的进步，胶卷等感光材料以外的"其他介质"也可以记录摄影作品。目前使用胶卷的传统照相机已经被数码相机取代。在数码相机中，记录照片的介质是数字存储器。而当数码照片被拷贝至计算机之后,硬盘或光盘就成为记录照片的介质。

(6) 视听作品。电影作品及以类似摄制电影的方法创作的作品(简称为视听作品)是指摄制在一定介质之上,由一系列有伴音或无伴音的画面组成,并借助适当装置放映或者以其他方式传播的作品。"摄制在一定介质之上"是指将连续的影像固定在物质载体之上。因此,现场直播形成的连续影像,因并未事先固定在物质载体之上,在直播时不能构成视听作品。

(7) 图形作品和模型作品。其中,图形作品是指为施工、生产绘制的工程设计图、产品设计图,以及反映地理现象、说明事物原理或结构的地图、示意图等作品。模型作品是指为展示、试验或观测等,根据物体的形状和结构,按照一定比例制成的立体作品。

(8) 计算机软件。根据《计算机软件保护条例》,计算机软件是指计算机程序及其有关文档。其中,计算机程序是指为了得到某种结果而可以由计算机等具有信息处理能力的装置执行的代码化指令序列,或者可以被自动转换成代码化指令序列的符号化指令序列或者符号化语句序列。计算机程序有源程序和目标程序两种表现形式。源程序是程序员用高级语言编写的,能够为其他程序员所理解的程序;而目标程序由高级语言转化而来,只能为计算机所读取,而无法为人所理解。文档则指用来描述程序的内容、组成、设计、功能规格、开发情况、测试结果及使用方法的文字资料和图表等,如程序设计说明书、流程图、用户手册等。

二、出版企业的著作权保护与管理

长期以来,国内出版企业对于著作权的保护与管理相对滞后,一方面自身合法权益频频被侵犯成为受害者,另一方面对作者合法权益保护不力甚至造成侵权成为事实上的加害者。这一现象在部分出版企业整合为集团之后非但没有解决,反而由于相关职能部门工作量的增加,著作权问题未受到重视。与此同时,与互联网相关的内容产业蓬勃发展,在提高内容传播效率的同时,著作权的侵权行为愈演愈烈,而且呈现出与以往侵权行为完全不同的特征:手段更为多样、隐蔽;辨别难度更大;传播范围更广;速度更快。出版企业的著作权保护与管理面临更大的挑战。

(一) 专职部门负责,协调与处理跨部门著作权问题

出版企业必须从著作权兼具风险防范与市场拓展的双重特性出发,整合流程管理、权利审查、风险防范、权利保护、维权诉讼以及对外授权等功能,组建著作权专职管理部门,处理所有著作权的相关事项。从整合后的功能属性来看,这个部门的性质介于业务部门与职能部门之间。一方面商业维权诉讼和对外授权都涉及利润收入,具有明显的业务拓展的特点;另一方面权利的审核、保护措施以及风险防范等都必须经过不同部门间的沟通协调才能落实,这又显然具有职能部门的属性。当然实践中也可以把这两种职能分离(如果进行全版权运营,还可以再细化出版权运营职能,专攻衍生产品发展),尤其是实现著作权集中化管理的出版集团更应如此,在减轻部门工作压力的同时,形成合理的权力制衡。

著作权专职管理部门职责的特殊性决定了部门人员必须是多面手。

首先要有较高的专业技能,熟悉《著作权法》,了解知识产权相关的法律法规,能够在实务中帮助出版社规避著作权的潜在风险;准确判断权利纠纷的本质,帮助出版企业及时采取应对措施;了解司法诉讼的流程、取证以及辩论要点,协助律师做好法律攻防等。

其次对出版企业所涉业务与流程比较了解,包括从图书选题策划、编辑审稿到图书销售,从文档加工、版权保护技术到版权授权、电子书分发以及数字出版平台运营等,能够进行针对性的证据准备;能够实现版权授权与电子书业务的开拓;能够对数字出版项目运营中涉及的著作权风险进行适当预防等。

最后要有一定的公关能力,对涉及著作权的危机事件能够正确及时应对,避免危机扩大或者深入;能够与作者、编辑以及相关合作方有效沟通,确保目标的顺利达成。

(二)以信息网络传播为主,采用多种技术手段,加强作品传播的追踪监控

在作品传播的追踪监控上必须与时俱进,以信息网络传播的监控为主,实物侵权的追踪为辅,积极采用新兴技术,对所有通过互联网传播的作品进行追踪与监控。目前市场上流行的各种版权监测技术方案,大部分流程都一样:预先把权属证据(图书 CIP 数据也是一种权属证明)通过客观中立的第三方存证,然后通过类似爬虫的技术搜集侵权线索,再将搜集到的侵权作品与预存的有权属证据的作品进行比对,最终确认是否侵权,以及决定采取何种针对性的动作。

由出版集团直接运营的数字出版平台,更应该加强对著作权的保护力度,对数字资源和平台本身同时采取严密的安全保护措施,避免权利管理电子信息与著作权保护技术措施被轻易破坏。如果发现盗链行为,也可依据《信息网络传播权保护条例》,除追究实体权利的侵权责任外,还追究其破坏权利管理电子信息与著作权保护技术措施的责任,加强对侵权行为的打击力度。

(三)完善作品授权管理,确保传播范围的可控性

首先要准确界定复制权和发行权。复制行为既包括对作品的原样复制,也包括数字化作品加工与不同格式间的转换,还包括文字作品转换为音频的机械复制和真人阅读的音频录制等。随着听书业务的火爆,最后一种复制行为也很常见。在对外授权时,必须确定由此产生的邻接权即录音录像制作者权利的归属,或者自行制作自己拥有,或者授予合作方音频的复制权,由音频制作方享有录音录像制作者权。发行行为既包括有形复制件的转让,也包括无形复制件的转让(例如手机报),还包括通过互联网下载。

其次是强化合理注意义务的审查,切忌用著作权人(或者代理人)责任自负之类的合同条款自我麻醉。所谓合理注意义务,其内容既包括对非原创者授权链条的完整性审查和汇编人对原作品授权链条的完整性审查,也包括对转载作品的授权链条完整性审查(除期刊外,其他任意两种介质之间均不适用法定许可),还包括作品中涉及其他民事权利的授权链条的完整性审查。通过强化合理注意义务的审查,规避可能的著作权或其他权利纠纷。

最后对于转授权要谨慎使用,严格控制。一般情况下授权只限一级,也就是说被授权人只能针对直接用户(包括个人用户和集体用户),被授权人不能将自己所获的授权转让给任何第三方。部分特殊情况,例如境外市场、录音录像制品或者表演权等,对于被授权人的权利再转让应严格管控,确保在到达直接用户前的每一个环节的可控性。

(四)制定科学的诉讼维权战略,实现综合效益的最大化

首先是侵权对象的评估,根据对象的评估结果确定诉讼目的。通常侵权对象可以划分为三个类型:第一类是无实质合作可能,也非直接竞争关系;第二类是合作所产生的效益远大于索赔收益;第三类是直接竞争关系,也很难有效合作。据此,第一类侵权对象的诉讼维权以停止侵权和获得现金收入为目的。第二类侵权对象的诉讼维权以合作为主导方向,如果双方调解合作成功,侵权收入追认为授权收入即可。第三类侵权对象的诉讼维权事关企业竞争战略大局,主要目的显然是限制竞争。

其次是作品的价值评估,确定维权重点作品与方向。作品价值评估事关索赔举证,是整个司法诉讼中难度最高的一环。随着互联网的快速发展,图书的收入来源日趋多样化,包括纸质图书、数字图书、音视频读物以及顺应交付方式便捷化而出现的碎片化内容等,为此相应的价值评估指标体系必须完整,既包括销售数据,也包括流量数据(包括合作平台、侵权方平台以及自有平台),在此基础上形成合理的评估价值,据此确定诉讼维权的重点作品与方向,同时为索赔举证提供有力支撑。当然,由于作品的生命周期不同,不同阶段的评估价值必然存在差异,所以价值评估是动态的评估,需要不断更新。

最后是确定商业化维权方案,实现现金收入最大化。当前关于商业化维权的性质还存在诸多争议,但是无论赞成还是反对,此举会招致法官反感从而降低判赔额则是不争的事实。因此有必要在评估侵权对象和作品价值的基础上,制订商业化维权方案,实现现金收入最大化。大致做法是先锁定评估价值最高的作品,再从无实质合作可能的侵权对象中选定可能判赔额最高的侵权对象,然后进入司法诉讼,胜诉之后即可以此案为标准,展开系列维权行动。

三、《著作权法》条款解读

2020年11月11日,第十三届全国人民代表大会常务委员会第二十三次会议通过《关于修改〈中华人民共和国著作权法〉的决定》。《著作权法》的最新修订距离上一次刚好十年。十年间,科技的飞跃发展,为作品传播和文化产业带来了翻天覆地的变化。《著作权法》的修订是满足现实的需要,也是对司法实践成果的吸收。

(一)修改作品定义,作品客体类型开放

《著作权法》第三条规定:"本法所称的作品,是指文学、艺术和科学领域内具有独创性并能以一定形式表现的智力成果,包括:(一)文字作品;(二)口述作品;(三)音乐、戏剧、曲艺、舞蹈、杂技艺术作品;(四)美术、建筑作品;(五)摄影作品;(六)视听作品;(七)工程设计图、产品设计图、地图、示意图等图形作品和模型作品;(八)计算机软件;(九)符合作品特征的其他智力成果。"

对作品定义的修改,这应当是《著作权法》修订中最为根基的问题,也是源头问题。作品的定义虽然采用的是概括式概念描述的方法,但并未封闭,在作品的判断上依然要看其是否具备以下要件,即"文学、艺术和科学领域内""具有独创性""以一定形式表现"。修改后的作品定义摒弃了原来实际上并无法律、行政法规规定的其他作品的兜底规定,这将为司法实践腾出可适用的空间,贯彻知识产权法定主义的原则。

(二) 对广播权进行合理扩张

《著作权法》第十条第十一项规定:"广播权,即以有线或者无线方式公开传播或者转播作品,以及通过扩音器或者其他传送符号、声音、图像的类似工具向公众传播广播的作品的权利,但不包括本款第十二项规定的权利。"第十二项规定:"信息网络传播权,即以有线或者无线方式向公众提供,使公众可以在选定的时间和地点获得作品的权利。"

信息网络传播权和广播权的修改,回应了当前较为突出的网络直播著作权侵权问题,以后网络主播未经许可翻唱、挂播他人作品,将落入权利人广播权的规制范围。法院审理网络直播、挂播等非交互式著作权侵权纠纷案件时,将不再用原来的兜底条款予以救济,信息网络传播权和广播权的衔接将更严密,法律适用也更为清晰明确。

(三) 合作作品的著作权归属

《著作权法》第十四条第一款规定:"两人以上合作创作的作品,著作权由合作作者共同享有。没有参加创作的人,不能成为合作作者。"第二款规定:"合作作品的著作权由合作作者通过协商一致行使;不能协商一致,又无正当理由的,任何一方不得阻止他方行使除转让、许可他人专有使用、出质以外的其他权利,但是所得收益应当合理分配给所有合作作者。"

合作作品必须包含共同创作的主观意图,且创作者有实质性的创作行为,如果仅仅是对原作品做一些简单的辅助性工作,不能认定为参与创作,行为人不能被认定为合作作者。上述规定,一方面尊重当事人意思自治,有协商约定的从其约定;另一方面也阐明无法协商约定的,无正当理由不得妨碍作品的正常传播,所得收益归所有的合作作者。这样既保障了作者的经济收益,又不妨碍作品的正常传播流通。

(四) 凸显对阅读障碍者的关爱

《著作权法》第二十四条增加"以阅读障碍者能够感知的无障碍方式向其提供已经发表的作品"可以不经著作权人许可,不向其支付报酬,但应当指明作者姓名或者名称、作品名称,并且不得影响该作品的正常使用,也不得不合理地损害著作权人的合法权益。

这次《著作权法》修订,将盲人改为阅读障碍者,并且不再限制作品类型,让阅读障碍者以能感知的方式使用作品,是立法上很大的进步,给予了残障人士更多的关爱,使他们有更多的机会享受到多姿多彩的文化,丰富其精神文化生活。立法的善良会带动社会的善良,将来会有越来越多的专业机构为残障人士服务,让他们以能感知的方式"阅读"不同类别的作品。

【案例 11-5】

《太极熊猫》诉《花千骨》案件——以《著作权法》保护游戏规则

2018年《花千骨》游戏侵犯《太极熊猫》游戏著作权纠纷的判决引人注目。在一审判决中法官明确指出游戏规则的特定呈现方式构成"表达",包含在《著作权法》的保护范围内。该案成为第一个明确认定游戏规则属于《著作权法》保护客体的案例。值得注意的是,2019年12月31日,二审法院维持一审的判决结果颠覆了以往不保护游戏规则的做法,还直接明确了特定的"换皮抄袭"行为构成《著作权法》侵权,有力打击了"换皮游戏"侵权,为游戏产业的健康发展提供了良好的法律环境。但是该案判决没有直接说明游戏规则具体属于何种作品类型,法官突破了《著作权法》对作品表达形式的限定,直接保护游戏规则,不仅违反了《著作权法》实行的作品类型法定,而且缺乏法律依据,导致争议颇多。

本案是我国首例通过判决明确网络游戏中玩法规则的特定呈现方式,可以获得《著作权法》保护,并判定"换皮抄袭"系著作权侵权的一种方式。本案对此种侵权行为判决3 000万元的高赔偿额。判决后,在业内引起广泛反响。本案判决的典型性在于:

第一,详细阐述了"思想"与"表达"的划分,明确《著作权法》保护的"表达",不仅指"表达形式",还包括具有独创性的"表达内容"。判决以实例和三角模型对"思想"与"表达"的分界线做了详细、形象化的释述,并强调对于"思想"与"表达"的分界不宜机械理解,当作品的内容已经通过创作呈现为作品的具体表达时,就已经属于《著作权法》保护的作品"表达"的范畴。确定"思想"与"表达"的分界线,需要结合作品的具体情形具体判断。

第二,创新了游戏作品著作权保护思路,明确网络游戏中玩法规则的特定呈现方式,可以作为《著作权法》保护对象,并判定"换皮抄袭"构成侵权。对网络游戏作品权利保护的传统裁判思路,一般是根据其元素的不同分别从文字作品、美术作品、音乐作品或者计算机软件作品等角度进行,但是这类细分权项的保护只是保护了网络游戏中的某一个元素类别,并不足以实现对具有完整性特征的网络游戏的充分保护和实质保护,导致发生"换皮抄袭"以逃避法律规制。判决明确,网络游戏通过具有独创性的界面布局、文字、交互等设计,以及对其他公有领域、有限表达等要素的选择、排列、组合所构成的新的界面布局、文字、交互等设计,是对游戏具体玩法规则的特定呈现方式。如果该特定呈现方式已经可以达到区别于其他游戏的创造性特征,则可以被认定为受《著作权法》保护的具有独创性的"表达"范畴。这样可以实现对网络游戏作品的整体保护。

第四节 专利权与《中华人民共和国专利法》

一、专利权

(一) 专利权的概念与特征

> 专利权是国家根据发明人或设计人的申请,以向社会公开发明创造的内容,以及发明创造对社会具有符合法律规定的利益为前提,根据法定程序在一定期限内授予发明人或设计人的一种排他性权利。

专利权具有排他性、时间性、地域性,如表 11-3 所示:

表 11-3 专利权的特征

特征	内容
排他性	专利权人对其拥有的专利权享有独占或排他的权利,未经其许可或者出现法律规定的特殊情况,任何人不得使用,否则即构成侵权
时间性	法律对专利权人的保护不是无期限的,而是有限制的,超过这一时间限制则不再予以保护,专利权随即成为人类共同财富,任何人都可以利用
地域性	任何一项专利权,只有依一定地域内的法律才得以产生并在该地域内受到法律保护

(二) 专利权的客体

专利权的客体,也被称为专利法保护的对象,是指依法应授予专利权的发明创造。根据《中华人民共和国专利法》(以下简称《专利法》)第二条的规定,《专利法》的客体包括发明、实用新型和外观设计三种。

1. 发明

发明是指对产品、方法或者其改进所提出的新的技术方案。发明必须是一种技术方案,是发明人将自然规律在特定技术领域进行运用和结合的结果,而不是自然规律本身,因而科学发现不属于发明范畴。同时,发明通常是自然科学领域的智力成果,文学、艺术和社会科学领域的成果也不能构成专利法意义上的发明。

2. 实用新型

实用新型是指对产品的形状、构造或者其结合所提出的适于实用的新的技术方案。实用新型专利只保护产品。该产品应当是经过工业方法制造的、占据一定空间的实体。一切有关方法(包括产品的用途)以及未经人工制造的自然存在的物品都不属于实用新型专利的保护客体。上述方法包括产品的制造方法、使用方法、通信方法、处理方法、计算机程序以及将产品用于特定用途等。

3. 外观设计

外观设计又被称为工业产品外观设计,是指对产品的整体或者局部的形状、图案或者其结合以及色彩与形状、图案相结合所作出的富有美感并适于工业应用的新设计。

外观设计的载体必须是产品。其中,产品是指任何用工业方法生产出来的物品。不能重复生产的手工艺品、农产品、畜产品、自然物不能作为外观设计的载体。通常,产品的色彩不能独立构成外观设计,除非产品色彩变化的本身已形成一种图案。可以构成外观设计的组合有:产品的形状;产品的图案;产品的形状和图案;产品的形状和色彩;产品的图案和色彩;产品的形状、图案和色彩。

形状是指对产品造型的设计,也就是指产品外部的点、线、面的移动、变化、组合而呈现的外表轮廓,即对产品的结构、外形等同时进行设计、制造的结果。

图案是指由任何线条、文字、符号、色块的排列或组合而在产品的表面构成的图形。图案可以通过绘图或其他能够体现设计者的图案设计构思的手段制作。产品的图案应当是固定、可见的,而不应是时有时无的或者需要在特定的条件下才能看见的。

色彩是指用于产品上的颜色或者颜色的组合,制造该产品所用材料的本色不是外观设计的色彩。

二、专利权在企业中的作用

近年来,我国的专利申请量逐年上升,而专利权作为比较重要的一种知识产权,也越来越受到国家专利法律法规的保护和大众的关注与重视,许多企业都开始着手申请专利。知识产权在企业竞争中有着重要的地位,专利权作为知识产权的一种,自然对企业有着非常重要的作用,具体可以概括为以下五个方面:

(一) 防卫作用

当一个企业拥有专利时,就可以防止他人盗用自己的产品和技术申请专利。并且企业拥有了核心产品的专利权,就能受到法律的保护,有利于企业在技术上明确自己的主权,而无须担心技术被他人窃取利用。

(二) 宣传作用

企业申请专利的另一个重要原因,是为了进行广告宣传。拥有专利权能够得到消费者的重视,提升品牌的知名度。如果企业新开发了产品,并对研发的新技术申请专利,企业在获得专利权后可以在一段时间内独占市场;并且没有得到该企业的许可,任何人不得生产、销售和使用该专利产品。所以对企业来说,要想产品占据更大的市场份额,申请的专利多多益善。

(三) 垄断作用

当企业拥有专利权时,就可以垄断制造、使用或销售其专利产品的权利,抑制竞争对手在该专利技术上的利用。如果一个企业拥有多项专利,那么意味着该企业具备强大的研发实力。一般而言,拥有自主知识产权的企业不仅拥有庞大的消费群体,也是政府各项政策扶持的主要对象。

(四) 索赔作用

企业拥有了专利权后,若有公司侵权,企业可据此获得可观的赔偿金。拥有一定数量的专利还可以作为企业上市,以及其他评审中的一项重要指标。总的来说,专利权既可用作盾,保护自己的技术和产品;也可用作矛,打击对手的侵权行为。

(五)储备作用

专利可作为技术储备,等到第一代产品在市场上充分发挥作用后,就可以再推出第二代产品,促进企业产品的更新换代。同时也能够提高产品的技术含量,提升产品的质量、降低成本等,能够让企业产品在市场上立于不败之地。

三、《专利法》条款解读

(一)加强对专利权人合法权益的保护

本次《专利法》修订,有助于加大对侵犯专利权的赔偿力度,完善举证责任、诉前行为保全措施及专利行政保护,具体来看:新增了诚实信用原则、专利权期限补偿制度和药品专利纠纷早期解决程序有关条款等。专利侵权的技术性强、维权成本高、赔偿额偏低是专利保护的主要障碍,其中最关键的问题是赔偿额低。修订前的《专利法》中缺乏对恶意侵权的惩罚机制,并且法定赔偿的上限仅为 100 万元,这就导致很多权利人怠于行使权利,从而缺乏足够的动力进行自主创新。

(二)减轻举证责任

《专利法》第七十一条第四款规定:"人民法院为确定赔偿数额,在权利人已经尽力举证,而与侵权行为相关的账簿、资料主要由侵权人掌握的情况下,可以责令侵权人提供与侵权行为相关的账簿、资料;侵权人不提供或者提供虚假的账簿、资料的,人民法院可以参考权利人的主张和提供的证据判定赔偿数额。"

实际上,该举证规则已经写入《最高人民法院关于审理侵犯专利权纠纷案件应用法律若干问题的解释(二)》中。本次修订将该规则明确写入《专利法》中,有利于进一步减轻权利人的举证责任,从而争取更高的侵权赔偿数额。有学者认为,除举证责任之外,证据来源也是专利侵权案件中权利人面临的主要问题之一。若想真正解决这个问题,除建立惩罚性赔偿制度、大幅提高法定赔偿额外,还要进一步完善证据规则,例如可将独立第三方、专家、技术调查官、人民陪审员提供的评估作为证据,而不仅限于权利人的主张。

(三)促进专利实施和运用

《专利法》第六条第一款规定:"执行本单位的任务或者主要是利用本单位的物质技术条件所完成的发明创造为职务发明创造。职务发明创造申请专利的权利属于该单位,申请被批准后,该单位为专利权人。该单位可以依法处置其职务发明创造申请专利的权利和专利权,促进相关发明创造的实施和运用。"

虽然我国专利申请量和授权量较高,但对专利权"重申请、轻运用"的现象却一直存在。对此,中国专利保护协会法律组专家王振凯指出,国内专利许可市场仍有较大发展空间,影响了专利创造一级市场表现,对此,引入专利开放许可制度是一种有益尝试。而如何让知识产权真正成为技术转化运用载体,也是专利强企必须思考的问题。

（四）鼓励并丰富奖励制度

《专利法》第十五条第二款规定："国家鼓励被授予专利权的单位实行产权激励，采取股权、期权、分红等方式，使发明人或者设计人合理分享创新收益。"

近年来，我国科技创新激励措施改革的积极进展，为营造良好科研生态、建设科技强国奠定了坚实的制度基础，而此次修订又进一步丰富了职务创新成果所有权方面的内容。单位可以用股权、期权、分红等方式对科研人员进行激励，是本次修订中的一个非常重要的变化。

本章小结

本章首先介绍了知识产权的概念。知识产权是指人们就其智力劳动成果所依法享有的专有权利，主要包括商标权、著作权和专利权。商标是商品或服务的提供者为了将自己的商品或服务与他人提供的同种或类似商品或服务相区别而使用的标记，具有识别来源功能、品质保障功能和广告宣传功能。著作权是民事主体依法对作品及相关客体所享有的专有权利，同时包括人身权利和财产权利。专利权是国家根据发明人或设计人的申请，以向社会公开发明创造的内容，以及发明创造对社会具有符合法律规定的利益为前提，根据法定程序在一定期限内授予发明人或设计人的一种排他性权利。同时，本章以《民法典》《著作权法》《商标法》《专利法》为主要分析对象，对比法律修订前后的异同，解读法条修改的影响，分析未来法律方向，为企业发展提供建议。

案例分析

外观设计专利权纠纷案

高仪股份公司（以下简称高仪公司）为"手持淋浴喷头"外观设计专利的权利人，该外观设计专利合法有效。2012年11月，高仪公司以浙江健龙卫浴有限公司（以下简称健龙公司）生产、销售和许诺销售的丽雅系列等卫浴产品侵害其"手持淋浴喷头"外观设计专利权为由提起诉讼，请求法院判令健龙公司立即停止被诉侵权行为，销毁库存的侵权产品及专用于生产侵权产品的模具，并赔偿高仪公司经济损失20万元。台州市中级人民法院认为，双方产品虽然出水面高度近似，但是其他部位的设计都存在差异，整体视觉效果明显不同，遂判决不构成侵权，驳回了高仪公司的诉讼请求。

高仪公司上诉至浙江省高级人民法院，法院认为高仪公司产品的出水面是其设计特征和视觉要部，应当重点考量。而健龙公司产品的出水面设计与高仪公司高度相似。此外，涉案专利手柄上的推钮设置是基于功能性的设计，遂认定被诉侵权设计侵犯了高仪公司的专利权，并撤销了台州市中级人民法院的一审判决。

健龙公司不服二审判决申请再审，最高人民法院认为喷头、手柄及其连接处应作为容易被直接观察到的部位予以考虑，并且这些部位的设计存在较大差异；推钮由于不是功能唯一决定的设计形状,因此不是功能性设计,以此认定双方专利属于不相同且不近似的设计,健龙公司不构成对高仪公司专利权的侵害,撤销浙江省高级人民法院判决,维持了台州市中级人民法院的判决。

■ 思考

1. 二审和再审的主要分歧点在哪里?
2. 被诉侵权产品外观设计是否落入涉案外观设计专利权的保护范围?
3. 该案例对今后企业申请外观设计专利权有何启示?

第十二章
法商环境与相关法条解读

学习目标

1. 了解物理环境的概念和种类。
2. 理解环境保护与企业价值的关系。
3. 掌握《中华人民共和国环境保护法》的内涵和对企业的影响。
4. 了解互联网环境的概念和对企业的影响。
5. 掌握《网络交易监督管理办法》的内涵和对企业的影响。

基本概念

物理环境　《中华人民共和国环境保护法》　互联网环境　《网络交易监督管理办法》

案例导入

滴滴出行是领先的一站式出行平台,也是中国共享经济的引领者。自2012年成立以来,滴滴出行不断改进互联网应用技术,不断提升数据的处理能力,有效地将城市中闲置的交通资源与日益提升的居民交通出行需求进行精准对接。滴滴出行提供多元化出行服务,将城市居民的交通需求层次化并进行了针对性承接,实现了便捷、高效的出行。

绿色发展是以高效匹配闲散资源为特征的共享经济的天然属性。滴滴出行是交通领域绿色发展模式的创新,通过汽车资源高效化、公众出行方式绿色化、新能源汽车普及化和城市交通运行智能化,推动公共消费模式和生活方式的转变。滴滴出行引领的共享出行方式,通过减少交通运力达到降低交通出行领域的碳排放的目的。2017年,滴滴出行提供的各种形式的共享出行方式,共减少约150.7万吨二氧化碳排放,相当于21个奥林匹克森林公园或2个塞罕坝机械林场的年碳吸收量。滴滴出行持续探索绿色发展模式,不断提升产品服务,强化平台的绿色属性。

作为领先的共享出行平台,滴滴出行拥有海量大数据及基于大数据的强大的数据分析、利用能力。目前,滴滴出行平台每日新增轨迹数据超过106TB,每日处理数据超过4 875TB,每日路径规划请求超过40亿次。滴滴出行运用先进的互联网技术,改善了相关领域产品的安全和服务,实现了技术的社会价值"溢出"。滴滴出行将大数据、云计算和人工智能等技术进行了二次共享,并将其应用于城市交通,为公共部门提供了交通预测、路径优化等智慧交通服务,提高了城市交通效率。

然而2021年7月2日,国家网信办发布消息:为防范国家数据安全风险,维护国家安全,保障公共利益,依据相关规定,对滴滴出行实施网络安全审查。并要求,审查期间滴滴出行停止新用户注册。当晚,滴滴迅速做出回应称,将积极配合网络安全审查,全面梳理和排查网络安全风险,持续完善网络安全体系和技术能力。7月4日,国家网信办发布关于下架滴滴出行App的通报。在互联网时代,随着信息化、数据化、数字化进程的加快,公众的个人信息安全也变得非常脆弱。中央密集的审查引发了全国人民的广泛关注,网络安全的相关话题频频冲上热搜,成为全民关注的焦点。

第一节　物理环境与《中华人民共和国环境保护法》

党的十八大报告中首次单篇论述了"生态文明",提出:"要把资源消耗、环境损害、生态效益纳入经济社会发展评价体系,建立体现生态文明要求的目标体系、考核办法、奖惩机制。""加强环境监管,健全生态环境保护责任追究制度和环境损害赔偿制度。"随着近年来政府和群众环保意识的增强以及一系列政策法规的出台,中国企业面临更加严格的环境规制。那么,环境规制与公司治理和企业绩效有什么联系呢?

一、物理环境

(一)概念

物理环境是自然环境的一部分,它包括**天然物理环境**和**人工物理环境**。

天然物理环境由自然声环境、振动环境、电磁环境、辐射环境、光环境、热环境等构成;人工物理环境由人工因素产生形成的人工噪声环境、振动环境、电磁环境、辐射环境、光环境、热环境等构成。

> 企业所处的物理环境是指企业在生产经营过程中所接触的自然环境和工作相关的物理实体环境,这些物理环境为企业的生产经营提供物质能量交换,帮助企业生产。

(二)企业可能涉及的物理环境种类

《中华人民共和国环境保护法》(以下简称《环境保护法》)第二条规定:"本法所称环境,是指影响人类生存和发展的各种天然的和经过人工改造的自然因素的总体,包括大气、水、海洋、土地、矿藏、森林、草原、湿地、野生生物、自然遗迹、人文遗迹、自然保护区、风景名胜区、城市和乡村等。"

(三)企业对物理环境的影响

对自然环境产生最直接不良影响的就是重污染行业企业,这些企业在生产经营过程中通过排放废弃物、不合理地开采利用自然资源从而对所在地区的空气、水、土壤等造成污染,使得人类或者当地动植物的生存环境遭到破坏,甚至进一步使生态环境遭到破坏和污染,这些污染和破坏的最终结果是降低当地居民的生活质量,使人民生命健康受到威胁,人民安全感和幸福感被削弱。

根据生态环境部公布的《上市公司环境信息披露指南》,重污染行业涵盖火电、钢铁、水泥、电解铝、煤炭、冶金、化工、石化、建材、造纸、酿造、制药、发酵、纺织、制革和采矿业16类行业。

(四)物理环境对企业的影响

物理环境的好坏影响着企业的生产效率及经营成果,同时也是企业生产的一个外在制约条件。随着《环境保护法》的出台以及广大人民群众对生态环境和自然资源保护意识的提高,企业对环境资源的利用受到的限制逐渐增加,法律的约束、社会媒体的监督都促使企业转向绿色生产方式,并不断提高环境保护意识。与此同时,更多的企业主动承担起应有的社会责任,既为社会提供优质商品和服务,也更多地实施节能减排、减少污染环境的行为。

二、环境保护与企业价值的关系

一直以来,关于环境保护与企业价值之间的关系,学界存在不同的理论观点,如图12-1所示。

环境保护与企业目标似乎存在不可调和的矛盾,但图12-1所示理论都过分强调企业自身的利益,没有考虑到企业是社会的重要有机组成部分以及企业与社会之间天然就存在的互动关系。

企业若不考虑对环境的破坏和污染,将会产生两方面的后果:

一方面,企业对环境产生的不良影响可能会影响邻近区域生活的其他个体,他们可以对该企业进行控告致使企业不得不改正并赔偿对其造成的损失。此外企业所用的自然资源是有限的,如果不致力于创新和变革技术,企业将面临后续发展动力不足的问题。

另一方面,随着消费者环保意识的提升,消费者会甄别企业生产的产品是否会产生较大的污染,并对生产破坏环境产品的不良企业进行抵制,企业的形象和竞争力会进一步恶化,最终也不利于企业的可持续发展。

当今社会呼吁可持续发展,对企业也有了新的要求,企业必须将自身利益、环境保护和消费者期望统筹起来,不再单一地追求自身利益最大化。

健康的经济发展应建立在生态的可持续发展之上,企业作为社会的企业要尽可能地减少企业生产经营过程中的"负外部性",实施符合社会群体期望的行为,如进行污染控制、降低废弃物排放、保护自然资源等,企业价值不仅体现在自身产品和服务上,还体现在社会责任的承担中。在消费者主权时代,消费的观念也在发生变化,这样也使得企业的管理者必须重视消费者的消费观念和价值取向;如今绿色消费观日益成为一种主流,这也促使企业的价值导向发生转变。

以新古典主义经济学为基础的观点：经济增长与环境保护不可兼得，环境规制强度的上升会增加企业的生产成本，从而影响其稀缺资源的配置。纵然环境规制会激励企业进行环境友好型创新，但它也会挤出企业正常的研发行为。

权衡假说：企业的根本目标是为股东创造利润，企业进行环境保护会使得投资于核心竞争业务的资源不足，因而相较于未进行环境保护(或环境保护力度不高)的企业，其竞争优势会明显不足。

管理层机会主义假说：企业环境责任是出于对管理层个人声誉的考量，这样会加剧"委托-代理"冲突，从而不利于企业发展。

图 12-1　关于环境保护与企业价值关系的理论观点

三、《环境保护法》条款解读

《环境保护法》的施行旨在保护和改善环境，防治污染和其他公害，保障公众健康，推进生态文明建设，促进经济社会可持续发展。该法于 2014 年 4 月 24 日在第十二届全国人民代表大会常务委员会第八次会议上修订通过，自 2015 年 1 月 1 日起施行。修订后的《环境保护法》进一步明确了政府对环境保护的监督管理职责，完善了生态保护红线等环境保护基本制度，强化了企业污染防治责任，加大了对环境违法行为的法律制裁。法律条文也从原来的 47 条增加到 70 条，增强了法律的可执行性和可操作性，被称为"史上最严"的《环境保护法》。

《环境保护法》中涉及方针政策的条款为解决相关法律问题指明了方向，同时也是企业应当了解和遵守的首要方面。具体法条规定如下：

第四条　保护环境是国家的基本国策。

国家采取有利于节约和循环利用资源、保护和改善环境、促进人与自然和谐的经济、技术政策和措施，使经济社会发展与环境保护相协调。

第五条　环境保护坚持保护优先、预防为主、综合治理、公众参与、损害担责的原则。

第六条 一切单位和个人都有保护环境的义务。

地方各级人民政府应当对本行政区域的环境质量负责。

企业事业单位和其他生产经营者应当防止、减少环境污染和生态破坏,对所造成的损害依法承担责任。

公民应当增强环境保护意识,采取低碳、节俭的生活方式,自觉履行环境保护义务。

第七条 国家支持环境保护科学技术研究、开发和应用,鼓励环境保护产业发展,促进环境保护信息化建设,提高环境保护科学技术水平。

(一)以法律形式确立"保护环境是国家的基本国策"

此次修订首次以法律条文的形式确立了"保护环境是国家的基本国策",改变了发展优先、兼顾环保的思维定式,给以牺牲环境为代价的发展模式从法理上画上了句号,为生态文明建设奠定了法律基础。

(二)首次划定生态保护红线

修订后的《环境保护法》首次将生态保护红线写入法律。《环境保护法》第十八条规定:"省级以上人民政府应当组织有关部门或者委托专业机构,对环境状况进行调查、评价,建立环境资源承载能力监测预警机制。"第二十九条第一款规定:"国家在重点生态功能区、生态环境敏感区和脆弱区等区域划定生态保护红线,实行严格保护。"

作为保护我国生态资源的重要方式,"生态保护红线"这一概念自被提出起就受到社会各界的广泛关注。《国家生态保护红线——生态功能基线划定技术指南(试行)》,是我国首个生态保护红线划定的纲领性技术指导文件。

(三)出台针对性规定治理污染,提出建立环境污染公共监测预警机制

修订后的《环境保护法》对雾霾等大气污染,作出了有针对性的规定,如第三十九条:"国家建立、健全环境与健康监测、调查和风险评估制度;鼓励和组织开展环境质量对公众健康影响的研究,采取措施预防和控制与环境污染有关的疾病。"第四十七条第二款:"县级以上人民政府应当建立环境污染公共监测预警机制,组织制定预警方案;环境受到污染,可能影响公众健康和环境安全时,依法及时公布预警信息,启动应急措施。"第二十条第一款:"国家建立跨行政区域的重点区域、流域环境污染和生态破坏联合防治协调机制,实行统一规划、统一标准、统一监测、统一的防治措施。"第四十四条第二款:"对超过国家重点污染物排放总量控制指标或者未完成国家确定的环境质量目标的地区,省级以上人民政府环境保护主管部门应当暂停审批其新增重点污染物排放总量的建设项目环境影响评价文件。"

环境保护是一个系统工程,又是一项长期任务,必须依靠政府、公民、企业共同努力。

(四)加大违法排污处罚力度,按日计罚无上限

《环境保护法》第五十九条第一款规定:"企业事业单位和其他生产经营者违法排放污染物,受到罚款处罚,被责令改正,拒不改正的,依法作出处罚决定的行政机关可以自责令更改之日的次日起,按照原处罚数额按日连续处罚。"

"按日计罚"这一记重拳是针对企业拒不改正超标问题等比较常见的违法现象而采取

的措施,目的就是加大违法成本。在中国现行行政法规体系里,这是一个创新性的行政处罚规则。生态环境部门在决定罚款时,要考虑企业污染防治设施的运行成本、违法行为造成的危害后果以及违法所得等因素,据此来决定罚款数额。今后罚款数额会更有针对性,且会相应提高。具体的罚款额度将由专项法规确定。

(五) 可追究刑事责任

修订后的《环境保护法》进一步加大对违法行为的处罚力度:不仅要没收违法者的非法所得,还要实施按日计罚,让污染者付出惨重的经济代价;对那些重犯、屡犯和有主观故意的违法者,要进行加倍甚至惩罚性处罚,并要追究企业法人和排污直接责任人的刑事责任。

(六) 补办环境影响评价手续将成为历史

《环境保护法》第六十一条规定:"建设单位未依法提交建设项目环境影响评价文件或者环境影响评价文件未经批准,擅自开工建设的,由负有环境保护监督管理职责的部门责令停止建设,处以罚款,并可以责令恢复原状。"修订后的《环境保护法》去除了以往限期补办环境影响评价手续的规定,只要未经环境影响评价审批的建设项目,即使已建成也不能补办手续,将成为非法项目。这也意味着"先上车后补票"的时代一去不复返。

(七) 明确规定环境公益诉讼制度,扩大诉讼主体范围

《环境保护法》第五十八条规定:"对污染环境、破坏生态,损害社会公共利益的行为,符合下列条件的社会组织可以向人民法院提起诉讼:(一)依法在设区的市级以上人民政府民政部门登记;(二)专门从事环境保护公益活动连续五年以上且无违法记录。符合前款规定的社会组织可以向人民法院提起诉讼,人民法院应当依法受理。提起诉讼的社会组织不得通过诉讼牟取经济利益。"

修订后的《环境保护法》扩大了环境公益诉讼的主体,此举对增强公众保护环境的意识,树立环境保护的公众参与理念,及时发现和制止环境违法行为,具有十分重要的意义和作用。

(八) 设信息公开和公众参与专章

修订后的《环境保护法》设立专章规定信息公开和公众参与,加强公众对政府和排污单位的监督。其中有许多创新,如明确公众的环境权。虽然修订后的《环境保护法》没有实体性公民环境权的规定,但是,程序性公民环境权还是写进了法律,这也是此前版本没有的。

表 12-1　信息公开和公众参与相关规定

内容	具体规定
明确公众的知情权、参与权和监督权	《环境保护法》第五十三条规定:"公民、法人和其他组织依法享有获取环境信息、参与和监督环境保护的权利。各级人民政府环境保护主管部门和其他负有环境保护监督管理职责的部门,应当依法公开环境信息、完善公众参与程序,为公民、法人和其他组织参与和监督环境保护提供便利。"

(续表)

内容	具体规定
明确重点排污单位应当主动公开环境信息	《环境保护法》第五十五条规定:"重点排污单位应当如实向社会公开其主要污染物的名称、排放方式、排放浓度和总量、超标排放情况,以及防治污染设施的建设和运行情况,接受社会监督。"
完善建设项目环境影响评价的公众参与	《环境保护法》第五十六条规定:"对依法应当编制环境影响报告书的建设项目,建设单位应当在编制时向可能受影响的公众说明情况,充分征求意见。负责审批建设项目环境影响评价文件的部门在收到建设项目环境影响报告书后,除涉及国家秘密和商业秘密的事项外,应当全文公开;发现建设项目未充分征求公众意见的,应当责成建设单位征求公众意见。"

四、《环境保护法》对企业的影响

《环境保护法》一方面通过加强执法监督、提高企业的环境违法成本、加强信息公开和公众参与来督促企业的环保履职,另一方面通过市场化手段促使企业主动实施污染防治。

(一)企业环境违法成本大大提高

违法成本既包括经济成本,还包括法律责任成本。按照"按日计罚"的规定,企业如果出现违法排放污染物行为,将会面临巨额罚款。结合最高人民法院和最高人民检察院司法解释,部分违法行为构成犯罪的,主管人员和其他责任人员需要承担刑事责任;不构成犯罪的,如果出现环保"三同时"违规、数据造假等行为,主管人员和其他责任人员可能受到行政拘留处罚。

【案例12-1】

2015年,山东省临沂市环保局(现生态环境局)发现华龙热电有限公司外排废气存在二氧化硫超标污染情况。1月9日,临沂市环保局向华龙热电有限公司送达责令整改违法行为的决定书,责令其立即改正违法行为,并作出处罚10万元的决定。1月19日,临沂市环保局进行复查,经检测,华龙热电有限公司外排废气中的二氧化硫依旧超标,达到了国家最高排放标准的9倍。

依据《环境保护法》及其相关配套办法,临沂市环保局对该公司实施按日连续处罚,起止时间为送达责令整改违法行为决定书次日起至复查发现超标排污日止,基数10万元,持续违法10天,每日罚款金额为10万元,按日连续处罚总计罚款金额为100万元。

由此看出,过去是一次性罚款,几十万元的罚款对于一些大工程或者企业而言实在不值一提。如今处罚力度加大,甚至"上不封顶",违法排污可能会收到"天价罚单"。

(二)环境保护合规难度进一步加大

目前各地执行的污染排放标准不一,且标准差距较大。以水的标准为例,北京市从2015年12月30日起,COD(化学需氧量)执行30mg/L的标准,而有的地方COD还执行

120mg/L 的标准。同时根据已发布实施的《火电厂大气污染物排放标准》(GB13223-2011)和《锅炉大气污染物排放标准》(GB13271-2014)等标准可以看出,排放标准值大幅度提高。此外,基于《环境保护法》的精神,陆续出台的地方环境保护标准肯定要严于国家标准,且区域流域将会实行统一标准。目前执行标准较低的企业将面临新一轮达标升级的压力。

(三)环境保护对企业发展经营的约束力越来越大

《环境保护法》要求建立资源环境承载能力监测预警机制,并划定生态保护红线,即"发展经济,环保先行"。企业的生产经营发展必须首先考虑环境的承载能力及环境可行性,未批先建、超标排放、总量超标等环境违法事件将会使企业承担高额的经济处罚,严重的行政或刑事处罚,甚至面临停产、关门的结局。

(四)企业社会形象与环境保护的关系越来越密切

环境信息公开制度使企业的环境保护状况彻底置于公众及媒体的监督之下,同时符合一定条件的社会组织还可以就企业的环境违法行为向人民法院提起环境诉讼。环境保护将成为企业的"脸面"。

【案例 12-2】

2019 年 5 月,浙江省首例由社会组织提起的环境公益诉讼案件审结完毕。本案被告为浙江富邦集团公司、富邦皮革公司,其改制前主体为海宁市上林制革厂,主要从事猪皮、绵羊皮鞣制和后整理加工。1991—1997 年,海宁市上林制革厂填埋制革污泥的行为,致使三处填埋场地内土壤受到严重的重金属污染,造成破坏生态环境和损害社会公共利益的不良后果。

2015 年,中国生物多样性保护与绿色发展基金会向嘉兴市中级人民法院提起环境公益诉讼,请求判决富邦集团公司停止侵害,立即对其在海宁市周王庙镇上林村违法填埋的制革污泥进行无害化处理,停止对生态环境的持续性污染危害等。嘉兴市中级人民法院作出一审判决:判决富邦集团公司、富邦皮革公司支付环境修复相关费用 2 998 万余元(款项专用于本案三处污泥填埋场地的环境修复);赔偿生态环境服务功能损失 59 万余元(款项专用于生态环境保护);支付中国生物多样性保护与绿色发展基金会为本案支出的合理费用合计 20 万余元;支付杭州市生态文化协会为本案支出的律师代理费 5 万元。

对此结果,富邦集团公司、富邦皮革公司不服,提出上诉。浙江省高级人民法院二审判决驳回上诉、维持原判。

(五)经济政策对环境工作的影响加大

党的十八届三中全会以后,国家一直积极探索环境保护新思路,通过不断制定和完善环境经济政策,形成激励和约束并举的环境保护长效机制。《环境保护法》深入贯彻了这种精神,后续国家会陆续出台相关的经济政策,激励企业积极减排,严惩违法排放污染物行为。

五、环境保护约束下的企业管理

随着城市化进程的加速与人口数量的增多,资源和环境问题与企业活动的相关性越来越大,企业行为影响的范围更大,波及的社会群体更广泛,因此今天公众对企业生产经营行为尤为关注,要求企业承担比过去更大的责任。在外界各方面压力下,企业也认识到生产不再是企业自己的事情,而是关系到社会方方面面的事情。重视环境保护、提倡可持续发展是时代赋予企业的社会责任。

在法商管理的视角下,企业应对环境问题已不再是单纯的经济人成本核算,其本质上已被界定为一种社会行为。为此,优秀的管理者应具有法律敏锐性,树立法律对企业成功具有重要作用的价值观念,掌握必要的法律知识,对法律规定加以前瞻性地利用,对公司法律问题做出明智的决断;企业应从理性经济人的角度,充分考虑企业所面临的法律约束、社会约束和人性约束,改变环境问题是企业成本的习惯思维,从战略高度积极寻找与环境问题良好对接、与企业持续成长紧密关联的方式和行动,通过积极的环境经营战略将环境规制带来的压力和约束,转化为企业规避风险和增长利益的机会,以此来谋求利润和实现企业经营活动的可持续发展。

(一) 提高认识,落实责任

企业应组织各级管理者学习《环境保护法》的精神,提高其对环境保护工作重要性的认识,将环境保护、节能、减排的理念贯穿于企业发展规划、项目建设等生产与经营的每一个环节,算好环境经济这笔账。

(二) 深入推行清洁生产,提高环境保护水平

单纯地依靠末端治理很难解决企业现在面临和即将面临的环境保护问题,必须通过推行清洁生产,将污染物排放纳入企业的生产管理过程,由生产管理部门负责管理环境保护问题,通过源头削减和过程控制,减少污染物的产生和排放。

(三) 优化环境保护设施的运维管理,最大限度地发挥环境保护设施的功用

目前部分企业环境保护设施的运维管理相对粗放,未发挥最大功效。建议研究环境保护设施优化运行技术,提高现有环境保护设施完好率、有效率,使企业环境保护技术、装备水平提升一个层次。

(四) 推行环境会计理念,将环境成本纳入生产经营成本

在传统成本核算基础上,将环境成本纳入决策考虑范围,摒弃末端控制的传统低效模式,通过成本管理行为的实施来提高环境效益,最终达到企业经济效益和环境效益的最优结合。可以借助产品生命周期设计、环境材料选择等手段促进环境成本管理。

(五) 推行企业绿色技术创新活动

1. 绿色技术的含义

> 绿色技术是指遵循生态原理和生态经济规律,节约资源和能源,避免、消除或减轻生态环境污染和破坏,生态负效应最小的"无公害化"或"少公害化"的技术。

绿色技术可分为绿色工艺创新、绿色产品创新和绿色意识创新,如表12-2所示。

表12-2 绿色技术的分类

分类	内容
绿色工艺创新	包括清洁工艺技术创新和末端治理技术创新
绿色产品创新	开发各种能节约能源、原材料,少使用昂贵或稀缺原材料的产品,多生产在使用过程中以及使用后不危害或少危害人体健康、少影响生态环境的产品,以及易于回收利用和再生的产品
绿色意识创新	培养和形成保护环境、减少污染的意识的过程,如绿色教育、绿色营销和绿色消费等

2. 绿色技术创新

绿色技术创新是实施可持续发展战略的有效手段。符合环境发展要求的技术创新能提高资源利用率,节约能源和原材料,减少环境污染,同时能提高企业将环境成本内化的能力。

要实现绿色技术创新,企业应做到:

(1)建立良好的企业技术创新的内部环境。企业要树立绿色理念,形成可持续发展的经营理念和创新理论。绿色理念是企业在生产经营过程中形成的对绿色战略的认同感,是企业文化的重要内容。企业经营者应树立绿色理念,认识到实施绿色战略的必要性和紧迫性。同时对企业员工进行绿色教育,使员工逐步认识到绿色战略的实施关系到企业自身乃至社会的可持续发展,从而在生产经营过程中自觉地树立、维护企业的"绿色"形象,提高企业绿色技术创新意识。

(2)加大企业资金投入。以企业为投资主体,加快构建企业绿色技术创新的投资机制,拓宽投资来源,合理提高折旧率,逐步提高绿色技术创新的资金投入比率,建立健全企业融资机制,建立企业绿色技术创新风险基金等。最终形成绿色技术创新投资的动力机制和资金支持体系,推进企业绿色技术创新。

(3)创新绿色管理制度。绿色管理是把绿色理念贯穿于企业经营管理,这就要求企业推进管理体系创新,建立一种生态与经济相协调的管理模式,以提高企业生态综合效益,并推动企业绿色技术创新。推行现代企业绿色管理,应调整与改革企业内部组织结构和功能,设立专门机构,建立一套自我完善、自我约束的环境管理体系,加强企业绿色技术创新决策,在企业绿色技术创新全过程中加强环境审计。还应建立绿色创新保障机制,包括绿色人才激励机制、创新资金筹措机制、绿色宣传和培训机制等。

企业首先要兼顾综合效益,综合考虑企业自身利益、相关者利益及社会福利,在追求利润最大化的过程中对自身的经济行为进行考量。企业作为重要的微观经济主体,在生态建设和环境保护方面发挥着重要作用,企业自身的环境保护行为会影响到社会大众,可以帮助企业塑造良好形象,赢得社会认可,从而促进企业自身发展。

第二节　互联网与《网络交易监督管理办法》

近年来,随着我国社会主义市场经济体制的不断完善,以及科学和信息技术的飞速发展,对于传统的企业而言,机遇与挑战并存,因此必须创新商业发展模式,这样不仅能够顺应未来企业大融合趋势,还能够提高企业信息化程度,真正实现企业经济效益和社会效益的最大化。本节对互联网环境下的企业商业模式概念和定位进行阐述,从而帮助企业在互联网背景下不断实现自我发展。

一、网络环境

(一) 概念

> 网络环境是指将分布在不同地点的多个多媒体计算机物理上互联,依据某种协议互相通信,实现软、硬件及其网络文化共享的系统。

网络环境有狭义和广义之分。狭义上,网络环境是指在电子计算机和现代通信技术相结合基础上构建起来的宽带、高速、综合、广域型数字式电信网络。广义上,网络环境还包括由于网络的渗透、扩张而引起的国家信息政策、信息管理体制、信息系统组织、用户信息行为和社会文化等方面的变化。

环境总是与一定的空间或范围有关,有大有小。从小的角度来看,网络环境可以理解为"学习者在追求学习目标和问题解决的活动中可以使用多样的工具和信息资源并相互合作和支持的场所";从大的方面去理解,网络环境可以包括整个虚拟的现实的世界,即赛博空间(Cyberspace)。也就是说,网络环境不仅指网络资源与网络工具发生作用的地点,还包括学习氛围、学习者的动机状态、人际关系、教学策略等非物理形态。

(二) 对企业经营的影响

互联网化带给企业最重要的变化就是改变企业内部组织和外部生态环境的运作方式。企业需把关注焦点放在用户、市场、供应商等生态系统管理上,通过建立生态系统协同平台,实现各主体的协同作业。这种全新的模式主要体现在以下几方面:

1. 创新思维

互联网时代的创新,不仅仅是某种跨越式的技术,还包括利用互联网技术创造出前所未有的商业模式。以海尔为例,它用互联网玩法推出的"免清洗"洗衣机就是一种创新。海尔不再仅仅依靠自身的技术力量,而是通过与网民的大量交互,让用户也成为产品研发的一部分,从而激发用户的创造性。

2. 以用户为中心

以往,商家把商品和服务卖给用户,交易就结束了。现在,商品和服务卖给用户后,交易才刚刚开始。互联网时代,同质化的商品和服务并不少见,无法直击用户痛点,就无法满足用户需求,更别提超出用户期望了。例如,全时公司自主研发的全时云会议系统,融合视频、语音、数据共享、白板等远程会议手段,集"电话会议、硬件视频会议、网络视频会议"三位一体,满足企业开会的各种需求。为了给用户提供超出预期的体验,全时云会议系统一方面优化视频传输过程,通过自主研发的流控、加速、压缩、屏幕共享技术,自动甄别用户的网络环境,传输适合的视频信号;另一方面对跨平台的使用进行优化,信号在Android、iOS、Windows Phone等操作系统上都能很好地兼容。

3. 开放生态

未来企业的IT工具必定是开放的,能够与企业自有环境进行直接整合,从而提高企业IT项目推进的效率,用标准化和开放性推动企业的互联网化进度。互联网化进程的最终目标是打造一个多主体共赢互利的生态系统。未来商业竞争不再只是企业之间的战争,而是平台甚至是生态系统之间的战争。传统企业应借助互联网转型整合全行业上下游乃至其他相关行业的价值链和资源,构建以核心业务为中心的相互促进、相互关联发展的互联网生态系统。

二、网络市场机制

(一) 自由竞争是网络市场的活力之源

在网络市场中,经营者完全意思自治,没有行政审批和干预,自由准入;经营者之间、消费者之间、经营者与消费者之间地位平等,无须贿赂,交易自由;除仓储和物流外,无实体店铺,网络经营场所可以自由变换,网络交易时间可以自由选择。在网络条件下,政府无法像线下交易那样课征重税,由于税费低廉,网络交易具有价格优势。自由是网络市场的最高规则和核心价值,奉行亚当·斯密的自由主义是经营者心意所向,经营者多一分自由,网络市场就多一分活力;经营者少一分自由,网络市场则少一分活力;没了自由,网络市场就失去了活力,只有自由才会令网络市场活力无限。在网络市场中,尊重经济规律,尊重经营者的竞争自由权和经营自主权,守护网络自由,就是政府的天职。

(二) 诚实守信是网络交易的信用基础

诚信和自由是网络市场得以健康发展的两条生命线,自由竞争不以诚信为基础,网络市场秩序必定紊乱。遵守社会公德和商业道德,诚实守信,保证商品质量,保护消费者权益,维护网络市场秩序,是网络经营者的义务。在网络上发布真实的商品和服务信息,坦诚谈判并签订电子契约,及时提供优质的商品和服务,是大多数经营者的心愿,也是消费者的意愿。但部分企业为了私利,或虚假宣传、出售假冒伪劣商品,或滥用市场支配地位、违法倾销,实施种种不正当竞争行为和限制竞争行为,对消费者权益和其他经营者权益造成了侵害。正是因为网络交易中有失信行为和失范行为的存在,政府依法对网络交易进行监管便成为必要,政府对网络交易监管的目的是保护自由竞争,促进诚信经营。

(三) 法律是网络市场秩序的保障

网络市场需要立法、执法和司法的保障才能有序化。随着网络交易的发展迅猛,网络交易中的矛盾和纠纷也频发,其中有些网络交易纠纷无非是线下交易的网络化,适用现有法律并无障碍;但也有些网络交易纠纷迥异于线下交易纠纷,难以适用现行法律,这就需要制定新的网络交易法律,以备网络交易主体遵守。网络市场是法治市场,如果说经济规律是网络市场的自然法则,那么法律是网络社会唯一的行为准则,网络市场的所有交易行为和政府监管行为都要纳入法律监控范围。政府机关要根据网络市场的特点,采取有效的措施,加强网络执法力度,将法律在网络市场中实施出效果,让网络交易中的违法者承担相应的法律责任,保护诚信经营者和消费者的权益。司法机关对于网络交易纠纷案件,应及时、公正地作出审判,在虚拟的网络世界中树立起法律至高无上的权威。

(四)政府要依法适度监管

实践证明,失去政府监管如同失去自由竞争一样,都会导致市场秩序紊乱,政府监管和自由竞争一样是网络市场的必需品,只有将亚当·斯密的自由主义与凯恩斯的国家干预主义相结合,将政府监管和自由竞争相结合,才能促进网络市场的健康发展。网络市场的竞争和监管也要遵循规则,由此要为网络交易和政府监管制定法律规范,让政府监管依法进行,这是市场经济发展的要求。

当然,法律既要保障企业的竞争自由权和经营自主权,又要赋予政府对网络交易违法行为的监管权和处罚权,还要对政府监管权作出必要的限制。政府监管要有度,这个度就是法律,法律为政府机关设定的职权内容和范围通常就是政府监管权的边界,超越这条边界就是监管越界,即属监管过度。过度监管,将令市场主体失去自由和活力;而一旦没有了自由和活力,市场经济就不复存在了。只有自由竞争、诚信经营、政府监管、法律规制四位一体,网络市场才会有序发展。

目前,我国正在逐步完善涉及网络环境的立法工作,《中华人民共和国网络安全法》《中华人民共和国电子商务法》(以下简称《电子商务法》)和一系列的管理条例及办法逐步施行。相关立法明确了网络经营者的设立条件、网络准入、网络经营者的权利和义务、监管机构的权利和义务、网络交易的规则、违法行为及其法律责任,不断完善网络交易及其监管的法律法规,使网络交易的监管有法可依。

三、《网络交易监督管理办法》条款解读

近年来,我国网络交易蓬勃发展,"社交电商""直播带货"等新业态新模式不断涌现,为网络经济增添了新的活力,为稳增长、促消费、扩就业发挥了重要作用。与此同时,网络市场也出现了不少问题,社会各界呼吁完善相应的监管制度。

2021年3月15日出台的《网络交易监督管理办法》(以下简称《办法》)是贯彻落实《电子商务法》的重要部门规章,它对相关法律规定进行了细化完善,制定了一系列规范交易行为、压实平台主体责任、保障消费者权益的具体制度规则,对完善网络交易监管制度体系、持续净化网络交易空间、维护公平竞争的网络交易秩序、营造安全放心的网络消费环境具有重要的现实意义。

《办法》共五章五十六条,包括总则、网络交易经营者、监督管理、法律责任和附则。《办法》涉及平台经济的垄断、不正当竞争、个人信息保护、消费者权益保护等多方面内容,不仅是对《电子商务法》《消费者权益保护法》和《反不正当竞争法》等现有法律的细化和落实,也包含《反垄断法》《个人信息保护法》中涉及的问题。基于对未来立法发展趋势的理解,结合日常业务中企业普遍关注的问题,《办法》明确了网络交易监管坚持鼓励创新、

包容审慎、严守底线、线上线下一体化监管的原则，提出推动完善多元参与、有效协同、规范有序的网络交易市场治理体系，对网络交易经营者登记、新业态监管、平台经营者主体责任、消费者权益保护、个人信息保护等重点问题作出了明确规定。

（一）压实平台经营者的责任

1. 明确新型商业模式中经营者的定位

《办法》第二条第二款与第七条第四款对网络社交、网络直播中的经营者定位予以明确。此前，对于该类主体的相关责任，《电子商务法》中并未作出明确规定；而在2020年发布的《市场监管总局关于加强网络直播营销活动监管的指导意见》（以下简称《指导意见》）中，根据提供的网络服务的内容不同，明确区分了相关网络平台的角色定位及其责任。相关规定见表12-3。

表12-3　对网络平台的角色定位及其责任规定

《电子商务法》	《指导意见》	《办法》
第二条第二款："本法所称电子商务，是指通过互联网等信息网络销售商品或者提供服务的经营活动。"	二、压实有关主体法律责任 （一）压实网络平台法律责任。网络平台为采用网络直播方式销售商品或提供服务的经营者提供网络经营场所、交易撮合、信息发布等服务，供交易双方或多方独立开展交易活动的，特别是网络平台开放网络直播推广服务经营者入驻功能、为采用网络直播方式推广商品或服务的经营者提供直播技术服务的，应按照《电子商务法》规定履行电子商务平台经营者的责任和义务。 …… 网络平台以其他方式为其用户提供网络直播技术服务，应根据平台是否参与运营、分佣、平台对用户的控制力等具体情形，适用《电子商务法》关于电子商务平台经营者的相关责任和义务，或适用法律法规关于网络服务提供者的责任和义务。	第二条第二款："在网络社交、网络直播等信息网络活动中销售商品或者提供服务的经营活动，适用本办法。" 第七条第四款："网络社交、网络直播等网络服务提供者为经营者提供网络经营场所、商品浏览、订单生成、在线支付等网络交易平台服务的，应当依法履行网络交易平台经营者的义务。通过上述网络交易平台服务开展网络交易活动的经营者，应当依法履行平台内经营者的义务。"

从上述法律法规的规定可以看出，针对网络直播、网络社交这类新型商业模式中的主体性质及责任界定，《办法》和《指导意见》中明确的核心内容如下：

（1）明确《电子商务法》中所述的"电子商务"不仅限于在典型电子商务平台中发生的经营活动，如果在新型电子商务平台或者电子商务模式下，符合"采用网络直播方式推广商品或服务"的行为，也应受到电子商务相关法律法规的监管与规范。

（2）如果网络社交、网络直播等网络服务提供者实质上提供了网络交易平台服务，包括但不限于提供网络经营场所、商品浏览、订单生成、在线支付等服务的，即应履行网络交易平台经营者的义务；如果未实质提供网络交易平台服务（如仅提供技术服务而不参与实际的经营活动），则应履行网络服务提供者的义务。

（3）如果经营者通过网络社交、网络直播等网络交易平台开展网络交易活动，则应当履行平台内经营者的相关义务。

2. 事前核验登记义务

《办法》中的相关规定强化了平台对平台内经营者身份真实性的事前审核义务，要求平台在平台内经营者"入门"时即进行审核与登记，并形成登记档案，从而实现平台内经营者身份信息可查询、可追溯的状态。同时，《办法》对平台核验更新的频率设置为六个月，与《办法》中第二十五条规定的平台的信息报送义务相呼应，要求平台经营者形成真实、定期、有效的身份核验与更新机制。

3. 信息报送义务

《办法》第二十五条的内容对《电子商务法》中的原则性规定进行了明确与细化，规定了平台经营者关于平台内经营者身份信息的报送时间、报送频率、报送机关以及报送内容。一方面可以督促平台经营者履行对市场主体登记的动态监测义务，另一方面也有利于监管部门进行针对性的监管执法活动，消除各方之间的信息壁垒，进一步保障市场主体身份真实性以及经营活动的合法合规性。

4. 规则公示义务

《办法》主要对平台相关文本协议的保存义务以及保障经营者、消费者便利、完整阅览和下载的义务作出补充规定。在服务协议与交易规则修改过程中，平台经营者一方面需要履行《电子商务法》中规定的征求意见、公示等义务，另一方面需要履行《办法》中规定的相关文本历史版本保存及保障相关方阅览下载的义务。

5. 检查监控义务

《办法》第二十九条在《电子商务法》第二十九条的基础上首次明确规定了平台经营者的"检查监控制度"，同时给予了平台经营者采取必要处置措施的权利。

另外，在责任性质上，平台经营者的检查监控义务，不同于所谓的场所运营者的安全保障义务，而是基于平台的技术能力和条件的具体监督管理责任，这意味着该项义务的履行应当与平台的技术能力与实际情况紧密结合。

6. 信息保存义务

《办法》第三十一条相较《电子商务法》的规定，增加了平台经营者对平台内经营者身份信息的保存义务，与平台经营者对平台内经营者身份信息的审核登记、报送等义务形成一体，对平台内经营者进行事前、事中、事后的身份信息管理；同时对交易信息进行了非穷尽式列举，有利于更好地指导平台经营者履行交易信息的保存义务。

【案例12-3】

2019年11月25日，重庆市大足区市场监督管理局对饿了么App进行日常检查，发现平台存在未办理《食品经营许可证》的入驻商家。经查，2019年10月以来，共有11户商家入驻饿了么平台，而当事人作为饿了么外卖平台大足区代理商，并未审查入驻商家许可证，便审批上线并允许其开展经营活动，当事人未履行网络食品交易第三方平台提供者应当履行的审查义务，其行为违反了《中华人民共和国食品安全法》第六十二条第一款的规定。

2020年8月，大足区市场监督管理局对平台大足区代理商作出没收违法所得7 436元、罚款55 000元的行政处罚。

压实平台经营者的责任是市场监管部门在履行网络交易监督管理职能过程中开展的一项非常重要的工作，而随着《电子商务法》《办法》的出台，对于餐饮外卖等网络食品交易第三方平台应当履行的审查等义务就更具体明确了。

案例12-3正体现了市场监管部门的"该出手时就出手"，严厉查处平台不履行法定义务的行为，同时警示网络食品交易第三方平台要严格压实平台主体责任，切实履行法定管理义务。

（二）细化经营者的相关义务

1. 市场主体登记义务

《办法》第八条第二款对"便民劳务活动"的常见类型进行非穷尽式列举，有利于指导相关经营者结合自身情况开展市场主体登记活动。另外，就"零星小额"的界定，《办法》以"个人从事网络交易活动，年交易额累计不超过10万元"为划分界限，同时规定在同一平台或者不同平台开设多家网店的同一经营者，其各网店的交易额应合并计算。

2. 信息公示义务

《办法》第十二条的规定区分已经办理市场登记的主体与不需要办理市场登记的主体，对不同主体需要公示的具体信息予以明确，首次提出不需要办理市场主体登记的经营者应当以"自我声明"的方式履行信息公示义务。

《办法》第十二条第四款的内容明确了信息变更后更新公示的具体时间，即"十个工作日内"；根据《办法》第二十六条的规定，在平台内经营者依法履行信息公示义务时，平台经营者应当提供技术支持并履行信息核验义务，协助平台内经营者完成更新信息的公示。

【案例12-4】

2020年2月24日，重庆市万州区市场监督管理局接到举报，反映浦某通过微信无证无照销售民用防护口罩。经查，发生新冠肺炎疫情后，口罩紧缺，当事人嗅到商机，便于2020年1月26日开始利用个人微信账号开展进销口罩的经营活动，截至被查均未依法办理营业执照。当事人上述行为违反了《无证无照经营查处办法》第二条规定。万州区市场监督管理局作出没收违法所得16 500元、罚款5 000元的行政处罚。

新冠肺炎疫情发生以来，市场监管部门迅速行动，持续加强防疫用品及生活必需品等市场检查，从严从快查处违法行为，有力维护了疫情防控期间的市场秩序。案例12-4中，当事人利用防疫前期防疫用品紧缺、民众防疫心切等，以牟利为目的，通过社交平台的微信账号购进并销售口罩，其在整个经营活动中并未依法办理营业执照。

市场监管部门明确，除《电子商务法》第十条规定的"个人销售自产农副产品、家庭手工业产品，个人利用自己的技能从事依法无须取得许可的便民劳务活动和零星小额交易活动，以及依照法律、行政法规不需要进行登记的"以外，无论在电商平台还是在社交平台,只要开展了经营活动,都必须依法办理市场主体登记。

(三) 网络交易中的个人信息保护

1. 经营者的保护义务

表12-4列示了经营者的相关保护义务。

表12-4 经营者的相关保护义务

保护义务	具体内容
授权同意为合法基础	《办法》第十三条重点关注收集、使用个人信息的行为,进一步细化了收集、使用环节的具体要求:①应当遵循合法、正当、必要的原则;②应当公开其收集、使用规则;③应当明示收集、使用信息的目的、方式和范围,并经消费者同意;④不得违反法律、法规的规定和双方的约定收集、使用信息
避免恶意捆绑	《办法》第十三条第二款规定,网络交易经营者不得采用一次概括授权、默认授权、与其他授权捆绑、停止安装使用等方式,强迫或者变相强迫消费者同意收集、使用与经营活动无直接关系的信息
逐项同意	《办法》第十三条第二款对收集和使用敏感信息提出了更高水平的"逐项取得消费者同意"的要求
保密义务	《办法》第十三条第三款规定,网络交易经营者及其工作人员应当对收集的个人信息严格保密
商业推送	对于向消费者发送商业性信息,《办法》第十六条明确了网络交易经营者的具体合规义务和行为指南:①网络交易经营者未经消费者同意或者请求,不得向其发送商业性信息;②网络交易经营者发送商业性信息时,应当明示其真实身份和联系方式,并向消费者提供显著、简便、免费的拒绝继续接收的方式;③消费者明确表示拒绝的,应当立即停止发送,不得更换名义后再次发送

2. 对政府部门的信息合规要求

《办法》第十三条规定了依法配合监管执法活动的例外,市场监督管理部门适用该例外情形时可以获得网络交易经营者提供的数据;《办法》第三十六条则要求市场监督管理部门采取必要措施保护网络交易经营者提供的数据信息的安全,并对其中的个人信息、隐私和商业秘密严格保密。

【案例12-5】

2019年1月,上海市通信管理局发现本市某在线旅游服务企业在其互联网信息系统内以明文形式存储游客的身份证件信息、护照信息、手机号码等个人信息,未按照《中华人民共和国网络安全法》有关法律要求,采取技术措施和其他必要措施保障其收集的用户个人信息安全;且企业未明确个人信息在使用、传输和存储过程中的防护要求,存在严重的用户信息安全风险。上海市通信管理局在组织有关网络安全专业机构对相关漏洞进行现场记录和分析取证后,对企业负责人进行了严肃约谈通报,责令其立即采取技术防护措施,完善数据安全管理制度,确保其收集、存储的个人信息和数据安全,保障互联网用户的合法权益。

利用公民个人信息实施网络犯罪的案件频发,获取信息方式日趋隐蔽。社会公众要提高对个人信息的保护意识,不轻易点击、下载来源不明的链接和程序,务必在正规商店购买正规厂家生产的电子设备,不轻易对外透露个人信息。相关部门要加强监管,从网络硬件的生产、流通、使用各环节规范数据收集,规范网络平台、App软件等收集、使用公民个人信息的行为,监督相关企业建立数据合规制度。

(四)消费者权益保护

1. 保障自主选择权

《办法》除规定网络交易经营者不得将搭售商品等选项设定为消费者默认同意外,更强调了不得将消费者以往交易中选择的选项在后续独立交易中设定为消费者默认选择,进一步保护消费者的自主选择权;网络交易经营者设定消费者默认同意购买搭售商品,或者记录消费者以往交易选择而默认勾选的,都将受到《办法》的规制。

2. 规范自动展期、自动续费服务

现实中,消费者选择自动续费后,经常出现平台在扣款日前不加提示或通知便直接扣费的情况。《办法》第十八条正式对自动展期、自动续费等行为进行了规范,要求提供自动展期、自动续费服务的网络交易经营者应当在消费者接受服务前和自动展期、自动续费等日期前五日,以显著方式提请消费者注意,保障消费者自主选择的权利。

3. 细化网络交易领域格式条款的内容

《办法》第二十一条结合网络交易的特点,对《民法典》第四百九十六条关于格式条款的规定作了细化,列举了六种不合规的条款内容。

(五)强化平台不正当行为认定

《办法》第三十二条是对《电子商务法》第三十五条的细化,并且进一步强调了立法的目的是不得干涉平台内经营者的自主经营。明显可以看出此条款旨在保护网络交易平台内经营者的合法权益,防止网络交易平台滥用权力,从而保护消费者的选择权。

具体到不正当行为,《办法》更加细化了违法行为特点,如"禁止或者限制平台内经营者自主选择在多个平台开展经营活动,或者利用不正当手段限制其仅在特定平台开展经营活动"。《办法》结合电子商务服务的特点,将不正当行为的认定扩大到平台可能涉及的各方面服务中,如物流、结算等交易辅助服务,使平台内经营者能够自主选择,而禁止平台设置种种显性或隐性的门槛。

【案例12-6】

2020年年初,贵州省黔西市某甲网络餐饮平台代理商要求黔西市多家网络餐饮经营者只能接受其一家提供的平台服务。如果餐饮经营者坚持在某乙或其他网络餐饮平台经营,某甲网络餐饮平台将对其做下线处理,或提高服务费收取标准、下调星级指数、通过技术手段限制交易,强制商家在某甲和某乙之间进行"二选一",以此方式排挤竞争对手。2020年6月12日,黔西市市场监督管理局对某甲网络餐饮平台代理商开展行政约谈,送达行政告诫书,要求其对照相关法律法规尽快自行整改,并督促某甲、某乙等网络餐饮平台代理商共同签订了《关于促进黔西市网络餐饮服务经营健康有序发展的联合声明》。

"互联网+餐饮服务"新业态的诞生,既促进了餐饮业的新发展,也为消费者提供了更多便利。但部分平台利用服务协议、交易规则、技术等手段强制经营者"二选一",损害了经营者和消费者等多方主体的合法权益。互联网平台企业在经营活动中,应遵循公平竞争的市场法则,强化内部合规管理,不能凭借市场规模、技术、数据、资本等优势,限制和排斥竞争,损害经营者和消费者的利益。

网络平台治理问题,对于世界各国而言都非常具有挑战性。出台的《办法》,阐明了我国当下对于互联网治理的思路。如何切实有效地保障社会创新,有效处理平台、商家和消费者之间的博弈,是摆在监管者和执法者面前的难题,需要我们不断地进行思考和探索。

"压实平台责任,防止资本无序扩张"将是未来一段时间互联网交易监管的主要目标和特点。无论是网络交易平台还是平台内经营者,都要遵循"技术向善"的原则,谨慎、全面地按照《办法》开展对应的合规工作,树立良好的企业和社会形象。

四、网络环境约束下的企业管理

(一) 对于网络运营者

网络运营者是网络社会的关键节点,掌握着用户与网络的连接桥梁,网络运营者的行为在很大程度上影响着用户的信息安全,甚至会影响整个网络社会的安全状态。网络运营者提供的服务具有公共产品的属性,这一属性随着现代信息技术的不断渗透而被强化,其安全状态对整个社会的安全具有重大而深远的影响。我国在网络政策上主张"谁接入,谁负责""谁运营,谁负责",网络运营者在提供网络服务和产品的过程中获取了经济收益,就应当履行相应的防止危害发生的安全保护义务。在全球网络安全问题日益复杂且严峻的形势下,提升网络运营者的安全意识,明确网络运营者的义务和责任,是实现国家安全和社会稳定的必然要求。

网络运营者在日常企业管理中应做到以下五个方面。

1. 完善安全管理制度和应急预案

网络运营者应提高网络安全意识,制定内部安全管理制度和操作规程,确定网络安全负责人,积极落实网络安全等级保护制度;采取防范计算机病毒和网络攻击、网络侵入等危害网络安全行为的技术措施;制定网络安全事件应急预案,及时处置系统漏洞、计算机病毒、网络攻击、网络侵入等安全风险;在发生危害网络安全的事件时,立即启动应急预案,采取相应的补救措施。

2. 留存网络日志和重要数据

采取监测、记录网络运行状态、网络安全事件的技术措施,并按照规定留存相关的网络日志;采取数据分类、重要数据备份和加密等措施。

3. 及时上报网络安全事件,配合公安机关及相关部门的监督调查

当发生网络安全事件时,企业应将网站存在的安全缺陷、漏洞等风险及时告知用户和主管部门,避免造成企业损失甚至危害公共安全。网络运营者应当为公安机关、国家安全机关依法维护国家安全和侦查犯罪的活动提供技术支持和协助。网络运营者对互联网信息部门和有关部门依法实施的监督检查,应当予以配合。

4. 要求用户提供真实的身份信息

网络运营者为用户办理网络接入、域名注册、入网手续、信息发布、即时通信等服务时,以及在与用户签订协议或者确认提供服务时,应当要求用户提供真实的身份信息。用户不提供真实身份信息的,网络运营者不得为其提供相关服务。

5. 保障用户信息和个人信息安全

网络运营者应当对其收集的用户信息严格保密,并建立健全用户信息保护制度。

对于个人信息,应当公开收集、使用的规则,明示收集、使用信息的目的、方式和范围,并经被收集者同意;不得收集与其提供的服务无关的个人信息;不得泄露、篡改、毁损其收集的个人信息;未经被收集者同意,不得向他人提供个人信息。

采取技术措施和其他必要措施,确保其收集的个人信息安全,防止信息泄露、毁损、丢失。若发生上述情况,应当立即采取补救措施,按照规定及时告知用户并向有关主管部门报告。

(二)对于关键信息基础设施的运营者

1. 采购前报送安全审查

关键信息基础设施的运营者采购网络产品和服务,可能影响国家安全的,应当接受网络安全审查。至于产品和服务是否影响国家安全,则由关键信息基础设施保护工作部门确定。

2. 积极履行安全保护义务

(1) 设置专门安全管理机构和安全管理负责人,并对该负责人和关键岗位的人员进行安全背景审查;

(2) 定期对从业人员进行网络安全教育、技术培训和技能考核;对重要系统和数据库进行容灾备份;

(3) 制定网络安全事件应急预案,并定期进行演练;

(4) 建设关键信息基础设施应当确保其具有支持业务稳定、持续运行的性能,并保证安全技术措施同步规划、同步建设、同步使用;

(5) 采购网络产品和服务,应当按照规定与提供者签订安全保密协议,明确安全和保密义务与责任;

(6) 应当自行或者委托网络安全服务机构对其网络的安全性和可能存在的风险每年至少进行一次检测评估,并将检测评估情况和改进措施报送负责关键信息基础设施安全保护工作的相关部门。

(三)对于网络产品、服务的提供者

1. 遵纪守法,严格履行相关义务

严格遵守《电子商务法》《广告法》《办法》等法律法规和管理条例,坚决抵制侵犯知识

产权、销售假冒伪劣产品、服务违约、虚假宣传、刷单炒信以及滥用、泄露和非法倒卖个人隐私信息等行为,切实保护消费者权益。

2. 积极立信,建立健全信用记录

对入驻平台的经营者建立实名登记制度,加强管理和定期核查,充分公开交易双方评价结果和服务承诺履约情况,及时将恶意刷单、虚假流量、图物不符、假冒伪劣、价格欺诈等失信行为纳入诚信档案。

3. 规范缔约,公平竞争

不利用优势地位订立不平等条约,平等交易,正当获利,不以垄断或优势地位损害消费者权益。合同文字应通俗易懂,避免产生混淆或歧义。公平有序竞争,不以不正当经营手段破坏市场秩序。

4. 诚信经营,自觉接受社会监督

牢固树立诚信经营意识,加强商品质量、服务履约、广告宣传等方面的信用管控,强化数据信息的保护与管理。优选合格可靠的供货渠道,建立检验抽查制度,维护商品质量安全。加强自律,自觉接受主管部门、行业组织、公众和媒体的监督。

5. 加强员工素质培训

开展合规培训,加强企业自治。对企业员工定期开展关于《电子商务法》《反垄断法》《反不正当竞争法》等相关法律的培训,提升合规能力。定期向监管部门报告合规情况,自觉维护公平竞争的市场秩序。

6. 良性竞争,创新发展

依法规范竞争行为,维护良好竞争秩序。尊重平台内经营者的自主选择权,不强制要求平台内经营者进行"二选一"。不利用技术手段、平台规则和数据、算法等,实施垄断协议和滥用市场支配地位行为,排除、限制市场竞争。各互联网企业均应带头强化行业自律,积极通过技术革新、质量改进、服务提升、模式创新等开展良性竞争,实现创新发展。

7. 保护消费者合法权益,关注平台内经营者和消费者反馈

依法为消费者提供全面、真实、准确、及时的交易信息,切实保护消费者的知情权、公平交易权和自由选择权等权益。健全投诉处理制度和争议在线解决机制,及时有效地处理平台内经营者和消费者反映的问题。

本章小结

本章介绍了法商管理涉及的两种环境:物理环境和网络环境。

对于物理环境,主要阐述了物理环境的概念、种类及其与企业之间的影响。特别指出重污染行业企业可能会对环境造成的伤害。针对环境保护问题,我国出台的《环境保护法》一方面通过加强执法监督、提高企业的环境违法成本、加强信息公开和公众参与来督促企业的环保履职;另一方面通过市场化手段促使企业主动实施污染防治。企业生产不是企业自己的事情,而是关系到社会方方面面的事情。实施环境保护、提倡可持续发展是时代赋予企业的社会责任。在《环境保护法》的规制下,企业应在生产经营的全流程中提高环境保护意识,落实环境保护责任。

对于网络环境,主要阐述了网络环境的概念和对企业经营的影响,介绍了网络市场的

运行机制。针对网络环境优化问题,我国出台的《网络交易监督管理办法》包含了一系列规范交易行为、压实平台主体责任、保障消费者权益的具体制度规则,对完善网络交易监管制度体系、持续净化网络交易空间、维护公平竞争的网络交易秩序、营造安全放心的网络消费环境具有重要的现实意义。《网络交易监督管理办法》的出台,正面回应了我国当下对于互联网治理的思路。如何切实有效地保障社会创新,有效处理平台、商家和消费者之间的博弈,是摆在监管者和执法者面前的难题,需要我们不断地进行思考和探索。在《网络交易监督管理办法》的规制下,网络运营者、关键信息基础设施运营者、网络产品和服务的提供者都要遵循"技术向善"的原则,谨慎、全面地开展对应的合规工作,树立良好的企业和社会形象。

案例分析

1. 福建紫金山金铜矿污染事件

2010年7月3日16时许,紫金山金铜矿湿法厂岗位人员发现污水池的污水水位异常下降,且有废水自废水池下方的排洪涵洞流入汀江。据初步判断,是由于废水池防渗膜垫层异常扰动,导致防渗膜局部破损,废水渗透到废水池下方的排洪涵洞。初步统计,本次废水渗漏量为9 100立方米。渗漏事故原因主要是前段时间持续强降雨,致使溶液池区域内地下水位迅速抬升,超过污水池底部标高,造成上下压力不平衡,形成剪切作用,致使污水池垫层多处开裂,从而造成污水池渗漏。

经检测,渗漏废水主要为含铜酸性废水,没有剧毒物质。但大量超标废水使当地的母亲河汀江受到极大的污染。渔民损失惨重,仅棉花滩库区死鱼和中毒鱼约达1 890吨。造成渔业养殖户养殖的鱼类死亡损失达2 220.6万元。污染物也威胁到饮用水水源安全。当地居民几乎不再饮用自来水,而是到市面上买水喝。上杭县城区部分自来水厂停止供水一天。

经查,在本次污染事件中,紫金山金铜矿的过失如下:①企业迟发公告。此次污染事件发生在7月3日,但在7月12日前紫金山金铜矿一直未对此发出公告。②非法排污。人为非法打通6号集渗观察井与排洪洞,致使渗漏污水直接流入汀江。③设备损坏。经调查,因设在企业下游的汀江水质自动在线监测设备损坏且未及时修复,致使事件发生后污染情况未能被及时发现。

最终紫金山金铜矿被处罚金人民币3 000万元,多名企业负责人被追究刑事责任。上杭县环境保护局(现生态环境局)局长、副局长负有环境保护监管的特有职责,因对紫金山矿区排污及矿区环境保护设施建设及其运行情况未认真履行监管职责而获刑。

■ 思考
1. 承担环境刑事责任的构成要件有哪些?
2. 本案例对于生态环境部门和企业有哪些警示作用?
3. 重污染行业企业应如何在环境保护法律的约束下加强管理,实现企业价值?

2. "柠檬家原创定制"网店发布违法互联网广告案

2018年6月1日,杭州市余杭区市场监督管理局接到消费者对淘宝"柠檬家原创定制"店铺的举报,反映店铺使用了"当下最流行的、永远不过时、最主要、绝对不起球、绝对放心、最新一波、给你最贴心的呵护、极致优雅、顶级制作、最佳舒适体验"等广告用词。接到该举报后,余杭区市场监督管理局对该网店进行了网络数据排查,发现"柠檬家原创定制"店铺由浙江省丽水市松阳县的钟某开设,该店属无固定经营场地的淘宝个人店。执法人员利用"互联网执法办案系统"快速调取相关交易快照后发现举报基本属实,该网店涉嫌存在广告违法行为。余杭区市场监督管理局立即对钟某进行立案调查。

经系统数据排查,该网店自2016年12月5日起,在其产品销售页面上使用上述举报用词。当事人在被投诉举报后,修改了产品销售页面,改正了上述违法行为。违法期间,涉案产品共销售44笔,销售金额达12 314.66元。

■ **思考**

1. 本案例中,该网店违反了哪些法律和条例?
2. 网络交易中网络经营主体查实难,是网络案件难以立案的主要原因之一。市场监管部门应如何更好地负起监管责任?
3. 该案例对企业在网络环境中的经营管理有哪些启示?

教辅申请说明

　　北京大学出版社本着"教材优先、学术为本"的出版宗旨,竭诚为广大高等院校师生服务。为更有针对性地提供服务,请您按照以下步骤通过**微信**提交教辅申请,我们会在1~2个工作日内将配套教辅资料发送到您的邮箱。

◎ 扫描下方二维码,或直接微信搜索公众号"北京大学经管书苑",进行关注;

◎ 点击菜单栏"在线申请"—"教辅申请",出现如右下界面:

◎ 将表格上的信息填写准确、完整后,点击提交;

◎ 信息核对无误后,教辅资源会及时发送给您;如果填写有问题,工作人员会同您联系。

温馨提示:如果您不使用微信,则可以通过以下联系方式(任选其一),将您的姓名、院校、邮箱及教材使用信息反馈给我们,工作人员会同您进一步联系。

联系方式:

北京大学出版社经济与管理图书事业部

通信地址:北京市海淀区成府路 205 号,100871

电子邮箱:em@pup.cn

电　　话:010-62767312

微　　信:北京大学经管书苑(pupembook)

网　　址:www.pup.cn